DEMOCRATIC POLITICS
AND
CITIZENSHIP EDUCATION

민주정치 와 시민교육

서현진 · 이수정

백산서당

DEMOCRATIC POLITICS AND CITIZENSHIP EDUCATION

민주와 정치 시민교육

민주정치와 시민교육
Democratic Politics and Citizenship Education

01 민주정치와 시민교육

| 미리보기 | 민주정치와 시민 그리고 교육 ... 14
1. 민주시민, 누구인가? ... 15
2. 민주시민성은 타고 나는 것일까? 길러지는 것일까? ... 19
   더 보기: 중우정치의 위험성과 민주시민교육의 필요성 ... 22
3. 다른 나라는 어떤 시민교육을 하고 있을까? ... 23
   자세히 보기: 독일의 보이텔스바흐 협의 ... 27
   연관 검색어: 세계의 민주시민교육은? ... 30
4. 우리나라 민주정치 발전에 필요한 시민교육은? ... 31
   더 보기: 교육의 정치적 중립성과 교사의 표현 유형 ... 32
   자세히 보기: 민주화 이후 민주시민교육의 역사 ... 36
   연관 검색어: 민주시민교육을 위한 정부와 시민사회의 노력 ... 37
생각해보기 '교원의 정치적 중립성' 문제, 어떻게 볼 것인가? ... 38

02 민주정치와 시민의 관계

| 미리보기 | 올해의 민주시민? ... 42
1. 인간은 '정치' 없이 살 수 있나? ... 43
   더 보기: 일상과 정치, 정치와 일상 ... 44
2. 왜 하필 '민주정치'를 추구해야 할까? ... 48
   자세히 보기: Basic 민주주의의 모델들 ... 49
   더 보기: 코로나에 대처하는 다양한 한국의 모습 ... 54
   연관 검색어: 민주주의가 과학기술 발전에도 도움이 된다? ... 54
3. 민주정치를 위해 필요한 것은 무엇일까? ... 55
   자세히 보기: 자유와 평등의 조화? ... 57
   연관 검색어: 스위스 직접민주주의 ... 60
   더 보기: Brand new 민주주의의 모델들 ... 61
생각해보기 왕권정치, 독재정치, 민주정치는 어떻게 다른가? ... 62

03 민주정치의 발달과 시민의 태동

| 미리보기 | 우리는 언제부터 시민이었나? ... 66
1. 고대 민주주의에서 시민은 어떤 사람들이었나? ... 67
   자세히 보기: 아고라와 포럼의 현대화 ... 70
2. 중세에도 시민이 존재했을까? ... 71
3. 근대 민주주의에서 새롭게 등장한 시민은 누구인가? ... 74
   더 보기: 마키아벨리의 군주론(IL Principe; The Prince) ... 77
   더 보기: 사회계약설의 대표학자, 홉스 ... 81

	더 보기: 사회계약설의 대표학자, 루소	82
	생각해보기 시대를 대표하는 명연설문을 분석&재현해보자	84

04 민주시민과 정치구조

	미리보기 민주시민과 헌법은 어떤 관계인가?	90
	1. 헌법은 왜 생겨나게 되었을까?	91
	자세히 보기: 역사 속 헌법의 모습	91
	2. 입헌주의 정부형태, 어떤 것이 더 좋을까?	96
	자세히 보기: 국가별 정부형태	97
	더 보기: 이원집정부제	100
	더 보기: 대통령제 vs 의원내각제	101
	3. 대한민국 헌법은 누구를 위한 것일까?	103
	자세히 보기: 대한민국 헌법의 뿌리	103
	자세히 보기: 우리나라 헌법 속 기본권 보장의 역사	107
	연관 검색어: 고(故) 백남기 농민에 대한 헌법재판소의 결정	109
	자세히 보기: 민주화 이후 개헌 논의의 역사	110
	연관 검색어: 권력구조 개헌논의에 대한 국민의 입장	111
	더 보기: 헌법 개정을 하려면 어떤 절차를 거쳐야 할까?	111
	생각해보기 디지털 사회에서 일어나는 사건들과 현행 헌법의 관계를 살펴보자	112

05 민주시민과 의회

	미리보기 24시간이 모자라!?	116
	1. 의회는 왜 중요한 대의제 기관일까?	117
	더 보기: 영국의 의회 제도	118
	더 보기: 의회 내 좌파와 우파의 유래	119
	더 보기: 21대 국회 둘러보기	122
	2. 의회는 어떤 일을 할까?	123
	자세히 보기: 한국과 미국의 입법 과정 비교	125
	3. 의회를 믿어도 될까?	127
	자세히 보기: 2019년 패스트트랙 관련 국회 파행 일지	131
	자세히 보기: 주요 국가기관에 대한 국민의 평가	132
	더 보기: 국민청원과 국회 동의청원 절차	134
	연관 검색어: 시민이 입법과정에 참여할 수 있을까?	135
	생각해보기 국회의원 세비지출, 정당하고 합리적인가?	136

06 민주시민과 정당

| 미리보기 | 정당의 이미지를 키워드로 말해보자 — 140
1. 정당은 왜 생겨났을까? — 141
   더 보기: 20세기에 등장한 독재정당들 — 144
   더 보기: 21세기 한국사회에서 새롭게 등장하는 정당들 — 145
2. 21세기에도 정당은 필요한가? — 146
   더 보기: 정당과 이익집단은 어떻게 다른가? — 148
   자세히 보기: 정당 조직과 원외정당, 원내정당? — 149
   더 보기: 선거제도와 정당 체제 (듀베르제의 법칙) — 152
3. 한국 정당은 어떤 모습으로 변해왔을까? — 153
4. 한국 정당, 어떻게 변하면 좋을까? — 160
   더 보기: 정당의 정강 정책 — 164
| 생각해보기 | 정당 민주주의, 어떻게 가능할까? — 166

07 민주시민과 선거

| 미리보기 | 최초의 OOO 미래 선거를 상상해보자 — 170
1. 선거는 공정할까? — 171
   자세히 보기: 참정권 쟁취의 역사 — 174
   자세히 보기: 여성 참정권 운동과 현황 — 175
   더 보기: 게리맨더링 — 178
   연관 검색어: 매니페스토 — 179
2. 선거제도, 왜 중요한가? — 180
3. 우리는 어떻게 선거개혁에 참여할까? — 188
   자세히 보기: 연동형 비례제 — 191
   자세히 보기: 미국 오바마 대통령의 온라인 선거운동 — 195
   더 보기: 투표행위를 설명하는 이론들 — 196
   연관 검색어: 2016년 촛불혁명과 19대 대선, 유권자의 선택은? — 197
| 생각해보기 | 미래의 선거제도, 어떤 모습이어야 할까? — 198

08 민주시민과 미디어

| 미리보기 | 나의 One pick 미디어는? — 202
1. 정치 커뮤니케이션이란? — 203
2. 정치 커뮤니케이션에서 활용되는 미디어는 무엇일까? — 205
   더 보기: 세계의 100년 신문들, 그리고 정치적 노선 — 206
   더 보기: 뉴미디어를 통한 청소년의 정치 커뮤니케이션 : 일베 사례 — 213
3. 미디어는 정치에 어떻게 영향력을 행사할까? — 214
   더 보기: 광고에도 사용되는 미디어 효과: 수면자 효과(sleep effect) — 215
   자세히 보기: 침묵의 나선이론(the theory of spiral of silence, 1973) — 217
4. 민주시민은 미디어와 어떻게 소통해야 할까? — 218
   자세히 보기: 딥페이크 영상과 음성합성 기술 — 220

| 연관검색어: 미디어&시민의 긍정적 상호작용을 위한 교육의 변화 | 222 |
| 생각해보기 | 가짜뉴스, 어떻게 만들어지고 어떻게 대응해야 할까? | 223 |

09 민주시민과 시민사회

| 미리보기 | 포스트잇 정치, 세상을 바꿀 수 있을까? | 228
1. 지금, 왜 시민사회인가? | 229
   자세히 보기: 로크의 시민저항권 | 230
   자세히 보기: 헤겔의 시민사회와 근대국가 | 231
2. 시민사회, 어떻게 정치에 참여할 수 있을까? | 234
   연관 검색어: 온라인을 통한 시민운동 | 235
   더 보기: "신고리 원자력발전소 5·6호기 공론화위원회" | 236
3. 한국의 시민사회는 무엇에 관심이 있을까? | 240
4. 풀뿌리 민주주의는 무엇이며, 어떻게 가능한가? | 244
   자세히 보기: 지방선거의 역사 | 245
   더 보기: 지역상권을 살리는 시민 어벤져스 | 248
| 생각해보기 | '내 안에 있는 편견'을 성찰해보자 | 249

10 민주시민과 세계시민

| 미리보기 | 세계시민, 누구인가라는 주제로 전시회를 연다면? | 254
1. 세계화, 무엇을 의미할까? | 255
   더 보기: 세계화와 자본주의 | 256
2. 세계화 시대, 살기 좋아졌을까? | 260
   자세히 보기: 세계화를 대하는 우리의 자세 | 263
   자세히 보기: 세계화, 국민국가, 그리고 민주주의 | 264
3. 세계화 시대, 평화 공존을 위한 노력의 주체는 누구여야 하는가? | 265
   자세히 보기: 세계 시민 자가진단 유형 | 267
   더 보기: 우리가 주목해야 할 세계의 빈곤문제 | 268
   연관 검색어: 한국 청소년들의 세계시민성 유형 | 270
4. 세계화 시대, 시민을 위한 교육은 무엇일까? | 271
   연관 검색어: 교사들이 생각하는 세계시민교육은? | 273
   더 보기: 세계시민학교을 꿈꾸는 시민단체: 월드비전 | 274
   더 보기: 세계시민학교를 꿈꾸는 국제기구: 유네스코 | 275
| 생각해보기 | 탄소발자국을 고려하는 ECO 세계시민이 되어보자 | 276

| 부 록 | "민주정치와 시민교육"을 위한 실천교안 목록 | 281

참고문헌 | 303
이미지 출처 | 310

서 문

민주시민 없는 민주주의는 불가능하다. 이는 21세기를 살고 있는 사람들은 다 알고 있는 더 이상 새로울 것도 없는 사실이다. 시민의 지지와 참여 없이 제도와 이념으로만 존재하는 민주주의는 생존하지 못한다. 어느 사회에서든 민주주의 이념을 근간으로 하는 제도는 수립될 수 있다. 그런데 이 제도에 생명을 불어 넣는 것은 사람이므로 민주시민들이 없다면 민주적 이상은 민주정치로 실현되지 못한다. 민주정치의 주체인 시민들이 민주주의 이념을 제대로 이해하지 못하거나 실천해 낼 능력이 없는 사회에서는 민주주의가 병들고 시들어 죽게 된다.

따라서 민주시민 양성 교육은 민주주의의 가장 기본이자 필수 요소이다. 시민들은 교육을 통해 민주정치가 어떤 원리에 따라 작동되는지, 어떤 제도적 장치가 필요한지, 건강한 민주 공동체의 발전을 위한 시민의 역할은 무엇인지에 대해 배우고 생각할 기회를 가져야 한다. 또한 교육을 통해 자신의 일상적 삶과 직결되는 모든 영역에서 나타나는 문제들이 무엇이며, 이는 다른 사람의 삶과는 어떻게 연관되는지를 깨닫게 된다. 서로 다른 생각을 가진 사람들이 함께 살아가기 위해서는 토의나 협의 과정을 통해 방법을 찾는 민주시민 양성 교육이 필요한 것이다.

민주시민을 양성하는 교육은 본질적으로 민주정치에 대한 교육이다. 과거 한국에서는 정치에 대한 교육이 권위주의 정권유지를 위한 교육으로 왜곡되거나 변질되었던 경험이 있다. 민주화 이후에도 정치 신뢰도가 낮은 상황이 지속되었다. 때문에 '정치교육'이란 용어에 대한 사람들의 호감도는 높지 않다. 이런 역사적 배경과 시대적 상황으로 인해 정치교육이란 용어 대신 현재에는 민주시민교육이 보편적으로 사용되고 있다. 세계적으로도 정치교육(political education)이란 용어를 사용하는 나라는 독일이 대표적이며, 영국이나 미국 등 많은 나라에서는 시민교육(civic education) 또는 민주시민교육(democratic citizenship education) 이란 용어를 사용하고 있다.

이처럼 용어의 차이는 있지만, 민주시민의 자질과 능력을 기르는 교육은 민주주의의 안정적 발전에 필수적이기 때문에 많은 국가들이 민주시민교육에 힘써왔다. 오늘날 민주주의는 매우 다양한 의미로 정의되고 통용된다. 그런데 어원을 살펴보면 대중(demos: people)과 지배(kratia: rule)가 합성된 말로 대중이 지배하는 체제라는 정치적 함의를 갖고 있다. 이처럼 민주주의는 본질적으로 민주정치가 이루어지는 체제라는 의미가 있기 때문에 민주시민교육의 핵심도 민주정치에 대한 교육이어야 한다. 정치교육이란 용어에 대한 트라우마 때문에 민주시민교육의 핵심 내용이 변할 수는 없다는 말이다. 그러므로 이 책은 민주정치에 대한 주제들을 다루고 있다.

이 책의 궁극적인 목표는 민주정치의 주체인 우리들 개개인이 '민주시민은 어떤 존재인가' 라는 질문에 대한 답을 찾도록 돕는 것이다. 민주시민으로서 우리는 무엇을 알아야 하고, 무엇을 할 수 있으며, 무엇을 해야 하는지에 대한 답을 탐색하도록 구성되었다. 이 책을 통해 민주정치가 잘 이뤄지는 사회를 만들기 위해서는 현명하고 능력 있는 민주시민이 존재해야 한다는 점, 민주정치가 국가나 정부를 위한 것이 아닌 시민 개개인의 더 나은 삶을 위한 것이라는 점, 민주시민은 나와 우리 모두를 위한 민주정치를 스스로 디자인하고 건설할 수 있다는 점을 깨닫길 희망한다.

간단하게 책의 내용을 설명하면, 1장에서 3장까지는 민주정치와 시민의 관계에 대해 정리했다. 민주시민은 누구이며, 시민은 언제 어떻게 왜 탄생했는가? 민주정치에 있어서 민주시민은 필수적인 존재인가? 민주정치에 필요한 시민성이란 무엇인가? 민주시민성은 타고나는 것일까? 길러지는 것일까? 민주정치가 중우정치가 되지 않도록 하려면 어떤 시민교육이 필요한가? 등 여러 가지 궁금증에 대한 해답을 찾아보도록 내용을 구성했다.

다음으로 4장에서는 시민권을 보장하기 위한 방안으로 탄생한 헌법에 대해 정리했다. 헌법은 어떻게 시민권을 보장하고 있는가? 대한민국 헌법은 시민을 위한 것인가? 정치권력을 제한하기 위한 헌법상 정치구조는 어떤 것들이 있는가? 시민을 위한 더 나은 정부형태가 있을까? 이를 위한 개헌이 필요한가? 등의 질문이 다루어졌다. 5장부터 7장에서는 대의민주주의 핵심적 제도인 의회, 정당, 선거에 대해 설명하였다. 대표들이 권력을 오남용하지 못하도록 시민들이 의회, 정당, 선거 정치의 본질을 이해하고 스스로 견제하며 직접 정치에 참여할 수 있는 방안을 고민해보도록 구성했다.

8장부터 10장에서는 정보화, 다문화, 세계화 등 새로운 환경 변화에 따라 시민이 직접 정치에 참여하는 새로운 민주주의를 모색할 수 있는 시대가 열렸다는 점에 주목하였다. 시민이 대표와 직접 커뮤니케이션 할 수 있는 다양한 매체의 발달은 직접 민주주의를 가능하게 하는가? 숙의민주주의나 결사체 민주주의 등 새로운 형태의 민주주의는 가능한가? 다양한 시민사회는 어떻게 정치에 참여하며, 더 나은 세상을 만드는 데 기여할까? 풀뿌리 민주주의는 어떻게 가능할까? 지구촌 시대는 좋을 것일까? 나는 세계시민인가? 평화와 번영 그리고 공존이 가능한 지구촌 시대를 시민들이 만들어갈 수 있을까? 등 여러 가지 질문을 던져보았다.

이상 각 장의 주제들을 다양한 코너를 통해 쉽게 배울 수 있도록 구성하였다. 이 책은 민주정치의 주역인 모든 시민들이 손쉽게 찾아 볼 수 있는 책을 만들고 싶다는 바램에서 시작되었기 때문이다. 필자의 일화를 소개하면, 아주 오래 전에 한 선배한테 점심을 얻어먹은 적이 있는데 그날의 메뉴는 궁중식 국밥이었다. 매우 고급스럽고 웅장한 식당이어서 들어갈 때부터 압도되었고 서빙하는 사람들도 모두 우아한 자태를 뽐내었다. 국밥이 담겨져 나온 식기들도 예사롭지 않았다. 과연 국밥의 맛은 어땠을까? 정작 그 맛은 기억나지 않는다. 평상시 즐겨먹던 국밥이 그날엔 '낯설고 어려운' 음식으로 다가왔던 기억만 있다.

대통령 선거 포스터에도 자주 등장하는 국밥은 서민음식의 이미지가 있다. 대통령 후보들이 국밥을 먹는 모습을 선전하는 이유는 적은 돈으로도 춥고 허기진 당신의 배를 따뜻하고 배부르게 해 주는 소박한 뚝배기 같이, 가까이서 당신의 일상을 바꿀 정치인이 되겠다는 메시지를 담고 있기 때문일 것이다. 만약에 모든 국밥이 궁궐에서 왕이 드시던 국밥으로만 고급스럽게 판매된다면 서민에게 국밥은 어려운 음식이 되었을 것이다.

그동안 대학에서 정치교육을 하면서 '정치'를 어렵게 생각하는 학생들의 모습을 볼 때마다 그날 궁중식 국밥을 먹던 내 모습을 떠올리곤 했다. 사실 정치는 우리 일상적 삶 곳곳에 녹아 있다. 우리가 쉽게 어디서나 먹을 수 있는 국밥 한 그릇처럼 나의 일상과 동떨어져 있지 않다. 그런데 왜 그렇게 멀고 어렵게 느끼는 것일까? 아마도 궁중식 국밥처럼 정치학이 판매되고 있기 때문은 아닐까? 정치에 대한 교육도 너무 어려운 내용으로 가득찬 그릇에 담겨서 서빙되고 있는 것은 아닌지, 정치학 교재와 강의는 너무 웅장하고 우아한 것은 아닌지, 낯선 분위기에 압도되어 정작 중요한 국밥의 맛은 기억도 안 나는 상태로 교육이 이루어지고 있는 것은 아닌지에 대한 의구심이 강단에 설 때마다 들었다.

이런 반성에서 출발하여 좀 더 쉽고 친근하게 강의를 구성하려고 노력해 온 필자의 교육 경험 사례와 여기 저기 집필했던 내용을 보완하여 이번에 책으로 엮어냈다. 여기에 현재 서울대학교 사회교육과에서 박사논문을 쓰고 있는 이수정 선생의 교육학적 관점과 수고가 더해지면서 더 나은 책으로 완성되었다. 이 책을 보는 사람이 민주시민교육을 담당할 예비교사, 현직교사, 일반시민 등 누구더라도 민주정치를 감상하고, 생각하고, 디자인할 수 있는 시민이 될 수 있기를 바라는 마음으로 책을 만들었다.

　이 책 사용설명서는 다음과 같다. 미리보기 코너는 각 장에서 다룰 주제에 대해 간단하게 생각해볼 기회를 준다. 본문은 텍스트를 최대한 줄이고 사진이나 그림 또는 표 등 시각자료를 통해 메시지를 전달하려고 했다. 민주정치에 대해 알아야 할 가장 기본적인 지식과 정보를 제공하려고 했고 부족한 내용은 자세히보기, 더보기, 연관검색어 등에 넣어 난이도를 조절했다. 그동안 인류가 쌓아 온 민주정치에 대한 업적을 감상하는 부분이라고 보면 된다.

　생각해보기 코너는 각 장에서 배운 이론적 지식을 바탕으로 가치, 태도, 사회적 소통, 실천 역량 등을 기를 수 있는 기회를 제공하고자 마련했다. 스스로 생각해보고, 다른 사람들과 생각을 나눠보거나 다른 사람들의 생각을 들어보고, 다양한 생각들을 하나로 모아보는 등의 활동을 통해 민주시민으로 스스로 성장할 수 있도록 기획했다. 현재와 미래의 일상적 삶의 공간인 민주사회를 어떻게 더 평등하고 행복한 공동체로 만들 것인가에 대한 고민은 민주정치의 주체인 시민 스스로 고민해 볼 문제이기 때문이다.

　부록에 있는 실천교안은 '내가 만약 민주시민 교육을 한다면 이렇게 할 것이다' 라는 하나의 시민교육 디자인 샘플이다. 필자는 사범대에서 17년째 정치교육 강의를 하고 있지만 사범대 출신이 아니므로 이 부분은 현재 사범대 박사과정을 수료한 보다 교육학적 전문성을 가진 이수정 선생이 전담하였다. 이 교안은 하나의 샘플이므로 이 책을 읽는 독자들이 참고하여 자신들만의 신박한 민주시민교육안을 디자인해보면 좋을 것 같다.

　열정을 쏟았지만 아직도 많이 부족한 이 책을 세상에 내놓게 되어 한없이 부끄럽다. 그저 행복하고 건강한 민주시민이 많아지길 희망하는 이 책에 담긴 마음이 전달되길 바랄 뿐이다. 마지막으로 코로나 등으로 출판업계가 어려운 상황임에도 흔쾌히 책을 내주신 백산서당 김철미 대표님께 깊은 감사를 드린다. 텍스트 위주의 이전 학술 서적들과 달리 다양한 코너가 많아서 편집에 엄청난 애로사항이 있었음에도 늘 밝은 미소와 긍정적인 에너지로 책을 출간해주신데 대해 무한한 존경의 마음을 보낸다.

2020년 8월

필자들을 대표하여
서현진

1 민주정치와 시민교육

미리보기

민주정치와 시민 그리고 교육

다음 사진들을 보고 공통적으로 생각나는 키워드를 찾아보자.

세계대전은 일어나지 않았을까?
대중이 열광한 독재자 히틀러와 세계대전

히틀러는 당대 최고의 민주헌법에 의해 선출되었다. 결코 강압과 협박, 폭력만으로 권력을 잡지 않았다. 히틀러와 나치당의 집권은 독일 국민의 지지와 투표로 가능했다. 독재자에 대한 대중의 열광적 지지는 스스로를 파멸시키고 전 세계를 전쟁으로 몰아넣었다.

찰리 채플린은 미국에서 쫓겨나지 않았을까?
미국의 매카시즘 광풍과 대중의 지지

1950년 2월 미국 위스콘주 공화당 상원의원 매카시는 의회에서 "미국 국무부에는 공산주의자 297명이 있다"는 폭탄선언을 했다. 이에 국민들은 광분하였고, 1950년부터 1954년 사이에 매카시즘 광풍이 일었다. 공산주의자 색출작업으로서의 마녀사냥으로 인해 수백 명이 수감되었으며 1만 명에서 1만 2천 명이 직업을 잃어야만 했다. 당시 무고한 희생자 중 한 명은 찰리 채플린으로 미국에서 추방되었다가 1972년에 명예가 회복되었다.

1. 민주시민, 누구인가?

불공정한 사회와 잘못된 정치를 바로잡기 위해 시민들은 자신들의 권리와 의무를 다양한 방법으로 실천한다. 민주정치의 주인으로서 시민들이 어떻게 권리와 의무를 실천하는지를 〈그림 1-1〉의 첫 번째 사진을 예로 들어 설명해보자. 이 사진은 2011년 이집트, 리비아, 예멘, 시리아 등 중동과 북아프리카로 까지 확산되었던 대규모 반정부, 민주화 시위인 '아랍의 봄(Arab Spring)'의 일부를 보여준다. 아랍의 봄 시위는 2010년 말 튀니지에서 집권세력의 부패, 빈부격차, 청년실업으로 인한 젊은이들의 분노로 시작된 재스민 혁명(Jasmine Revolution)에서 비롯되었다(김용규 2016, 17).

2010년 12월 튀니지에서 대학을 졸업하고도 취업을 못해 무허가 청과물 노점상을 하던 26세 청년 무함마드 부아지지가 노점상을 빼앗기자 시청 앞에서 분신자살을 시도하여 끝내 사망하는 일이 벌어졌다. 그의 소식이 트위터와 페이스북, 블로그 등 소셜 미디어를 통해 퍼져나가면서 대규모 민주화 시위가 일어났다. 이 민주화 시위에는 튀니지의 국화에 빗대 '재스민 혁명'이라는 이름이 붙었다.

이 혁명이 아랍의 봄으로 번진 이유는 독재 정권의 장기 통치 때문이었다. 독재 기간은 튀니지의 벤 알리 대통령 24년(1987~2011), 이집트의 무하마드 호스니 무바라크 대통령 30년(1981~2011), 예멘의 압둘라 살레 33년(1978~2011), 리비아의 무아마르 카다피 42년

〈그림 1-1〉 시위하는 시민들의 모습

2011년 10월 14일, 예멘의 항구도시 아덴에서 군부 퇴진을 요구하며 시위를 벌이는 군중의 모습이다.

사우디의 군부정권에 대해 비판을 가했던 유명 언론인 자말 카슈끄지가 실종되자 2018년 10월 11일 런던 자연사 박물관 앞에서 그의 실종을 항의하는 시위가 벌어졌다.

(1969~2011)에 이른다. 이 나라들은 정부의 강경진압으로 인해 수많은 희생자를 낸 유혈사태를 거쳤지만 끝내 독재자를 몰아내는 데 성공했다. 그렇다면 독재자가 사라진 뒤 아랍에서 민주주의는 수립되었을까? 튀니지를 제외한 거의 대부분의 나라에서 군부정치로 환원되는 등 민주주의는 결국 수립되지 못했다.

아랍의 봄의 연장선상에서 민주화 시위가 일어난 시리아의 경우는 더욱 심각하다. 2011년 40년 넘게 부자세습을 통해 독재정치를 해 온 아사드 정권에 대한 반정부 시위가 일어났지만 아사드정권은 독가스까지 써가며 대량학살을 자행했다. 결국 시위대가 조직한 반군과 정부군 간 내전이 발생했는데 이 갈등은 수니파와 시아파라는 종교적 요인과 결부되면서 한층 복잡해졌다. 게다가 주변 국가인 사우디아라비아, 이란, 수니파 극단주의 무장세력인 이슬람국가(IS) 뿐 아니라 러시아와 터키 등 여러 나라가 개입하면서 내전은 악화되었다. 9년째 계속되는 내전으로 인해 수많은 난민이 발생하여 큰 고통을 받고 있다.

〈그림 1-2〉 시리아 난민

지난 2015년 9월, 터키의 남서부 해변. 바닷가의 차가운 주검으로 발견된 시리아 난민 아동 세 살배기 크루디. 이 한 장의 사진은 지구 반대편 대한민국까지 절규하게 했다.

민주주의로 가는 길은 험난하다. 한 번의 대규모 시위로 수립되기 어려우며, 수립된다고 해도 저절로 지속되지 않는다. 그러면 시민들은 민주주의를 위해 또 시위하고 고발하고 파헤쳐야 하는 걸까? 정치가들이 해야지 왜 시민들이 해야 하나? 왜냐하면 민주정치의 주인은 민주시민이기 때문이다. 예를 들어 어떤 가게의 주인이 직원에게 모든 걸 맡기고 놀러 다녔다고 가정하자. 나쁜 맘을 먹은 직원이 장부를 엉터리로 만들고 돈을 빼돌렸는데 주인은 관심도 없고 장부도 잘 볼 줄 몰라서 결국 망할 처지가 되었다면 이 책임은 과연 직원에게만 있을까? 당연히 직원은 큰 벌을 받아야 한다. 그런데 다른 직원을 데려다 놓아도 주인이 바뀌지 않는다면 이런 일은 언제든지 다시 생길 수 있다.

우리는 우리를 대신하는 정치가들이 늘 착한 사람들이기만을 바랄 수는 없는 것이다. 전 세계를 전쟁터로 만들어버린 아돌프 히틀러는 평소 '사람들이 생각하기를 좋아하지 않는다는 것이 그들을 관리하는 정부에게는 얼마나 행운인가?'라는 말을 자주 했다고 한다. 시민은 민주주의의 주체이므로 늘 생각하고 질문해야 한다. 정치가들이 우리를 현혹시키고 있지는 않은지, 자신들이 맡은 일을 잘 수행하고 있는지, 자신들의 이익이 아닌 국가와 사회의 이익을 위해 일하는지에 대해 끊임없이 질문하고 지켜봐야 한다. 결국 민주정치가 잘 실현되기 위해서는 민주시민의 역할이 중요하다.

그렇다면 민주시민은 누구인가? 왕정시대가 몰락하면서 백성으로서 지배받는 '신민'과 구별되는 새로운 대중이 출현했다. 라틴어의 'populus'에서 유래하여 프랑스어를 통해 일반적으로 사용되기 시작한 '인민'은 공화국의 구성원 전체 집단을 의미한다. 그런데 우리나라에서 인민이란 용어는 해방기에 북한이 먼저 채택하여 사용한 탓에 금기시되어 잘 사용되지 않는다. 인민이 초국가적 의미를 갖는 데 반해 '국민'은 국적을 가진 구성원을 말한다. 19세기 유럽에서 개별 국민이 개별 국가를 만들 권리가 있다고 주장하는 국민주의 사상이 보급되면서 국민은 주권국가의 일원이라는 의미가 되었다(손경애·이혁규·옥일남·박윤경 공저 2010, 23-25).

유사한 맥락에서, 현재 시민이란 용어는 포괄적인 의미에서 '근대 국민국가의 구성원'으로 사용되기도 한다. 한편 좁은 의미에서는 '도시에 사는 사람' 또는 서울 시민처럼 '특정 도시의 주민'으로도 사용된다. 하지만 현대 사회에서 시민을 민주주의의 주체라는 의미로 사용할 때는 지역과 국가를 초월하여 긴 역사를 통해 발전해 온 보편적 권리와 의무를 가진 존재로 본다. 이처럼 시민은 사회적이고 정치적이며 역사적인 개념이다. 때문에 우리가 사용하는 '민주시민'이란 용어는 일종의 공동체적 권리와 책임을 가진 민주사회의 일원이라는 의미가 강조된 것이다 (서현진 2018, 232).

많은 학자들이 연구한 바에 따르면, 민주시민은 공통적으로 다음의 세 가지 측면을 갖춘 사람들로 정의된다(Patrick, 1977; Heater and Gillespie, 1981; Nie, Junn and Stehilk-

Barry, 1996; Eckstein et al., 2012). 첫째, 민주시민은 똑똑한 사람들이다. 민주주의에 대한 보편적인 지식을 갖추고 있어야 한다. 기본적인 민주주의 이념과 작동 원리, 법과 제도, 권력의 사용과 결과 등 민주정치 체제에 대한 지식을 쌓아야 한다. 또한 보편적인 민주정치를 기준으로 자신이 속한 국가나 공동체의 상황과 특수성을 이해할 수 있어야 하며, 자신의 삶과 공동체의 발전에 이바지하는 주권자이자 시민으로서의 역할에 대해서도 정확히 알고 있어야 한다. 민주주의에 대한 지식을 바탕으로 우리 사회에서 일어나는 크고 작은 일상적인 문제에 대해 합리적으로 사고하고 냉철하게 분석하는 능력을 길러야 한다.

둘째, 민주시민은 민주적 생활 태도가 습관화 된 사람들이다. 민주주의에 관심을 갖고 지지하며 신뢰하는 가치와 태도가 내면화되어야 한다. 오늘날 우리는 누구나 개인으로 태어나 특정한 공동체의 구성원인 시민으로 살아간다. 우리는 개인으로만 살 수 없고 시민으로만 살 수도 없으며 그렇게 살아서도 안 된다. 때문에 우리는 매 순간 개인으로서 시민으로서 어떻게 살아야 하는가 하는 문제와 마주친다.

어떤 공동체에서 어떤 시민으로 살아야 하는가에 대한 답은 매우 다양하다. 시대와 장소에 따라 달라질 수도 있다. 다만 민주시민이라면 이 질문에 대해 지속적으로 관심을 가져야 한다. 민주주의는 우리가 이 해답을 찾기 위해 부단히 노력할 때 유지되고 발전될 수 있다. 더 나은 공동체에 대한 시민들의 관심이 민주정치를 자라게 한다. 나와 다른 사람들이 함께 살기 위해 필요한 관용, 배려, 이해, 타협, 상생 등 민주적 가치와 태도를 가진 따뜻한 시민들이 많아질 때 민주주의는 안정적이고 효율적으로 운용된다.

셋째, 민주시민은 행동하는 사람들이다. 자발적이고 적극적으로 행동하고 참여하는 능력과 기술을 갖추어야 한다. 대의 민주주의에서 시민이 정치에 참여할 수 있는 가장 보편적인 방법은 투표이다. 그런데 몇 년에 한번 돌아오는 투표만으로는 충분하지 않기 때문에 시민단체나 이익단체 등 여러 가지 단체 활동을 통해서도 일상적으로 공공 문제 해결에 참여하여 책임 있는 주체로 행동할 수 있다. 그리고 일상적인 참여의 형태는 아니지만 다소 과격해 보이는 시위나 혁명을 통해서도 시민들은 정치에 참여한다.

물론 앞에서 살펴보았듯이 투표나 시위 등 참여를 통해 모든 문제들이 해결되지는 않는다. 어떤 문제는 해결되었고 또 어떤 문제는 더 심각해지기도 한다. 참여의 영향력이 있는가에 대한 평가도 다양할 것이다. 그럼에도 불구하고 더 나은 민주주의는 잘못된 정치를 바로잡으려는 민주시민의 행동을 통해 보장된다. 기존의 문제를 들추어내거나 제도를 철폐하는데 그치는 것이 아니라 새로운 사회로 나아가기 위한 대안을 모색하는 행동일 때 그 영향력이 크다고 할 수 있다.

2. 민주시민성은 타고 나는 것일까? 길러지는 것일까?

민주시민에게 요구되는 자질이나 덕목인 시민성(citizenship)은 타고 나는 것일까? 시민성은 타고 나는 것이 아니라 지속적인 배움과 사회적 경험을 통해 길러지는 것이다. 민주시민 없이 제도만으로 민주주의 발전이 어렵다 점은 이미 오래전부터 학자들의 연구를 통해서 입증되어 왔다(Almond and Verba 1963; Putnam 1993; Inglehart 1997). 때문에 민주정치 교육의 중요성이 대두되었고 많은 민주주의 국가에서는 다양한 채널과 방법을 통해 일상적으로 민주시민 교육을 실시하고 있다.

특히 학교는 한 개인의 민주적 시민성을 육성하고 정치적 능력을 기르는 데에 가장 체계적이고 공식적인 기관이라는 점에서 중요하다(Halstead and Pike 2006, 1-2). 학교 교육과 시민성의 관계에 대한 경험적 연구결과에 따르면, 교육수준이 높은 사람일수록 정치 지식과 자원 확보가 수월하기 때문에 정치관심, 시민적 의무감, 정치 효능감, 정치참여 수준 등이 높다고 한다(Nie, Junn and Stehlik-Barry 1996; Print 2007; Saha et al. 2010; Whiteley 2012).

민주적 교육환경과 학생회 활동 등의 참여 경험은 성인기의 적극적 정치참여로 이어진다는 연구도 있다(Almond and Verba 1963; Beck and Jennings 1982). 또한 다양한 정치와 사회문제를 다루고 토론하는 정치교과 수업을 많이 한 학생일수록 시민성과 정치 참여에 필요한 지식 수준이 높은 것으로 나타났다(Niemi and Junn 1998; Callahan 2010). 이렇듯 민주주의 유지와 발전의 필수 요소인 시민성 함양에 있어서 학교에서 이루어지는 민주정치 교육과 청소년기의 경험이 중요하다는 점은 많은 연구들을 통해 검증되어 왔다.

그런데 민주시민교육은 학교 교육 만으로 충분할까? 민주시민교육의 대표적 사례인 미국과 독일의 경우를 보면, 학교 교육 뿐 아니라 학교 밖 시민교육도 중요하다는 것을 알 수 있다. 이민자의 나라로 건국된 미국은 건국 초부터 이질성 극복과 민주 공동체 발전 문제에 봉착했고, 그 해답으로 학교와 시민사회가 연계하여 미국인의 정체성을 기르는 시민교육을 실시해왔다. 인종 갈등을 유발하여 전 세계를 끔직한 전장으로 만든 독일도 전후 이념 갈등극복과 통일 후 동서독 간 갈등극복 방안으로 평생에 걸친 민주시민교육을 선택했다.

학문적으로는 시민교육은 두 가지 관점에서 중요하다. 하나의 관점은 체제론적 관점으로 〈표 1-1〉에서 정리된 바와 같이, 정치체제 전체 수준에서 시민교육의 역할을 살펴본 것이다. 정치체제의 안정을 위한 시민교육의 중요성은 고대 철학자 플라톤과 아리스토텔레스에 의해서도 강조되었을 만큼 오랜 전통을 가진 관점이다. 모든 정치체제는 안정적 유지를 위해 구성원들의 지지가 필요하기 때문에 시민교육을 통해서 구성원의 확산적 지지와 신뢰를 창출해내는 의도적인 노력을 한다(Bereday and Stretch 1963; Massials 1969; Tapper, 1976).

공산주의나 전체주의 국가 등에서 체제유지를 위해 세뇌교육을 중시하는 것은 이런 관점에서 이해할 수 있다. 과거 왕권국가에서는 체제의 근간인 왕과 귀족 그리고 평민 등의 신분제를 받아들이도록 교육했으며, 중세 신권국가에서도 세속군주의 권한보다 교회의 권한이 더 크고 높다는 것을 교육했었다. 당연히 민주주의 국가에서도 민주정치 체제의 유지와 안정을 위해 민주시민교육은 필요하다. 다만 옳고 그름을 분별할 수 없는 체제에 대한 맹목적 지지나 특정 지배세력의 정권 유지를 위한 의도적인 교육이 이루어져서는 안 된다는 점을 유의해야 한다.

〈표 1-1〉 시민교육에 대한 체제론적 관점

Bereday & Stretch(1963)	• 정치교육은 정치적 내용의 이입을 통해 특정한 정치적 태도와 행동성향을 육성하는 <u>의도적인</u> 노력 • 시민성 훈련, 교화, 세뇌 등 표현 달라도 모든 사회에서 사회의 생존을 유지하기 위한 것
Massials(1969)	• 정치교육은 정치체제의 규범과 가치관을 구성원이 <u>내면화</u>하는 과정, 또는 다음 세대로 <u>전이</u>시키는 과정
Tapper(1976)	• 정치교육은 정치체제의 <u>유지와 안정</u>을 위해 체제 구성원의 확산적 지지를 창출해내는 일련의 과정

〈표 1-2〉 시민교육에 대한 미시론적 관점

Patrik(1977)	• 개인의 정치적 신조와 행동에 대한 교수·학습 과정 • 비판적, 독립적 사고 능력 육성 과정 • 새로운 정치질서 창조와 변화에 관련된 개인의 능력 • 개인 차원의 학습 과정 중시
Gillespie(1981)	• 정치적 생활영역에서 사고하고 행동하는 능력 계발 과정 • 탐구와 가치관 (지지와 비판 능력)

또 다른 관점은 체제의 유지와 안정을 위해 이뤄지는 시민교육에 대한 비판적 입장을 취하며, 개인적 차원에서 민주시민교육의 역할을 강조한 것이다. 〈표 1-2〉에서 볼 수 있듯이, 민주정치에 대한 시민교육은 시민 개개인이 정치 지식과 태도, 참여 기술을 학습하는 과정을 의미하므로 체제 유지 보다는 정치질서 변화와 창조에 필요한 개인의 발전과 능력 육성에 초점을 맞춘다. 민주시민교육은 민주주의 원리, 법과 제도, 권력의 사용과 결과 등 정치영역에 대한 지식과 관심 수준이 높고 비판적이고 독립적으로 생각하며 적극적으로 행동하는 개인의 능력을 계발하는 것이다(Patrick 1977; Heater and Gillespie 1981; Nie, Junn and Stehilk-Barry 1996; Eckstein et al 2012).

이와 같이 두 가지 관점이 존재하지만 궁극적으로 보면, 민주정치에 대한 시민교육의 목표는 민주주의의 유지와 발전에 있어서 실질적 역할을 담당하는 시민을 양성하는 것이다. 즉 민주시민교육은 사회화와 통합 기능을 수행함으로써 민주정치 체제의 안정성과 효율성을 제고하는 한편, 비판적이고 합리적이며 자발적으로 참여하는 민주시민 양성을 통해 민주정치 발전에 기여하는 역할을 한다는 점에서 중요하다. 민주시민교육이 모든 문제를 해결하는 것은 아니지만 민주정치가 지속적으로 발전하는 사회를 만드는 데 중요한 역할을 한다는 점은 분명하다.

더 보기: 중우정치의 위험성과 민주시민교육의 필요성

민주주의의 발상지인 고대 아테네에서는 중우정치의 위험성을 걱정하는 사람들이 많았다. 대표적인 철학자 플라톤(Platon)은 이런 위험성을 설득력 있게 피력했다. 그는 국가를 '배'에 비유하면서 만약 배를 운전하는 '키잡이'가 국가를 통치할 능력이나 기술이 없다면 그 배에 타고 있는 '선원'(일반 시민)은 어떻게 될지 생각해보라고 했다. 대표자가 갖추어야 할 덕목에 대해서는 '진정한 키잡이가 진실로 배 한 척을 제어할 수 있는 능력을 갖추자면 해(年), 계절, 하늘, 별, 바람은 물론이요 그 밖에도 이 기술에 속하는 모든 것에 주의를 기울이지 않으면 안 된다'고 말했다(Platon 저·천병희 역 2013, 337). 또한 선원들이 키 잡은 기술도 없으면서 서로 키를 잡겠다고 싸울 경우의 위험성에 대해 경고하면서 조타술을 배우려하지 않는 점을 지적했다.

그의 제자인 아리스토텔레스(Aristoteles)도 최악의 민주주의는 어리석은 대중이 수를 앞세워 정치판을 온통 엉망으로 만드는 중우정치라고 했다. 아리스토텔레스는 민주정치에 대해 '적은 양의 물은 쉽게 썩지만 많은 양의 물은 쉽게 썩지 않기 때문'에 독재정치보다 좋다고 평가했다. 또한 '기술자 자신보다 물건을 직접 쓰는 사람이 제품에 대한 평가를 더 잘 내리듯', 정치에 있어서도 정치 전문가보다는 일반 대중이 더 올바른 판단을 내릴 수 있다고 믿었다(안광복 2017, 36-37). 이처럼 민주정치의 장점을 잘 알고 있었지만, 아리스토텔레스는 중우정치의 위험성 때문에 정치를 할 수 있는 시민의 범위를 매우 제한적으로 보았다. 즉 시민은 생계걱정에서 벗어나 초연하게 무엇이 올바른지 정치적 판단을 할 수 있는 사람이어야 한다고 보아 노동자나 여성 등을 제외했다.

이들이 구현했던 아테네 민주주의는 현재 시점에서 보면 매우 제한적이지만, 시민들이 주인이 되는 민주정치는 시민들이 비합리적이고 충동적일 경우 무모하고 어리석은 군중의 정치로 변한다는 경고는 아직도 유효하다. 누구나 주인이 된 현대 민주정치에서는 고대 아테네에서처럼 계급을 나눠 어리석다고 여겨지는 군중을 배제할 수 없다. 때문에 누구라도 참된 민주정치의 주인이 될 수 있도록 지속적인 민주시민교육을 실시하는 것은 중우정치의 위험을 줄이는 느리지만 확실한 해법이 될 것이다.

3. 다른 나라는 어떤 시민교육을 하고 있을까?

1) 미국의 민주시민교육*

미국은 시민사회 주도의 시민교육을 시행하면서 학교 교육을 강화해 온 나라다. 유럽에서 온 이민자들이 건국한 나라이기 때문에 미국은 건국 초기부터 이질성을 극복하고 사회통합을 유지하는 것이 국가 존립의 중대한 과제였다. 건강한 민주 공동체의 지속과 미국인의 정체성 확립에 대한 해답을 시민교육에서 찾았고 시민(Civics)이라는 용어를 1880년대부터 사용했다. 시민교육을 통해 다양한 배경의 이민자들을 하나로 묶는 미국인의 정체성(American Identity) 생산과 민주정치 공동체 형성에 중점을 둔 것이다.

그런데 시민교육은 학교 보다는 시민사회를 중심으로 전개되었다. 왜냐하면 국가에 대한 개인의 자유를 중시하는 미국인들은 타운홀 미팅 등 다양한 종류의 자발적 조직에 가입하는 전통이 있었기 때문이다. 자발적 결사체 활동을 통해 주민들은 자신이 속한 공동체의 문제 해결을 위해 협력하고 사회적 합의를 도출하는 민주시민성을 자연스럽게 습득하게 된다. 이런 전통으로 인해 시민교육은 어디에서나 이루어지고 있으므로 학교를 통한 시민교육에 우선순위를 두지는 않게 된 것이다.

현재에도 시민교육센터(Center for Civic Education)나 헌법권리재단(Constitutional Rights Foundation) 등 비영리 민간단체들 중심으로 시민교육 프로그램이 개발되고 운영된다. 연방정부는 민주시민교육법(Education for Democracy Act)에 근거하여 시민사회단체의 사업에 대한 체계적이고 재정적인 지원을 할 뿐 시민교육은 학교와 지역사회 간 연계를 통해 이뤄지고 있다(정하윤 2019, 3).

이처럼 시민교육이 시민사회 영역을 중심으로 이뤄진다고 해서 학교의 역할이 미미한 것은 아니다. 토마스 제퍼슨과 다른 건국자들은 민주주의가 시민 교육과 참여에 의존하기 때문에 공교육을 통해 올바른 시민을 길러내지 못한다면 민주주의는 발전되지 못할 것이라고 주장했다. 민주시민교육의 필요성이 제기되면서 19세기에 이미 정치교육을 도입하였고 20세기 초 진보주의 운동의 하나로 미국의 정치교육은 더욱 강화되었다.

---

* 미국과 독일 사례는 『국리민복과 사회통합』(2019)의 5장 "국리민복 가치 확산을 위한 민주시민교육 개선"(서현진)의 일부 내용을 발췌하고 수정하여 제시한 것임.

<그림 1-3> 미국 타운홀 미팅 모습

미국 노스다코타 주의 작은 마을(Bowman County) 주민들의 선거 관련 회의 참여 모습.

1915년부터 사회과 교과를 신설하고 『시민과 정부』라는 과목을 중등과정에서 이수하도록 한 것이다. 1915년 국립교육협회와 미국정치학회의 보고서에 의하면, 정치교육의 가장 중요한 목표는 건전한 사회생활을 영위하고 다양한 사회 분야에 종사하거나 관심을 갖는 훌륭한 시민 양성에 있었다(장원순 2007, 493).

미국 헌법에 의하면 학교 교육과정은 주 정부의 권한이므로 50개 주가 개별적으로 주의 지침과 정책을 만들 수 있고 같은 주 내에서도 학교별로 융통성 있게 운영될 수 있다. 그럼에도 불구하고 1990년대 초반에는 민주시민양성을 위해 사회과협의회 산하 사회과 교육 기준을 위한 특별위원회가 구성되었고 1994년에 국가수준의 교육과정 기준(National Curriculum Standards)이 만들어졌다.

이후 세계화와 정보화에 따른 교육환경 변화에 따라 이 기준은 2007년과 2013년에 개정되었다. 현재는 시민학(civics), 사회과(social studies), 봉사학습(service learning) 과목을 통해 시민교육이 이루어지고 있다. 시민교육의 내용은 주로 정치에 중점을 두는데, 민주주의 원리, 미국의 상황과 국제관계, 미국 정치제도, 미국인의 정체성과 역할인지 그리고 정치참여 등으로 구성된다(서현진 2012, 128).

미국이 시민사회와 학교 교육을 통해 기르려는 '미국인의 정체성'은 개인의 사생활을 중시하면서도 공적 관계에서는 차이에 대한 인정과 다양성의 공존 그리고 공정성에 대한 요구와 규칙의 준수를 강조하는 시민성이다. 이런 가치와 생활 태도가 국가 전통으로 보존될 때 이민자의 나라인 미국 사회의 이질성이 극복되고 민주정치가 발전될 수 있다.

2) 독일의 정치교육

독일은 전 세계에서 유일하게 연방교육원을 통해 국가 주도적으로 정치교육을 하는 나라이다. 하지만 특정 정부나 정치권력이 '원하는 사람'이 아닌 '보편적 시민성'을 가진 교육을 한다는 점에서 주목의 대상이 되고 있다. 독일이 이런 정치교육에 주목한 이유는 독일 민족의 우수성과 반유대주의를 내걸고 세계대전을 일으킨 히틀러가 당시에는 가장 민주적이었던 독일의 바이마르 공화국 헌법에 의해 선출되었기 때문이다. 정치적으로 성숙한 시민 없이 민주주의가 실현될 수 없음을 세계대전이라는 커다란 대가를 치른 후에 습득하게 된 것이다.

널리 알려진 바와 같이, 히틀러와 나치스는 900여개의 강제 수용소를 설치하고 약 250만 명의 유대인을 학살했다. 유대인 학살에 대한 이유는 여러 가지로 추정되고 있는데, 이유를 막론하고 히틀러가 당시 독일인들의 유대인에 대한 증오와 분노라는 감정을 이용하여 정치권력을 장악했다는 점은 분명하다. 1차 대전에서 패배한 후 독일의 경제는 매우 어려웠는데 히틀러는

〈그림 1-4〉 독일의 홀로코스트 기념공원

홀로코스트 기념공원은 2005년 5월 12일, 베를린의 브란덴부르크 문 남쪽에 개설되었다. 이곳에는 홀로코스트로 살해된 유대인 희생자를 위한 추모비들이 세워져 있다. 1만 9073㎡의 부지에 콘크리트 비석 2,711개가 격자 모양으로 늘어서 있다. 두께 0.95m, 너비 2.38m의 블록이 다양한 높이로 세워져 있다. 설계한 것은 미국의 건축가 피터 아이젠먼이다.

이를 독일의 경제와 언론 등을 외래 민족인 유대인이 장악하고 있기 때문이라고 선동하면서 독일인의 반유대주의 감정을 키운 것이다. 타민족이나 타인종을 배척하는 민족주의의 결과는 매우 끔찍했다.

이런 역사적 경험을 통해 독일은 민주시민 없이 민주주의는 지켜지지 않음을 터득하고, 2차 대전 이후 학교 교육 뿐 아니라 평생 교육 차원에서 정치교육을 해오고 있다. 1945년을 기점으로 정치교육의 목적은 이전의 체제 순응적 신민에서 민주시민을 교육하는 것으로 전환되었다. 나치체제 극복과 독일 사회 민주화를 위한 민주시민교육의 필요성과 교육 예산 확보에 대한 초당적 합의가 이뤄지면서 1952년에 '독일연방정치교육원'이 창립되었다. 연방정치교육원과 주 정치교육원은 일반 시민들의 정치적 판단과 분석, 그리고 행위 능력을 함양시키는 것에 목적을 두고 있다.

이후 독일의 민주시민교육은 학교, 국가기구, 국가의 지원을 받는 비정부기구, 각종 사회단체 등이 교육주체가 되어 포괄적이고 다원적으로 담당해왔다. 특히 연방정치교육원의 역할은 서독의 정치 사회적 변화와 함께 증대되었다. 1960년대 중반 재정위기, 극우정당의 세력 확대, 공산당 창당 등 사회통합과 민주주의 발전을 저해하는 요인이 발생하자 연방의회는 '연방정치교육법'을 제정하여 정치교육의 공고화를 꾀했다. 당시 서독사회는 좌파와 우파, 보수와 진보 등 여러 정파들이 존재하는 상황에서 어떻게 중립적으로 민주시민교육을 실천할 수 있을까를 지속적으로 고민하였다.

그 결과, 1976년 보이텔스바흐에서 개최된 학술대회에서 정치인과 지식인들은 보이텔스바흐(Beutelsbach) 협약을 결정한다(정창화 2007, 120). 사회적 갈등 해소와 민주주의 가치를 지키기 위해서 민주시민 양성이 그 해답이라는 점에는 이미 합의한 이들은 정파를 떠나 3가지 시민교육 원칙에 합의했다. 강압이나 주입식 교육 금지, 지속적인 정치적·학문적 논쟁의 허용, 시민(학생)의 정치 상황 분석과 해결 능력 배양이다. 이념이나 가치를 강압적으로 주입하지 말고, 정치적 논쟁의 장을 허용하며, 시민 개개인의 정치적 능력 육성이라는 세 가지 원칙은 전체주의 파시즘과 공산주의에 대한 철저한 반성에서 출발했다고 볼 수 있다.

자세히 보기: 독일의 보이텔스바흐 협의

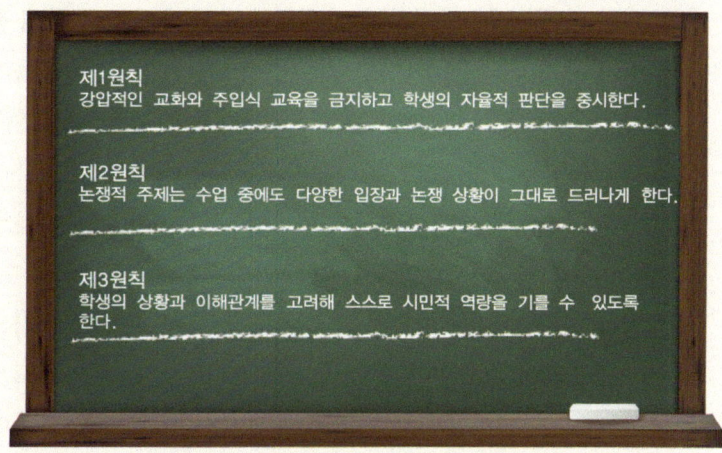

　1976년에 만들어진 보이텔스바흐 합의는 학교 내 교과목과 학교 밖 연방정치교육원과 주 정치교육원 등 국가기관의 재정지원으로 전국의 청소년과 성인들을 위해 제공되는 공정책무로서의 정치교육을 어떻게 할 것인가에 대한 지침서이다. 이 합의는 독일 정치교육의 신성불가침적 상징이며 보편타당한 기본원칙으로 여겨진다.

　이 합의는 다음의 세 가지 원칙을 골자로 한다. ① 강압금지이다. 누구라도 어떤 방식으로든 바람직한 견해라는 이유로 학생들이 독자적으로 판단할 기회를 빼앗고 교육이라는 이름으로 '세뇌'하는 활동을 금지한다는 것이다. ② 논쟁성의 유지이다. 강압금지 원칙이 잘 지켜지기 위해서는 학문적, 정치적으로 논쟁적인 이슈들이 현실수업에서도 그대로 논쟁적으로 다루어져야 한다는 것이다. 상반된 입장들이 균형적으로 다뤄지고, 선택 가능한 다양한 대안이 제시되며, 대안들에 대한 논의가 충분할 때 교육은 '교화'가 되지 않는다는 점을 강조한 것이다. ③ 정치상황 분석과 해결능력 배양이다. 학생들이 자신이 처한 정치적 상황과 이해관계를 총체적으로 분석하고, 현재 상황에 영향을 미칠 수 있는 수단과 방법을 개인적 관심에 따라 스스로 찾는 능력을 기르도록 해야 한다는 것이다. 즉 첫 번째와 두 번째 원칙을 통해 세 번째 합리적 판단과 행동 능력이 양성되는 것이다.

독일 통일 후 동서독 간 또는 동독 지역 내 갈등해결과 사회통합에 큰 역할을 한 것도 정치교육원이었다. 구 동독 주민은 통일 후 독일의 '2등 국민'으로 간주되었다. 공산주의였던 동독은 서독보다 평등한 사회였지만, 통일 후 동독 내 빈부격차와 사회적 불평등이 심화되는 등 많은 문제가 발생했다. 세계적인 신자유주의 경제체제로 인해 동서독 지역 격차가 심화되면서 극우주의가 등장하고 외국인 테러도 빈번하게 발생했다. 동독지역의 시민사회는 오랜 독재 경험으로 인해 서독의 시민사회 수준에 도달하지 못했다. 특히 농촌지역 같은 경우, 동질성에 대한 동경, 외국인에 대한 공포 등 동독 공산주의 독재적 사고방식이 그래도 남아있었다.

이에 연방정치교육원은 구 동독지역 내에 민주적 시민사회를 강화하기 위한 활동을 펼쳐왔다. 자유민주주의적 근본 가치들을 사회적으로 함께 공유하도록 했으며, 경제적 풍요와 민주주의 유지에 있어서 다원화된 사회가 기본 조건이 되어야 한다는 사실을 분명히 인식하도록 교육했다. 또한 통일된 독일을 위해 동서독 간 이질감 해소와 사회통합에 관심을 두었는데, 정치교육을 매체로 시민과 폭넓게 접촉하고 공공기관에 대한 협조 및 공공복지를 위한 자발적 노력이 자연스럽게 이루어지도록 유도해왔다. 정치교육 실시 이후 선거 참여율이 상승하고, 극단적인 정당에 대해서는 거부반응을 보이는 현상이 나타났다(Evens 2016, 5-10).

이와 같이 독일은 2차 세계대전 이후 민주시민교육을 통해 자유민주주의 및 법치주의를 저해하는 극우와 극좌 이데올로기에 대한 비판과 민족 및 인종주의적 편견을 극복하고 상호관용의 문화를 정착시키기 위한 노력을 아끼지 않았다. 평생교육으로서의 민주시민교육은 독일 내 가치 갈등 극복과 민주주의 체제 정착 뿐 아니라 통일 후 사회통합에도 크게 기여하였다. 독일의 시민교육 목표는 '정치적으로 성숙한 시민' 양성에 가깝기 때문에, 다른 나라들이 많이 사용하는 민주시민교육 대신 정치교육이라는 용어를 쓰고 있다는 점도 주목할 만하다.

정리하면 미국과 독일은 오랫동안 민주시민교육을 시행해왔다. 하지만 여전히 많은 문제들이 남아있다. 정부와 시민 간, 다수와 소수자 집단 간 정치·경제·사회 문화적 갈등은 늘 존재한다. 게다가 최근에는 유럽과 미국 등에서 새로운 이민자, 무슬림, 난민 등의 유입으로 인해 기존의 정치 경제적 갈등이 더욱 복잡한 양상으로 변하거나 새로운 문화적 갈등이 나타나기도 한다.

정치교육의 모범 사례인 독일에서도 예외 없이 이민자와 외국인의 증가로 인한 문화적 사회통합 문제가 시급한 현안이 되고 있다. 또한 이민자의 나라인 미국에서도 트럼프 대통령 취임 이후 줄곧 반이민정책은 논쟁을 낳고 있다. 트럼프 대통령은 2019년에 난민 출신 흑인 하원의원에 대한 인종차별적 발언을 거침없이 쏟아내어 물의를 빚기도 했다. 앞으로 합법적 이민도 제한하겠다는 등 다문화 다인종 국가인 미국의 정체성을 의심하게 하는 행동들을 대통령이 앞장서서 하고 있는 것이다. 때문에 일부에서는 민주시민교육 무용론이 제기되기도 한다.

그러나 우리가 잊지 말아야 할 것이 있다. 각자 나름대로의 문제를 여전히 안고 있다고 하더라도 이들 국가들은 우리사회 보다는 훨씬 민주적이며 포용적이라는 점이다. 한국은 경제협력개발기구(OECD)의 사회통합 관련 국제지표에서 하위그룹에 속해 있다. 예를 들면 삶의 만족도는 최악 0에서 최상 10 중 선택하는 것으로 측정했는데, 한국은 5.8로 OECD국가 평균(6.6)보다 낮다. 타인에 대한 신뢰도는 신뢰한다고 답한 사람들의 비율로 측정했는데, 한국은 신뢰수준이 26.6%로 OECD 평균 36% 보다 낮았다(채창균 2018).

독일은 다른 유럽 국가와 마찬가지로 이민자로 인해 사회통합 문제를 안고 있음에도 불구하고, 유럽 내 최대의 난민과 망명자 수용국으로서 공존과 포용적인 사회의 모습을 보여주고 있다.[1] 미국 또한 트럼프 대통령의 반이민정책에 반대하는 정치권과 시민사회의 목소리가 지속적으로 나오고 있다. 예를 들면, 미국-멕시코 국경 지역의 천주교 주교들은 난민들과 연대하여 문제해결 방안을 모색하고 있다. 또한 미국-멕시코 국경에 양국 간 화합과 공존을 상징하는 분홍색 시소가 설치되기도 했다.[2]

다른 나라의 경험을 통해 두 가지 교훈을 얻을 수 있다. 하나는 다양한 배경과 생각을 가진 사람들이 함께 살아간다는 것은 결코 쉬운 일이 아니라는 점이다. 그렇기 때문에 민주주의 발전을 위해 사회구성원들에 대한 민주시민교육이 일상적이고 지속적으로 이루어질 수 있는 시스템을 제도화했다는 점이다. 다른 하나는 민주시민교육에 힘써 온 나라들은 여전히 불완전하더라도 현재 우리 사회보다는 더 포용적이고 공존 지향적인 시민사회를 만들었다는 점이다. 앞으로 이런 나라들이 민주시민교육을 게을리 한다면, 그리고 우리가 더 적극적인 민주시민교육을 한다면 미래 민주정치의 모델 국가는 한국이 될 수도 있을 것이다.

---

[1] 유엔난민기구 보고서에 따르면, 2018년 말 기준으로 전 세계적으로 난민이 7080만 명이었다. 이들은 분쟁, 내전, 빈곤과 폭력을 피해 국경을 넘은 사람들로 80% 이상이 인접국가에 살고 있다. 가장 많은 난민을 수용한 국가는 터키, 파키스탄, 우간다, 수단 순으로 저소득 국가 중에서도 최빈국들이 전 세계 난민의 1/3을 수용하고 있다. 최대 수용국 10개국 중에 선진국은 독일밖에 없다. 선진국이 보호하고 있는 난민은 16% 정도에 불과하다(열린라디오 YTN, 2019년 7월 13일 방송).

[2] 미국과 멕시코 국경을 가르는 철제 장벽 사이로 7월 28일에 분홍빛 시소가 설치되어 양국 사람들이 찾아오고 있다. 이 시소는 미국 건축가인 로널드 라엘 캘리포니아대 교수의 작품이다. 라엘 교수는 "시소를 이용해 우리는 모두 똑같고, 함께 공존할 수 있다는 것을 보여주고 싶었다"고 말했다. 그는 또 "시소는 어느 한쪽의 행동이 다른 쪽에도 영향을 미친다는 것을 상징한다"고 의미를 부여했다(연합뉴스, 2019년 7월 31일).

연관 검색어: 세계의 민주시민교육은?

유럽 국가들에는 교육을 사적 영역으로 여기는 오랜 전통이 있다. 영국에서도 그런 전통이 있었기에 공교육을 통한 민주시민교육은 실시되지 않았다. 하지만 21세기를 맞이하면서 공화주의와 참여 민주주의가 확산되었기 때문에 학교를 통한 시민교육의 필요성을 인지하게 되었다. 1998년 영국의 '크릭보고서'에는 이런 문제의식이 담겨있는데, 모든 청소년을 가르쳐서 지식으로 무장시키고 정치에 참여하도록 해야 한다는 점을 강조했다. 이런 시민교육은 영국을 넘어 유럽과 전 세계의 청소년들에게도 확대되어야 한다고 주장하면서, 정치권과 교육계의 헌신적인 노력을 요구하고 있다. 시민에 관한 담론이 사라지고 민주정치가 무너지는 것을 피하기 위해 시민교육이 중요하다는 점을 상기시킨 크릭보고서 덕분에, 영국에서는 민주시민교육의 일환으로 2002년에 『시민성』 교과가 신설되었다.

대표적인 교육 모델국가로 자주 등장하는 핀란드는 교사들이 자율권을 갖고 교육과정을 실행할 수 있도록 한다는 점에서 민주적이다. 핀란드 국가교육위원회는 10년 마다 교육과정을 개정하는데, 이 과정에서 교육관계자들의 의견이 폭넓게 수렴된다. 또한 국가교육과정이 존재하지만 한국처럼 구체적 차원에서 촘촘하게 제공되지는 않는다. 예를 들면, 2016년 핀란드에서 제공된 현상 기반 학습인 프로젝트 학습(Project Based Leaning, PBL)의 평가 기준에 대해 모호하다는 비판이 있었고 시행과정에서도 여러 가지 오류가 발생했다. 하지만 핀란드 국가교육위원회는 이런 학습을 강조하는 교육의 방향성 자체를 수정하는 대신, 다양한 교육 주체들이 참여하는 세미나 등을 활성화하여 의견을 수렴하는 방식으로 문제를 해결하고 있다. 민주시민교육의 실질적 리더인 교사들 스스로 자율적으로 교육 주체가 되어 오류를 시정할 수 있는 환경을 조성함으로써 민주시민교육을 실행하고 있는 것이다.

한편, 뉴질랜드는 인구가 약 450만 명 정도로 작지만 매우 발전된 국가이다. 세계 시장과의 자유무역, 새로운 정보와 기술 교류, 이민 등에 개방된 국경을 유지하면서, 동시에 뉴질랜드의 정치와 문화 정체성에 대한 사회통합을 이루는 것이 소규모 다인종 국가인 뉴질랜드가 당면한 과제이다. 이를 위해 2010년에 공교육 프레임을 혁신하여 민주시민교육을 실시하고 있다. 2010 교육과정에는 시민교육을 통한 지역사회의 유연성과 통합이 21세기 뉴질랜드를 안정적이고 번영하는 국가로 만드는 기반이 될 것임이 강조되었다. 특이한 점은 급격한 과학기술의 발달로 인해 인류가 새롭게 맞이하게 될 시대상을 반영하여, 전통적인 지식과 기술 교육 중심과 교과목 중심의 구성에서 핵심역량 중심으로 모든 교과를 통합하는 매우 급진적인 방향으로 교육개혁을 추진했다는 것이다. 또한 이런 교육개혁 절차와 진행과정에서 공공 협의를 통해 민주적 시민성을 구현했다는 점도 주목할 만하다.

4. 우리나라 민주정치 발전에 필요한 시민교육은?

한국도 이제 민주주의가 견고하게 뿌리내리는 단계에 와있다. 민주정치에 대한 시민교육은 더 이상 미룰 수 없는 과제가 되었다. 다른 나라가 하니까 우리도 해야 하는 것은 아니다. 하지만 다른 나라의 경험을 통해 민주시민교육이 민주정치 발전에 얼마나 중요한지 알 수 있다. 우리나라에서는 과거 권위주의 시대에 정권획득과 유지 수단으로 시민교육이 실시된 경험이 있다. 정권유지 차원에서 학교에서는 사회, 도덕, 국민윤리, 국사 과목 등을 통해 체계적이고 의도적인 교육이 이루어졌고 학교 밖에서도 새마을운동이나 사회정화운동 등 의식개혁 운동이 전개되었다.

반공과 안보 교육 중심으로 권위주의 정권 지지를 유도하는 소위 '한국식 민주주의 교육'이 오랫동안 실시된 것이다. 이러한 경험 때문에 아직도 정치교육 또는 시민교육에 대한 의심이나 거부감 또는 두려움을 가진 사람들이 여전히 많다. 민주정치 발전을 위해서는 정치교육에 대한 사회적 트라우마를 극복하고 진정한 민주시민교육이 이뤄져야 한다. 민주화이후 민주시민교육을 실시하려는 노력은 계속되어 왔다. 현재는 어떤 방향으로 교육이 이뤄져야 하는지에 대한 정부, 학계, 시민사회의 논의가 활발하게 진행 중이다.

〈그림 1-5〉 한국 시민교육의 과거

대한교과서주식회사 발행.
제2차교육과정기.
총 259쪽.

반공연맹공산주의
문제연구소 발행.
제2차교육과정기.
총 241쪽.

더 보기: 교육의 정치적 중립성과 교사의 표현 유형

「교육기본법」 제6조는 '교육의 중립성' 제목 하에 제1항에서 다음과 같이 규정하고 있다.
"교육은 교육 본래의 목적에 따라 그 기능을 다하도록 운영하여야 하며, 정치적·파당적 또는 개인적 편견을 전파하기 위한 방편으로 이용되어서는 안 된다."

1. 켈리(Kelly) 모형
- 제기된 논쟁문제에 대하여 교사가 자신의 입장을 어느 정도로 표현하고 교수할 것인가
① 배타적 중립성: 논쟁문제의 교수 자체를 반대하는 유형
② 배타적 편파성: 어느 한 쪽 입장만 학습하고 다른 입장에 대해서는 다루지 않는 유형
③ 중립적 공정성: 다양한 관점을 학습하되 특정 입장에서의 교육이 안된다고 보는 유형
④ 신념을 가진 공정성: 다양한 관점을 학습하되 교육적으로 바람직하다고 하는 방향을 지도하는 유형

2. 하우드(Hawood) 모형
- 교사가 자신의 의견을 얼마나 표현하는가
① 신념형: 교사가 자신의 의견을 자유롭게 내세우는 유형
② 객관형: 교사가 다양한 관점을 모두 서술하되 자신의 의견은 말하지 않는 유형
③ 악마옹호형: 교사 자신의 의견과 상관없이 학생의 의견에 반대 입장만 취하는 유형
④ 옹호형: 다양한 관점을 제시하고 이를 종합하여 교사 자신의 의견을 말하는 유형
⑤ 공정한 의장형: 다양한 관점을 토론하되 교사가 자신의 의견은 말하지 않는 유형
⑥ 관심형: 교사가 먼저 자신의 입장을 말하고 나서 다양한 의견을 객관적으로 소개하는 유형

Kelly, T. E. (1986). Discussing controversial issues: Four perspectives on the teacher's role. Theory & Research in Social Education, 14(2), 113-138
CHarwood, D. (1986). 'To avocate or educate', Education, 3-13(14), 51-57.

여기서는 민주시민교육의 방향을 세 가지 측면에서 제시하고자 한다. 첫째, 정치 중립성 원칙이다. 우리나라 헌법 31조와 교육기본법 6조에는 교육의 정치적 중립성 원칙이 명시되어 있다. 교육이 특정 정파나 개인의 이익이 아닌 민주적 원칙과 절차에 따라 결정되고 실천되어야 한다는 것이다. 그런데 이 원칙은 과거와 같이 교육을 특정 정권유지의 수단으로 악용하지 말라는 의미이지, 민주정치에 대한 시민교육을 하지 말라는 의미는 아니다.

거듭 말하지만 민주사회를 살아가는 민주시민의 자질을 육성하는 교육은 필요하다. 민주주의(domocracy)는 대중(demos)과 지배(kratos)가 합쳐진 말로 본질적으로 정치적 의미를 담고 있다. 때문에 민주시민교육의 핵심은 정치교육이다. 기본적으로 민주정치가 이뤄지는 민주사회를 만들기 위해서는 시민들은 무엇을 알아야 하고, 어떻게 해야 하는지에 대한 교육이 필요하다. 시민이 투표만 하던 시대는 지났다. 다양한 형태의 정치참여가 늘어나는 시점이다. 민주적 정치과정에 자율적, 이성적, 비판적으로 참여하는 시민이 필요하다. 특정 정파나 정권에 휘둘리지 않기 위해 주권자라는 자기 인식이 강화되고 합리적으로 주권을 행사하는 민주시민 양성을 위해 민주정치의 기본 이념과 작동 원리에 대한 교육이 필요한 것이다.

둘째, 시의적절성이다. 민주시민은 자신들을 둘러싼 시대적 상황과 당면 과제를 성찰적으로 따라갈 줄 알아야 한다. 새로운 시대의 핵심쟁점들을 헌정질서의 기초에 입각하여 민주정치를 발전시키는 방향으로 수용할 수 있어야 한다. 우리는 정보화, 세계화, 다문화로 인해 빠르게 변하는 세상에 살고 있다. 머지않아 우리는 전 지

〈그림 1-6〉 세계의 변화

〈정보화 시대〉

〈세계화 시대〉

〈다문화 시대〉

구인을 넘어 인공지능을 가진 로봇과 함께 살게 될지도 모른다. 한국은 이미 다민족 다문화 국가로 빠르게 전환되고 있다. 이념갈등, 세대갈등, 지역갈등, 빈부갈등 등 기존에 우리 사회가 안고 있던 문제에 더하여 민족, 종교, 문화 등 새로운 갈등이 생겨날 것이다. 이런 문제들이 쏟아져도 의연하게 민주정치체제를 유지하고 키워나가기 위해서 체계적인 민주시민교육이 더 없이 중요하고 필요한 때이다.

나와 남이 '우리'가 되어 함께 갈등을 해결하고 평화롭게 공존할 수 있는 사회가 그렇지 않은 사회 보다는 개개인의 삶을 좀 더 행복하고 풍요롭게 할 수는 있다. '우리'라는 공동체의 범위는 우리 가족, 우리 동네, 우리 사회, 우리나라, 우리 지구 등 다양하다. 만약 '우리'의 범위를 오직 가족만이라고 보는 사람이 있다면, 그는 이 세상 거의 모든 사람들과는 무관심하거나 비우호적 또는 적대적인 관계를 가질 수 있을 것이다. 이런 사람들이 많은 사회에서는 갈등을 자연스러운 사회현상으로 이해하고 우리가 함께 평화 공존하는 방향으로 해결하려는 노력도 적을 것이다.

따라서 공존과 사회통합이라는 시대적 쟁점에 대한 깊이 있는 성찰과 의사소통을 통한 합의 능력을 갖춘 시민양성 교육이 절실하다. 똑똑한 네티즌, 펙트체커, 다문화 능력, 세계시민성 등 우리가 살고 있는 현 시대에 필요한 시민성 교육이 필요하다. 우리가 살고 있는 현재에 대한 이해를 바탕으로 미래에 대한 방향성을 찾는 민주시민교육이 되어야 한다.

셋째, 평생교육을 통한 일상적 민주시민양성 교육이 이뤄져야 한다. 민주시민은 일상적으로 스스로 학습하는 주체가 되어야 한다. 일상적인 삶이 학습의 과정이 되어야 한다는 것이다. 2020년 현재에도 2017년 탄핵된 박근혜 전 대통령 무죄 석방 촉구를 위한 시위는 계속되고 있으며, 미투운동을 벌이며 거리로 나선 여성, 평등한 권리 보장을 외치는 성소수자, 최저임금 차등적용을 요구하는 소상공인 등 광화문이나 대학로에서 열리는 집회에 대한 뉴스도 어느 새 일상적인 정보가 되었다. 이런 시민운동은 동네 안으로 들어오고 있기도 하다. 이런 우리 사회의 모습에 대해 우려의 시선이 있을 수 있다.

하지만 이런 다양한 요구가 일상적으로 분출될 수 있다는 것은 좀 더 발전된 민주사회로 변하고 있다는 증거이다. 지역갈등, 세대갈등, 남녀갈등, 노사갈등, 노노갈등, 문화갈등, 인종갈등 등 정도와 유형의 차이는 있지만 갈등 자체가 없는 사회는 없다. 다양한 생각을 가진 사람들이 함께 사는 사회에서 갈등이 일어나는 것은 당연한 일이기 때문이다.

이런 갈등을 어떻게 해결할 것인가에 따라서 민주사회인지 독재사회, 신권 또는 왕권 사회인지를 알 수 있다. 인류가 여러 사회를 경험하고 현재에 이르기까지 동의한 명제는 '모든 인간은 자유롭고 평등하게 인간답게 살 권리'를 누려야 한다는 것이다. 이를 실현할 가장 최선의 형태는 민주정치체제이다. 인류는 모두가 행복한 공동체를 지향해왔지만 이런 목표는 공산주의 체제가 보여주었듯이 매우 허구적이고 실현 불가능한 것처럼 보인다. 또한 인간에게 행복의 기준은 다 다르기 때문에 정치경제 체제를 통해 모두를 행복하게 할 수도 없을 것이다.

민주정치체제 유지를 위해서는 학교를 졸업한 후에도 변화하는 시대적 쟁점에 대한 시민교육이 이어져야 한다. 다행스럽게도 최근에는 시민단체와 지자체가 협업하여 민주시민교육을 함께 논의하고 고민하는 평생교육의 장이 많이 마련되고 있다. 학교 밖에서 민주시민교육을 위해 힘쓰는 단체로는 참여연대, 민주화운동기념사업회, 민주시민교육네트워크, 바른 사회 시민운동, 경제 실천 연합, 흥사단 등이 대표적이다. 과거에는 각자 민주시민교육을 논의하고 실천했다면 최근에는 함께 모여 민주시민교육에 대한 사회적 합의를 이끌어내고자 포럼 형태의 모임이 많이 만들어지고 있는 상황이다.

민주정치라는 좋은 제도는 이를 제대로 운용할 수 있는 민주시민이 없다면 쓸모가 없다. 아무리 세상에서 제일 좋은 차를 가졌다 해도 내가 그 차를 제대로 다룰 수 있는 지식과 운전 능력이 없다면, 그 차는 나 뿐 아니라 다른 사람을 위험하게 하는 무기가 될 수 있다. 운전면허를 가진 사람 모두가 운전을 잘 하는 것은 아니다. 타고난 운전자도 있겠지만 대부분은 연수와 일상적인 훈련 그리고 좋은 운전 습관을 통해 숙련된 운전자가 된다.

마찬가지로 입체적 사고와 분석 능력, 상호 인정과 존중의 태도, 합리적 대화와 행동 능력 등 민주시민성도 학교 교육을 통해 어린 시절부터 훈련되고 내면화되어야 길러진다. 성인이 된 후에도 일상적 경험과 훈련을 통해 평생 동안 길러져야 한다. 아침 식사만으로 건강한 하루를 살 수는 없다. 아침 식사가 하루를 시작하는 원동력이 되는 것처럼 학교 민주시민교육은 건강한 민주시민 양성의 첫 끼니일 뿐이다. 민주주의가 제대로 뿌리내리고 성장하기 위해서는 평생 교육을 통한 자양분을 구성원에게 꾸준히 공급해줘야 한다.

자세히 보기: 민주화 이후 민주시민교육의 역사

※ 1987년 민주화 진전 시기~7차 시기

1987년 민주화가 진전되면서, 시민교육에도 변화가 이루어졌다. 특히 문민정부는 기존 질서에 대한 무비판적 수용으로는 주체적 인간을 육성할 수 없기 때문에 기존의 반시민적 시민교육의 기조를 변화시키고자 하였다. 제 5차 교육과정(1987-1992년)에서는 교육과정의 적정화, 내실화, 지역화를 개정의 기본 방향으로 삼았고, 개념 및 원리학습, 탐구학습, 사고력 신장 등이 강조되었다. 이후 제6차 교육과정(1992-1997년)은 권위주의 정부에서 민주주의 정부로의 이행이 반영되면서, 사회과의 공식목표가 '국민적 자질'에서 '시민적 자질'로 변화되었다. 제7차 (1997~2007) 시기에는 '개인과 사회, 국가와 인류의 발전에 기여할 수 있는 민주시민' 이라는 언급도 등장하게 되었다. 2000년대에는 민주시민교육을 제도화하고자하는 움직임과 더불어 학생들의 시민교육을 통해 참여의식과 비판의식을 고취시켜야 한다는 주장이 제기되었다.

※ 2009 개정교육과정 시기

2009년 교육과정 개정에서도 민주시민으로서의 자질 함양이 제기되었는데, 범위는 초등교육에서 고등교육에까지 이른다. 이 외에도 2009 개정 교육과정에서는 기존의 재량활동과 특별활동을 '창의적 체험활동' 으로 통합함으로써 체험위주의 창의인성교육과 민주시민교육을 할 수 있도록 하였다. 2010년 당시 교육과학기술부는 교육과정 개정과 연계하여 '체험과 실천 중심의민주시민교육 활성화 방안'을 발표하면서 한국적 가치와 국제적 역량을 고루 갖춘 글로벌 인재 양성의 필요성을 피력하였다. 기존의 시민교육이 교과서 위주의 지식 전수에 치중하고, 타인을 배려하며 함께 살아가는 공동체적 덕목이 결여되었으며, 학교 외부에서 제공되는 체험활동 프로그램들과 학교교육의 연계성이 미흡하다는 비판이 제기됨에 따라 이를 개선할 방안을 제시한 것이다.

※ 2015 개정교육과정 시기 (현재)

현재시기 최신의 교육과정인 2015 개정교육과정에 따르면 민주시민교육 개념은 "민주시민교육은 건전한 사회를 위해 청렴·반부패 문화를 형성하고, 헌법의 정신 및 법질서를 존중하도록 하며, 생산 활동에 참여하고 있는 근로자의 권리와 의무 등에 대한 교육"으로 일컬어지고 있다. 참여를 넘어 개인생활에의 적극적 영유까지도 시민의 자질로 보고 있는 것이다. 한편 문재인 정부 산하의 교육부는 2018년 말 민주시민교육 활성화 계획을 발표하면서 학교 내 민주시민교육 추진을 위한 구체적인 안을 내놓았으며 2019년에는 더불어민주당 의원이 대표발의한 학교민주시민교육법안이 등장했다. 이에 대해 전국사회교사모임, 학교시민교육전국네트워크, 민주시민교원노조 포함 25개의 교육시민단체가 함께 목소리를 높이고 있어 향후 민주시민교육의 새 바람이 기대되는 시점이다.

김성수 외(2015). 학교 내 민주시민교육 활성화 방안. 교육부 정책연구 보고서 발췌 및 수정

연관 검색어: 민주시민교육을 위한 정부와 시민사회의 노력

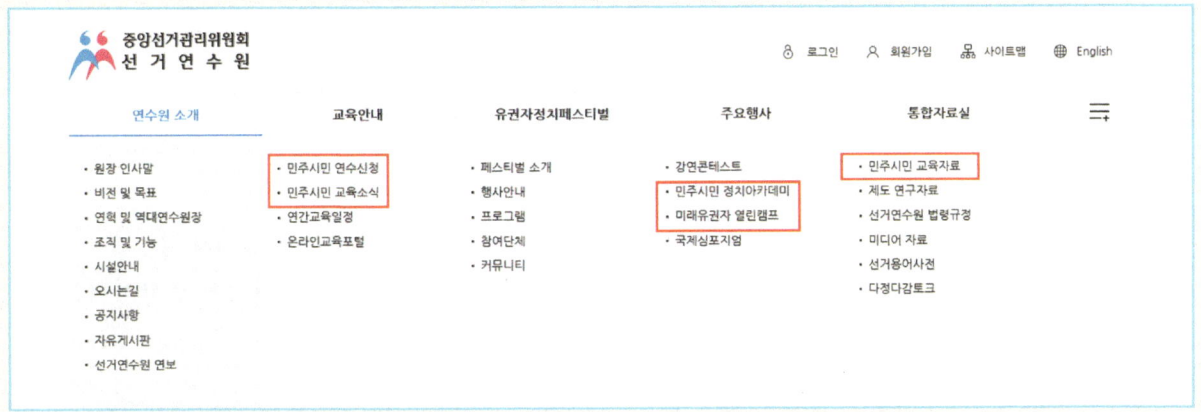

최근 민주시민교육을 위한 정부, 시민단체, 지자체 등 다양한 사회구성원들의 노력이 커지고 있다. 1991년 지방선거가 부활되면서 풀뿌리 민주주의의 중요성과 더불어 민주시민 양성에 대한 사회적 요구가 커졌다. 민주시민교육의 중심은 정치적 중립성과 공정성이 헌법으로 보장된 선거관리위원회여야 한다는 공감대가 형성되면서 1996년 선거연수원이 공식 출범하게 되었다. 선거연수원은 출마 예정자, 정당 당원, 지방공무원, 경찰, 교육공무원 등 선거관계자 뿐 아니라 시민사회 단체, 대학생, 미래 유권자 등 일반 시민들을 대상으로 하는 교육을 실시해 오면서, 민-관-학이 연계되는 민주시민교육 정립을 위해 노력하고 있다.

또한 지자체와 시민단체 간 협력이 이뤄진 사례도 있다. 2019년 11월에 시행된 '찾아가는 민주시민교육'은 일반시민 대상의 민주시민교육 협력 시범사업이다. 일종의 포럼과 특강, 체험식 교육이 혼합된 이 행사는 대구광역시, 대구평생교육진흥원, 지식과 세상 사회적 협동조합, 대구참여연대 민주시민교육센터, 대구경북 인문학 협동조합 지원으로 진행되었다.

한편, 정부보다는 시민사회 구성원들 간의 연합체 중심으로 민주시민교육을 실시하려는 움직임도 있다. 예를 들면, 2019년 10월 17일에 민주화운동기념사업회, 새마을운동중앙회, 전국민주시민교육네트워크 등이 협업으로 준비한 '민주시민교육 사회적 합의를 위한 전국 숙의 토론회'가 열렸다. 이 토론회는 수도권, 충청권, 영남권, 호남권에서 논의된 원탁회의 결과를 토대로 민주시민교육의 향방에 대한 구체적 안을 고민하는 자리였다.

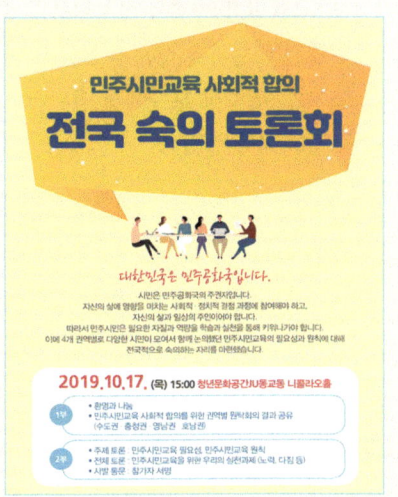

생 각 해 보 기

'교원의 정치적 중립성' 문제, 어떻게 볼 것인가?

교원의 정치적 중립성, 학교 안팎에서 모두 필요할까?

학교 밖에서는 교사의 자유가 보장돼야 한다.

교사의 정치참여 허용 필요

교육의 공공성을 높이기 위해 교육정책에서 배제되었던 교사들이 전문성을 바탕으로 여러 정당에 참여해 교육정책을 수립해야 한다는 주장이 있다. 교사의 정치적 중립성은 4.19 혁명을 거치며 교사와 공무원에 대한 정권의 부정한 간섭을 막고자 도입한 것이었다. 그런데 오늘날 일부에서는 이를 정치 배제로 보기 때문에 교사가 정치적 민주성을 발휘해 민주시민교육을 할 수 있도록 정치기본권을 부여해야 한다는 주장이 제기된 것이다. 한편에서는 교육의 정치적 중립성은 정치 배제를 의미하지 않는다는 주장도 있다. 왜냐하면 교사는 사회 현안을 수업 현장에 가지고 들어올 만큼 정치적으로 깨어 있어야 하고 참여해야 하기 때문이다. 교육현장 안에서 정치적으로 중립이 지켜지기 위해서는 정치에 깊은 관심을 가진 교사가 필요하고 이를 위해서 교사에게 정치적 기본권이 반드시 보장되어야 한다.

학교 밖에서도, 안에서도 교원의 정치적 중립성이 필요하다.

2012년 4월 대법원 판결

"… 교원의 정치적 중립성은 비단 교육현장에서뿐만 아니라 교육현장 외에서도 지켜져야 한다. 특히 아직 독자적인 세계관이나 정치관이 형성되어 있지 아니하고 감수성과 모방성, 그리고 수용성이 왕성한 미성년자들을 교육하는 초·중등학교 교원의 활동은 그것이 교육현장 외에서 이루어졌다고 하더라도 학생들에게 직접적이고 중대한 영향을 미치므로, 초·중등학교의 교원은 교육현장 외에서의 활동도 잠재적 교육과정의 일부임을 인식하고 정치적 중립성이 훼손되지 않도록 유의하여야 한다…."

2012년 7월 헌법재판소, 공·사립학교 교사의 선거운동과 정치활동을 금지한 현행 「국가공무원법」과 「공직선거법」에 대해 합헌 판결

"…교육공무원의 활동은 근무시간 내외를 불문하고 학생들의 인격 및 기본생활습관 형성 등에 중요한 영향을 끼치는 잠재적 교육과정의 일부분인 점 등 교원의 특성에 비추어 보아 교육공무원의 선거운동을 기간과 태도, 방법을 불문하고 일체 금지시키는 방법 외에 달리 덜 제한적인 방법으로 목적달성이 가능할 것인지 불분명하고, 법익균형성도 갖추었다고 할 것이므로, 과잉금지원칙을 위배하여 선거운동의 자유를 침해한다고 볼 수 없다."

"대학 교수"와 "고등학교 교사," 모두 정치적 중립성을 지켜야 할까?

미성년자를 대상으로 교육하는 교사는 정치적 중립성을 지켜야 한다.

고등학교에서 진보적 교사가 학생들에게

2019년에 서울 인헌고에서 교사의 정치편향 논란을 촉발시킨 사건이 발생했다. 보수성향 시민단체는 2019년 11월 29일 국가인권위원회 앞에서 기자회견을 열고 이른바 '인헌고 사태'와 관련해 인헌고와 서울시교육청에 대한 조사를 촉구하는 진정서를 국가인권위에 제출했다.

이 사태는 학생들이 2019년 10월 교내 마라톤 행사에서 일부 교사가 반일 문구가 적힌 선언문을 적으라고 지시했고, 이에 반대하는 학생들에게 강요를 했다고 폭로하면서 일어났다. 또한 학생들은 수업시간 중에 반일 파시즘을 주입하거나 조국 전 장관에 대한 가짜뉴스를 믿지 말라며 선동했고, 비판적 의견을 낸 학생들에게는 '일베' 회원이냐는 등의 반응을 보였다고도 주장했다. 이런 교사들에 대해 학생들이 공개적으로 항의하면서 이 사태가 불거졌다.

성인을 대상으로 교육하는 교수도 정치적 중립성을 지켜야 한다.

대학에서 보수적 교수가 학생들에게

2019년 모 대학 교수는 '과학 철학' 전공 수업 시간에 "노 전 대통령은 선거 과정에서 전자 개표 부정 사기극으로 당선된 가짜 대통령"이라고 주장한 뒤, 수강생들에게 "인터넷에서 노무현 대통령 선거가 조작됐다는 증거 자료를 찾아 첨부하고, 대법관 입장에서 이 명백한 사기극을 어떻게 판결할 것인가를 리포트로 제출하라"고 요구해 학생들이 반발했다.

이에 대한 학생들의 반발이 거세지자 이 교수는 일베 사이트에 글을 올려 "10년 넘게 강의하고 1600개 이상의 리포트를 받아온 주제"라고 말해, 이른바 '일베 교수'로 네티즌들 사이에서 통했다. 2012년에는 전공시험에서 '종북 좌익을 진보라 부르는 언론을 비판하라'는 문제를 냈다가 정직 1개월 처분을 받기도 했다. 또한 2018년 8월 파주 임진각에서 대북전단을 보내려다 경찰과 충돌했다.

▷ 위의 사례들을 살펴본 뒤, 자신의 생각을 표현해보고 그 이유를 말해보자.

	일부만 필요하다	모두 필요하다
학교 안 vs. 학교 안팎		
초중고 교사 vs. 대학교수		

교원의 정치 중립성 문제에 대해 친구들과 논의해보고, 이를 토대로 학교에서
사회현안 교육을 할 때 교원이 지켜야 할 원칙을 아래 선언문 형식으로 제안해보자.

사회현안 교육 원칙 합의를 위한 토론회 참가자 선언문

우리는 오늘 ○○에서 사회 현안 교육 원칙 합의를 위한 첫 발을 내딛었다. 교육기본법 제 2조는 민주 시민의 자질을 함양하는 것이 우리 교육의 목적임을 분명히 밝히고 있다. 우리는 오늘 토론회를 통해 사회현안 교육을 할 때 학교에서 교원이 지켜야 할 원칙을 다음과 같이 선언한다.

첫째,

둘째,

셋째,

2 민주정치와 시민의 관계

미리보기

올해의 민주시민

아래 사진들은 타임지가 해마다 선정한 올해의 인물 사례이다.
전 세계적으로 영향을 미친 인물을 뽑기 때문에
북한의 김정은이나 독일의 히틀러가 뽑힌 적도 있다.
당신의 올해의 민주시민은 누구인가? 그 대상은 왜 여러분의 민주시민인가?

2006년 올해의 인물
"당신들"
(YOU)

2013년 올해의 인물
"프란치스코 교황"
(POPE FRANCIS)

2019년 올해의 인물
"그레타 툰베리"
(GRETA THUNBERG)

1. 인간은 '정치' 없이 살 수 있나?

정치하면 어떤 느낌이 드는가? 너무 좋다, 고맙다, 든든하다, 포근하다 이런 느낌이 든다는 사람들은 많지 않을 것이다. 동서고금을 막론하고 정치를 소재로 한 드라마나 영화를 보더라도 권력, 배신, 불신, 음모 등 부정적인 단어를 떠오르게 하는 내용이 많다. 이렇게 우리에게 환영받지 못하는 정치는 왜 사라지지 않는 것일까? 인간은 정치 없이는 살 수 없나? 극히 예외적으로 평생 혼자 사는 사람을 제외하고, 대부분의 사람들은 정치 없이는 살 수 없을 것이다. 왜냐하면 거의 모든 인간은 원하든 원하지 않든 사회라는 공간 속에서 살아가기 때문이다.

사람들은 가족, 학교, 동네, 또래집단, 종교집단, 국가, 지구 등 여러 종류의 사회 조직 속에서 다른 사람들과 관계를 맺고 살아가면서 서로 영향을 주고받는다. 이때 서로 영향을 주고받는 관계는 수직적 관계일 수도 있고 수평적 관계일 수도 있다. 예를 들어, 가족이 함께 할 식사의 메뉴를 정할 때 아버지나 어머니 등 누군가의 의견에 일방적으로 따르거나, 정해진 몇 개의 메뉴 중 하나를 선택할 수 있거나, 모두 함께 의논해서 정하기도 한다. 이런 현상은 회사에서나 친구들 간에도 흔히 볼 수 있다.

똑같은 음식을 먹더라도 나에게 메뉴 선정의 자유가 있고 참여가 가능할 때와 그렇지 않을 때는 기분이 다르다. 만약 내가 돈이 없거나 누군가에게 잘 보여야 해서 또는 말을 안 들으면 어떤 불이익을 받을까봐 무조건 따라가야 하는 상황이라면, 그 식사 모임은 즐겁지 않을 것이다. 이처럼 누군가의 힘에 의해 강압적으로 원치 않는 일을 하게 될 때 우리는 불편함을 느낀다. 나는 누군가의 돈, 지위, 물리적 힘, 정신적 불안감 등 권력(power)에 의해 지배를 받는 수직적 관계의 피지배자에 속하기 때문이다.

그런데 누군가가 정하는 대로 따라 가더라도 즐거운 식사가 될 수 있다. 만약 여러 친구들 중 한 친구가 먹거리에 관심이 많고 메뉴 선정 능력도 탁월해서 늘 만족한다면 다른 친구들은 기꺼이 따라갈 뿐 아니라 메뉴 선정 임무를 주기도 할 것이다. 이 경우는 나의 자발적 의지대로 친구의 의견을 따르는 것이므로 친구는 메뉴 선정에 있어서 일종의 권위(authority)를 갖게 된다. 또한 메뉴 선정하느라 고생한 친구에 대해 다른 친구들이 여러 가지 방식으로 고마움을 표시하는 등 수평적 관계도 형성될 수 있다. 이처럼 지극히 일상적인 생활에서도 정치현상은 존재한다.

더 보기: 일상과 정치, 정치와 일상

  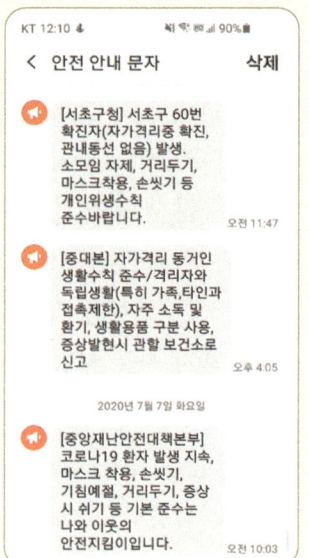

우리의 일상과 관련된 것들은 온통 정치와 관련되어 있다. 정치는 마치 공기와도 같다. 평소 깨끗한 공기에 대해 고마움을 느끼는 사람은 많지 않을 것이다. 미세먼지가 우리를 병들게 하고 불편하게 한 이후에야 비로소 깨끗한 공기의 소중함을 깨닫게 된다. 코로나19는 어떤가? 이 바이러스로 인해 우리는 완전히 달라진 불안한 일상을 살게 되었다. 코로나19의 확산은 2020년 전 세계인의 생명과 건강 뿐 아니라 정치, 외교, 경제, 문화 등 광범위한 영역에 걸쳐 막대한 영향력을 행사하고 있다. 눈에 보이지 않는 공기나 바이러스가 우리 일상을 바꿔놓듯이 나쁜 정치도 그렇다. 다시 자유롭고 편하게 숨 쉴 수 있는 일상적 삶을 되찾기 위해 우리는 정치적 해결책 모색에 관심을 갖고 참여해야 한다. 코로나19 이후에 어떤 미래가 펼쳐질지는 결국 현재를 사는 우리 손에 달려있는 것이다.

정치는 어원적으로 고대 그리스의 도시국가인 폴리스(polis)에서 비롯되었다고 볼 수 있다. 유명한 고대 철학자 아리스텔레스(Aristotel)는 '인간은 폴리스를 구성하며 살아가는 동물이다'라고 말했는데 이는 '인간은 정치적(사회적) 동물이다' 라는 말로 널리 알려졌다. 오늘날도 인간은 국가 공동체라는 사회적 공간에서 존재하며 생활하는데, 사회생활에는 인간들이 함께 살아가는데 필요한 조직이나 지배관계 등 정치현상이 필연적으로 나타나므로 인간은 정치를 떠나 존재할 수 없는 것이다.

구체적으로 정치는 어떤 활동인가? 이에 대해서는 정치학의 시초가 된 아리스토텔레스의 『정치학』(The Politics)에는 명확한 내용은 없다. 다만 이 책에는 정치를 하늘의 뜻이 아닌 인간의 일로 다룬 그리스인들의 정신이 담겨있으며, 도시국가에 맞는 이상적인 정치체제나 도시국가를 위해서 할 수 있는 것이 무엇인가 등에 대해서 연구해야 한다는 내용만 있다. 이후 다양한 관점에서 '정치'는 국가의 활동, 국가를 넘어선 모든 사회집단의 활동, 지배와 피지배 관계, 계급투쟁, 사회적 가치창조 현상 등 다양한 의미로 정의되어 왔다(홍득표 2009, 18-22).

이런 다양한 시각 중에서 정치를 하나의 시스템으로 이해한 데이비드 이스톤(David Easton)의 정의는 현대 정치학에서 많이 사용되고 있다. 이스톤은 정치를 '사회를 위하여 가치를 권위적으로 분배(authoritative allocation of values for a society)'하는 활동이라고 정의했다(David Easton 1965, 50). 이에 대한 이해를 돕기 위한 〈그림 2-1〉을 보면, 인간이 행복하게 살기 위해 추구하는 가치는 매우 다양하다는 것을 알 수 있다. 돈이 많거나, 미모가 뛰어나거나, 높은 지위에 올랐거나, 좋아하는 음식을 먹거나, 훌륭한 직장을 갖거나, 마음이 통하는 사람과 결혼하거나, 화목한 가정을 꿈꾸거나, 언제든 휴식이 가능한 여유로운 삶을 원하는 등 사람들은 추구하는 물질적 또는 비물질적 가치는 다양하다.

그런데 문제는 모든 사람들이 추구하는 가치는 다 동등하게 충족될 수 없다는 점이다. 가치 충족에 필요한 사회적 자원은 한정적이고 상대적이기 때문이다. 대부분의 사람들이 돈이나 출세를 원하지 않거나 좋은 대학에 가고 싶어 하지 않으면 별 문제가 없겠지만, 현실은 그 반대이다. 남보다 더 많이 갖고 싶고 더 높은 지위에 오르고 싶으며 더 많은 권리를 누리고 싶어 한다. 따라서 자원이 유한한 사회에서는 경쟁과 갈등이 필연적으로 발생한다. 이를 해결하기 위한 활동을 이스톤은 정치라고 보았다.

〈그림 2-1〉 다양한 가치

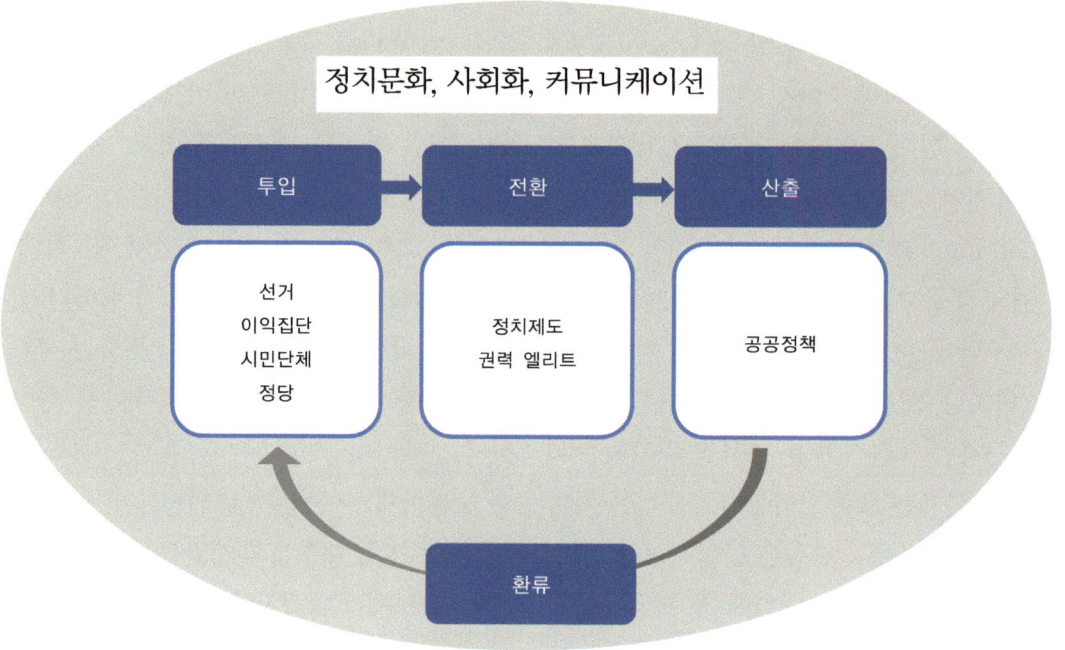

〈그림 2-2〉 정치시스템

　이는 라스웰(H. Lasswell)의 정치에 대한 정의 '누가 언제 무엇을 어떻게 얻는가(who gets what, when, and how?)'와 상통하는 부분이 있다. 코로나19가 전 세계적으로 유행하면서, 2020년 봄에 한국에서도 많은 사람들이 마스크를 구매하려고 했다. 사람들이 공통적으로 추구한 가치는 건강과 안전이었을 것이다. 하지만 하루 공급되는 마스크의 양은 모두의 가치를 충족시킬 수 없었기에, 우리 사회는 누가 마스크를 언제 어떻게 얻을 것인가를 결정해야 했다. 이런 분배를 누군가 권위를 가진 정당한 주체가 나서서 사회를 위해서 하는 것이 정치라고 이스톤은 말한 것이다.

　이스톤이 주장한 정치 시스템을 구현해보면 〈그림 2-2〉와 같다. 이스톤은 정치활동이 투입, 전환, 산출, 환류라는 흐름을 통해 하나의 시스템으로 이뤄진다고 보았다. 예를 들면, 개인이나 집단은 자신들의 가치를 충족하기 위해 투표를 하거나, 온라인 매체를 통해 정치의사를 표현하거나, 이익집단 또는 시민단체 활동을 하거나, 정당에 가입하는 등 다양한 방식으로 요구와 이익을 모으고 정치에 참여하여 표출하는데 이 단계가 투입(inputs)이다.

　전환(conversion) 단계는 사람들의 요구가 정치권력을 가진 대통령이나 국회의원 등 대표들에 의해 수용되는 단계이다. 대의민주정치 체제에서는 정치적 권위를 가진 정부와 의회라는 정치제도를 통해 시민들의 요구가 정책으로 전환된다. 모든 요구가 다 정책으로 전환되는 것은 물론 아니다. 다양한 요구 중 일부는 정책으로 산출되고 일부는 거부되기도 한다. 시민들의 요구가 얼마나 정책으로 잘 전환되는가는 각 나라의 정치 제도적 안정성과 역량에 따라 다르다고도 할 수 있다.

이렇게 투입된 내용이 정책으로 전환되어 나온 결과를 산출(outputs)이라고 말한다. 만약 산출된 정책과 집행에 대해 만족하는 사람들이 많을 경우, 정치적 사안에 대한 시민사회의 요구는 해소된다. 하지만 불만인 사람들이 많은 경우는 환류(feedback) 과정을 거쳐 새로운 정책을 요구하게 되는 투입단계로 돌아간다. 공공 정책은 집행이 된 후에도 사람들의 평가를 받는 과정을 통해서 수정되거나 새로운 정책으로 변화되는 것이다.

그런데 이런 투입, 전환, 산출, 환류의 과정은 국내외적 환경과 상호작용을 한다. 예를 들어, 코로나19 같은 전염병이 세계적으로 유행하는 국제 환경이라면 이 위협에 대응하는 의료, 보건, 외교, 경제 정책 등에 대한 요구가 투입될 가능성이 높다. 또한 각 나라의 정치문화, 정치교육과 정치사회화, 정치커뮤니케이션 통로 등 국내적 환경요인도 정치과정에 영향을 미칠 것이다.

물론 이스톤의 개념 정의가 완벽한 것은 아니다. 하지만 우리가 살아가는 사회에서 필연적으로 발생하는 다양한 가치 갈등을 해결하는 정치과정을 하나의 시스템으로 그려냈다는 점에서 의미가 있다. 정치시스템 이론을 통해 다양한 정치현상을 좀 더 쉽게 이해할 수 있다. 권위주의 독재 문화가 팽배한 나라에서는 투입단계에서 사람들이 활발하게 자신들의 요구를 주장할 수 없을 뿐 아니라 투입된 요구가 정치권에서 정책으로 전환될 가능성도 매우 낮다. 오히려 몇몇 권력자의 지시에 의해 일방적인 정책이 만들어지고 결정된 정책에 대한 수정 요구도 어렵기 때문에 투입이나 피드백 기능은 상실된다고 볼 수 있다.

반면 민주시민교육이나 정치커뮤니케이션이 활성화되고 민주주의 문화가 정착된 나라에서는 투입부터 피드백까지 모든 흐름이 원활하게 이루어질 가능성이 높다. 시민들의 요구가 정치권으로 얼마나 잘 수용되고 효율적이고 안정적으로 정책으로 전환되는가는 각 나라의 정치제도나 엘리트의 역량에 따라 다를 수 있다. 하지만 정도의 차이가 있을 뿐, 정치시스템이 제대로 구축되고 운영되는 나라에서는 다양한 갈등과 문제가 민주적 방식으로 해결되어 사회통합과 발전이 이루어질 가능성이 높은 것이다.

2. 왜 하필 '민주정치'를 추구해야 할까?

이 질문에 대한 답은 '민주정치는 나의 편안한 일상을 위해 내가 정치에 직접 관여할 수 있는 제도이기 때문이다'라고 할 수 있다. 민주정치는 소수 권력을 가진 지배자를 위한 정치가 아닌 평범한 다수 시민들의 권리와 이익을 보호하는 정치를 추구한다. 미세먼지나 코로나 바이러스가 우리의 일상을 흔들어 놓는 것처럼 나쁜 정치도 우리를 편히 숨 쉬지 못하게 한다. 누군가를 위해서 먹는 점심이 나를 건강하고 행복하게 할 수 없듯이, 소수 권력자의 행복을 위한 정치는 대다수 시민들의 삶을 병들게 한다. 자신이 원하는 편안한 점심식사가 오후를 더 알차게 보낼 수 있는 에너지원이 될 수 있는 것처럼 시민들이 주체가 되는 정치는 시민의 일상적 삶에 더 민감하게 반응한다.

그동안 민주정치와 비교되는 많은 비민주주의 정치제도가 지구상에 존재했다. 민주정치라는 말은 아주 오래전인 기원전 6세기경 고대 그리스 아테네 폴리스의 정치형태를 일컫는 말로 등장했다. 아테네 폴리스에서는 군주제나 귀족제와 달리, 모든 자유민이 동등한 권리를 갖고 직접 정치에 참여할 수 있는 정치를 구현했다.

200년 정도 지속된 아테네 민주정이 몰락한 이후, 민주주의라는 용어 자체가 사라졌다. 고대 아테나와 같은 민주정 보다는 고대 로마공화국이나 르네상스 시기 이탈리아 도시국가 공화국처럼 공화주의라는 말이 더 많이 사용되었다. 18세기 말 프랑스 혁명을 거친 후 19세기 들어 유럽의 여러 나라에서 보통 선거권을 가진 시민이 등장하면서 민주주의라는 말이 다시 등장했다 (강원택 · 유진숙 편 2018, 6-7).

이처럼 역사적으로 긴 시간을 거쳐 시민은 탄생했고 민주정치도 실현되기 시작했다. 현대 민주주의의 한 축은 17, 18세기에 발전한 자유주의 사상이다. 자유주의는 신권정치나 절대군주제에 대항하면서 형성되었고 체계화되었다. 국가 권력의 기반은 주권자인 시민이며, 이런 시민 개개인의 자유를 중시하는 전통은 자본주의 경제 원리와도 일맥상통한다. 민주주의의 또 다른 축은 공화주의 사상이다. 공화주의는 공공선에 대한 헌신, 공동체에 대한 애국심, 공적 결정에 대한 적극적 참여, 공동체로부터 배제되지 않을 모든 시민의 권리와 혜택, 시민적 덕성과 책무 등이다.

자세히 보기: Basic 민주주의의 모델들

자유주의, 민주주의의 파트너?

자유주의는 자유주의 문화와 밀접한 관계가 있다. 자유주의 문화는 르네상스, 과학혁명, 종교개혁을 통해 형성된 개인주의와 합리적 이성주의가 결합된 문화로, 개인이 사고와 행위의 주체이며 개인의 행복이 모든 도덕적 가치판단의 궁극적 기준이 되는 문화를 말한다. 개인주의 또는 인간중심주의에는 개인은 스스로 생각하고 판단하며 행동하고, 그 행동에 대해 스스로 책임을 져야 한다는 주체의식과 자율의식이 명확하게 깔려있다. 또한, 인간은 모두 이성적 존재이므로 누구나 평등하고 합리적인 존재로서 똑같이 존중 되어야한다는 의식도 깔려있다. 이런 생각을 바탕으로 하는 자유주의는 개인의 자유와 합리성을 표현하고 계발할 수 있는 정치제도로서 개인의 권리와 자유를 보장하는 민주주의에 관심을 갖게 된 것이다.

위엄을 갖춘 자유, 공화주의?

공화주의는 대의민주주의의 위기와 밀접한 관련이 있다. 대의제의 위기는 자유주의 시대를 살아가는 사람들이 점점 더 개인적인 생활에만 몰두한다는 데서 초래했다. 함께 살아가는 공동체의 문제에 대해서는 주기적 선거를 통한 제한적인 참정권 행사로만 만족한다는 점이다. 공화주의의 핵심원리는 국가의 모든 구성원이 자의적인 지배에 예속되지 않고 동등하고 자유로운 주체들로서 공동체 구성에 참여해야 한다는 것이다. 따라서 공화주의는 함께 사는 공동체를 만들기 위한 국가의 적극적인 역할과 사회의 책임을 강조한다. 뿐만 아니라 '개인'이 아닌 공동체 구성원으로서의 '시민'의 의무를 강조하는데, 참된 인간성 실현을 위한 시민의 능력과 덕목을 특히 강조한다.

그런데 민주주의가 추구하는 이상적 가치나 사상을 현실적인 정치체제로 실현해내는 일은 쉽지 않다. 20세기는 민주주의와 비 민주주의 제도들 간의 경쟁과 대립의 세기였다고 해도 과언이 아닐 것이다. 자본주의의 바탕인 개인주의에 맞서는 사회주의 사상이 등장하면서 19세기 후반부터 20세기까지 사회민주주의를 표방한 중국이나 소련 연방 등 공산국가들이 생겨났다. 또한 세계대전을 거치는 동안 독일의 나치즘, 이탈리아의 파시즘, 일본의 천황제 파시즘 등 전체주의 국가들의 모습도 경험했다. 제2차 세계 대전 후 식민지로부터 독립한 한국을 포함한 많은 제3세계 국가들에서는 군부독재 등 다양한 종류의 권위주의가 유행한 모습도 목격되었다.

이와 같이 다양한 경험을 통해 인류는 자유주의와 공화주의를 근간으로 하는 민주정치체제가 다른 제도보다 평범한 시민들을 위한 것임을 깨달았다. 공산주의, 전체주의, 권위주의 등 비민주적 정치체제에서 시민들의 자유와 권리는 무참하게 제한되었으며 의무와 책임은 무한정 늘어났다. 권력을 가진 소수를 위해 다수의 시민들이 희생되는 일이 일상적으로 일어났고 최소한의 생명권마저 보장받지 못하는 경우도 허다했다. 유대인이나 한국인들처럼 특정 집단의 이익을 위해 다른 집단 구성원들이 극단적으로 희생되는 일도 생겼다. 내가 아닌 타인의 이익을 위한 삶을 강요당한 채, 나의 자유와 권리 그리고 일상은 사라졌다.

20세기 말 전 세계적인 민주화 열풍으로 인해 다시 한번 지구상의 많은 나라들이 민주주의체제를 수립했지만, 여전히 민주주의를 위협하는 정치체제도 존재한다. 흥미롭게 비민주의 국가들도 사회민주주의 인민공화국 등 민주주의와 관련된 용어를 사용하고 있다. 군부독재나 권위주의 국가들도 표면적으로는 민주공화국임을 선포하고 있다. 아마도 소수가 아닌 다수의 시민을 위한 정치를 한다고 주장하고 싶기 때문일 것이다. 아이러니하게도, 이를 통해 오늘날 우리가 추구해야 할 가장 바람직한 정치체제가 민주주의라는 점에 대해서는 최소한의 시대적 합의와 지지가 이루어졌다고 볼 수 있다.

이상에서 살펴본 바와 같이, 인류 역사를 놓고 볼 때 민주주의가 다른 정치체제보다 나은 것이라는 시대적 합의가 이뤄진 것은 매우 최근의 일이다. 시민에 의한 지배라는 민주적 이상은 실천 불가능한 신기루 같은 것이라는 주장이 꾸준히 제기되어왔다. 아직도 민주정치체제를 채택하지 않은 나라가 지구상에 많이 존재한다. 오랫동안 민주정치를 해 온 국가에서도 그 이상을 실천하는데 어려움을 겪고 있는 것도 사실이다.

2019년 말 중국에서 발생한 코로나19가 2020년 초부터 한국과 일본 등 아시아 뿐 아니라 전 세계로 확산되었다. 이에 대처하는 각 국가의 사례만 보아도 시민에 의한 지배라는 것이 얼마나 어려운지를 알 수 있다. 민주정치의 모델 국가로 여겨지는 유럽 국가들이나 미국에서는 엄청난 수의 감염자가 발생했고 사망자가 속출했다. 시민들의 생명, 자유, 재산을 지키기 위해 존재하는 국가가 바이러스 확산 방지를 위한 효과적인 대처방안을 내놓지 못하면서 민주정치가 실종되었다는 전 세계인의 비판과 비난에 직면하기도 했다.

그럼에도 불구하고 다른 정치체제에 비해 상대적으로 민주주의에서는 평범한 시민들의 삶을 위한 정치가 이뤄진다는 것을 한중일의 코로나19 초기 대응 사례를 통해 살펴보자. 〈그림 2-3〉에 나타난 신문기사들은 사회주의를 택하고 있는 중국 우한에서 처음 코로나19의 발생을 알아차린 리원량 박사와 중국 당국의 코로나 대응에 관한 것이다.

리원량 박사는 이 전염병을 처음 발견하고 동료 의사들에게 신종 전염병의 출현과 위험성을 알리고 대응 방안을 논의했지만, 허위사실 유포죄로 중국 공안에 체포되었다. 발설중지 각서를 쓰고 풀려났지만 결국 그는 코로나로 숨졌다. 중국정부는 사실을 규명하고 대책을 마련하기 보다는 리원량과 다른 의사들의 입을 막기에 급급했던 상황에 대한 기사들을 통해, 권력을 장악한 소수 집단이 다수의 우한 시민들의 희생과 전염병 차단에 얼마나 관심이 없었는지 알 수 있다. 이로 인한 막대한 대가를 중국 뿐 아니라 전 세계가 치러야만 했다.

중국 정부가 진실 은폐와 언론통제 대신 빠른 사실관계 파악과 대책 마련 등 초기 대응을 잘

했더라면 코로나19의 전 세계적 확산을 막았을지도 모르며 중국과 다른 나라 시민들의 피해를 줄일 수도 있었을 것이다. 실제로 대다수 우한 시민이 감염되고 사망자가 속출하면서 이동제한과 지역봉쇄 정책을 통한 전염병 진압에 나선 시진핑 주석에 대한 비판론이 제기되었다.

하지만 민주주의 문화가 정착되지 못한 중국 내 민심은 여전히 시진핑 체제를 지지하는 쪽이 우세했다. 오히려 중국 밖의 나라들에서 비판이 커졌고, 중국 당국이 제시하는 사태 수습 통계치가 조작되었을지 모른다는 의심도 제기되었다. 중국 당국의 대응은 자국민의 요구보다는 외부의 비판에 더 민감하게 반응한 것이며, 자국민의 보호 보다 시진핑 체제 유지라는 집권층의 이익이 더 중시된 사례로 볼 수 있다.

〈그림 2-3〉 코로나19에 대처하는 중국과 일본의 모습

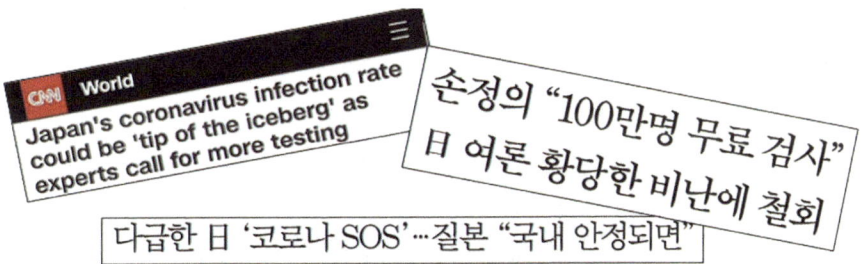

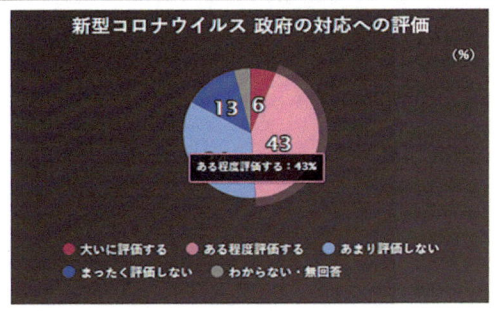

두 번째로, 코로나19에 대처하는 또 다른 초기 대응 모습을 볼 수 있는 일본에 대한 기사들이 있다. 일본은 2차대전 이후 자유민주주의를 도입하고 70여 년 간 실시해 온 나라이다. 민주적인 제도에서 시민들의 지지를 받아 선출된 아베 정권은 제2차 세계대전에 대한 반성 없이 역사 왜곡에 앞장서고, 전쟁범죄자를 기리는 야스쿠니 신사 참배를 해 온 보수적인 집단이다.

일본은 요코하마항에 정박해 있던 대형 유람선에서 2020년 2월 초부터 코로나 감염자가 대량 속출되는 상황이 발생하여 중국에 이어 두 번째로 코로나 위기상황을 맞았다. 그런데 일본 정부는 유람선을 봉쇄할 뿐 승객과 전염병 환자에 대한 제대로 된 격리와 치료, 전염병 확산 추세에 대한 충분한 정보 제공, 시민들의 건강 상태를 파악하기 위한 진단 검사 등에 매우 소극적인 태도를 보였다. 이에 정보 은폐와 방역 실패 등에 대한 비판 여론이 일었다.

하지만 보수정권을 지지해 온 대다수 시민들은 정부 정책에 순응하는 모습을 보였다. 한 기업가가 100만 명 대상무료로 진단검사를 할 수 있는 장비를 보내주겠다고 했을 때 일본 여론은 오히려 그를 비난하고 검사에 소극적인 정부 시책을 지지하는 반응을 보인 것이다. 아마도 이는 도쿄올림픽 개최에 악영향을 미칠 거란 우려에서 비롯되었다고 볼 수 있다.

일본 시민들은 개인의 건강보다는 경제적 이익 등 국익을 우선시하는 정부에 자발적으로 동조하고 있음을 알 수 있다. 민주주의 국가이지만 대다수 시민과 언론은 정부에 코로나 관련 대응책을 적극적으로 요구하기 보다는 정부 결정을 묵묵히 따르는 모습을 보여준 사례이다. 뒤늦게 일본에서는 코로나가 빠르게 확산되면서 시민들의 일상이 위협받고 있는데, 이런 상황에서도 보수정권이 계속 지지를 받을지 일본인들의 선택을 지켜볼 일이다.

세 번째 한국의 경우는 중국이나 일본에 비해 경제력 등 국력이 약한 나라이다. 민주주의의 역사도 30여년으로 길지 않다. 하지만 이동제한, 언론통제, 지역봉쇄 등 없이 민주적으로 코로나19에 대응하는 자세는 K-방역이라 불리며 미국이나 유럽 등 전 세계의 모범이 되었다. 한국에서는 1월에 처음 발견된 코로나 환자가 2월 들어 신천지 대구 교회신도를 중심으로 대규모로 확산되면서 초기 정부 대응 실패에 대한 비판 여론이 높았다.

이에 시민들은 자신들의 의견을 정부에 다양한 방법으로 빠르게 전달했고, 정부도 여론에 민감하게 반응하며 정부대책을 마련했다. 예를 들면, 정부의 약속과 달리 모든 시민에게 마스크를 충분히 공급할 수 없음을 알았을 때 사과하고 마스크 5부제를 시행하는 등 정책을 수정해나갔다. 더 나아가 시민들은 마스크가 가장 필요한 환자와 의료진에게 양보하겠다는 캠페인을 벌이는 등 마스크 부족 문제 해결에 동참했다. 정부의 대응과 더불어 의료진의 헌신과 시민사회의 자발적 협조가 큰 빛을 발한 것이다.

이처럼 이스톤이 제시한 정치시스템이 민주적으로 작동하는 모습을 보이면서 전 세계가 한국을 모범 사례로 참고하게 되었다. 민주정치체제에서는 평범한 시민들의 지지를 받아 정부가 구

<그림 2-4> 한국의 마스크 양보 캠페인

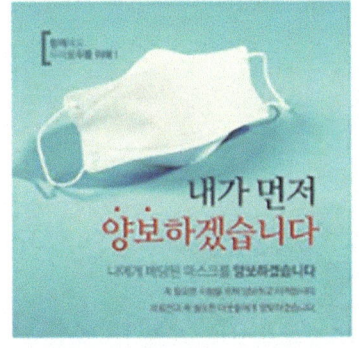

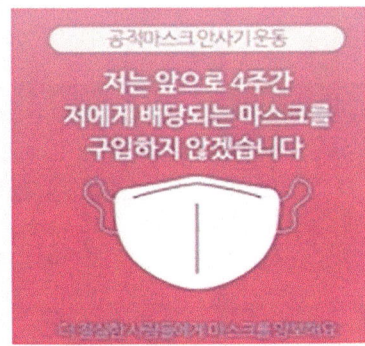
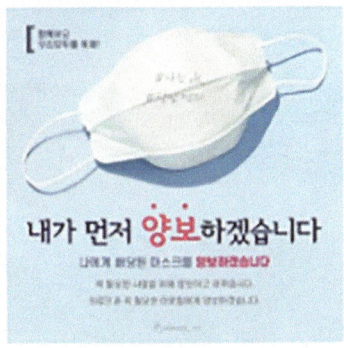

성되기 때문에 다수 시민의 동의와 요구를 무시한 채 희소한 자원을 분배할 수 없다. 마스크 5부제 시행 뿐 아니라 일상의 멈춤, 자가 격리, 사회적 거리 두기 등 코로나19에 대응하는 정부의 정책은 우리 사회의 다수인 보통 사람들의 건강과 이익을 위해서 시행될 때 지지를 받을 수 있다. 다수의 시민들은 이런 정책을 통해 자신들의 일상이 보호받는다고 느낄 때 지지하게 된다.

 정부가 미리 알아서 시민들의 사정을 살펴주는 것도 좋겠지만 한국 사례에서처럼 자신들의 삶을 위해 시민들이 자발적으로 정치권에 필요한 정책을 요구하고 재빨리 대응하도록 관심을 갖고 관여하는 것이 민주정치의 핵심이다. 각 국의 다양한 코로나 초기대응 사례는 민주정치가 왜 중요하고 필요한지 알려준다.

더 보기: 코로나에 대처하는 다양한 한국의 모습

2020년 3월 11일, 코로나 19 대응 보건의료인을 격려하고 기부물품을 전달하기 위해 부산의료원에 방문한 부산시청 관계자

2020년 3월 14일, 마스크를 사기 위해 질서정연하게 서 있는 강원도 원주의 시민들

2020년 4월 11일, 서울 종로구 혜화동 사전투표소 앞에 걸린 임대인, 임차인을 응원하는 현수막

2020년 6월 23일, 제 32회 국무회의 및 수도권 방역 대책회의에 참석한 대통령 이하 수도권 단체장 및 국무위원들

연관 검색어: 민주주의가 과학기술 발전에도 도움이 된다?

오늘날 과학기술의 발전은 사회에 엄청난 긍정적 또는 부정적 영향을 미치고 있다. 대니얼 리 클라인맨의 책 『과학기술민주주의』는 민주정치가 사회에 이로울 수 있다는 것을 '기술'과 민주주의의 관계를 통해 설명하고 있다. 비민주적 사회에서는 과학기술의 발달함으로써 얻게 되는 이익을 일부만 얻게 됨으로써 오히려 사회적 불평등이 심화될 수 있음을 지적한다.

반면, 민주주의에서는 과학기술의 영향력이 부정적 보다는 긍정적 방향으로 향하도록 정책결정 과정에 전문가 뿐 아니라 시민들이 직접 참여할 수 있다는 것이다. 그는 시민참여의 필요성과 장점에 대해 "시민들은 어떤 과학기술정책이 공중보건과 환경에 위험을 야기할 수 있는지 판단하는데서 적극적인 역할을 할 수 있는 능력과 그러한 정책을 바꾸는 작업을 담당할 수 있는 능력"(p.145)이 있다고 주장했다.

3. 민주정치를 위해 필요한 것은 무엇일까?

신기루 같은 민주주의 이상은 완벽하게 실천될 수 없을지도 모른다. 그럼에도 불구하고 현재 21세기를 살고 있는 많은 시민들은 민주주의를 이 시대에 필요한 최선의 정치체제로 보고 있다. 1장에서 민주주의로 가는 길이 험난하고 이를 지키고 가꾸는 데는 엄청난 노력이 필요하다는 점을 설명했다. 특히 소수 엘리트만 잘하면 되는 왕정이나 귀족정과는 달리, 민주정치에서는 다수 시민들의 의지와 능력 그리고 자질이 중요하다는 점을 강조했다. 민주정치를 가능하게 하는 가장 중요한 요인은 바로 시민성이라는 점은 두말할 필요가 없다.

여기서는 시민성 다음으로 중요한 요인에 대해 설명하고자 한다. 이는 민주정치의 주체로서 시민이 지켜야 할 기본 가치와 이를 실현할 수 있는 제도적 장치이다. 민주주의의 가장 기본적인 가치는 자유와 평등이다. 앞서 언급한 바와 같이 자유롭고 평등한 개인이라는 개념은 절대왕정기에 형성되었다. 절대왕정은 전통적인 봉건신분제 사회를 붕괴시켰지만 종교를 지배수단으로 개인의 내면생활을 통제함으로써 자유의 억압에 대한 저항권을 강화시키는 계기가 되었다. 프랑스혁명, 영국혁명, 미국혁명 등을 거치면서 종교적 자유에 대한 주장은 생명, 재산, 사상, 신념 등 국가권력으로 부터의 자유로 확대되었다. 이런 자유는 '소극적 자유'로 국가가 부당하게 시민들의 자유를 억압할 수 없다는 것이다.

시간이 흘러 민주주의가 발달하면서 이런 소극적 자유는 '적극적 자유'로 발전하게 되었다. 단지 국가로부터의 억압이나 간섭을 받지 않는 것만으로 시민의 자유를 지키는 것이 충분하지 않다는 인식이 커졌기 때문이다. 국가가 누구나 인간답게 살 수 있는 자유를 보장하는 데 중요한 역할을 해야 한다는 것이다. 예를 들면, 선천적으로 일을 할 수 없는 상태로 태어난 사람은 소극적 자유만 보장 받을 경우 굶어죽을 수도 있다. 따라서 국가는 최소한의 생계보장 등 복지 정책 등을 통해서 모든 시민이 자유롭게 살 수 있도록 적극적인 역할을 해야 한다는 것이다. 이런 자유의 가치 확대는 오늘날 정신적, 물질적, 정치적 자유의 보장이 민주국가의 헌법에 명시되는 결과를 낳았다.

모든 시민은 평등하다는 점도 민주정치가 추구하는 기본 가치이다. 평등은 크게 기회의 평등과 결과의 평등으로 구분된다. 〈그림 2-5〉를 보면, 왼쪽 그림은 기회의 평등을 이미지화 한 것이다. 기회의 평등은 야구장 밖에서 경기를 보고 싶은 모든 시민에게 똑같은 높이의 의자를 제공하는 것을 의미한다. 하지만 키가 작은 사람은 한 개의 의자만으로는 여전히 경기를 볼 수 없는 상황이 발생한다. 이처럼 누구에게 공평한 의자를 주는 것 같은 기회의 평등은 형식적 또는 절대적 평등이라고도 불린다. 누구나 차별하지 않고 공평한 법적, 정치적 기회를 보장하는 것으로 1인 1표 선거제도가 대표적인 사례이다.

결과의 평등은 실질적 평등 또는 상대적 평등이라고 불린다. 오른쪽 그림에서 보는 바와 같이, 누구에게나 똑 같은 높이의 의자를 제공하는 것이 아니라 필요에 따라 차별적으로 다른 높이의 의자를 제공하는 개념이다. 덕분에 키가 작은 사람도 다른 사람들과 마찬가지로 경기를 볼 수 있게 되는 것이다. 즉 사회적 약자들도 개인의 기본적인 삶의 영위와 자아실현에 필요한 지원을 받을 수 있도록 하는 적극적이고 실질적인 경제적, 사회적 평등의 보장을 의미한다. 미국 등 선진 민주국가들이 도입하고 있는 적극적 우대정책(Affirmative Policy) 등이 그 제도적 사례라고 할 수 있다.

자유와 평등이라는 기본 가치는 매우 중요하지만 다양한 의미로 해석될 수 있다는 점에서 실현이 어렵다. 대다수 민주주의 국가들은 소극적 자유와 형식적 평등에서 적극적 자유와 실질적 평등의 방향으로 민주주의의 기본 가치를 실현해왔다. 그런데 더 어려운 문제는 실제로 적극적 자유와 실질적 평등을 어떻게 조화롭게 실현할 수 있을 것인가이다. 추상적이고 당위적인 가치를 실질적인 제도와 정책으로 만드는 것은 쉽지 않다. 예를 들면, 개인의 자유를 중시하는 시장체제를 중시하면서도 경제적, 사회적 불평등을 어떻게 정부와 사회가 개입해서 해소할 것인가에 대한 논쟁은 여전히 많은 민주국가에서 진행 중이다.

〈그림 2-5〉 기회의 평등과 결과의 평등

자세히 보기: 자유와 평등의 조화?

이름	하루 생산량	단가	지급방식1	지급방식2	지급방식3
강군	12개	10,000원	120,000원	100,000원	60,000원
약군	4개		40,000원	60,000원	100,000원

강군과 약군은 나무박스를 1개 만들 때마다 만원을 받는다. 강군은 힘이 좋아 하루 12개를 만들고, 약군은 4개를 만든다. 능력에 따라 보상받는 지급방식1에 의하면, 강군은 12만원, 약군은 4만원을 받는다. 소극적 자유와 절대적 평등이 보장되는 경우이다.

그런데 약군이 다른 직업을 선택할 수 있는 능력이 없어 이 직업을 계속해야 하는데 생계유지를 위해 최소한 6만원이 필요하다면 어떨까? 국가의 개입을 통한 적극적 자유의 보장이 이뤄지는 지급방식2에 의하면, 돈을 많이 번 강군에게 세금을 부과한 돈으로 약군에게 최소 생계를 보장해 줄 수 있다. 이때 강군은 자신이 지불한 세금으로 약군도 생계유지를 할 수 있다는 점에 만족할 수 있다. 반면 불만을 가질 수도 있기 때문에 자유와 평등에 대한 가치문제가 논쟁점이 될 수 있다.

지급방식3의 상황을 상상해 보자. 부양가족이 없는 강군은 일을 많이 했지만 생계유지에 필요한 6만원만 가져간다. 약군은 부양가족이 있어서 10만원이 필요한 상황이다. 능력에 따라 일하고 필요에 따라 분배가 이뤄지는 상황이다. 이런 상황이라면 강군의 의욕은 상실되고 하루 12개의 나무박스를 생산하지 않을 것이다. 강군과 약군 모두 빈곤해지는 현상이 발생할 수 있다. 현실에서 실질적 평등이라는 가치가 자유의 가치와 충돌하면서 제대로 구현되지 못하는 이유가 여기에 있다.

조진만 2018, "민주주의란 무엇인가?" 『민주시민과 청년의 삶』, 44-45에서 발췌

한편 자유와 평등에 관한 논쟁은 시민권과도 깊은 관계가 있다. 근대 혁명기를 거쳐 등장한 인간이라면 누구나 가지고 태어나는 기본적인 권리인 '인권'이 함께 사는 공동체인 사회에서 법적, 제도적, 현실적으로 보장된 것이 '시민권'이다. 민주국가의 헌법에는 기본권인 시민권이 계급, 성별, 신분, 인종 등의 차이 없이 동등하게 보장되어 있다. 그런데 현대사회가 다문화, 세계화, 정보 사회로 전환되면서 시민권을 둘러싼 충돌과 갈등이 증가하고 있고 그 양상도 복잡해지고 있다.

따라서 민주정치가 제대로 작동하기 위해서는 민주정치의 기본 가치에 대한 이해를 바탕으로 제도적 장치를 마련하려는 시민들의 능력과 끊임없는 노력이 필요하다. 민주주의 이론가인 로버트 달(Robert A. Dahl)은 이런 기본 가치를 실현할 수 있는 최소한의 조건을 네 가지로 제시했다. 자유롭고 공정한 정기적인 선거제도, 표현의 자유 보장, 시민의 자유롭고 다양한 정보 접근 권리 보장, 완전한 결사의 자유 보장 등이다(강원택·유진숙 편 2018, 8). 이런 조건 외에도 이 책의 다른 장에서 다루는 헌법, 다양한 정부형태, 의회, 선거, 정당, 미디어, 시민사회의 활성화 등은 우리보다 먼저 살았던 시민들이 민주주의의 가치를 수호하고 시민권을 보장하며 정치권력을 제한하려는 제도적 장치로 마련한 것이다.

마지막으로, 민주정치를 가능하게 하는 중요한 요인은 민주적 절차의 중요성에 대한 시민들의 인식이다. 민주사회가 될수록 갈등은 더욱 다양해진다. 시민의 자유와 평등에 대한 요구는 커져왔고 시민권의 확대에 따라 사람들은 자신이 원하는 바를 적극적으로 표현할 수 있게 되었기 때문이다. 더불어 세계화 시대는 새로운 현안을 제시하고 있고, 정보사회에서는 새로운 형태의 공론장과 소통 채널이 생겨났다. 이전에 경험해보지 못한 문제의 등장과 소통 방식의 다양화는 시민사회의 갈등 해결에 긍정적 영향을 미칠 수도 있고 아닐 수도 있다.

그러므로 지금은 그 어느 때 보다 민주적이고 합리적인 절차에 따라 갈등을 해결하는 과정이 필요하다. 민주정치가 유지되고 발전되기 위해서는 절차의 중요성에 대한 시민들의 인식과 동의가 필요하다. 민주정치는 결과보다는 과정을 중시한다. 특히 새로운 세기를 맞이하면서 시대적 변화와 환경에 부합하는 더 좋은 민주주의를 향한 인류의 열망은 커졌다. 이에 다수결 방식을 근간으로 하는 대의민주주의의 대안으로 숙의, 대화, 토론, 소통, 참여, 합의 등의 과정과 절차를 중시하는 다양한 형태의 모델이 제시되고 있다. 이처럼 다양한 시민들의 요구와 이해관계를 정치과정에 반영하고 조정하여 정책을 산출하는 민주정치는 소수가 정책을 결정하는 체제나 다수결제에 비해 효율적이지 않을 수 있다.

그런데 이런 결정에 도달하는 과정에서 발생하는 비용과 결정 이후 사회가 치러야 할 비용을 따져 본다면 꼭 그렇지도 않다. 〈그림 2-6〉에서 보는 바와 같이, 다양한 이해관계를 가진 시민들이 참여한 집합적 의사결정에는 두 가지 차원의 비용이 발생한다. 이는 뷰캐넌과 튤럭(Buchanan and Tullock 1962)이 지적한 것으로 하나는 최종적으로 의사결정에 이르기까지 소요되는 집합적 의사결정의 거래비용이다. 다른 하나는 의사결정이 이뤄진 후 반대하는 시민들이 치러야 할 집합적 의사결정의 외부비용이다(조진만 2018, 25에서 재인용).

〈그림 2-6〉 집합적 의사결정의 외부비용과 거래비용

집합적 의사결정의 외부비용 (external cost)	집합적 의사결정의 거래비용 (transaction cost/decision-making cost)
최종적 의사결정에 반대하는 개인이나 집단이 감수해야할 비용	최종적으로 집합적 의사결정이 실행되기까지 소요되는 비용

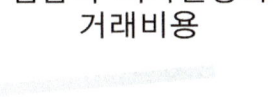

집합적 의사결정의
거래비용

집합적 의사결정의
외부비용

다수결제가 합의제보다 효율성이 높다는 증거는 명확치 않으나 합의제가 다수결제보다
민주주의의 질이 월등히 높다.

기본적으로 민주정치는 집합적 의사결정에 이르기까지 많은 절차를 거쳐야 하므로 시간과 노력이 들기 때문에 거래비용이 큰 것이다. 반면 이 과정에 참여한 시민들이 많기 때문에 결과에 대한 외부비용은 적다고 볼 수 있다. 이 장의 서두에서 언급했던 원하지 않는 점심을 억지로 먹었을 때를 상기해보자. 누군가 정한 메뉴대로 빨리 가서 먹는 식사는 불만스럽고 내 몸을 아프게 할 가능성이 높다. 하지만 시간이 걸려도 다 같이 메뉴를 정하는 일에 참여했다면 선정된 메뉴에 대해 불만 보다 아쉬움이 클 것이다.

그러므로 다른 정치체제와 비교해서 민주적 절차의 비효율성은 생각보다 크지 않다고 볼 수 있다. 또한 다양한 민주정치 모델 중에서도 오늘날 다수결제 방식보다 합의제를 추구하는 숙의민주주의 등에 대한 관심이 높은 것도 이 때문이다. 다양한 시민들의 기본권이 보장되고 공정한 절차를 거쳐 도출된 결과에 대해서는 외부 비용이 적게 들고 시민들의 불만이 크지 않아 궁극적으로 정통성 문제가 크게 발생하지 않는다. 정통성의 근원은 신권정치 시대에는 신의 뜻(신탁), 왕정에서는 왕의 혈통 등 시대에 따라 다르다. 현재 우리가 살고 있는 시대의 정통성은 시민들의 지지와 동의에서 비롯된다. 때문에 민주적 절차에 대한 시민들의 신뢰는 안정적으로 민주주의가 유지되고 발전될 수 있는 토대가 된다.

연관 검색어: 스위스 직접민주주의

스위스 베른의 연방의회
연방의회 앞 광장에서는 국민투표가 이뤄지기도 하고, 시장(market)이 서기도 하며, 학생들이 모여서 춤을 추기도 한다.

스위스는 국가 차원에서 직접민주주의가 실행되는 대표적인 나라로서, 아주 사소한 문제도 주민들의 투표로 결정하고 시민들이 정치에 적극 참여하는 것으로 유명하다. 스위스가 현대 직접민주주의의 모델이 될 수 있었던 것은 인구가 적고 부유한 나라이기 때문이다.

그런데 이것만이 전부는 아니다. 무엇보다 중요한 것은 오랜 전통을 통해 민주적 경험이 쌓이면서 시민의식과 행동이 사회규범 또는 관행으로 정착되었기 때문이다. 스위스에는 매우 오래 전인 1290년대 세 개의 칸톤에서 시민남자들의 연합이 형성되어 지역문제를 해결했던 전통이 있다.

이런 전통을 이어받아 현재에도 연방과 칸톤 수준에서 레퍼랜덤과 국민발의를 시행하고 지방자치단체 수준에서 주민투표를 실시한다. 의제도 다양한데 국가적 중대 사안, 헌법 개정, 법안, 정책 등이 매년 3-4번에 걸쳐 실시되는 통합국민투표로 결정된다. 연방, 칸톤, 자치단체 사안을 분기별로 모아서 한꺼번에 투표에 부치는 방식이다.

연방 상하원은 투표결과를 반영하여 민의에 따른 법안을 제정한다. 스위스 사례는 시민참여는 당연한 일이고 안하면 부끄러운 것이라는 인식과 행동이 일상화될 때 직접 민주주의가 가능하다는 시사점을 준다.

더 보기: Brand new 민주주의의 모델들

민주주의의 새로운 패러다임: 숙의 민주주의, 결사체 민주주의, 전자민주주의

숙의 민주주의는 대의제 민주주의에서처럼 대표가 제시한 몇 개의 대안 중에 시민들은 선택만 하는 것이 아니라 직접 참여를 통해 집단적 정책결정에 이르는 것이다. 시민들이 공공 의제에 대해 심의와 숙의, 합리적 대화와 토론, 의사소통을 통해 자신들의 선호를 계속 변화시켜가면서 합의에 이르는 것이다. 시민들이 대표들과 마찬가지로 공공 의제의 설정부터 결정까지 모든 단계에 참여하는 것으로 직접 민주주의의 한 형태로 볼 수 있다. 이를 통해 이제까지 대의제 민주주의 원리에 의해 운영되어 왔던 많은 영역들(환경, 교육, 건강, 노동, 여성, 전염병, 민관 공동사업 등)에 시민들이 직접 참여하고 숙의를 통해 운영될 수 있는 새로운 길이 열리고 있다.

결사체 민주주의는 시민사회의 역할을 강조하는데, 결사체는 국가(정치영역)와 시장(경제영역) 사이에 존재하는 중간조직으로서의 자치적, 자발적 '시민 결사체'이다. 오늘날 대부분의 문제는 정치영역에서 해결해야 할 의제로 국가가 모두 감당할 수 없을 만큼 많아졌다. 또한 공공영역에 대한 문제들을 자본주의적 경제원리가 지배하는 시장에 맡길 수도 없다. 이에 시민 결사체들이 자율적으로 공공 영역의 문제를 해결하여, 국가를 대신하는 대안정부 또는 국가와 함께하는 상호보완적 정부의 기능을 수행할 수 있다는 것이 결사체 민주주의의 핵심이다. 이 입장은 시민 결사체가 특히 노동, 복지, 실업, 의료, 교육, 환경, 안전, 마약, 범죄, 장애 등과 같은 분야에서 국가와 시장을 능가하는 문제해결능력을 갖는다고 주장한다.

전자 민주주의는 인터넷의 발달로 인해 새롭게 탄생한 디지털 세상에서 대의제 민주주의의 단점을 개선하고 궁극적으로 이를 대체할 수 있는 직접민주주의로서의 대안을 모색하는 다양한 시도들을 일컫는다. 이는 디지털 민주주의, 원격민주주의, 단추조작 민주주의, 온라인 민주주의 등의 다양한 명칭으로 불렸다. 디지털 혁명은 기존의 방대한 영토와 대규모 인구로 구성된 국가에서의 현실적 방안이었던 대의제 민주주의의 종말에 대한 기대를 가져다주었다. 디지털 세상에서는 의사소통에 대한 시공간적 제약이 사라지면서 이제 일반 시민들도 언제 어디서든 자유롭게 직접 공공정책 결정에 참여하고, 정부 및 정치인들과 직접 대화를 하며, 온라인 공론장을 통해 공적 토론에 참가할 수 있게 되었기 때문이다.

생 각 해 보 기

왕권정치, 독재정치, 민주정치는 어떻게 다른가?

연관검색어를 활용해 해당 국가를 검색해보자.
자신이 왕(독재자) 또는 시민일 경우를 상상하여 각 정치체제에 대한 P, M, I를 생각해보자.
P(Plus)는 장점, M(Minus)은 단점, I(Interesting)는 흥미로운 점을 의미한다.

정치 체제	자신의 입장	P (Plus)	M (Minus)	I (Interesting)
왕권 정치 연관검색어: 부탄, 브루나이, 에스와티니 왕권 체제에서는 왕이 나라의 주인이다. 왕에게는 나라를 다스리는 힘이 있고, 이 힘은 국가의 크기가 커질수록 더욱 더 커진다. 대부분의 경우, 왕의 자리는 그 자손에게 이어진다.	☐ 왕			
	☐ 시민			
독재 정치 연관검색어: 북한, 수단, 에리트리아 독재 체제는 개인 또는 특정 집단이 정치권력을 전제적이며 집중적으로 독점한다. 주로 국가 위기 때 일시적으로 통치권을 장악하는데, 항구적인 지배체제의 구축으로 이어지는 경우가 많다.	☐ 독재자			
	☐ 시민			

자신이 선택한 입장에서 분석한 정치체제의 PMI에 대해 친구들과 이야기해보자.
다양한 의견을 모아서 왕권정치와 독재정치의 PMI를 왕과 시민의 입장에서 정리해보자.

정치체제	왕/독재자의 입장	시민의 입장
왕권정치	P M I	P M I
독재정치	P M I	P M I

왕권정치와 독재정치에 대한 PMI 분석을 토대로 민주정치에 대한 C, D, I를 생각해보자.
민주정치의 D를 I로 만들기 위해 실천할 수 있는 행동을 제안해보자.

민주정치

널리 알려진 바와 같이 민주정치는 '국민의, 국민에 의한, 국민을 위한 정치'이다. '국민의 정치'는 나라의 주인이 국민이라는 뜻이며, '국민에 의한 정치'는 국민들이 정치에 참여해 나라를 다스린다는 뜻이고, '국민을 위한 정치'는 국민의 행복을 위해 나랏일을 해야 한다는 뜻이다.

1. 민주정치가 왕권정치 또는 독재정치와 비슷한 점, 다른 점, 그리고 혁신적인 점을 친구들과 함께 논의해보자.

비교군	C(Common)	D(Different)	I(Innovative)
왕권정치와 비교			
독재정치와 비교			

2. 민주정치의 D라는 특성을 I라는 강점으로 만들기 위해 시민들이 실천할 수 있는 행동 3가지를 제안해보자.

3 민주정치의 발달과 시민의 태동

미리보기

우리는 언제부터 시민이었나?

아래 연표를 보고 "시민(Citizen)" 탄생한 순간이 언제라고 생각하는지
그 시기를 표시해보자.
우리나라에서 발생한 시민과 관련된 역사적 사건들을 초성으로 맞춰보자.

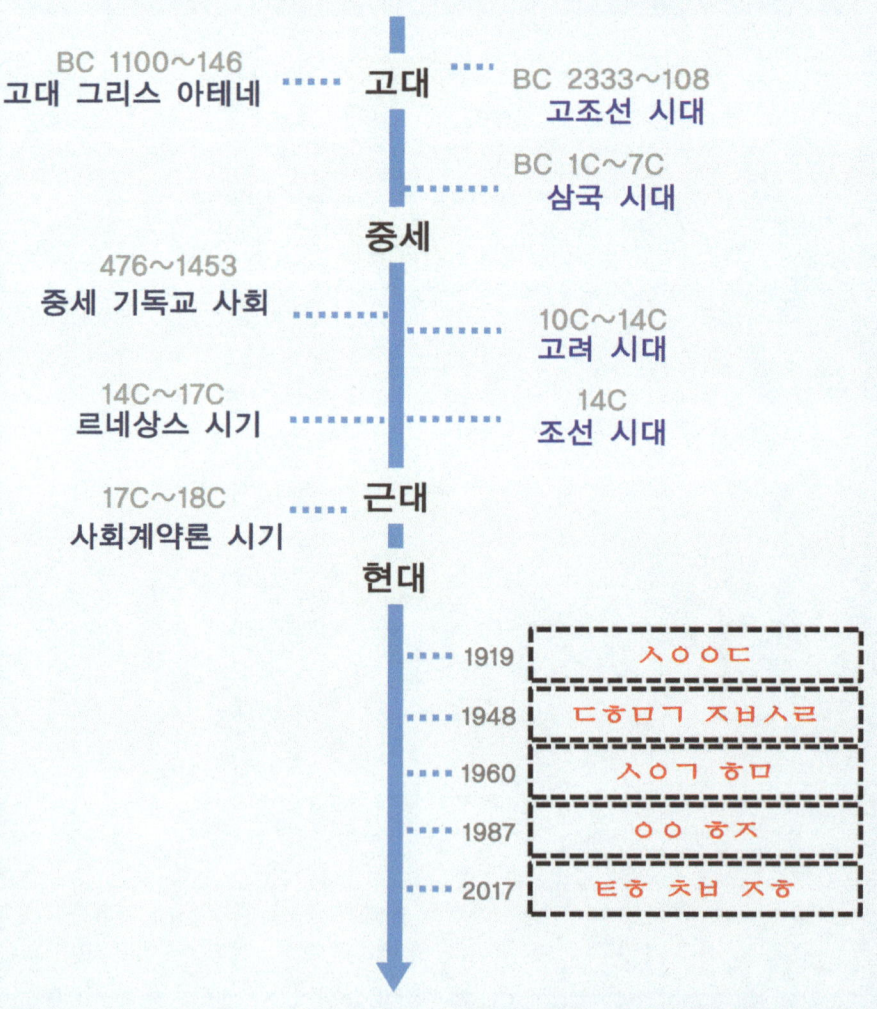

1. 고대 민주주의에서 시민은 어떤 사람들이었나?

고대 그리스의 아테네 도시국가인 폴리스에서는 모든 자유민이 직접 정치에 참여하는 민주정치를 했다. 왜 아테네에서 이런 민주정치가 출현했는지에 대해 명확하게 밝혀진 바는 없다. 하지만 아테네 민주주의의 전성기를 이끈 정치가 페리클레스(Pericles, BC 495-429)의 펠로폰네소스 전쟁 전사자 추도연설을 보면, 아테네 시민들은 소수 보다는 다수로부터 권력이 나오는 자신들의 민주주의를 자랑스러워했음을 알 수 있다. 당시 다른 도시국가에서는 왕정이나 귀족정이 이뤄지고 있었는데 아테네의 민주정은 이를 모방한 것이 아니라 오히려 타의 모범이 되는 체제라는 점을 강조하고 있다.

페리클레스는 개인들이 사적 영역에서는 자유로운 생활 방식을 영위하지만 공적 영역에서는 누구라도 법을 준수하고 국가의 일에 관심을 가져야 한다고 주장했다. 출신이나 재력에 상관없이 능력이 있다면 공직자로 선출될 수 있으며, 자신의 일에만 몰두하고 국가의 일(정치)에 무관심하고 무지한 사람은 아테네에 필요 없는 존재라고 보았다. 이를 통해 아테네에서 시민이 정치에 참여하는 것은 매우 자연스럽고 당연한 일이었음을 알 수 있다. 모든 시민은 추첨을 통해 돌아가면서 폴리스의 일을 했다. 공동체의 일을 결정하는 시민회의에 참여하기 위해서는 일상적으로 정치사정에 관심을 갖고 충분한 정보와 지식을 습득하며 정의감을 갖고 있어야 했다.

〈그림 3-1〉을 보면 민회, 평의회, 집정관, 시민법정으로 구성된 아테네 민주주의 제도를 알 수 있다. 최고 의사결정기관인 민회는 시민회의를 의미한다. 1년에 40회 이상 열리는 민회에는 만 18세 이상 시민은 직접 출석하여 발언하고 투표할 수 있었다. 민회에서 토의할 안건은 평의회에서 결정한다. 또한 시의 행정을 담당하는 집정관은 700여명 정도였는데, 군사와 재정을 담당할 100명 정도는 민회에서 선출되었고 나머지는 추첨으로 뽑혔다. 시민법정도 완전한 시민중심의 사법체계로 시민이 직접 피소하고 피고인이 직접 변론하며, 추첨을 통해 재판관과 배심원 역할을 했다.

게다가 자신들의 민주정치를 위협하는 인물은 도자기 조각에 이름을 적어 국외로 추방하는 도편추방제도 실시했는데 도편추방 여부를 매년 민회에서 투표로 결정하고, 지지자가 많으면 2개월 뒤 투표를 실시했다. 32년 동안 아테네를 이끈 페리클레스도 도편추방의 위기에 봉착해서 모든 공직에서 물러났다는 기록을 보면 도편추방제가 쿠데타 같은 정치적 위기 없이 정권교체를 하거나 정치권력을 견제하는 데 기여했던 장치라고 볼 수 있다. 그런데 이 제도는 유력한 정치가들의 정적을 제거하는 수단으로 악용되기도 하여, 민주정치의 어두운 면을 보여주기도 했

<그림 3-1> 고대 아테네의 민주주의 제도

민회	• 최고 의사결정 기관 • 연 40회 이상, 6~8천명 결정
평의회	• 추첨을 통해 500명 의원 선출 • 민회에서 의논할 안건에 대한 사전 논의 및 결정
집정관	• 700명중 100명 선출(군사 재정 담당), 나머지 추첨 • 법령에 따라 사건 심리 및 법률적 해석
시민 법정	• 일차로 6천명 추첨 후 당일 출석자 재추첨 • 재판관이나 배심원 역할

다. 시민들의 관심이나 판단력이 떨어질 때 아무리 좋은 민주정치 제도라도 중우정치로 변질될 수 있음을 보여준 교훈적인 사례로 현재까지 회자된다.

이처럼 민주정치를 위해서는 시민의 능력이 매우 중요했다. 때문에 당대 최고의 철학자였던 플라톤(Platon, BC 427-347)은 민주정치보다는 지혜와 덕을 갖춘 철인왕을 중심으로 한 소수의 귀족정치(aristrocracy)를 최선의 통치형태로 뽑았다. 그의 『국가론』(Politeia: Republic)에 따르면, 철인왕과 전사로 이루어진 통치계급은 이상국가 구현에 몰두해야 하므로 탐욕의 근원인 사유재산과 가족제도를 갖지 말아야 한다. 즉 공산주의적 제도의 실시와 처자공유론을 주장했다. 그는 정의가 지배하는 안정적인 이상국가 실현을 위해 능력과 전문지식을 가진 정의로운 시민양성의 수단인 정치교육을 강조했다(김용찬 2005, 207).

플라톤의 제자인 아리스토텔레스(Aristoteles, BC 384-322)도 민주정을 최고의 정치체제로 뽑지는 않았다. 플라톤은 도덕적 이상주의 정치의 실현이 어려울 경우, 차선의 형태로 법률이 우선인 입헌군주제로 군주정과 민주정을 혼합한 형태를 제시했다. 아리스토텔레스는 이 차선책에 주목했다. 그는 정치체제를 군주정치, 귀족정치, 민주정치로 나누고 이런 정치가 잘못될 경우 전제정치, 과두정치, 중우정치로 변질된다고 경고했다. 어떤 정치체제가 더 나은 것인가 보다는 각 국가의 시민이 자신들의 상황에 맞는 정치체제를 선택하는 것이 중요하다고 보았다. 즉 시민의 역할이 중요하며, 귀족정과 민주정을 혼합한 중산층이 권력의 균형을 잡는 체제를 최선이라고 보았다. 이와 같이 최초의 민주정치였던 아테네 민주정은 놀라운 경험이었지만 한편 중우정치의 위험성을 보여주었고 당대 철학자들도 민주정치에 대해 우려를 나타냈다.

아테네 민주정치를 현 시점에서 본다면 제한적 민주주의라는 평가를 받을 수밖에 없다. 그 가장 큰 이유는 아리스토텔레스의 논의에서 볼 수 있듯이, 민주정치의 주체인 시민은 매우 제한된 자유민인 20대 이상 성인 남자에게만 적용되는 개념이었기 때문이다. 아리스토텔레스는 국가란 무엇인가에 대한 질문은 시민은 누구이며 어떤 의미를 갖는가라는 질문으로 시작해야 한다고 할 정도로 시민의 중요성을 강조했다. 그에게 시민이란, 국가의 법을 집행하고 관직에 참여하는 자였다. 진정한 시민은 국가의 공동 이익과 운영에 참여하고 공동 운명체의 안전과 명예에 기여해야 한다는 것이다. 그러므로 시민의 덕성은 그가 속하는 국가의 헌법에 따라 덕(능력)을 실천하는 것이다. 시민권은 이런 덕을 실천하고 국가의 명예에 기여한, 부모가 다 같이 시민인 자로 한정해야 한다고 보았다

이런 맥락에서 국가의 기반인 경제활동에 필요한 실질적인 노동자, 노예, 외국인이었던 공업 기술자 등에게 시민의 자격을 주지 않은 이유에 대해 공장이나 노동의 생활을 영위하면서 덕을 실천할 사람은 아무도 없기 때문이라고 설명했다(아리스토텔레스(저), 이병길 · 최옥수(역) 2004, 91-105). 여성의 정치적 권리도 전혀 없었는데, 아테네 출신의 자유 여성은 시민으로 인정되었지만 이는 오직 시민 남성을 출산하기 위한 혈통의 목적을 위해서였다. 이처럼 아테네 민주정치는 성인 남성 중심의 가부장적 민주주의였다(Held(저), 박찬표(역) 2010, 47). 동등한 권리를 갖고 직접 정치에 참여할 수 있는 자유 시민들에 노예, 여자, 외국인, 이민노동자 등은 포함되지 않았기 때문에, 당시 아테네 인구 약 30만 명 중 시민은 10% 수준으로 추정된다(강정인 1997, 72).

일부 사람만 시민의 자격을 갖는 제한점이 있지만 아테네 민주정치의 경험은 무려 2500여 년 전에 1인 지배나 소수 지배가 아닌 시민자치를 실현했다는 점에서는 놀라운 일이다. 페리클레스의 연설을 통해서 오늘날 민주정치가 추구하는 개인의 자율성과 동시에 공공선에 대한 헌신 그리고 법 앞에 평등이라는 가치가 이미 아테네에서 정립된 것을 볼 수 있다. 또한 고대 그리스 도시국가의 질서가 점차 해체되는 시대를 살았던 플라톤과 아리스토텔레스가 민주정치를 최고의 정치체제로 뽑지 않은 이유에도 주목해야 한다. 중우정치로 변질될 수 있는 민주정치의 위험성을 파악했던 이들의 염려는 역설적으로 민주정치가 성공적으로 구현되기 위해서는 시민의 덕목이 필수적이라는 교훈을 남겼다.

시민은 국가의 일에 직접 참여하는 사람일 뿐만 아니라 국가의 일에 참여할 능력을 갖춘 사람이라는 점은 현재를 사는 우리가 반드시 명심할 교훈이다. 직접 민주주의의 현장이었던 아고라와 포럼도 오늘날 그리스나 로마의 대표 관광지가 되었을 뿐 만 아니라 여전히 온-오프라인 공간에서 다양한 공론장의 모습으로 살아있다. 아테네 사람들의 실험적 도전이 없었다면 오늘날 민주정치의 주체인 시민은 세상에 없었을지도 모른다. 고대 아테네 도시국가와 같은 작고 친밀한 생활공동체에서만 가능할 것 같았던 민주정치의 가치는 르네상스를 통해 재발견 되면서 근대 민주주의 사상으로 발전하게 되었다. 로크와 루소 같은 사회계약론을 주장한 사상가들의 생각은 근대 시민혁명의 바탕이 되었다. 혁명을 통해 이런 생각을 몸소 실천한 사람들은 왕이나 신에게 의존하지 않고 스스로 자신들의 자유와 권리를 보장 받는 민주시민으로 태어난 것이다.

자세히 보기: 아고라와 포럼의 현대화

최근 광장의 정치에 대한 관심이 많아졌다. 서울 시청 앞 잔디광장과 광화문은 다양한 시민사회의 목소리가 울리는 공간이 되었다. 광장은 도심 속 공공공간이라고 할 수 있다. 우리 집 앞마당 같은 개인의 사적공간과는 구분되는, 시민 모두가 자유롭게 이용하고 사람들을 만날 수 있는 공간이다. 또한 광장은 촛불시위처럼 정치참여의 장이기도 하고, 시장이 되기도 하며, 스위스에서처럼 공적 문제를 해결하는 회의장이 되기도 한다.

고대 그리스의 아고라와 로마시대의 포럼은 유럽의 대표적 광장이다. 광장을 뜻하는 plaza와 piazza는 open space 또는 broadened street을 뜻하는 라틴어 platea에서 유래되었는데 길과 연속된 공간이면서 길이 넓혀진 공간이라고 할 수 있다. 광장의 기본형태는 사각형이므로 스퀘어라고도 한다. 건축가 레온 크리에는 스퀘어를 인류가 발견한 도시공간을 사용하는 최초의 방법이라고 말했다.

그러나 로마에서는 점차 사각형태가 아닌 다양한 기하학 형태의 포럼을 건설했다. 아고라에서는 고대 그리스의 시민회의가 열려 공적업무와 법적토론이 행해졌고 시장의 기능도 혼합되었다. 여기에 스토아를 세워 공간의 경계를 정의하기 시작했는데 로마는 이것을 받아들여서 열주들에 의해 둘러싸이고 그 뒤에 공공기관들이 둘러있는 포럼을 발전시켰다(이상헌 2004, "도시의 공공 공간으로서의 광장" 〈월간 환경과 조성〉). 고대 그리스 로마시대의 포럼은 오늘날 또 다른 모습의 광장 정치 문화로 이어져오고 있는 것이다.

2. 중세에도 시민이 존재했을까?

중세는 흔히 정치적으로는 암흑기라고 불린다. 당시 세상의 중심은 카톨릭으로 모든 사상과 지식의 형태가 종교적인 것에 종속되었던 시기였기 때문이다. 고대 그리스의 도시국가 시대가 종식되고 알렉산더 대왕 시대가 열리면서 인간은 하나의 독립된 개인으로 행복을 추구하고 존재가치를 중시하는 세계시민이 되었다. 로마에서는 왕이 추방되고 공공선을 원칙으로 하는 공화정이 수립되면서 고대 그리스의 민주정치가 명맥을 잇는 듯 보였다. 하지만 근본적으로 귀족정치 체제였던 공화정이 옥타비아누스 황제 등극 이후 무너지고 군주정치를 기본으로 하는 로마제국으로 발전하였다. 아테네 민주주의는 도시국가 밖으로 확장되지 못한 채 중세에 들어와 '인간'이 아닌 '신' 중심의 기독교 문화에 매몰되었다.

중세의 사회경제적 토대는 봉건제도이고 정신적 토대는 카톨릭이다. 봉건제는 대토지(장원)를 소유한 영주와 토지를 소유하지 못한 농노로 구성되는 장원제도를 기반으로 한다. 제1신분인 성직자와 제2신분인 귀족은 대토지를 소유한 영주인 경우가 많았고 세금을 내지 않았다. 농노는 영주의 토지를 경작하고 현물을 바쳤으며, 이주의 자유가 없고 부역의 의무를 지니는 등 힘들게 살아야 했다.

또한 중세에서는 카톨릭의 영향으로 인해 능동적이고 자발적인 정치주체였던 시민의 개념은 사라졌고 하느님의 뜻에 따라 사는 순종적인 신자만 존재할 뿐이었다. 사람들이 사는 이유는 신

〈그림 3-2〉 중세의 봉건제도와 카톨릭

중세 봉건제도에서 제 1,2 신분은 세금을 내지 않고도 연금을 받았다. 반면 농노들은 각종 지대와 부역 등 무거운 세금을 부담하면서 힘들게 살았다.

대관식에서 교황 레오 3세로부터 황제의 관을 받고 있는 샤를마뉴의 그림으로 중세의 정신적 지주였던 카톨릭 교회가 세속권력인 황제보다 우위였음을 보여준다.

의 뜻에 따르는 것이었기 때문에 신의 뜻을 잘 알아야 했다. 그런데 당시는 인쇄술이 발달하지 않아 신의 뜻을 알 수 있는 교과서인 성경책을 쉽게 구할 수 없었고, 구한다고 하더라도 교육수준이 낮은 보통 사람들이 혼자 성경을 읽고 해석하는 것은 거의 불가능했다. 이들이 신의 뜻을 파악하는 유일한 방법은 교회에 가서 성직자의 가르침을 받는 것이었다. 따라서 중세에는 교회와 성직자의 영향력이 엄청 날 수밖에 없었다. 신의 대리자인 교회는 세속 권력인 국가에 세금을 내지 않고 토지를 소유했고, 신자들에게 세금을 부과할 수도 있었다.

왕 또한 신의 뜻에 따라 통치하는 종에 불과했기에 세속적 권력을 가진 왕이 종교적 교의를 해석할 수는 없었다. 세속적인 일에도 당연히 교회의 재판이 최고 권위를 갖게 되었다. 교회조직은 전 유럽을 통틀어 단 하나의 통일된 권위체계였다. 모든 관심은 종교적인 것이었다. 기독교는 구원의 교리이기 때문에 지역이나 민족 단위로 구분되는 정치체제를 초월한 세계관을 확립했다. 정의는 신에 의한 세계정부와 법률에 복종하는 것을 통해 실현된다. 다행히 모든 인간은 신 앞에 평등하다는 인식을 심어주었지만 신에게 복종하는 수동적인 삶에 익숙한 사람들이 불평등한 사회구조에 저항하는 것은 어려운 일이었다.

무너지지 않을 것 같던 중세 기독교 사회는 십자군 전쟁으로 인해 타격을 받기 시작했다. 십자군 전쟁(1096-1291)은 성지 예루살렘을 이교도인 이슬람교도들로부터 찾는다는 명분으로 200백년 가까이 치러진 전쟁이었다. 11세기 후반부터 교황과 군주 간의 충돌이 커졌는데, 당시 교황이었던 우르바누스 2세는 십자군 전쟁을 통해 실추된 교회의 위상을 되찾고자 했다. 새로운 영지와 재물을 얻기 위한 영주와 기사들, 동방 무역을 통해 경제적 이득을 노렸던 상인들, 자유인의 신분 획득을 노린 농노들의 야심과 교황의 이해관계가 맞아 떨어지면서 이 전쟁은 오랫동안 지속될 수 있었다(조진만 2018, 32).

오랜 십자군 전쟁의 결과 중세의 정신적 토대인 카톨릭의 영향력은 약화되었고 사회경제적 토대인 봉건제도도 흔들리기 시작했다. 봉건제의 근간이었던 농노의 전쟁참여로 인해 수확이 줄어들게 되었다. 게다가 1347년부터 유럽에 흑사병이 창궐하면서 지역마다 인구의 1/3에서 절반이 죽어나갔다. 농촌은 황폐해졌고 봉건영주는 땅은 있지만 농사지을 사람이 부족한 지경에 이른다. 일손이 줄어 수확과 세금 수입이 줄자 영주들은 남아있는 농노에게 더 많은 노역과 감당할 수는 세금을 부과했다. 이런 영주들에 분노한 농노의 반란이 프랑스, 영국, 이탈리아 등으로 번지면서 농노제도가 무너지게 되었다.

장원제도의 붕괴와 흑사병의 창궐은 영주 뿐 아니라 교회도 곤란에 빠트렸다. 각 지방 주교와 수도원은 봉건 영주로서 당시 서유럽에서 교회가 차지하는 영지는 매우 컸기 때문이다. 교회는 재정적 어려움을 극복하기 위해 면죄부를 팔기 시작했다. 이는 루터(Martin Luther, 1483-1546)와 칼뱅(Jean Calvin, 1509-1564)의 종교개혁의 계기가 된다. 부패한 교회에 대해 정면 반박한 루터는 교회와 사제의 권력을 약화시키고 신과 인간이 직접 소통할 수 있는 한 방안으로 신약성서를 번역한다. 인쇄술의 급격한 발달 덕분에 성경을 찍어내는 일이 쉬워진 것이다. 칼뱅도 신의 뜻을 따른 것은 현실에서 잘 사는 것이지 교회와 성직자에게 순종하는 것이 아니라는 예정설을 설파했다(조진만, 33).

한편 흑사병으로 중세의 정신적 지주인 교회에도 많은 변화가 일어난다. 14세기에 유럽 전역에 대유행한 이 병으로 인해 죽음에 대한 공포와 불안감이 커진 많은 사람들은 교회에 의존하게 된다. 하지만 교회에서도 흑사병의 만연으로 많은 성직자들이 속수무책으로 죽음에 이르는 걸 보면서 사람들의 믿음과 신앙심은 약해졌다. 또한 성직자 수가 급격히 줄면서 교육을 거의 받지 못한 사람들이 성직자로 뽑힐 수밖에 없었다. 14세기 후반에 성직자의 질과 지적인 능력은 위기 상황에 필요한 영적인 지도를 할 수 없을 정도로 심각하게 저하되었다.

십자군 전쟁의 실패와 흑사병의 대유행 등으로 교회의 권위가 추락하면서 중세 유럽은 큰 혼란기를 겪게 된다. 교회는 카톨릭과 개신교로 분열되었고, 지옥 같은 현실에서 벗어나 천국으로 들어가려는 사람들이 최후의 심판, 지옥에서 고통 받는 장면을 그린 지옥도, 천지창조 등 크고 웅장한 그림과 장식들로 성당 내부를 장식하게 되었다. 한편 성당 내부를 천국처럼 만들어 이 안에서 안식을 찾으려는 사람들과 달리, 교회가 흑사병으로부터 사람들을 구원하지 못한다는 불신 때문에 미신적 행위와 이단을 찾는 사람들도 많았다. 철옹성 같던 중세의 질서가 무너지면서 정치적으로 중요한 변화가 생겼는데 자신의 삶을 온전히 신앙에 의지하던 사람들이 과학과 이성에 매달리기 시작했다. 중세가 남긴 정치적 유산은 인간 세상의 일은 인간이 해결해야 한다는 자각이 생겼다는 것이다.

〈그림 3-3〉 중세사회의 붕괴와 새로운 정치 질서 형성

1204년 동로마의 제도 콘스탄티노폴리스를 함락시키는 십자군.

스위스 종교 개혁기인 1531년에 일어난 개신교 측과 가톨릭교회 측이 맞붙은 카펠 전쟁의 모습.

3. 근대 민주주의에서 새롭게 등장한 시민은 누구인가?

〈그림 3-4〉 피렌체와 르네상스

피렌체 대성당(두오모) 옆에 있는 종탑에는 예수 탄생을 알리는 선지자와 예언자들의 조각상과 창세기 등에 관한 장식이 들어있다. 그런데 여기에는 다른 종탑들과는 달리, 예외적으로 피렌체 사회의 중요한 구성원이었던 '길드'를 상징하는 조각장식들도 있다.

르네상스시기에 번성했던 피렌체를 보여주는 아르노강의 베키오다리 모습이다. 피렌체는 이 강 덕분에 직물산업을 발전시킬 수 있었고, 피사를 거쳐 지중해로 나아가 지중해 무역에 참여할 수 있었다. 고대 문명이 피렌체에서 부활했다는 의미를 말할 때 '아르노강의 아테네'라고도 한다.

중세의 질서가 붕괴되고 새로운 시대가 열리는 14세기부터 17세기까지를 르네상스라고 한다. 르네상스는 부활 또는 재탄생을 의미하는데, 13세기 이탈리아에서 시작해 전 유럽으로 퍼져 나간 지적, 문화적 운동을 말한다. 중세에 멈췄던 고대의 화려한 문명을 부활하는 이 움직임은 근대의 정신적, 문화적 배경이 되었다.

중세 '신' 중심의 세상에서 그 이전인 고대 그리스 로마시대의 '인간' 중심 세상으로 돌아가려는 노력은 정치, 예술, 과학, 문학 등 모든 분야에서 일어났다.

이런 르네상스를 통해 정치도 재발견되었다고 볼 수 있는데, 국가나 사회와 관련된 공적인 일을 인간의 힘으로 어떻게 해결할 수 있을까에 대한 고민들은 근대 민주주의 사상의 발단이 되었다.

르네상스의 꽃은 이탈리아의 도시국가였던 피렌체 공화국에서 피었다. 피렌체는 11세기경부터 상공업이 활발해지면서 일찍이 번성하게 된 도시 중 하나였다. 중세질서를 무너뜨린 십자군 전쟁으로 오히려 수혜를 입은 계층이 있었는데 바로 동방무역을 통해 자본을 축적할 수 있었던 상인들이었다. 이들은 이슬람과 아시아 국가들과의 중계무역을 통해 부를 축적했고, 이슬람과 비잔틴 문화를 들여옴으로써 기독교 중심의 유럽문화 변동을 선도한 세력이 되었다. 이렇게 상공업과 무역업 등이 발달하면서 돈이 모이자 은행업도 발달하게 되면서 피렌체는 국제금융도시, 세계무역도시, 첨단산업도시로 성장했다.

피렌체 국가조직은 본격적인 르네상스 이전에 이미 상공인 중심으로 정비되었는데, 1290년경 주요 법령에 공직에 나가려면 반드시 길드에 소속되어야 한다는 조항이 들어갔다. 길드는 상공인들의 경제활동 조합이었는데, 정치활동에도 중요한 역할을 한 것이다. 공화국을 유지하던 다른 국가들이 점차 1인 지배 체제로 변해갔지만 피렌체 시민들은 자의식이 강해서 시민 중심 공화국을 상당 기간 유지했다.

14세기 후반부터 메디치처럼 강력하고 유력한 가문이 피렌체 정치를 좌우했지만, 길드가 중심이 되는 시민공화국이라는 정치체제는 유지되었다. 아마도 그 이유 중 하나는 고대 로마인에 의해 건설된 피렌체에 로마 문명의 후계자라고 할 만큼 어느 도시보다 고대의 전통이 강하게 남아있었기 때문일 수도 있다. 피렌체 시민들은 황제가 등극하기 이전의 로마 공화정을 계승한다고 생각했고, 시민의 자유를 보장해 구성원들에게 경쟁을 촉진하고 기회를 균등하게 주는 체제를 원했다(양정무 2018, 206-226).

봉건제에서는 무엇을 얼마나 생산할 것인가의 주체가 농노였지만, 생산물의 분배는 영주에 의해 이뤄졌다. 이는 평민들에게는 매우 불공정한 제도였다. 봉건 영주의 경지는 직영지와 탁영지로 구분되었는데, 탁영지는 농민이 보유하면서 여기서 수확한 농산물로 자기 가족을 부양할 수 있는 토지였다. 또한 직영지에서도 어느 정도 소작을 맡은 토지에서 자유롭게 농사가 가능한 경우도 있었다.

중세 말에는 수확이 줄어들자, 현물 대신 매해 정해진 금액의 돈을 받는 영주들이 생겨났다. 이는 오히려 농노들에게는 기회가 되기도 했는데, 일정량의 세금을 내면 나머지 농산물은 자신들의 소유가 되었기 때문이다. 특히 수확량이 줄어들면서 농산물 값은 올라갔기 때문에 이들은 부를 축적할 수 있었다. 수확이 줄어 돈이 필요했던 영주에게 많은 돈을 주고 노예에서 벗어나 자유민의 신분이 될 수 있었던 것이다.

이렇게 자유민이 된 농노들이나 농민들은 새로운 일자리를 찾아 도시로 몰려들었고, 상인과 수공업자들이 지속적으로 늘어나면서 도시 귀족 계급이 새롭게 형성되었다. 즉, 도시의 운영을 이끈 것은 상인과 장인들로 성공한 평민들이었는데, 자신들이 국가를 책임진다는 점에 대해 자부심을 갖고 있었다.

　이는 영주들의 세력을 약화시키고 상대적으로 왕권을 강화해 유럽에서 절대군주시대가 열리는 발판이 되었다. 왜냐하면 이들은 더 많은 상업 활동과 부의 축적을 위해 교황과 봉건 영주보다 더 큰 규모의 중앙집권적 국가를 필요로 했기 때문이다. 군주도 교황과 영주의 힘이 약해진 틈을 이용해서 상인들과 손을 잡고 왕권을 강화했다.

　정치적 현실주의자 마키아벨리(Machiavelli, 1469-1527)의 사상은 이처럼 중세적인 질서가 붕괴되고 새로운 질서가 생겨나는 전환기의 르네상스 시대를 배경으로 등장했다. 르네상스 시기 피렌체에서 태어난 그는 중세에 종교나 도덕의 영역에 파묻혀있던 정치영역을 따로 분리해 내면서 근대 정치사상의 문을 열었다.

　그는 정치는 종교나 도덕과는 별개의 영역으로 한 국가를 잘 운영하고 유지하는 능력이라고 보았다. 필연적으로 비도덕적인 면이 존재하는 정치영역에서는 도덕적 선이 항상 공적으로 좋은 결과를 가져오지는 않는다는 주장을 한 것이다. 즉, 당시의 피렌체를 둘러싼 혼란한 국내외적 갈등 상황을 잘 극복하는 것이 정치가 당면한 과제이며, 그 방안은 안정되고 효율적인 강력한 민족국가 건설이라 생각했다.

　그의 저서 군주론에는 이를 위해 필요한 여우의 지략과 사자의 힘을 겸비한 탁월한 군주의 통치능력에 대한 내용이 기술되어 있다. 군주는 시민들을 결속시켜 충성심을 확보하기 위해서 잔인함과 비난을 감수해야 한다는 현실적인 조언들이 담겨있다. 이런 이유로 그의 주장들은 아직도 논란의 대상이다. 그가 막강한 절대군주의 권력을 옹호하였기 때문에, 공화국 사람들에게 권력자에 대한 복종과 변함없는 충성심을 시민적 덕성으로 요구했다고 보는 견해가 있다(김용찬 2005, 212).

　반면, 그가 사악한 수단과 폭력까지 정당화한 이유는 시민들이 자신들을 국가의 주인으로 여기지 않아 국익 보다는 사익만 추구하기 때문이라고 본 견해도 있다. 마키아벨리는 시민들이 이기심을 잠재우고 자유와 자치의 덕성을 스스로 키움으로써 시민결속을 강화할 수 있도록 하는 군주의 역할에 대해 말했다는 것이다(김만권 2005, 20).

　또한 마키아벨리가 주장한 군주의 처세술은 군주 개인의 승리와 권력 강화를 위한 것이라기 보다는 강한 나라를 만들어 다 같이 잘 살려는 공존의 리더십이라는 견해도 있다(김경희 2013). 논란의 여지는 있지만, 정치는 필연적 갈등 상황에 대한 통찰과 이에 대한 효율적 관리를 위한 것이라는 그의 생각은 민주주의에 중요한 영향을 미쳤다. 이와 같이 시민계급의 형성과 더불어 마키아벨리의 사상은 지방분권적 봉건사회가 절대군주국가로 수립되는 데에 중요한 역할을 했다.

더 보기: 마키아벨리의 군주론(IL Principe; The Prince)

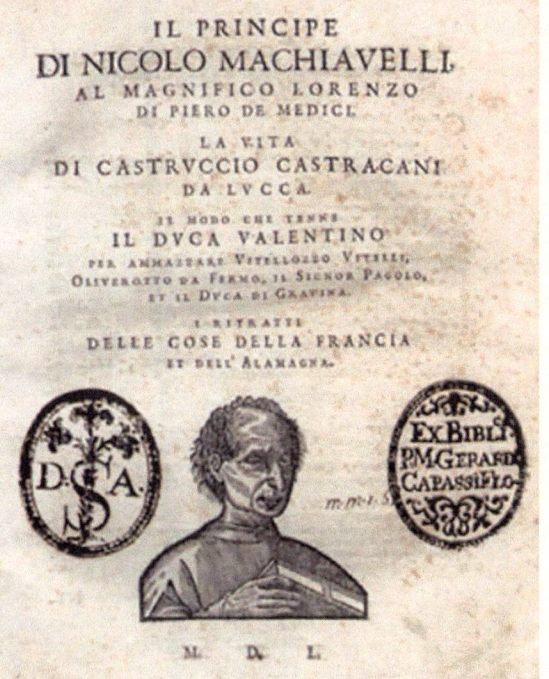

르네상스 문명이 활짝 핀 피렌체는 도시국가로 군사력이 약했다. 공화국이었지만 실제로는 메디치 가문이 다스리는 군주국으로 메디치가는 탁월한 외교 능력을 발휘해 피렌체를 보호했다. 마키아벨리는 메디치 가문이 강력한 군주가 되어 당시 이탈리아 도시국가들 간의 대립과 분열, 갈등과 혼란을 종식시키고 통일국가를 만들어 피렌체의 안정을 찾아주길 기대했다.

이런 통일국가에 대한 염원을 담은 것이 군주론이었다. 군주론은 교황 중심의 중세 질서에 반하는 것으로 '악의 교사'로 비판받아 교황 파울루스 4세에 의해 1559년 교황청 금서 목록에 올랐다. 당시 메디치 가문을 이끌던 로렌초도 이 책을 읽지 않았다.

이토록 외면당한 마키아벨리의 사상은 근대 국가의 기틀 마련에 중요한 기반을 제공했고 오늘날에도 가장 현실적인 정치 교과서로 불리고 있다. 그 이유는 이 책에는 '군주는 능숙한 사기꾼이자 위선자여야 한다', '군주는 항상 귀를 열어두어야 하지만 다른 자들이 조언을 해주고자 할 때가 아니라 자신이 원할 때 조언을 들어야 한다', '자신의 나라를 잃은 군주는 불행을 탓하지 말고 나태함을 책망해야 한다'는 등의 현실적 조언들이 가득하기 때문이다.

이런 말들은 언뜻 보면 오해의 소지가 있지만 자세히 읽어보면 군주가 갖추어야 할 덕목에 대한 유용한 내용들이다. 예를 들면, 그가 인간이 누군가 자신을 일으켜 세워줄 것이라고 기대하면서 넘어지면 안 된다고 하면서 군주도 평화로운 시기에 늘 역경에 대처하는 방안을 마련해둬야 자신의 나라를 잃지 않는다고 말한 것처럼 말이다.

〈그림 3-5〉 프랑스 시민혁명과 영국의 명예혁명

하지만 절대군주제는 시민들을 만족시키지 못했기 때문에 결국 영국과 프랑스 등에서 시민혁명을 통해 무너졌다. 영국에서는 1689년 명예혁명을 통해 의회 우위의 입헌군주정이 확립되었다. 그 배경을 간단하게 살펴보자. 당시 유럽에서는 왕이 의회의 승인절차를 거치지 않고 과세를 하는 등 법위에 군림하는 절대왕권이 등장했다. 영국에서도 1642년부터 1651년까지 통치권을 강화하려는 왕당파와 법의 지배를 강조하는 의회파 간 내전이 이어졌다. 이 와중에 찰스 1세가 처형당하고 올리버 크롬웰의 공화정이 수립되었다.

그런데 권력을 잡은 크롬웰은 1인 통치를 강화하여 공화국의 가치를 훼손시켰고, 1658년에 그가 사망 후 영국은 다시 군주정으로 돌아갔다. 하지만 이미 의회의 권한이 왕권보다 커진 상태였다. 1685년 왕위에 오른 제임스 2세가 전제정치를 펼치자 시민들의 불만이 커졌다. 이에 영국 의회는 왕을 몰아내고 메리 공주와 남편 윌리엄 3세에게 왕위를 양도했다. 1689년에는 윌리엄 3세를 국왕으로 추대하면서 권리장전을 승인하게 하였다. 이는 법 위에 군림하는 국왕의 특권을 폐지하고 의회와 시민의 권리를 보장하는 문서이다. 이것이 바로 피를 흘리지 않고 성공한 명예혁명이다.

프랑스에서도 제3신분으로 구성된 국민의회가 1789년에 프랑스 인권선언을 선포하여 신분제에 따른 구체제를 공식적으로 폐지했다. 프랑스에는 제1신분인 성직자, 제2신분인 귀족, 제3신분인 평민으로 이뤄진 삼부회가 있었다. 삼부회는 1302년 필립4세가 교황권과 대립하면서 국민의 지지를 얻기 위해 처음 소집했고 국왕의 세금 징수에 대한 동의 등 국왕이 필요할 때만 소집했다.

1789년 루이 16세는 재정 위기를 극복하기 위해 175년 만에 삼부회를 소집했는데 이는 오히려 프랑스 혁명의 도화선이 되었다. 실제로 삼부회는 귀족과 성직자들이 다수를 차지했는데, 이들은 전체농지의 40%를 소유하지만 세금을 전혀 내지 않는 특권층이었다. 이에 부르조아와 하위층이었던 제3신분은 삼부회를 비판하고 국민의회를 구성했다. 왕이 무력으로 국민의회를 해산하려 하자 파리 시민들은 바스티유 감옥을 습격하고 파리를 장악한 것이다. 루이 16세는 처형되었고 공화정이 수립되었다(강원택·유진숙 편, 23-25).

이와 같이 절대군주제 위기가 조성되고 구체제가 타파되던 근대 시민혁명기에 민주정치의 사상적 토대인 사회계약론이 세상에 나왔다. 사회계약론은 인간이 의식적이고 자발적인 자유의지로 국가권력에 복종하겠다는 계약을 맺음으로써 국가가 형성된다는 이론이다. 따라서 국민주권을 강조하며, 절대군주의 지배에 저항한다. 절대적인 국가권력을 제한하고 개인의 자유와 권리를 확보하며, 국민의 동의에 의해 정부를 구성한다는 내용이 중심이다(문병주 외 1999, 98). 이 이론은 기존의 '인간'의 지배를 '법'의 지배로 전환시킴으로써 근대 민주주의와 시민사회의 철학적 기초가 된 것이다.

홉스(Thomas Hobbes, 1588-1679)는 최초로 사회계약론을 주장한 학자이다. 그는 스페인 군대가 영국 해변을 점령한 전시상황에서 태어났다. 그리고 왕당파와 의회파 간 내전 등 정치적 혼란이 계속되던 시대를 살았다. 이런 시대적 상황은 그의 사상에 영향을 미쳤다. 홉스가 본 인간은 자연상태에서 자유롭고 평등하지만 '고독하고 가난하고 추잡하고 잔인하고 단명했다'고 했을 정도로 자기 보호 본능이 강한 이기적인 존재였다(서정갑 1998, 13). 따라서 국가가 없는 자연상태에서 인간은 만인에 대한 만인의 투쟁만 있는 상황에 처한다고 보았다. 이에 대한 해결방안은 국가와 주권자에게 절대 권력을 부여하고 자신의 안전을 보장받는 계약을 체결하는 것이라고 주장했다.

홉스의 사상은 국가의 절대권력을 강조했기 때문에 오늘날 비판의 대상이 되기도 한다. 그러나 그는 최초로 주권은 왜 필요하며 어떻게 만들어지는가라는 근본적인 질문을 내던진 학자였다. 중세의 권위적이고 전체주의적인 요소들에 대항하여 개인의 생존과 권리를 어떻게 보호할 것인가라는 물음에서 그의 생각이 시작된 것이다. 그 해답을 찾는 과정에서 정치의 최소 단위는 개인 곧 인간이라는 점을 발견했고, 이 개인의 계약의 당사자라는 점에서 국민주권을 주장하게 된 것이다(서정갑, 18-19). 홉스가 제시한 근대적 비전은 신이나 왕으로부터 권력이 나왔던 중세적 세계관과는 반대로 개인의 중요성에서 정치에 대한 문제제기를 했다는 점에서 중요하다.

또 다른 사회계약설의 대표적 학자인 로크와 루소는, 홉스와는 달리, 국가가 개인의 자연권을 침해할 경우 이 계약은 무효이므로 정부가 교체되어야 한다는 주장을 통해 저항권의 근거를 제시했다. 로크(John Locke, 1632-1704)는 자연상태에서의 인간을 이성적이며 합리적이고 자율적인 존재로 보았다. 인간은 본성적으로 성실과 신의를 지키는 존재이다. 따라서 타락한 인간들의 부패와 악의가 없다면 자연상태를 포기할 이유가 없다. 그런데 자연상태에서는 이런 사람들로 인해 분쟁이 일어날 경우, 옳고 그름을 판단할 동의된 근거나 법률, 공정한 재판관, 판결을 집행할 권력이 없다는 것이다. 때문에 사회계약을 통해 시민정부를 구성해서 이를 해결해야 한다고 주장했다(서정갑, 21).

로크는 시민정부가 제도적으로 잘 작동하기 위해서는 지배자와 피지배자 사이의 상호신뢰가 필요하다고 보았다. 이 신뢰는 일방적인 지배관계가 아닌 서로 간의 의사소통이 가능하다는 것을 의미한다. 상호신뢰가 잘 유지되고 있는지를 판단하는 이들은 정부나 입법부가 아니라 시민들, 즉 정치사회 형성에 동의한 사람들이다. 정부와 시민 간 신뢰가 깨졌다면 사람들은 언제든지 자신들이 행사할 수 있었던 자연법을 행사할 권리를 되찾게 된다는 점에서 궁극적으로 권력의 힘은 항상 시민들에게 있다(김만권 2011, 48). 로크의 사상은 오늘날 민주정치 제도의 정신적 바탕이 되었다.

루소(Jean Jacques Rousseau, 1712-1778)는 '인간은 자유롭게 태어났으나 온몸은 쇠사슬에 묶여있다'는 유명한 말을 남겼다. 그가 말한 쇠사슬은 인간들이 공동체를 유지하는데 필요한 모든 제도를 의미한다. 자유로운 인간은 자신의 뜻대로 살아갈 수 있는 인간이다. 그런데 자신의 자유가 타인의 자유를 억압한다면, 모든 사람들이 다 자신의 뜻대로 자유롭게 산다고 할 수 없다는 것이다. 홉스나 로크가 개인의 생명이나 재산 등 권리를 보호하기 위한 사회계약을 주장했다면, 루소는 이런 계약을 통해 만들어진 근대사회의 불평등에 주목했다. 근대사회에서 약한 자에게 새로운 멍에를 부유한 자에게는 새로운 힘을 주어 자연권에 따른 자유가 파괴되었다고 보았다.

그는 이런 불평등한 사회구조를 개선하기 위해서는 공동체의 문제에 주목했다. 인간의 원초적인 본능은 '자기애'인데 이를 타인에게 확장시키면 '연민'이 되고 이를 일반화시킬수록 인간은 정의롭게 된다. 이런 '정의'에 대한 사랑은 '인류애'가 된다. 국가는 사회계약의 결과로 생겨난 공동체적 결사체로서 이런 인간의 인류애를 바탕으로 공동체의 선을 파악하고 실현하는 도덕적인 인격체라고 보았다. 이런 공동체에 대한 가치 부여는 로크의 개인주의와 차별화되는 점이다. 계약의 당사자인 모든 사람들은 공공선을 실현하는 주권국가의 주체이자 지배자가 된다. 즉, 계약을 통해 새롭게 구성된 정부에 복종하는 것이 아니라 바로 자신의 의사에 복종한다는 것이 루소의 이론이다(서정갑 26-31).

더 보기: 사회계약설의 대표학자, 홉스

홉스
(Thomas Hobbes, 1588-1679)

리바이어던(Leviathan)에 의하면, 국가를 약화시키거나 해체시키는 근본 원인은 절대 권력이 결핍되거나 반국가적 선동교설이 신민에게 전파되는 경우이다. 국가의 평화와 통치에 해가 되는 선동적 교설은 국가권력에 반대하여 교황의 권력을 옹호하는 성직자들과 대학교수들에서 나오므로 주권자는 설교와 강의를 통제해야 한다고 주장했다. 공적 권위를 가진 주권자가 교육을 통해 신민의 정신을 교화할 의무가 있다. 자연상태에서의 인간은 시민교육을 통해 비로소 정치질서의 유지에 적합한 도덕적 인간이 된다는 것이다.

김용찬 2010. 『21세기 민주시민 교육을 위한 정치교육과 법교육』, pp.214-219에서 발췌 및 재구성

더 보기: 사회계약설의 대표학자, 루소

루소
(Jean Jacques Rousseau, 1712-1778)

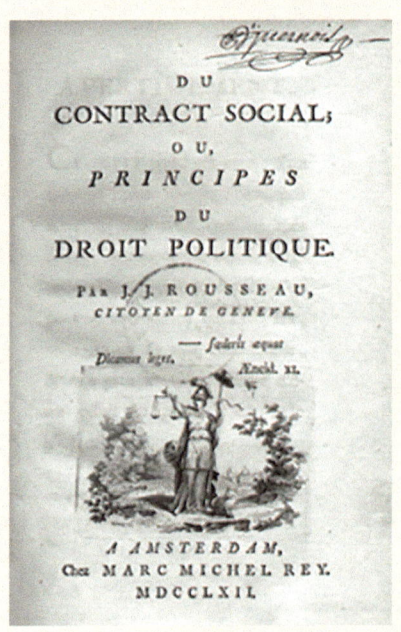

루소는 일반의지(general will)의 개념을 통해서 주권은 대표될 수도 양도될 수도 없다는 인민주권론을 제시했다. 인간은 자신만을 위해서 사는 완전히 자유로운 개인적인 자연인과 사회제도 하에서 공동체 속에 몰입되어 사회계약이 요구하는 조건을 충족시킬 의무를 지닌 시민으로 나뉜다.

서로 상반되는 인간상인 두 자연인과 시민을 통합시킬 수 있는 대안은 정치교육이었다. 사회계약론(Du Contract Social 1762)에서 제시된 바와 사회계약에 의한 일반의지에 절대복종하는 정치질서에 적합한 시민을 양성하는 것이다. 시민의 전형적인 예는 조국을 위해 기꺼이 목숨을 바친 로마인과 스파르타인이다. 개인적 자유와 권리를 공동체에 전면적으로 양도하여 자신의 운명을 조국의 운명과 동일시 할 수 있는 인간을 양성하는 것이다.

김용찬 2010. 『21세기 민주시민 교육을 위한 정치교육과 법교육』, pp.214-219에서 발췌 및 재구성

이상에서 살펴본 바와 같이, 시민은 오랜 역사와 사상적 기반을 토대로 탄생한 정치적 존재이다. 이탈리아가 명품으로 유명한 것은 아마도 르네상스 시대부터 명맥을 유지해 온 상인과 수공업자들 덕분일 것이다. 이들은 교황권이나 왕권 그리고 특정 귀족가문의 전제적 통치에도 저항할 수 있는 세력으로 성장했다. 르네상스의 주역이 되었을 뿐 아니라 근대 민주주의를 발전시킨 부르주아 계급의 성장에도 중대한 영향을 미쳤다. 지중해 중심의 상업 주도권이 대서양으

로 넘어간 뒤, 영국과 프랑스 등 유럽에서 시민이란 단어는 산업혁명으로 인해 상공업이 발달하던 시기에 도시국가를 중심으로 부를 축적하면서 성장한 부르주아(Bourgeoisie)를 지칭했다. 그래서 시민은 도시 유산 계급, 도시 상공업자, 중산층, 교양 있는 사람 등의 의미를 가지고 있다.

여기에는 자신들의 의지와 노력으로 농노에서 해방되어 산업자본가가 된 사람들도 포함되었다. 이들은 17세기-18세기 봉건사회의 중심이었던 구지배계층에 대항하여 영국의 명예혁명과 프랑스 혁명 등 시민혁명을 일으킨 주도 세력이 되었다. 때문에 시민혁명을 부르주아 혁명이라고 부르기도 한다. 특히 프랑스 혁명 이후 '인간과 시민의 권리선언' 제1조의 기본원칙에서는 "인간은 자유롭게, 평등한 권리를 가지고 태어났다"고 천명한다. 제2조는 자유, 소유, 안전, 그리고 압제에 대한 저항으로 시민의 권리를 새기고 있다. 근대에는 시민사회를 절대주의 국가권력에 대항하는 저항의 주체로 인식했다.

이렇게 시민은 일련의 시민혁명 이후 도시 지역이나 국가의 중심을 이루는 사회구성원으로 정치적 권리와 사회적 의무를 가지는 근대 사회(modern society) 건설의 주역이었다. 오랜 기간 신분제와 특권 중심 사회였던 봉건사회에서 인간은 차별받는 존재로 살았지만, 근대사회에서는 자유롭고 평등한 권리를 갖고 공동체의 결정에 자발적으로 참여하는 시민으로 탄생한 것이다.

전환기적 분열과 혼돈 시대에는 국가 구성원에 대한 많은 연구가 이뤄졌고 한편에선 정치교육의 역할도 주목 받았다. 기존의 정치적 질서 유지와 안정 또는 새로운 질서 형성과 통합에 대한 해답으로 늘 정치교육이 제시된 것이다. 1장에서 언급한 바와 같이, 아주 오래전부터 구성원들에 대한 정치교육은 평상시 정치체제의 유지와 안정에 기여할 뿐 만 아니라 위기 시 공동체의 생존과 변화에도 중요한 역할을 해왔다.

다양한 시대를 살았던 사람들은 교육을 통해 정치공동체에 대한 의무와 자신들의 역할을 인지하면서 어떤 방향으로 나아가야할지 선택했을 것이다. 과거 사람들이 선택한 역사의 방향에서 시민이 탄생되었고 그 범주는 민주주의 발달과 보통 선거권의 확대에 따라 지속적으로 확장되어 왔다. 20세기에 들어서 노동자, 여성, 흑인, 소수민족, 장애인, 성소수자, 이민자 등 다양한 사회집단이 적극적 자유와 실질적 평등을 보장받기 위한 시민권 운동을 펼친 결과이다. 이제는 새로운 21세기를 살고 있는 우리가 민주시민으로서 인류가 나아갈 방향을 합리적으로 선택해야 할 때이다.

생 각 해 보 기

시대를 대표하는 명연설문을 분석&재현해보자.

아래 연설은 전쟁 상황 속에서 시민에게 주는 민주주의에 관한 메시지를 담고 있다.
각각 고대, 근대, 현대를 대표하는 명연설을 읽으면서 민주주의와 시민에 대해 생각해보자.

여기서 저보다 먼저 연설했던 대다수의 분들은 다른 방식으로 치러지는 우리의 장례 절차에 이런 방식으로 추도사 절차를 추가한 정책 입안자를 비난했습니다. 그분들은 전쟁터에서 희생당한 전사자를 각자 개별적으로 치러지는 장례식을 통해 추모하는 방식이 바람직하다고 생각하는 것 같습니다. 하지만 저는 여러분께서 지금 참여하고 있는 이 장례식처럼 공식적 행사로서 치러지는 장례식을 통해 용감하게 싸우다가 희생당한 전사자를 추모하는 방식이 훨씬 더 바람직하다고 생각합니다…(중략)….

우리는 몇몇 소수가 통치에 책임을 지는 게 아니라 모든 시민이 통치에 참여하는 민주 정치를 채택하고 있습니다. 개인끼리 다툼이 있으면 모두에게 평등한 법으로 해결하며, 출신을 따지지 않고 능력에 따라 공직자를 선출합니다. 우리는 자유롭게 정치에 참여합니다. 사생활을 감시하거나 검열하는 일이 없습니다. 공직을 맡은 사람은 누구나 자발적으로 법에 따라 일하고, 부당한 대우를 받는 사람을 보호하며, 합의된 사회 규범을 존중합니다. …… (중략) …… 실로 우리는 전 그리스의 모범입니다.

- 기원전 431년, 페리클레스의 전몰자 추도 연설문 일부

오늘 우리는 이 내전으로 인해 격렬한 전투가 벌어졌던 자리에 모였습니다. 우리는 우리 나라를 구하려다가 자신의 목숨마저 희생당한 분들에게 마지막 안식처로서 그 싸움터의 일부를 바치고자 합니다. 우리는 너무도 당연하고도 적절한 조치로서 이렇게 하지 않을 수 없습니다. 하지만 한층 더 엄밀한 의미에서 살펴보면, 이 땅을 바치고 봉헌하고 성지로 만드는 존재는 결코 우리가 아닙니다.

우리가 끼어들 여지도 전혀 없이, 전사자든 생존자든 여기서 싸웠던 용감한 분들이 이미 이 곳을 성스러운 곳으로 탈바꿈시켰습니다…(중략) 우리의 선조는 모든 사람이 자유 속에서 평등하게 창조되었다는 신념으로 나라를 탄생시켰습니다. …… (중략) …… 우리 앞에 남은 그 미완의 큰 과업을 다하기 위해 지금 여기 이곳에 바쳐야 하는 것은 우리 자신입니다. …… (중략) …… 신의 가호 아래 이 나라는 새로운 자유의 탄생을 보게 될 것이며, 시민의, 시민에 의한, 시민을 위한 정부는 이 지상에서 절대 사라지지 않을 것입니다.

- 1863년, 링컨의 게티즈버그 연설문 일부

세상에는 자유진영과 공산진영 간의 중요한 문제가 무엇인지 이해를 못하거나 또는 이해를 못하겠다고 말하는 사람이 많습니다. 그들에게 베를린으로 오라고 합시다. 공산주의가 미래의 흐름이라고 말하는 사람도 있습니다. 그들에게 베를린으로 오라고 합시다. 유럽 일부 지역에선 공산주의자와 함께 일을 도모할 수 있다고 말합니다. 그들에게 베를린으로 오라고 합시다...(중략)

민주주의는 많은 장애물을 안고 있으며 완벽하지도 않지만, 우리는 결코 국민을 가두거나 국민이 떠나는 것을 막기 위해 벽을 쌓은 적이 없습니다. 미 국민은 지난 18년의 역사를 여러분과 함께한 것을 영광으로 여긴다는 것을 대서양 건너 수만 마일 떨어진 곳에 살고 있는 미 국민 정부를 대신해 말씀드립니다. 18년간 포위당하고도 서베를린처럼 활기차고 힘차게, 희망과 결의를 가지고 살아가는 도시는 없었습니다. 베를린 장벽이야말로 공산주의의 실패를 전 세계에 보여주는 명백하고 확실한 증거입니다. 하지만 우리는 여기에 만족하지 않습니다. 시장님 말씀처럼 가족을 뿔뿔이 흩어놓고, 남편과 아내, 형제와 자매를 갈라놓고, 함께 살고 싶어하는 사람들을 떼어 놓는 것은 역사와 인륜에 어긋나는 일이기 때문입니다.

– 1963년, 케네디의 베를린 연설문 일부

위 연설문들을 관통하는 공통된 시대적 배경이자 사건은 무엇인가?
각각이 주장하는 민주주의에 관한 메시지와 시민의 역할을 한 줄로 정리해보자.

	민주주의 메세지	시민의 역할
고대 레전드 연설		
근대 레전드 연설		
현대 레전드 연설		

**미국 오바마 대통령의 퇴임 연설 현장을 복원하여 연극의 장면들로 재탄생시켜보자.
이를 통해 당시 시민들의 감정을 느껴보고, 민주주의의 의미도 새겨보자.**

우리 정부가 우리가 직면한 수많은 문제를 해결할 수 있도록 하는 것은, 우리 모두에게 달린 일입니다. 우리에겐 해야 할 일이 있습니다. 우리는 이런 도전에 맞서 우리가 필요로 하는 모든 것을 가지고 있습니다. 결국, 우리는 가장 부유하고, 가장 강하고, 가장 존경받는 국가로 남아있습니다. 우리의 젊음, 우리의 투지, 다양성과 개방성, 위험을 떠안고 재창조를 하려는 우리의 무한한 능력은 미래가 우리 것임을 의미합니다.

그러나 그 잠재력은 민주주의가 작동할 때만 실현될 수 있습니다. 우리의 정치가 우리 국민의 품위를 더 잘 반영할 경우에만 그리고 우리 모두가 정당 가입이나 혹은 특수한 이해와 관계없이 우리가 지금 당장 절실히 필요로 하는 공동의 목표의식을 회복하는 걸 도울 경우에만 실현될 것입니다.

제가 오늘 밤 강조하고 싶은 것은 민주주의 국가에 대한 것입니다. 민주주의는 획일성을 요구하지 않는다는 것을 이해하십시오. 우리 건국자들은 논쟁을 벌이고 싸웠고 결국 합의점을 찾았습니다. 그들은 우리가 똑같이 하기를 기대했습니다. 그러나 그들은 민주주의가 기본적인 연대감을 요구한다는 것을 알고 있었습니다. 그것은 우리의 외견상의 차이에도 불구하고 우리 모두는 함께 모여서 하나로 일어나거나 쓰러질 것이라는 생각입니다.

우리 역사를 통해 그 연대를 위협했던 순간들이 있었습니다. 금세기는 그 시대의 시작이었습니다. 움츠러드는 세계, 커지는 불평등, 인구 통계학적 변화와 테러의 공포가 그것입니다. 이런 일들은 우리의 안전과 번영을 시험한 것만이 아니라 민주주의도 시험하고 있습니다. 우리가 이러한 민주주의에 대한 도전에 어떻게 대처하는지가 우리 아이들을 교육하고 좋은 일자리를 창출하고 조국을 보호하는 능력을 결정할 것입니다. 다시 말해 우리의 미래를 결정할 것입니다. 우선 모든 사람이 평등한 경제적 기회를 가져야 한다는 인식이 없다면 민주주의는 작동하지 않을 것입니다.

– 2017년, 오바마의 퇴임 연설 중 일부

오바마의 연설 현장을 생생하게 복원하여 하나의 장면을 묘사하는 연극으로 재탄생시켜 보자!

● 주요 등장인물:

● (시대적/공간적) 배경:

● 묘사장면:

● 대본:

4 민주시민과 정치구조

| 미리보기 | **민주시민과 헌법은 어떤 관계인가?** |

다음은 각각 1987년 6월 항쟁과 2016년 촛불집회를 보여주는 사진이다.
두 사건 속에 녹아있는 민주시민성과 헌법 간 관계를 찾아보자.

1987년 6월 부정부패와 인권유린을 일삼는 전두환 군부독재 정권의 타도를 외치는 시민들이 모여, 6월 10일 민주항쟁 중 전투경찰이 쏜 최루탄에 머리를 맞아 한 달 동안 병상에 있다가 만 20세의 나이에 사망한 연세대 이한열 열사의 장례식을 치르고 있다.

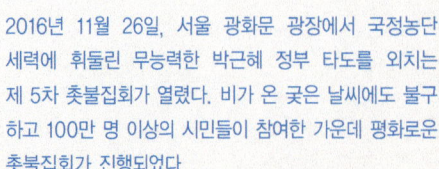

2016년 11월 26일, 서울 광화문 광장에서 국정농단 세력에 휘둘린 무능력한 박근혜 정부 타도를 외치는 제 5차 촛불집회가 열렸다. 비가 온 궂은 날씨에도 불구하고 100만 명 이상의 시민들이 참여한 가운데 평화로운 촛불집회가 진행되었다.

1. 헌법은 왜 생겨나게 되었을까?

헌법(Constitution)은 절대군주와의 투쟁을 통해서 쟁취해 온 시민의 자유와 권리를 보장한 문서로부터 생겨났다. 입헌주의(Constitutionalism)는 헌법에 의해 정부가 구성되고 정치가 행해지는 것을 말한다. 헌법이라는 용어와 입헌주의 전통이 자리 잡은 것은 18세기 후반에서 19세기 초반이다. 시민혁명을 통해 절대군주제의 구체제가 종식되고 국민주권 사상을 바탕으로 근대국가가 성립되던 시기에 주목받기 시작했다.

자세히 보기: 역사 속 헌법의 모습

〈영국의 시민혁명, 그리고 대헌장과 권리장전〉

마그나 카르타 혹은 대헌장(Magna Carta, The Great Charter of Freedoms)은 1215년 6월 15일에 영국의 존 왕이 귀족들의 강요에 의하여 서명한 문서로, 국왕의 권리를 문서로 명시한 것이다. 왕에게 몇 가지 권리를 포기하고, 법적 절차를 존중하며, 왕의 의지가 법에 의해 제한될 수 있음을 인정할 것을 요구했다. 국왕이 할 수 있는 일과 할 수 없는 일을 문서화하기 시작하여 전제 군주의 절대 권력에 제동을 걸기 시작했다는 점에서 의의를 찾을 수 있다.

영국의 권리장전(Bill of Rights)은 1689년 영국의 국가제도를 규정한 대헌장·권리청원과 함께 헌정사상 가장 중요한 의미를 가지는 의회 제정법이다. 영국 의회가 명예혁명으로 윌리엄 3세를 추대하면서 권리선언을 제출하여 승인을 받았고, 이 선언을 토대로 의회제정법이 공포되었다. 이는 법 위에 군림하는 국왕의 특권을 폐지하고 의회와 시민의 권리를 보장하는 문서로 활용되었다. 주요 내용은 다음과 같다.

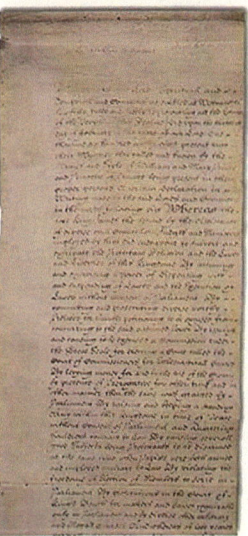

- 의회의 동의를 거치지 않고 법률의 적용, 면제, 집행, 정지를 금지한다.
- 의회의 동의 없는 과세, 평시의 상비군을 금지한다.
- 선거의 자유, 의회의 발언의 자유, 국민 청원권을 보장한다.
- 의회를 소집한다.
- 왕위 계승자에서 로마 가톨릭 교도를 배제한다.

〈프랑스의 시민혁명, 그리고 인권선언〉

　프랑스 혁명은 1789년 5월 5일에서 1799년 11월 9일까지 프랑스에서 일어난 자유주의 혁명이다. 시민혁명의 결과로 1789년 인간과 시민의 권리선언(Declaration des droits de l'Homme et du citoyen)이 선포되었다. 자연법 사상의 영향을 받아 자유와 평등, 종교, 출판 결사의 자유 등 인간의 천부적 권리는 장소와 시간을 초월하여 보편적임을 선언하였다. 이 인권선언은 제헌국민의회에 의하여 1789년 8월 26일에 채택되었다. 이 선언의 17개 조항은 1791년 제정된 프랑스 헌법의 전문이 되었고, 이후 1793년 헌법(인권 선언으로 개명), 1795년 헌법(인간과 시민의 권리 및 의무에 관한 선언으로 개명)의 전문으로 이어졌다. 1-3조까지의 조항을 소개하면 다음과 같다.

- 제 1조, 인간은 권리에 있어서 자유롭고 평등하게 태어나 생존한다. 사회적 차별은 공동 이익을 근거로 해서만 있을 수 있다.
- 제 2조, 모든 정치적 결사의 목적은 인간의 자연적이고 소멸될 수 없는 권리를 보전함에 있다. 그 권리란 자유, 재산, 안전, 그리고 압제에의 저항 등이다.
- 제 3조, 모든 주권의 원리는 본질적으로 국민에게 있다. 어떠한 단체나 개인도 국민으로부터 명시적으로 유래하지 않는 권리를 행사할 수 없다.

〈미국의 시민혁명, 그리고 헌법〉

　미국 독립선언(United States Declaration of Independence)은 1776년 7월 4일 당시의 영국의 식민지 상태에 있던 13개의 주가 서로 모여 필라델피아 인디펜던스 홀에서 독립을 선언한 사건을 일컬으며, 이 사건은 미국 독립선언문에 기록되어 있다. 오늘날 미국에서는 7월 4일을 독립기념일로 삼아 축제를 하고 있다. 독립 선언이 있은 후 약 8년간에 걸친 싸움 끝에 1783년 9월 3일에 비로소 미국은 영국과 프랑스로부터 이른바 〈파리 조약〉을 거쳐 완전한 독립을 인정받게 되었다.

　이때의 인권선언문이 발전하여 1789년 미국의 헌법이 만들어졌다. 이 헌법은 천부 인권적 기본권의 내용과 로크의 사회계약론 내용을 철학적 기초로 성립된 것이다. 특히 여기에서 파생된 연방헌법은 여러 주를 통합한 실질적 대안으로 기능하였다. 정부와 국민의 관계, 주와 주 간 관계, 국민의 자유와 권리가 명시된 것이 특징이었다.

3장에서 살펴보았듯이, 르네상스 시기부터 부를 축적해 온 상공업자들은 신흥 부르주아 계층이 되면서 영국과 프랑스 등에서 일어난 시민혁명의 주도세력이 되었다. 영국에서는 1689년 명예혁명을 통해 의회 우위의 입헌군주제가 수립되었다. 법 위에 군림하는 국왕의 특권을 폐지하고 의회와 시민의 권리를 보장하는 문서로 권리장전이 선포되었다. 권리장전에는 의회의 동의 없는 과세 금지, 선거의 자유, 국민 청원권 등 시민의 권리를 보장하는 조항들이 들어있다.

프랑스에서도 1789년 시민혁명을 통해 인권선언이 선포되었다. 당시 세금과 부역의 의무를 가진 제3신분 평민들은 제1신분인 성직자와 제2신분인 귀족 등 특권층 중심이었던 삼부회를 폐지하고 국민의회를 구성했다. 루이 16세가 이 국민의회를 폐지하려 하자 파리 시민들이 바스티유 감옥을 습격하고 파리를 장악했다. 왕은 처형되었고 공화정이 수립되면서 신분제에 따른 구체제도 공식적으로 폐지된 것이다. 이 시민혁명의 결과로 인권선언이 선포되었는데, 이는 구체제의 모순에 대한 시민계급의 자유 선언으로 인간과 시민의 권리를 보장하는 헌법 제정을 위한 강력의 성격을 갖는다.

부르주아가 주를 이룬 시민계급의 자유와 권리를 보장한 문서들이 현대적 의미의 민주주의 헌법으로 일반화된 것은 미국에서 헌법을 만들면서 부터이다. 미국은 1776년에 당시 영국 식민지 상태에 있던 13개 주가 모여 독립을 선언했다. 영국 식민지로부터 독립을 쟁취한 후 미국 건국자들은 어떤 나라를 세울 것인가에 대해 길고 긴 논쟁을 벌였다. 처음에는 13개 주들의 연합 형태로 공동체를 만든다는 연합규약(confederation) 만들었다. 하지만 지금의 UN(국제연합)형태와 유사한 연합 형태는 과세권이나 군 통수권 등 통일된 정부가 없어서 외교나 내치 등에서 문제가 많았다. 결국 1787년에 13개 주를 실질적으로 통합하는 연방제(federation) 국가를 만들기도 합의한다.

그리고 새로 건국되는 연방국가는 어떤 나라인지에 대한 합의된 내용을 문서로 기록하게 되었다. 이것이 현대 성문헌법의 모델이 된 것이다. 서유럽 국가들의 시민권 선언이 왕과 귀족 등에 대항한 산업자본가 중심의 시민권 보장에 집중한 반면, 미국 건국자들은 13개주에 살고 있는 모든 시민들이 어떻게 국가로부터 자유와 권리를 보장받으면서도 하나의 공동체를 이뤄서 살 수 있을 것인가에 주목했다. 결과적으로 미국헌법에는 천부인권적 기본권과 저항권을 인정한 로크의 사회계약론 사상을 기초로 미국이란 나라가 건국되었다는 점이 명시되었다.[1]

또한 시민의 자유와 권리를 보장하기 위해 정부권력을 어떻게 제한할 것인가에 대한 내용도

---

1) 물론 건국 당시 미국에 있던 흑인 노예들은 시민으로 간주되지 않았고, 이는 1861년 남북전쟁(civil war)이 발발하는 한 원인이 되기도 했다. 1865년 남북전쟁의 결과로 노예해방이 되었지만, 흑인들이 1960년대 시민권 운동을 펼쳐 법 앞에 평등권을 실제적으로 보장받기까지는 거의 100년이라는 시간이 걸렸다.

들어있다. 정치권력이 너무 한쪽으로 집중되어 전제정치가 나타날 위험을 줄이기 위해 고민했던 건국자들은 서유럽의 의회 중심 내각책임제와는 전혀 다른 새로운 정부형태인 대통령제를 만들어 냈다. 헌법에는 입법부, 사법부, 행정부 간 삼권분립을 어떻게 할 것인지, 분립된 삼부 간 권력을 어떻게 견제하면서도 균형을 맞출 수 있는지 등 대통령제에 대한 내용이 명시되어 있다. 그리고 13개 주 정부가 모여서 만든 연방정부에게 원래 주 정부가 가지고 있던 권한 중 어떤 권한을 내어줄 것인지, 어떤 권한을 그대로 가지고 있을 것인지 등 연방정부와 주 정부 간 수직적 권력의 배분에 대한 내용도 명시되었다. 이 외에 주와 주 간 관계, 국민과 국민 간 관계 등에 대한 내용도 들어있다.

이와 같이 헌법은 시민의 권리와 자유를 제도화한 오랜 노력의 산물이다. 근대의 입헌주의는 그 성립 당시의 주역인 부르주아 시민계급의 이익을 중심으로 한 개인주의와 자유주의 사상을 바탕으로 한 것이다. 이후 자본주의가 발달하고 시민의 개념이 부르주아에서 일반 대중으로 확산되면서 미국에서 현대적 의미의 헌법에 기초한 민주주의(constitutional democracy) 전통이 수립되었다. 이러한 민주주의의 발달과 더불어 헌법에 부여된 권리는 천부인권이자 자연권으로 자리잡아 왔다. 오늘날 민주주의 국가에서 헌법은 시민권 보장을 위한 최고의 합의문이므로 신이나 왕 또는 그 어떤 권력자도 침탈할 수 없는 불가침의 권리장전이다. 누구도 자의적으로 정치권력을 행사할 수 없고 헌법의 테두리 안에서만 행사하도록 함으로써 법의 지배(법치주의)가 확립되었다.

따라서 민주주의 국가의 헌법은 국가의 주권이 국민에게 있음을 천명함으로써 국가에 대한 국민의 기본적 인권과 자유 그리고 권리를 보장하는 제도적 장치가 되었다. 민주정치가 실현될 수 있도록 국가권력을 제한하는 기본 지침서로서 오늘날 헌법 조항에는 국가의 기본 목표, 국가 권력의 근원, 목적, 사용과 제한이 명시되어 있다. 헌법 조항을 통해 국가의 주요 기능을 누가 수행할 것인가? 국민들은 정치권력을 어떻게 통제할 것인가에 대한 해답이 제시되고 있는 것이다. 또한 의원내각제나 대통령제 등 어떤 제도가 더 효율적인 통치형태인지, 더 민의를 정확하고 민감하게 대변하는지, 더 국민의 통제가 용이한지 등을 고려하여 각 나라는 수평적 권력분립을 위한 정부조직 제도와 구성에 관해 헌법에 명시하고 있다.

가장 중요한 시민권 보장 등에 관한 규정과 원칙도 열거되어 있다. 앞장에서 이미 언급했듯이, 시민의 자유와 평등은 소극적 보장에서 적극적인 방향으로 변화되어 왔다. 이런 내용들은 민주국가의 헌법에 다양한 내용으로 반영되어 있다. 기본적으로 보장되고 있는 평등권은 누구든지 성별, 종교, 직업, 장애 등의 이유로 차별받지 않을 권리이며, 자유권은 국가로부터 간섭을 받지 않고 생각하고 행동할 수 있는 권리로 종교와 사상의 자유, 언론의 자유, 집회·출판·결사의 자유 등이다. 사회권은 인간답게 살 수 있도록 국가가 나서서 보장해줘야 하는 권리로, 교육을 받을 수 있는 권리, 깨끗한 환경에서 살 권리, 생계를 유지할 수 있도록 보호를 받을 권리 등을 말한다. 더 나아가 국민이 국가에게 더 나은 삶을 위해 무엇인가를 요구할 수 있는 청원권과 정치에 참여할 수 있는 참정권 등도 헌법에 보장된다.

현대국가는 대부분 입헌정치를 한다. 미국이나 우리나라 등 많은 나라에서 법률 중 최고 법으로 하나의 문서로 규정되어 있는 성문헌법이 존재하며, 세상이 다변화하고 복잡해짐에 따라 헌법의 내용도 길어지는 추세이다. 한편 영국처럼 헌법이라는 독자적 문서는 없지만 의회법, 판례와 관행 등에 의한 불문헌법이 존재하는 나라도 있다. 이처럼 대부분의 나라에는 어떤 형태로든 헌법이 존재한다. 특히 민주주의가 잘 발달되어 온 서유럽이나 미국, 캐나다 등 북유럽 국가에서는 국가가 정한 법에 누구나 복종해야 하며 자의적으로 권력을 남용하는 것으로부터 국민을 보호해야 한다는 오랜 입헌주의 전통이 수립되어 왔다.

그런데 헌법이 있다고 모든 나라에서 민주정치가 이뤄지는 것은 아니다. 민주주의 국가에서도 국민의 기본권이 침해받는 경우가 발생한다. 예를 들면, 영국에서는 제2차대전 중 선거가 치러지지 않았는데 처칠 총리와 야당 지도자들이 전쟁 중 선거를 실시하는 것은 국력낭비라고 보았기 때문이다. 미국에서도 2차 대전 당시 루즈벨트 대통령이 안보상 위협을 이유로 일본계 미국인들을 모두 수용소에 감금하도록 명령한 적이 있다. 또한 중국과 같은 사회주의 국가에서도 헌법에는 국민의 기본권이 보장되고 있지만, 실제로는 많은 부분에서 국민의 권리가 제한된다. 중국에서는 문화혁명기간에 백만 명 이상이 사망했고 아르헨티나에서는 수천 명이 재판도 받지 않고 군부정권에 의해 처형되었다(신명순 2009, 51-52).

이와 같이, 헌법이 있다는 것과 잘 지켜진다는 것은 별개의 문제이므로 시민들은 정치지도자가 헌법을 유린하지 않도록 주인의식을 갖고 정치과정을 잘 지켜봐야 한다. 헌법자체가 특정 계층의 이익을 대변하거나 배제하는 내용으로 구성되었는지도 살펴봐야 한다. 이는 시대적 변화와도 관련이 있는데, 미국에서 헌법이 만들어질 당시에 배제되었던 흑인 노예들이 시민의 범주로 들어오는 데는 많은 시간이 걸렸다는 점은 이미 앞에서 설명했다. 유사한 맥락에서 최근 다문화 사회로 급변하는 한국에서도 이주민들의 시민권이 기존 헌법에 의해 제대로 보장되고 있는지도 살펴봐야 한다. 헌법에 명시된 기본권 보장이 정치활동을 통해 정의롭고 공정하게 이뤄지도록 동시대를 살아가는 시민들의 지속적인 관심과 노력이 필요하다.

2. 입헌주의 정부형태, 어떤 것이 더 좋을까?

　시민혁명을 통해 절대군주제가 무너지고 입헌주의 전통이 수립되면서 오늘날에는 브루나이, 부탄, 오만, 사우디아라비아 등 일부 국가를 제외하면 국왕이 혼자 직접 통치하는 군주제는 많지 않다. 현재까지도 군주제를 유지하고 있는 나라가 있지만 그런 나라에서도 국왕은 '군림하지만 통치하지 않는' 경우가 많다. 영국이나 일본, 네덜란드, 노르웨이, 덴마크, 룩셈부르크, 스페인, 벨기에, 모나코 등이 왕이 있는 대표적이 나라들이다. 이들 국가의 군주제는 국왕은 국가원수로서 지위를 갖지만 실제 통치행위는 국민의 선거를 통해 선출된 총리가 맡는 입헌군주제이다. 호주, 뉴질랜드, 캐나다 역시 입헌군주제를 택하고 있으며 이들 국가는 영국 여왕을 국가원수로 삼고 있고 평상시에는 총독(Governor-General)이 그 역할을 대신한다. 입헌군주제는 상징적 최고 권력으로 국왕이 존재한다는 점을 제외하면 그 작동방식은 민주공화제와 큰 차이가 없다.

　세계 각국의 정부형태는 지리적으로 다양하게 분포되어 있다. 민주주의 국가들은 주로 대통령제와 의원내각제를 택하고 있다. 현재 많은 유럽 국가들 또는 영국으로부터 식민 지배를 받은 경험이 있는 인도, 호주, 뉴질랜드, 캐나다, 남아프리카 공화국 같은 국가들은 의원내각제를 하고 있다. 대통령제를 택한 국가들은 미국과 대부분의 중남미 국가들 그리고 아프리카의 몇 몇 국가들이다. 이 외에 아프리카나 아시아 국가들의 대부분은 비민주국가로 분류되며 구소련 연방 국가들은 대통령과 총리가 함께 존재하는 정부형태를 택해 혼합제로 분류되는 경우가 많다. 이렇듯 전 세계 민주국가들은 각 국의 역사적 경험과 정치적 현실에 따라 대통령제나 의원내각제 또는 이를 절충하거나 혼합한 형태의 정부 제도를 택하고 있다.

자세히 보기: 국가별 정부형태

국가별 정부형태
- 대통령중심제
- 공화제하의 의원내각제
- 군주제하의 의원내각제(군주에게 실권이 거의 없음)
- 군주제하의 의원내각제(군주에게 상당한 실권이 있음)
- 이원집정부제
- 이원집정부제는 아닌 대통령제와 내각제의 절충형
- 전제군주국
- 일당제 사회주의

　대표적인 내각제 국가는 영국이다. 영국에서는 국왕의 특권을 폐지하고 의회와 시민의 권리를 보장하는 명예혁명이 일어났다는 점은 이미 설명했다. 이런 혁명의 결과로 의회 중심의 정치가 이뤄지는 내각제가 발달하게 되었다. 시민들은 자신들을 대신하여 정치를 할 의원을 뽑는다. 유일하게 선거에 의해 선출된 기관인 의회는 시민들의 대표성을 갖는다. 국정을 운영할 내각과 행정부의 수장인 수상은 의회에서 선출되는데, 의회선거에서 이긴 다수당의 대표가 수상이 되어 내각을 구성하고 정책을 주도한다. 이와 같이 단 한 번의 선거로 의회와 행정 권력이 동시에 결정된다. 의회를 장악한 다수당에서 수상과 내각이 선출되므로 행정권도 장악하게 되는 것이다. 내각제에서 수상과 각료는 의원을 겸직하므로 행정권과 입법권이 통합된 권력의 융합이라는 특징을 갖는다.[2]

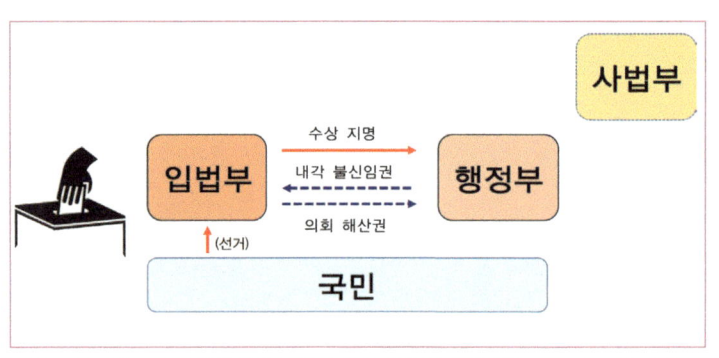

〈그림 4-1〉 내각제와 대통령제 비교

내각은 의회로부터 신임을 받는 동안만 행정권을 보유하므로 정치를 잘못할 경우 의회는 이에 대한 책임을 물어 내각을 총사퇴하게 할 수 있다. 이렇게 의회가 행정부의 실정이나 무능에 대해 정치적 책임을 물을 경우, 내각은 사퇴하고 새 내각이 구성된다. 이런 내각 불신임권은 입법부가 행정부를 견제하는 권한이다. 한편 총리와 내각은 의회를 해산하고 총선을 실시하여 국정 운영의 파행이나 실정에 대한 궁극적인 책임 소재나 판단을 국민에게 최종적으로 물을 수 있다. 새로운 의회를 구성할 수 있는 의회 해산권은 행정부가 입법부를 견제하는 대표적인 권한이다. 즉 의원내각제에서 입법부와 행정부는 내각 불신임권과 의회 해산권을 통해 균형을 유지한다.

이처럼 내각제에서는 선거에서 이긴 다수당이 내각을 구성하고 이 내각은 의회에 대해 책임을 지기 때문에 정치적 책임과 국민적 요구에 민감하다. 또한 의회와 내각은 협조적 관계를 유

---

2) 대통령제에서는 행정수반과 국가원수의 역할이 대통령 1인에게 모두 집중되어 있는 반면 내각제에서는 국가원수와 행정수반의 지위가 서로 분리된다. 수상은 행정수반의 역할을 한다. 영국이나 일본과 같이 왕이 있는 나라도 있고 독일이나 인도처럼 대통령이 있는 경우도 있으나 의원내각제에서 왕이나 대통령은 상징적 존재에 불과하다.

지하기 때문에 정책결정 뿐 아니라 정책 집행이 빠르고 능률적이라는 장점이 있다.

하지만 한 정당이 의회와 내각을 장악하기 때문에 다수당의 횡포가 일어날 수 있다. 또한 선거에서 이긴 다수당이 없어서 세력이 비슷한 여러 정당 간 연립내각이 구성되는 경우, 정당 간 이해관계가 달라 내각 구성이 어렵거나 연합이 깨지는 등 불안정한 정국이 형성되기 쉽다. 의회의 임기도 법률로 정해져 있지만 이와 무관하게 임기 중반에 불신임 투표에 의해 내각이 물러나거나 혹은 총리가 의회를 해산함으로써 갑작스레 총선을 치르는 경우가 많은 것도 불안한 정치의 한 요인이 될 수 있다.

대통령제는 미국에서 1787년 헌법 제정과 함께 처음 만들어진 제도이다. 영국 식민지로부터 독립한 후 건국자들은 국가권력을 제한하고 시민권을 보장할 수 있는 제도를 만들고자 오랫동안 고민했다는 점도 이미 설명했다. 이들이 가장 고민했던 부분은 법과 질서를 유지하기에 충분한 강력한 권력을 가지면서도 권력집중으로 인한 독재 가능성도 피할 수 있는 정부를 만드는 것이었다. 결과적으로 행정부, 입법부, 사법부가 각 각 분리되어 독립적인 고유권한을 나눠 가지면서도, 어떤 한 부의 독재나 전횡을 피하기 위해 동시에 서로 견제하고 균형을 이루는 제도를 고안해낸 것이다. 독립적인 입법부와 행정부는 각 각 선거를 통해 구성된다.

국민에 의해 선출된 대통령은 사망이나 탄핵 등 예외적이고 특별한 경우를 제외하면 헌법에 규정된 임기를 보장받는다. 임기가 보장되므로 보다 안정적으로 정책을 만들고 집행할 수 있다. 국민에 대해 책임을 질 뿐 의회에 대해 책임지지 않는다. 따라서 대통령은 의회와 상관없이 행정 관료를 선출하거나 임명하는 등 내각을 자유로이 구성할 수 있는 장점이 있다. 의회의 다수당이 횡포를 부리더라도 이를 견제할 수 있는 법률안 거부권 등 제도적 장치가 마련되어 있다. 한편 의회는 행정부에 대해 대통령이 요구한 법률안을 부결할 권한, 행정부의 예산 동결권, 대통령이 임명한 행정부 인사에 대해 동의, 거부 또는 탄핵할 권한을 갖는다. 또한 사법부에 대해 대통령이 임명한 법관에 대한 동의권을 갖는다. 사법부는 의회와 행정부에 대해 위헌심사권을 가진다. 이처럼 삼권이 분리되어 있기 때문에 의회는 행정부를 불신임할 수 없고 행정부도 의회를 해산할 수 없다.

하지만 대통령제는 국가원수이자 행정수반인 대통령이 강력한 권한을 갖는 반면, 의회에 대해 책임을 지지 않기 때문에 독재화될 위험도 있다. 또한 대통령은 법률안 제출권이 없지만 의회가 제출한 법률안에 대해 거부권을 행사할 수 있으므로 입법과정에 참여하게 된다. 이렇듯 실제로는 대통령과 의회가 정책결정권과 입법권을 공유하는 경우가 많다. 그런데 어떤 정책이 성공하지 못했을 경우, 그 책임소재는 대통령이 될 수도 있고 의회가 될 수도 있기 때문에 불분명하다. 따라서 대통령과 의원을 각각 선출하는 대통령제에서 유권자는 잘못된 정책에 대한 책임소재를 명확히 하고 다음 선거에서 이를 기반으로 한 선택이 매우 어렵다는 단점이 있다.

더 보기: 이원집정부제

프랑스 5공화국을 비롯하여 핀란드, 스리랑카, 폴란드, 독일 바이마르 공화국 등에서 일시적으로 택했던 이원정부제는 대통령제의 변형으로 중간형 대통령제, 내각제적 대통령제, 의사내각제, 총리형 대통령제, 분권형 대통령제 등으로 불린다.

프랑스 정부형태는 학자들 간에 논란의 여지가 있는데, 대통령제이지만 대통령과 총리의 권한이 법적으로 구분되어 있기 때문에 미국식 대통령제라고 보기 어렵고 대통령이 막강한 권한을 갖는다는 점에서 내각제와도 다르기 때문에 이원정부제라고 보는 견해가 많다.

대통령제와 마찬가지로 대통령과 의회는 모두 국민에 의해 직접 선출된다. 하지만 일반적으로 대통령제에는 없는 총리가 헌법에 규정된 고유 권한을 부여받고 있으며 행정권을 대통령과 총리가 공유한다는 점에서 다르다. 또한 대통령은 내각을 통해 통치하며 대통령은 총리를 임명하고 총리는 내각의 각료를 임명한다는 점에서도 대통령제와 다르다. 총리와 내각은 내각제에서처럼 의회의 신임에 의존한다.

이처럼 이원정부제는 외형상 대통령제와 유사하지만 그 작동원리는 내각제적 속성을 많이 포함하고 있으며 실제로 대통령이 입법, 행정, 사법부에 대해 상당한 권한을 행사할 수 있다. 하지만 야당이 의회를 장악하고 있는 상황이라면 대통령은 자신이 원하는 인물을 총리에 임명할 수 없게 되고 오히려 야당이 총리를 지명하게 된다. 즉 상황에 따라 대통령과 의회 모두 총리를 임명할 수 있게 되며 대통령과 총리라는 두 지도자 간 마찰이 생길 경우 행정부와 의회의 교착상태가 생길 우려도 있다.

이와 같이 정부형태는 기본적으로 미국식 대통령제와 영국식 의원내각제로 구분되지만, 어떤 제도가 다른 제도보다 절대적으로 더 낫다고 할 수는 없다. 각각의 장단점이 있기 때문이다. 또한 미국식 대통령제와 영국식 내각제를 원형 그대로 받아들인 나라도 드물다. 예를 들면, 2차 세계대전 이후 제국주의 식민통치로부터 독립한 신생 민주국가들은 대부분 대통령제를 택하였다. 그런데 대통령제에 대한 역사적 경험이 부족하고 불안정한 정치 상황에 부딪히면서 많은 신생국의 대통령제는 대통령의 권력이 강한 대통령중심제로 변형되었다. 이렇듯 각 나라는 각각의 역사적 배경과 문화적 전통, 정치 현실에 따라 대통령제와 내각제를 택하고 더 나아가 다양한 형태의 정부 제도로 변형한 제도를 수립하기도 한다.

더 보기: 대통령제 vs 의원내각제

라이파트(Lijphart 1992, 92-94)는 대통령제와 내각제의 차이를 크게 세 가지로 정의하고 있다. **첫째, 내각제 정부에서는 총리 혹은 총리가 이끄는 내각은 의회의 신임에 의존하여 존립하며, 따라서 의회가 불신임을 결의하면 내각은 해산된다.** 그러나 대통령제에서는 대통령이 정부 수반으로서 헌법에 규정된 임기를 보장받으며, 탄핵 등 예외적인 경우를 제외하면 의회에 의해 사임을 강요받지 않는다. 다시 말해서 대통령제의 가장 중요한 특징 가운데 하나는 임기가 고정되어 있다는 것이다. 내각제 국가에서도 의회의 임기는 법률로 정해져 있지만 이와 무관하게 임기 중에 불신임 투표에 의해 내각이 물러나거나 총리가 의회를 해산함으로써 갑작스레 총선을 치르는 경우가 많다.

둘째, 대통령제에서 정부수반인 대통령은 국민 직선이든 선거인단을 통한 방식이든 국민의 선택에 의해 결정되지만 총리는 의회에서 선출된다는 점이다. 따라서 대통령의 선출과 비교할 때 총리의 선출방식은 간접적이다. 총리의 선출은 총선결과를 그대로 반영할 수도 있지만 의회 내 정당 간 협상에 의해 다른 결과가 생겨날 수도 있다. 대통령제에서는 대통령과 의회 모두를 국민이 직접 선출하지만 내각제에서는 의회 선거만을 치르며, 최고 권력 담당자는 의회가 선출한다. 때문에 대통령제에서 대통령은 자신을 선출해 준 유권자에게 책임을 질 뿐 의회의 신임과 무관하지만 내각제에서 총리는 의회의 신임에 구속된다. 또한 대통령제에서는 대통령이 의회의 불신임에서 자유로운 것처럼 대통령 역시 의회를 해산할 권한을 갖지 않는다.

셋째, 대통령제는 대통령 개인의 단독 집행부인 반면 내각제는 집단적이거나 혹은 연대적인 집행부라는 점이다. 내각제에서 총리의 지위는 다른 각료보다 매우 우월한 지위를 갖는 경우부터 다른 각료들과 거의 동등한 권한을 갖는 경우까지 나라마다 각기 다양하다. 그러나 대통령제에서 각료는 대통령의 보좌역이나 부하에 불과하다. 대통령제에서는 대통령에게 분리되지 않는 독점적인 권한을 위임해주고 있기 때문이다. 더욱이 대통령 선거에서 오직 한 후보만 승리하고 2등은 의미가 없으며 권력은 대통령 1인에게 주어진 것이기 때문에 본질적으로 권력을 다른 사람과 공유하거나 나누어 갖기는 어렵다. 따라서 내각제에서 나타나는 권력공유나 연합의 가능성은 높지 않다

강원택 2006. 『대통령제, 내각제와 이원정부제』, pp.28-32에서 발췌 및 재구성

우리나라도 1948년 대한민국 건국헌법 제정 당시 대통령제를 택했지만 출발부터 미국식 대통령제와는 달랐다. 해방이후 우리나라는 통일된 독립 국가를 수립하지 못하고 분단 상황을 맞았다. 좌파는 물론 김구나 김규식 등 중간파도 남한 만의 단독 정부 수립에 반대하여 제헌선거에 참여하지 않았다. 결국 우파 중심으로 정부수립을 위한 최초의 선거가 치러졌다. 이 선거를 통해 제헌국회가 구성되었고, 국회 헌법기초위원회에서 내각제로 헌법안이 마련되었다.

하지만 이승만이 "대통령제가 채택되지 않으면 민간에 남아 국민운동이나 하겠다"고 주장하면서 갑자기 대통령제에 내각제 특성이 혼합된 정부형태가 마련된 것이다(한국미래학회 2010, 41-46).

이후 여러 번의 개헌을 통해 정부형태가 바뀌거나 대통령중심제로 변화되기도 했다. 1960년 헌법개정에 의해 대통령제는 영국식 의원내각제 정부형태로 바뀌었다. 그러나 5·16 군사정변 이후 1962년 헌법개정에 의해 의원내각제가 폐지되고 대통령중심제 정부가 만들어졌다. 1972년에는 제 7차 헌법개정을 통해 유신체제라는 독특한 정부형태가 만들어졌고 대통령간선제가 도입되었다. 1980년 제 8차 개헌을 통해 유신체제가 폐지되고 대통령단임제가 만들어졌으며 1987년 제 9차 개헌을 통해 대통령직선제를 부활시켰다.

현재에도 우리나라 정부형태는 미국식 대통령제를 근간으로 하지만 내각제적 요소가 가미된 혼합형의 대통령제이다. 먼저 총리의 존재인데, 대통령제에서 대통령은 국가수반이자 행정수반이기 때문에 내각을 관장하는 총리는 불필요하다. 그런데 우리나라는 대통령을 보좌하며 대통령의 명을 받아 행정 각 부를 총괄하는 국무총리를 두고 있다. 그리고 행정부가 직접 법안제출권을 갖는데 순수대통령제에서는 삼권이 엄격하게 분립되어 있기 때문에 법안제출권은 입법기능을 맡는 의원들에게만 부여된다.

국회의원이 국무위원을 겸직하는 것도 행정부와 입법부가 상호독립성의 원리에 의해 지배되는 대통령제에서는 찾아보기 어려운 일이다. 또한 우리헌법은 국회가 국무총리와 국무위원에 대한 해임건의를 할 수 있도록 규정하고 있는데 이는 대통령제에서는 찾아보기 힘든 제도이다. 대통령제에서 내각은 대통령이 임명하는 대통령 개인의 보좌조직이다. 이들은 대통령에 의해 임명되기 때문에 자신의 업무 역할에 대한 책임도 대통령이 져야 하는 것이다.

3. 대한민국 헌법은 누구를 위한 것일까?

　대한민국 헌법 1조 1항은 대한민국은 민주공화국이다, 2항은 대한민국의 주권은 국민에게 있고, 모든 권력은 국민으로부터 나온다는 점을 명시하고 있다. 이는 대한민국은 민주주의를 기본 이념으로 하는 국가이며, 군주제나 독재자를 위한 나라가 아닌 공화국이라는 정치체제를 실천한다는 것이다. 헌법은 국민주권의 원리를 실현하기 위한 최고법이자 기본법이므로 민주공화국 이념에 위배되는 어떤 정치권력도 인정될 수 없다. 우리나라 헌법은 1948년에 처음 제정되어 1987년까지 9번의 개정을 거치면서 변화되었지만, 이런 헌법의 이념은 현재까지 이어져 오고 있다.[3]

자세히 보기: 대한민국 헌법의 뿌리

〈대한민국 제 5대 국새 인뉴와 인영〉

1897-고종이 '대한' 국호를 처음 사용
1899-[대한제국 국제]는 우리나라 헌법의 시초이자 최초의 헌법적 성격을 가졌지만 을사늑약과 일제 강제병합으로 소멸
1919-대한민국 임시정부가 임시헌장을 의결·선포
1948-헌법 제정
2017-제헌 70주년, 민주화 30주년 기념의 해
2019-대한민국 임시정부수립과 3·1운동 100주년의 해

〈대한민국 임시헌장〉

---

3) 대한민국 유신헌법에서는 제1조 제2항이 "대한민국의 주권은 국민에게 있고, 국민은 그 대표자나 국민투표에 의하여 주권을 행사한다"고 규정되었지만, 제5공화국 헌법에서 원상태로 회복되었다.

제헌헌법은 1919년 3·1운동의 독립정신을 계승하여 건립된 대한민국 임시정부가 제정한 임시헌장 1조 '대한민국은 민주공화제로 한다'는 법통을 이어 민주공화국임을 천명하였다. 우리나라는 1945년 8월 15일에 광복이 된 후 1948년 2월 유엔소총회에서 정부를 구성하기 위한 총선거를 실시하기로 결의하면서 5월 10일에 총선거를 실시했다. 최초로 실시된 선거에서 당선된 198명의 의원으로 제헌국회가 구성되었다. 대한민국이라는 국호는 1948년 6월 7일 제헌국회의 헌법기초위원회 위원 30명의 무기명 투표로 의결되었다. 제헌헌법에는 삼권 분립, 다당제, 내각제 요소를 포함한 대통령제 등 권력구조, 대표자 선출방식, 임기 등이 포함되어 있다. 국가 구조의 기본 틀을 제시한 제헌헌법은 7월 17일에 공포되었고, 국회에서 간접 선거를 통해 초대

〈표 4-1〉 역대 헌법 개정과 대통령선거

공화국	헌법개정	일시	내용	배경	대통령선거일	당선인
제1공화국	헌법제정	1948.07.17	대통령 국회 간선제		1948.07.20	이승만
	1차 개헌	1952.07.07	대통령 직선제(발췌개헌) 도입	이승만 2선 목적 독재 위해 계엄분위기 속 기립표결로 통과	1952.08.05	
	2차 개헌	1954.11.29	사사오입개헌 초대 대통령에 한해 3선 허용	이승만 장기 집권 시도	1956.05.15	
					1960.03.15	
제2공화국	3차 개헌	1960.06.15	의원내각제(대통령 국회간선) 도입	419 혁명 후 이승만 하야 헌정사상 첫 합법적 개헌	1960.08.12	윤보선
	4차 개헌	1960.11.29	소급입법 적용	반민주행위자(자유당 부패세력) 처벌 위한 부칙조항 삽입		
제3공화국	5차 개헌	1962.12.26	대통령 직선제로 환원	516 군사정변 이후 박정희 집권 국회의결 없이 국민투표로 개헌 확정	1963.10.15	박정희
					1967.05.03	
	6차 개헌	1969.10.21	대통령 3선 허용(직선제)	박정희 장기 집권 목적 야당 배제하고 비밀리에 개헌	1971.04.27	
제4공화국	7차 개헌	1972.12.17	유신헌법 (대통령 통일주체국민회의 간선제)	10월 유신	1972.12.23	
					1978.07.06	
					1979.12.06	최규하
					1980.08.27	전두환
제5공화국	8차 개헌	1980.10.27	대통령 단임제와 선거인단 간선제	신군부의 집권체계 구축 비상계엄령 확대 후 518 유혈 진압	1981.02.25	
제6공화국	9차 개헌	1987.10.29	대통령 직선제로 환원	413 호헌선언 후 6월 민주항쟁 격화 대통령 직선제 등 민주화 방안 마련 위한 개헌	1987.12.16	노태우
					1992.12.18	김영삼
					1997.12.18	김대중
					2002.12.19	노무현
					2007.12.19	이명박
					2012.12.19	박근혜
					2017.05.09	문재인

대통령 이승만과 부통령 이시영을 선출하였다.

　이후 국민주권 원리와 민주이념을 기본정신으로 표방한 헌법은 여러 차례 개헌을 통해 권력자를 위한 문서로 전락하게 된다. 역사적으로 중요한 개헌을 간략하게 살펴보면 〈표 4-1〉과 같다. 4차 개헌을 제외한 8번의 개정은 모두 당시 권력자의 집권연장이나 부당한 정권획득의 합리화, 권력구조 변경을 위한 정치적 의도에 따라 이루어진 것을 알 수 있다.

　1차 개헌은 제헌헌법이 만들어진지 4년 만에 일어났다. 야당이 우세한 상황에서 이승만 대통령이 국회의 간선으로는 재당선되기 어렵다고 판단하여 국민의 인기를 바탕으로 선거를 치르기 위해 제헌헌법에 규정된 국회간선제를 직선제로 바꾼 발췌개헌이다. 1차 개헌안은 국회에서 부결되었지만 계엄령 파동을 겪으면서 재투표가 시행되어 '일사부재의 원칙 위반'과 개헌안에 대한 공고가 이뤄지지 않아 '공고절차 위반' 등 문제가 많았지만 이 개정헌법에 따라 이승만 대통령이 재당선되었다.

　2차 개헌도 이승만의 정권 연장을 위한 것으로 초대 대통령에 한해 중임제한을 철폐한다는 내용이 골자이다. 헌법에 명시된 대통령의 임기 4년과 1차만 중임할 수 있다는 제한조항을 개정하기 위해 1954년 국회에서 투표가 시행되었다. 당시 참석의원 202명 중, 찬성이 135표, 반대가 60표, 기권이 7표로 나타났다. 개헌 가능 의결정족수는 재적의원의 2/3 이상이었기 때문에 135.33…명이므로, 그 충족수는 136명이어야 했으므로 사회자였던 국회 부의장은 부결을 선포했다. 하지만 자유당은 4사5입론을 적용하여 135.33명은 논리적으로 성립되지 않으며 0.33이란 자연인으로 존재할 수 없다고 주장하였다. 그 의견에 반대한 야당 의원들은 모두 의사당에서 퇴장하였고, 이후 자유당 의원들만 남은 투표를 통해 125명 중 123명이 찬성하여, 개헌안을 공포·발효하였다(중앙선거관리위원회 2018, 46-47). 이를 토대로 이승만은 1956년 3선 대통령으로 당선되었으며, 자유당의 장기 집권이 이루어졌다.

　1960년에는 3·15 부정선거를 통해 이승만이 4대 대통령으로 당선되었다. 이에 항거한 반독재민주주의 운동인 4·19혁명이 일어나면서 이승만을 위시한 자유당정권이 끝나고, 제2공화국이 시작되었다. 1960년 3·15 부정선거 후, 4월 11일 부정선거 규탄 집회에 참여했다가 마산 앞바다에서 발견된 마산상고 1학년 김주열의 시신은 4·19혁명의 도화선으로 작용하였다. 이 사건으로 시민들의 분노가 폭발하여 서울에서만 10만 명이 참여한 집회가 진행되었고, 4·19 이후 1주일 만에 이승만 대통령 하야와 자유당 정권 붕괴가 이루어졌다. 국회에서 3·15 선거에 대한 무효가 선포되었고 1960년 6월 15일에는 내각책임제와 대통령 국회간선제를 도입하는 개헌이 이뤄졌다. 이에 따라 대통령으로 윤보선과 국무총리 장면을 중심으로 하는 내각이 출범했다.

　하지만 채 1년도 못되어 1961년 5월 16일에 군사정변이 일어나면서 1962년 3월 22일에 윤보선 대통령이 사임했다. 정변을 일으킨 박정희가 대통령 권한대행으로 국가재건최고회의 의장이 되어 정권을 잡았다. 5차 개헌을 통해 4년 임기의 중임제 대통령제로 환원하고 직선으로 대통령을 선출하도록 하여 박정희는 대통령에 당선되었다. 1963년 제3공화국이 수립되면서 박정희 대통령의 권위주의 시대가 열렸다. 두 번 대통령직을 수행했지만 만족하지 못한 박정희는 이승만과 마찬가지로 3선을 향한 개헌을 하게 되는데, 이것이 6차 개헌이다. 박정희는 1969년 6차 개헌을 통해 7대 대통령에 당선되었다.

이에 만족하지 않고 박정희 대통령은 7차 개헌을 통해 정권을 연장했다. 그는 1972년 10월 17일 북한의 남침 위협을 근거로 비상계엄령을 선포했다. 이에 의해 제3공화국의 헌정이 중단되고 12월 27일 유신헌법이 공포되었다. 유신헌법에 의해 박정희 대통령은 자신이 만든 통일주체국민회의라는 임의관제기구에 의해 간접 선거로 선출되었고, 임기는 6년이며 중임제한 규정도 철폐되었다. 삼권분립에 의해 행정부를 견제해야 할 국회의 의원 중 1/3을 대통령이 임명하는 유신정우회를 설치하여 의회정치를 부인하였다. 헌법을 유린하면서 박정희 대통령은 단일 후보로 8대와 9대 대통령에 당선되었지만, 결국 1979년 10·26 사태를 통해 생을 마감하게 되었다.

권위주의 시대의 상징인 1972년 유신헌법은 1979년 박정희 대통령의 사망과 함께 사라졌지만 민주주의는 쉽게 수립되지 않았다. 단일후보 최규하가 10대 대통령으로 당선되자마자 1979년 12월 12일에 역사상 두 번째 군사 쿠데타가 발생했다. 그 결과, 1980년 8월 16일에 최규하 대통령이 하야하고 1980년 단일후보 전두환이 11대 대통령에 당선되었다.

1980년 5월 18일부터 27일까지 광주에서는 군사독재와 통치에 반대하여 계엄령 철폐와 민주정치 지도자 석방 등을 요구하는 민주화 운동이 전개되었다. 신군부 세력은 대규모 진압군을 보내 광주시 전체를 폭력적으로 진압했고 시민들이 저항하는 과정에서 많은 피해자가 발생했다. 이는 한국전쟁 이후 최대의 희생자가 발생한 비극적인 사건이 되었다. 1980년 10월에 대통령 임기 7년 단임제와 대통령 선거인단 간접선거, 대통령 임기조항 개정 및 변경 금지를 골자로 하는 8차 개헌이 이뤄졌다. 이에 의해 1981년에 전두환은 12대 대통령에 당선되었다.

이렇게 수립된 제5공화국에서는 여전히 민주주의 체제가 확립되지 못했기 때문에 시민들의 민주화 운동이 지속되었다. 특히 1987년 4월 13일에 기존 헌법을 보호한다는 호헌발표가 있은 후, '4·13 호헌 철폐', '직선제 개헌 쟁취', '독재 정권 타도'를 외치는 시민들은 더욱 늘어났다. 한편 서울대생 박종철이 경찰의 물고문으로 인해 사망했다는 사실이 알려지고, 연세대생 이한열이 시위도중 경찰이 쏜 최루탄에 의해 사망하면서 시위는 더욱 거세졌다. 6월에는 20여 일 동안 전국적으로 500만 명이 참여할 정도로 규모가 커졌다.

1987년 6월 항쟁의 결과, 국민이 직접 대통령을 선출하도록 대통령 직선제 개헌을 한다는 6·29 선언이 발표되었다. 여야 합의로 9차 개헌안이 의결되고, 10월 27일 국민투표 93.1%의 찬성으로 통과되었다. 제9차 개헌은 민주주의 국가에서 국민 스스로 대표를 선출하는 매우 중요한 과정인 직선제 실시를 위한 개헌이었는데 이를 '87년 체제'라고 평가한다.

이상에서 살펴본 바와 같이, 1945년 해방 이후부터 1986년까지의 40여 년 동안은 빈번한 헌법 개정이 이루어진 권위주의 시대였다. 헌법 개정은 정치권에서 권력자들의 이익을 위해 추진된 경우가 많았다. 권력자들에게 헌법은 정권 획득과 연장의 수단일 뿐이었다. 특히 비정상적으로 권력을 획득한 박정희와 전두환 정권에서는 비민주적 개헌이 제도화되었다. 1969년 '3선개헌'은 정권연장을 위한 개헌이었으며 1962년 3공화국 헌법, 1972년 유신헌법, 1980년 5공화국 헌법은 국민의 대표기관과는 무관한 국가재건최고회의, 비상국무회의, 국가보위비상대책위원회 등 비민주적 임시기구를 통해 개헌안이 마련되었다(김용철 2007, 111).

다행스럽게도 1987년 민주화 항쟁의 결과로 국민에 의해서 국민을 위한 9차 개헌이 추진되었고, 이후에는 국민의 손에 의한 평화롭고 민주적인 정권 교체가 정착되었다. 일반적으로 민주주의는 안정적인 제도화 과정과 자유로운 시민참여를 통해 이루어지는데, 1987년 이후 시민의 자유로운 참여와 정기적인 선거에 의해 평화적 정권 교체가 일어나면서 한국 민주주의는 튼튼하게 뿌리를 내리고 있는 것이다.

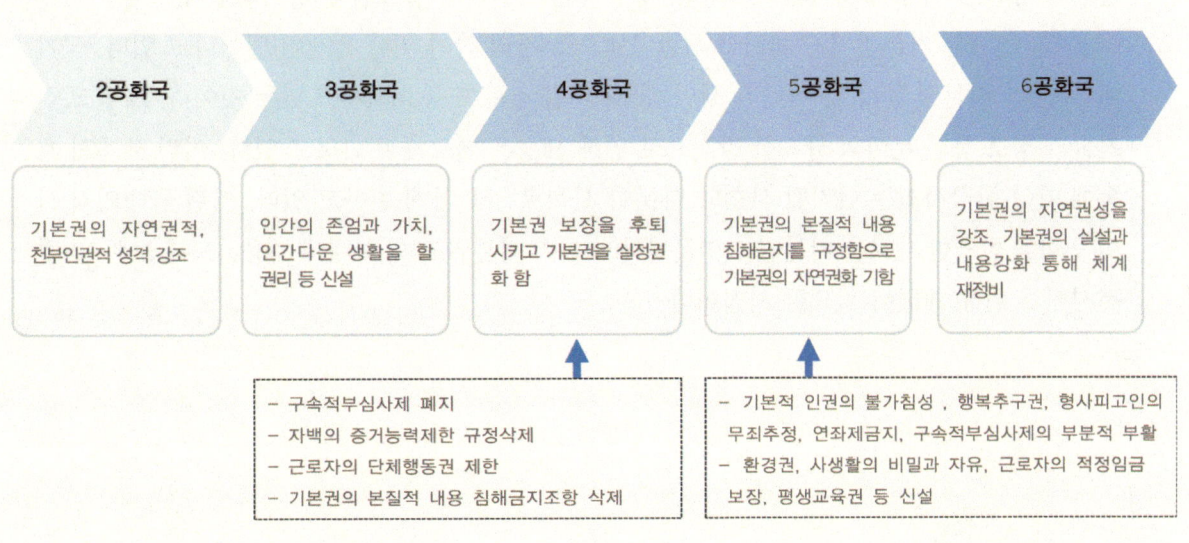

자세히 보기: 우리나라 헌법 속 기본권 보장의 역사

기본권과 관련된 내용을 보면, 정치적 목적으로 이루어진 역대 개헌은 국가권력의 강화와 기본권 축소 또는 통제라는 결과를 가져왔다(김배원 2009, 66). 기본권은 축소되거나 제한된 경우(7차 개정)도 있고 신설되거나 확장된 경우(5차와 8차 개정)도 있었다. 예를 들면, 5공화국 헌법은 기본권 제한을 약간 완화하였다. 많은 기본권 조항의 보장 정도를 3공화국 수준으로 되돌렸고 행복추구권과 다양한 사회복지관련 기본권들이 추가로 신설되었다. 하지만 헌법에 기본권 보장 조항이 신설되었더라도 이런 변화가 실질적인 기본권 보장으로 이어졌는지에 대한 논란의 여지는 남아 있다.

　　이전과 비교하여, 현행 헌법(1987)에는 기본권보장을 위한 규정들이 더 많다는 점에 거의 이견은 없다. 이전까지의 헌정사 대부분에 걸쳐 역대 헌법상의 기본권은 행위규범이나 재판규범으로서 전혀 힘을 갖지 못하였다. 현행헌법은 역대 헌법 중 가장 오랫동안 지속되어 왔을 뿐 아니라 내용 면에서도 민주정치를 정착시키는데 기여한 좋은 헌법으로 평가받고 있다. 그 이유 중 하나는 이 헌법에 의해 국민의 기본권 보장 범위가 넓어졌고 헌법재판을 통한 실질적인 효력을 기대할 수 있게 되었기 때문이다(조재현 2008, 225). 제9차 개헌에 의해 헌법재판소가 창설되면서 기본권은 모든 국가권력을 통제하는 권력제한규범으로 자리매김해왔다. 헌법재판소 설치와 그 관장사항에 관한 조항(111조)은 기본권의 실효성 보장에 기여해온 것이다.

　　이와 같이 국민의 기본권 강화와 국가권력의 제한에 대한 헌법의 본래 목적이 되살아났지만 아직 부족한 것도 사실이다. 21세기 대한민국을 운용함에 있어서 새 기틀이 마련되어야 하는 분야는 기본권 강화이다. 87체제 이후 한국에서는 민주정치가 꾸준히 발달해왔다. 따라서 과거에는 기본권이 왜 지켜져야 하는가, 어떤 기본권 조항들이 헌법에 명시되어야 하는가, 헌법에 나열된 조항들은 어떻게 해석되고 적용되어야 하는가가 가장 중요한 논쟁거리였다.

　　하지만 현재는 기본권이 구체적인 생활규범으로 자리 잡기 위한 논쟁이 일어나고 있다. 국가 대 시민 간 기본권 논쟁 뿐 아니라 시민 대 시민 간 갈등도 중요해지고 있는 것이다. 또한 과학기술과 정보 통신 분야의 급격한 발전으로 인해 세상은 빠르게 변화하고 있다. 이런 세계적 흐름에 따라 한국사회는 디지털 사회와 다문화 사회로 급격하게 변하고 있다. 이런 국내외적 사회 변화를 반영한 새로운 기본권을 명문화하고 기존 기본권도 새 시대에 부응하도록 보완 및 발전시키기 위해 개헌이 필요한 시점이다.

연관 검색어: 고(故) 백남기 농민에 대한 헌법재판소의 결정

2020년 4월 23일에 헌법재판소는 2015년에 발생한 고(故) 백남기 농민에 대한 경찰의 직사살수 행위를 재판관 8대 1의 의견으로 위헌으로 결정했다. 69세 농민 백남기 씨는 2015년 11월 14일 민중총궐기 대회에 참여했다가 서울 종로구청입구 사거리에 설치된 경찰 차벽 앞에서 경찰이 발사한 물대포를 맞아 의식을 잃고 쓰러져 병원으로 이송되었으나 2016년에 숨졌다. 이는 당시 백남기 농민 뿐 아니라 쓰러진 백씨를 구하려는 시민들을 향해서도 경찰이 한동안 물대포를 조준 발사하는 영상이 공개되면서 사회적 공분이 일었던 사건이다. 가족들은 경찰의 물대포 직사살수가 위헌이라며 구은수 전 서울지방경찰청장 등을 상대로 헌재에 헌법소원을 냈다.

사실 경찰의 물대포 사용은 시민의 안전 뿐 아니라 기본권인 집회와 시위의 자유를 침해한다는 점에서 2008년 미국산 쇠고기(일명 광우병 쇠고기) 수입반대 집회부터 문제가 되었다. 2011년 11월 한미 자유무역협정(FTA) 반대집회 참가자들이 경찰의 물대포 직사로 고막이 찢어지고 뇌진탕을 입는 등 기본권을 침해당했다고 주장하면서, 2014년 6월에 헌재는 처음으로 물대포 직사에 대한 판결을 내렸다. 당시 직사살수가 위헌이라고 본 재판관은 3명 뿐이었다. 만약 위헌 판결이 내려졌더라면 백남기 농민이 사망하지 않았을지 모를 일이다.

다행스럽게도 이후 헌재는 2018년 5월 '최루액을 물에 혼합한 용액'을 살수하는 행위가 시민들의 신체의 자유 및 집회의 자유를 침해했다(2015헌마476)'고 판단한 바 있다. 그리고 2020년에 헌재는 "직사살수는 물줄기가 일직선 형태가 되도록 시위대에 직접 발사하는 것이므로 생명과 신체에 치명적인 결과를 가져올 수 있다"고 밝혔다. 이런 살수행위가 백남기씨의 생명권과 집회의 자유를 침해했다고 판단한 것이다.

우리 헌정사를 돌아보면 시민의 기본권 보장만을 목적으로 하거나 정치권이 적극적 관심을 갖고 기본권장의 개정을 주도한 적은 없었다. 민주화 이후에도 정치권에서 꾸준히 헌법 개정 시도가 있어왔지만, 주된 초점은 국민생활과 직결된 기본권 규정보다는 5년제 대통령 단임제의 폐해를 줄이기 위한 정치제도나 권력구조 개혁에 맞추어졌다. 이런 개헌논의는 정략적 발상으로 인식되어 내용과 무관하게 국민적 불신과 저항을 초래하였다. 결과적으로 미래 비전을 위한 새로운 공동체적 규범이 필요한 시점임에도 불구하고, 국민생활과 직결된 기본 규범으로서의 헌법에 대한 논의자체가 활성화되지 못하게 되었다.

민주주의에서 헌법은 시민을 위한 것이기 때문에 개헌 논의 자체도 통치구조 보다 기본권 조항 개정에 초점을 맞추어 제기되어야 한다. 게다가 개헌 논의가 실효성을 거두기 위해서는 정치권의 역할과 더불어 헌법 학계를 비롯한 다양한 전문영역과 시민사회 등의 의견 수렴과 국민적 공론화 과정을 거치는 것이 필요하다. 왜냐하면 개헌은 헌법상 개정절차에 따라 이루어지는 것이지만 실질적으로는 그 자체가 민주정치의 중요한 사안이기 때문이다. 특히 기본권장의 개정은 평범한 사람들의 삶과 직결된 다양한 이슈들을 포함하고 있기 때문에 이에 대한 논쟁과 합의 과정은 더욱 민감한 정치 갈등으로 발전되기 쉽다.

따라서 무엇보다 시민들 간 생각의 차이를 알고 조정하는 시간이 필요하다. 한 국가의 가치질서로서 헌법의 핵심은 기본권이라는 점을 알고 합리적 기준 마련을 위한 국민적 공감대가 형성될 때 기본권장에 대한 개헌은 제대로 이루어진다고 본다. 헌법은 그 사회의 최고의 합의문이라는 점을 기억하고 충분한 여론 수렴과 논의 과정을 거쳐 더욱 신중하게 개헌이 이루어져야 한다(서현진 2010).

자세히 보기: 민주화 이후 개헌 논의의 역사

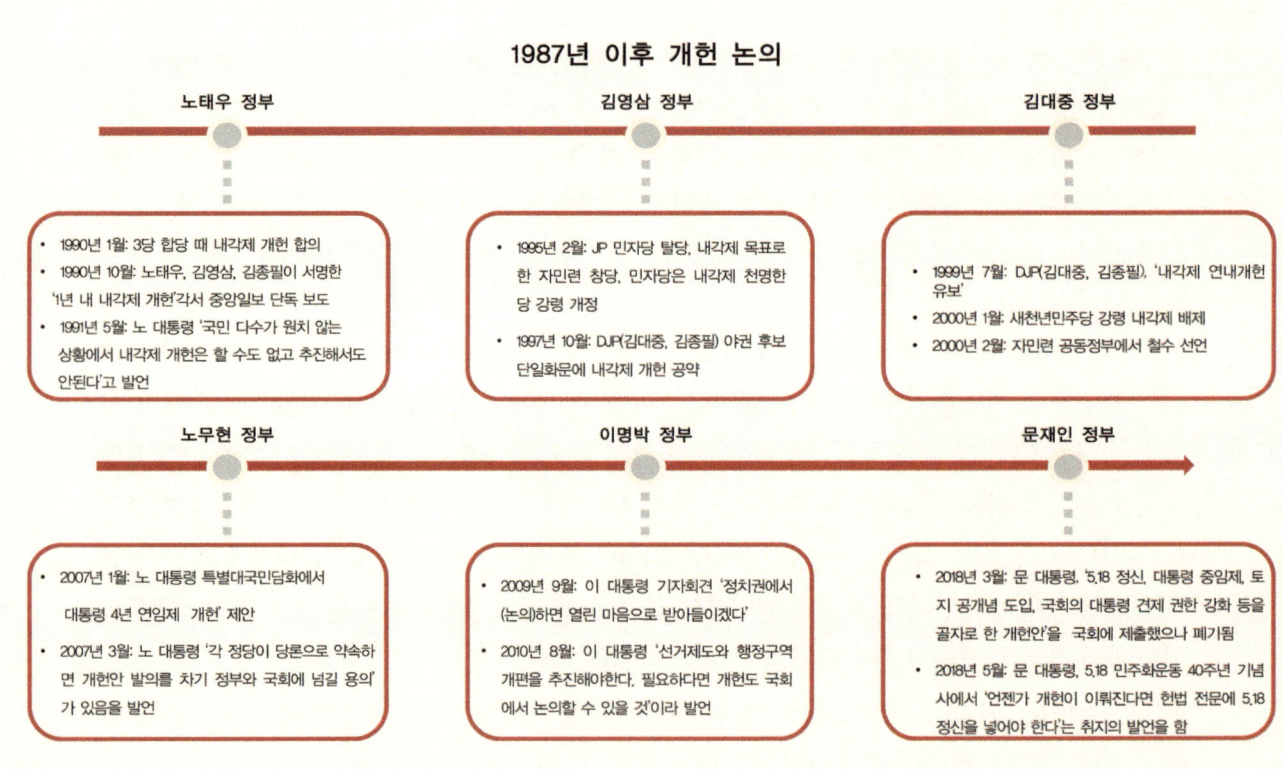

연관 검색어: 권력구조 개헌논의에 대한 국민의 입장

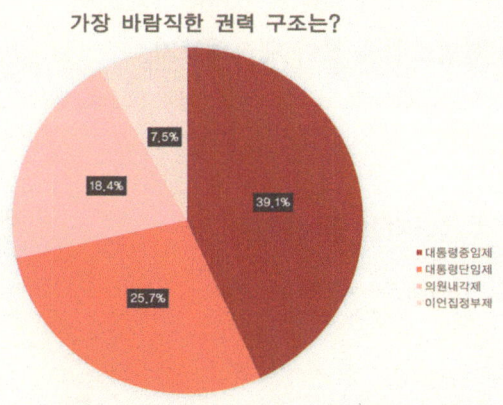

2020년 4월 1일에 동아일보가 실시한 창간 100주년 국민의식 여론조사에 의하면, 응답자 1001명 중 39.1%는 가장 바람직한 권력구조로 대통령 중임제를 꼽았다. 대통령 중임제를 바라는 여론은 모든 세대와 지역에서 30% 이상 고르게 분포했다. 대통령 5년 단임제 유지를 원하는 응답자는 25.7%, 의원내각제는 18.4%, 대통령제와 내각제가 절충된 이원집정부제는 7.5%로 나타났다.

이처럼 가장 많은 의견은 현행 대통령 단임제를 중임제로 바꿔야 한다는 것인데, 그 이유는 아마도 재선 가능성이 없는 대통령이 레임덕을 맞게 되면 더 이상 일을 할 수 없다는 점과 짧은 임기 동안 빠르게 공약사항을 실현하고 성과를 내려다보니 사회적 혼란과 물의를 빚는 경우가 발생하기 때문일 것이다. 그런데 이번 조사만 보더라도 과반을 넘는 다수 의견이 없는 것을 알 수 있는데, 이는 아직 대통령제 개헌에 관한 시민사회적 합의가 이뤄지지 않은 것을 의미한다.

더 보기: 헌법 개정을 하려면 어떤 절차를 거쳐야 할까?

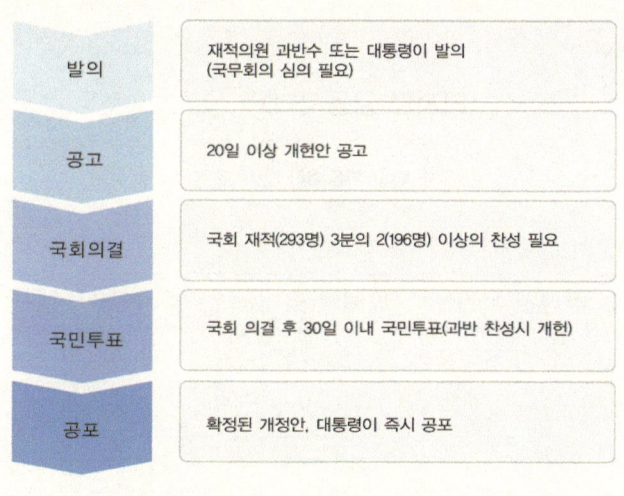

헌법개정은 현행헌법(제10장 헌법개정 제128조~제130조)에 규정된 헌법개정절차에 따라 발의, 공고, 국회의결, 국민투표, 공포의 순서로 이루어진다. 개헌을 위해서는 개헌안 발의가 필요한데 이는 국회의원 재적 과반수 또는 대통령이 할 수 있으며, 대통령이 발의할 때는 국무회의의 심의를 거쳐야 한다.(헌법 제89조 제3항) 대통령은 20일 이상 헌법개정안을 공고해야 하며, 이는 국민의 알권리를 충족하고 국민적 여론 형성 및 합의를 구하는 기간으로 반드시 거쳐야 한다. 국회의결은 공고된 날로부터 60일 안에 처리되어야 하며, 의결시에는 재적의원 3분의 2 이상의 찬성이 있어야 하는데, 기명투표로 표결하며(국회법 제112조 제4항) 수정하여 의결할 수는 없다. 국회에서 의결되면 30일 이내에 국민투표를 거쳐 최종적으로 확정되며, 확정된 헌법개정안은 즉시 대통령이 공포해야 한다. 헌법개정을 위한 이러한 절차는 일반 법률개정 절차와 비교했을 때 매우 엄격하고 까다로운 것으로 기본법으로서의 권위 유지와 국가의 기본적 질서를 확실하게 규정하기 위함이다.

생각해보기

디지털 사회에서 일어나는 사건들과 현행 헌법의 관계를 살펴보자.

아래 사례들 속에서 침해된 기본권은 무엇인지 헌법조항을 찾아 체크해보자.

〈디지털 성범죄〉

박서방/N번방 디지털 성범죄 검거 현황
(출처: 검찰청)

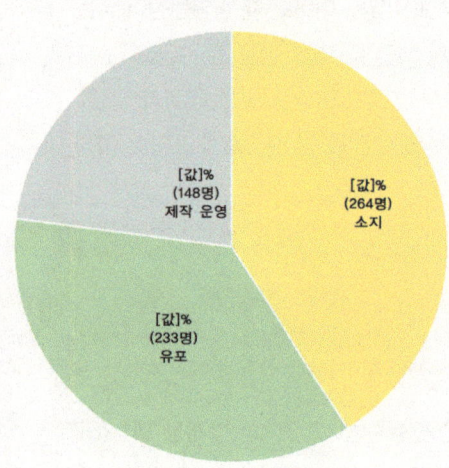

〈디지털 명예훼손〉

사이버 모욕죄 및 명예훼손 현황
(출처: 검찰청)

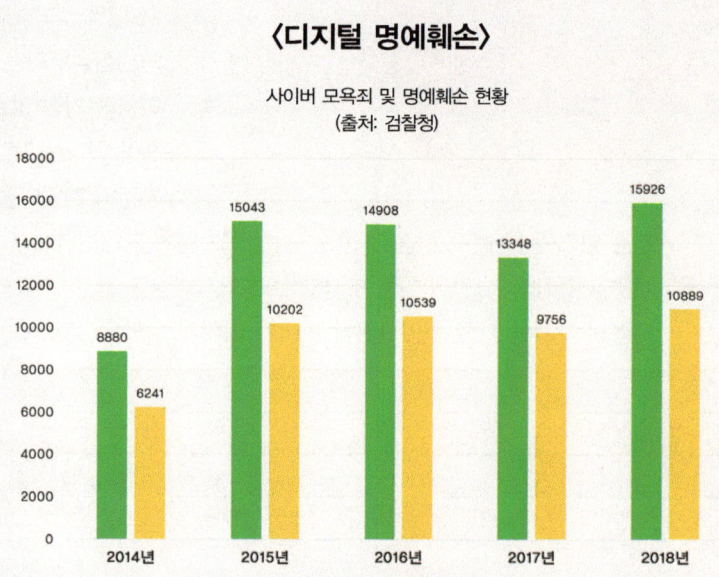

〈디지털 금융사기〉

국내 보이스피싱 추이
(출처: 검찰청)

연도	발생건수(건)	피해액(억원)	검거인원(명)
2013	2만 1634건	1429억원	1만 4010명
2014	2만 2205건	1887억원	1만 2814명
2015	1만 8549건	2040억원	2만 2644명
2016	1만 7040건	1468억원	1만 5566명
2017	2만 4259건	2470억원	2만 5473명
2018	3만 4132건	4040억원	3만 7624명
2019 (~6월)	1만 9828건	3056억원	2만 3141명

- 제10조 행복추구권
- 제12조 적법절차
- 제17조 사생활의 비밀과 자유
- 제18조 통신비밀보호
- 제21조 표현의 자유
- 제22조 학문과 예술의 자유
- 제23조 재산권 보장
- 제37조 과잉금지의 원칙
- 제119조 경제정의

디지털 명예훼손과 채증에 대한 헌법재판소의 판결을 살펴본 뒤 자신의 의견을 말해보자.

1. 디지털 명예훼손: 개인 vs 개인

정보통신망 이용 사실적시에 의한 명예훼손(2016. 2. 25. 2013헌바105 등, 합헌)

청구인들은 비방할 목적으로 인터넷사이트에 사실을 적시한 글을 게시하여 명예를 훼손하였다는 범죄사실로 기소되어 재판 중 '정보통신망 이용촉진 및 정보보호 등에 관한 법률' 제70조 제1항에 대하여 위헌제청신청을 하였으나 기각되자 헌법소원심판을 청구하였다.

2. 디지털 채증: 개인 vs 국가

시위현장에서 경찰의 사진 등 촬영행위(헌재 2018. 8. 30. 2014헌마843, 기각)

청구인들은 로스쿨학생으로 연세대 앞에서 광화문광장까지 '세월호특별법 제정촉구를 위한 행진집회'에 참가하였다. 청구인들이 집회신고 지점을 지나 행진을 계속하자 종로경찰서 소속 채증요원들은 집회참가자들을 촬영하였다. 이에 청구인들은 경찰의 촬영행위로 인해 집회의 자유 등 기본권이 침해되었다고 주장하며 헌법소원심판을 청구하였다.

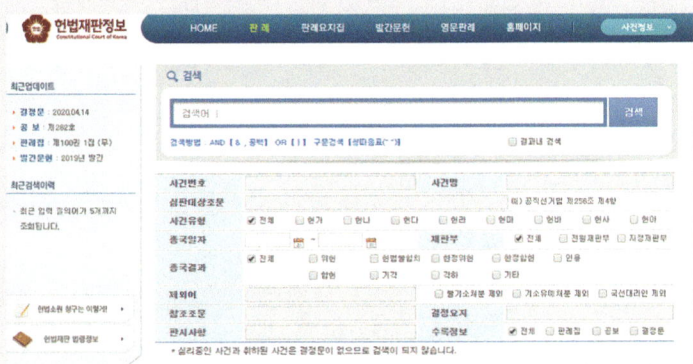

헌재 판결	자신의 입장		왜 그런 입장을 취했는지?
	동의	비동의	
디지털 명예훼손			
디지털 채증			

113

디지털 사회에 새롭게 필요한 기본권 조항들은 무엇인지 친구들과 토론해보자.
다양한 의견을 모아 디지털 환경 변화를 반영하는 헌법 개정안을 작성해보자.

- 제2장 : 국민의 권리와 의무 규정
  · 제10조 : 인간의 존엄과 가치, 행복추구권
  · 제11조 : 평등권
  · 제12조 : 신체의 자유
  · 제17조 : 사생활의 비밀과 자유
  · 제18조 : 통신의 비밀에 관한 권리
  · 제21조 : 언론, 출판, 집회 결사의 자유
  · 제21조 : 재산권
- 제10조, 제37조 제1항 : '열거되지 않은 기본권'을 도출할 수 있음을 명시

☐ 헌법개정안 의견
  ○ 안 제00조 :
  ○ 주요의견 :

  ○ 이유 및 근거:

현행헌법	개정안	의견

5 민주시민과 의회

미리보기

24시간이 모자라!?

> 내가 '만약 국회의원이라면' 하루의 일과는 어떻게 짜고 싶을까?
> 일정을 기록해보자.

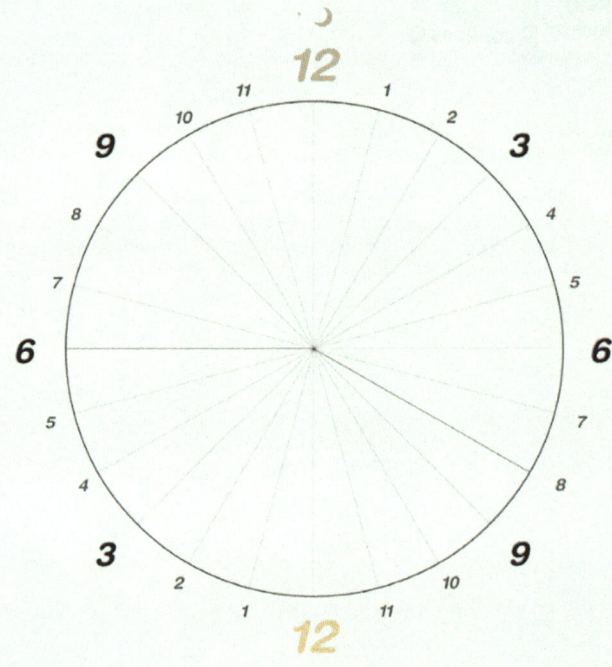

* 주요 일정

1.
2.
3.

116

1. 의회는 왜 중요한 대의제 기관일까?

앞에서 살펴보았듯이, 고대 아테네 민주정치는 민회를 중심으로 이뤄졌으며 시민혁명을 통해 절대군주제가 폐지되고 국민주권을 근간으로 하는 민주정치가 수립되는 과정에서도 시민의회는 중요한 역할을 했다. 현 대의민주주의에서도 의회는 선거를 통해 시민들이 선출한 대표들로 구성되는데, 우리나라에서는 지역의 대표 또는 사회적 약자와 소수자를 대표하는 비례 대표로 나뉘어 선출된다.

의회를 어떤 사람들도 구성할 것인가에 대해서는 두 가지 관점이 존재한다. 한편에서는 의회의 구성이 최대한 전체 인구 구성과 비슷해야 한다고 주장한다. 즉 의회는 성별, 세대, 소득, 직업 등 전체 사회 구성원의 배경과 특성을 반영한 사회의 축소판이어야 한다는 것이다. 다른 한편에서는 의회의 구성 자체보다는 어떤 결정을 하는지가 더 중요하므로 정치적 지식과 능력이 뛰어난 사람들로 구성해야 한다고 주장한다.

〈그림 5-1〉 다양한 의회의 모습

한국 국회

미국 의회

영국 의회

프랑스 의회

더 보기: 영국의 의회제도

　의회 민주주의의 원형으로 알려진 영국의 의회는 긴 벤치형 의자가 좌우로 정당 소속 의원들이 서로를 마주보고 앉도록 배치되어있다. 이는 아주 오래전부터 내려오는 전통적인 모습으로 현재에도 그대로 남아있는 것이다. 좌우 중 우측에는 집권여당이자 원내 제1당의 의원들이 앉고, 좌측에는 제1야당 등 그 외의 당에 소속된 의원들이 자리한다.

　영국 의회의 모습에서 찾을 수 있는 또 다른 특징은 바로 바닥에 그어진 붉은 선이다. 정치적 이해관계가 충돌되는 토론의 장이 바로 의회이기 때문에 분위기가 과열되는 경우가 종종 발생한다. 영국 의회는 바로 이 경우를 대비해 붉은 선을 그었다. 일설에 따르면, 과거에는 과열된 충돌이 단순한 몸싸움이 아니라 칼부림으로 이어질 수도 있었기에 안전선이 필요했다고 한다. 이 붉은 두 선의 간격은 당시 일반적으로 쓰이던 검 2개의 길이와 같았다고 한다. 현재 이 선은 토론 중 선을 넘는 의원을 의장의 권한으로 퇴장시킬 수 있는 시스템으로서의 역할을 한다. 이처럼 의회의 모습은 전통을 간직하는 한편, 민주정치를 실현하는 방향으로 변화되고 있다.

　이처럼 관점의 차이는 있지만 의회가 권력의 독점을 방지하고 다수의 참여로 대표성을 높일 수 있기 때문에 국민주권을 실현하는 가장 중요한 대의제 기관이라는 점에는 이견이 없다. 〈그림 5-1〉에서 보는 바와 같이, 의회는 영국에서는 Parliament, 미국에서는 Congress, 프랑스나 한국에서는 National Assembly 등 다양한 용어로 불리지만 입법을 담당하는 국가 기관이라는 점에서도 큰 차이가 없다.

　의회는 지역, 세대, 인종, 성별, 직업, 계층 등 다양한 분야의 대표가 모여 서로 다른 생각과 이해관계로 인한 갈등을 표출하는 장이다. 이런 갈등은 다양한 주체들 간의 대화, 토론, 숙의, 타협 등 소통과정을 거쳐 합의를 이루거나 대안 모색을 통해 해결된다. 일련의 소통과정을 거쳤

더 보기: 의회 내 좌파와 우파의 유래

왼쪽 자리	오른쪽 자리
왕정을 무너뜨리고 프랑스를 근본적으로 변화시키려는 **공화파**	예전 왕정체제를 유지하고자 하는 **왕당파**
급진적이고 개혁적인 성향, 진보 성향을 지닌 파를 좌파	점진적이고 보수적인 성향을 지닌 파를 우파

보수와 진보 혹은 우파와 좌파 개념은 18세기 프랑스 대혁명 시기 처음 등장했다. 프랑스 루이 16세는 1789년 재정 파탄을 해결하려고 성직자, 귀족, 제3 신분을 소집해 삼부회를 열었다. 하지만 삼부회는 재정 부담을 모두 제3 신분으로 떠넘기면서 이에 반발한 일부 귀족과 제3 신분이 모여 국민의회를 결성했다. 이 회의에서 왼쪽에는 왕정을 무너뜨리자는 공화파, 오른쪽에는 왕정을 유지하자는 왕당파가 앉으면서 좌-우 개념이 처음으로 등장했다. 이는 1793년 루이 16세 처형 이후 등장한 국민공회에도 그대로 적용돼 급진 개혁을 주장하는 자코뱅파는 왼쪽, 점진 개혁을 주장하는 지롱드파는 오른쪽에 앉았다.

단순 좌-우 개념을 뛰어넘어 보수주의를 철학으로 처음 정립한 학자는 영국 철학자 에드먼드 버크다. 버크는 1790년 저서 프랑스혁명에 관한 고찰을 내면서 과격한 양상으로 치닫는 프랑스 대혁명을 비판했다. 그는 과거로부터 물려받은 정신적 물질적 유산을 점진적 변화를 통해 지켜나가는 것을 보수하다(conserve)라는 용어로 표현했다. 반면 18세기 절대 왕정에 반발해 자유주의를 주창했던 장 자크 루소는 진보주의를 정립한 대표적인 학자로 알려져 있다.

음에도 불구하고 다양한 이해관계를 반영하는 입법 방안을 찾지 못하는 경우도 많다.

이렇듯 갈등 해결 과정에서 논쟁과 타협이 필요하므로 엄청난 시간과 노력의 비용이 든다. 따라서 의회는 정책수립과 집행에 있어서 효율성, 신속성과 정책의 일관성을 중시하는 행정부와는 본질적으로 다르다. 그럼에도 불구하고 다양한 시민의 대표가 모인 대의기구로서 민주적 절차와 과정을 통해 공론장을 형성하고 정책결정과정에서 합의 도출을 꾀한다는 점에서 매우 가치가 있다.

현대 민주주의 국가에서 의회는 양원제와 단원제 형태로 존재한다. 양원제는 상원과 하원으로 나뉜 의회로 미국, 러시아, 영국, 독일 등 상대적으로 영토가 크고, 국가 내 이질성이 높은 연방국가에서 많이 채택하고 있다. 영국의 경우, 과거 귀족과 성직자로 구성된 귀족원과 시민대표로 구성된 평민원이 현재의 상하원으로 발전하게 되었다. 한편 미국의 경우는 2명씩 동등한 수의 각 주(state) 대표로 구성된 상원과 인구수에 따른 지역 대표로 구성된 하원으로 나뉜다.

즉, 양원제라고 해도 나라마다 다른 대표성을 가질 수 있고 상하원의 권한과 선출방식도 다를 수 있다. 양원제는 다양한 계층이나 세력 또는 지역의 요구를 입법과정에 더 민감하게 반영할 수 있다는 장점이 있다. 또한 입법과정에서 상원과 하원 간 견제와 균형을 통해 어느 한 쪽의 권력남용을 방지할 수 있다는 장점도 있다.

이에 비해 단원제는 상하 양원 간 의견 불일치로 인해 발생할 수 있는 갈등이 없어서 효율적인 입법 활동을 가능하게 하는 장점이 있다. 단원제를 택하는 나라들은 전 세계 국가들의 절반 이상이다. 중국처럼 영토가 큰 나라도 있지만, 대부분은 덴마크, 스웨덴, 뉴질랜드, 앙골라, 보츠와나 등 양원제를 택한 나라들 보다 영토가 작고 국가 내 이질성이 적은 중앙집권형 국가들이다. 그렇다보니 각 국가 내 존재하는 다양한 계층이나 지역의 이해관계들이 입법과정에 잘 반영되지 않을 가능성이 단점으로 제기되고 있다.

현재 우리나라도 단원제를 택하고 있는데, 의회 내 소수자의 과소대표를 우려하여 인적 구성의 폭을 넓히려는 노력을 해왔다. 국회가 다양한 시민의 선호를 국가 정책으로 반영하기 위해서는 좀 더 다양하고 폭넓은 대표성을 확보하는 것이 중요하다. 의회에서 하나의 정책이 입안되기까지는 상당히 복잡한 절차와 상호작용을 거쳐야 한다. 일반적으로 의회 내 과반수이상을 차지한 정당이 있을 경우, 안정적이고 책임감 있게 정책을 입안할 수 있다는 장점이 있다.

하지만 특정 정당 우위의 독점 체제나 거대 양당 체제에서는 다양한 소수 이익의 대변이나 정치사회적 합의가 무시될 우려도 있다. 입법 과정에서 가장 중요한 역할을 하는 의회 내 상임위원회의 상임위원장 배분과 원내 교섭단체 구성 그리고 국회 의장단 선출 등에서 제1당과 제2당의 목소리가 크게 반영될 수밖에 없기 때문이다.[1]

따라서 민주화 이후 소수자 또는 소수정당의 원내진입을 위한 제도개혁을 해왔다. 예를 들면, 17대 국회는 경선제도, 1인 2표제와 비례대표의원의 여성비율제 등 새로운 제도를 도입함으로서 크게 변화했다. 젊은 초선의원들이 대거 입성하여 세대교체가 이루어졌고, 여성의원 비율은 국회사상 최대인 13%에 이르렀다. 노동계급과 서민계층에 기반을 둔 민주노동당이 원내 제3당의 지위를 확보한 것도 새로운 변화였다. 이런 변화는 과거와 같이 학생 혁명이나 군부 쿠데타를 거치지 않고 민주적 절차를 통해 이루어졌다는 점에서 주목받았다.

---

1) 교섭단체는 국회에서 20인 이상의 소속의원을 가진 정당이 구성하거나 어떤 교섭단체에도 속하지 않은 20인 이상의 의원이 구성할 수 있다. 이는 소속 의원들의 의견을 사전에 조율하고 통합하여 정당 간 교섭과 국회 내 의사소통을 원활하게 하려는데 목적이 있다.

가장 많은 표를 얻은 후보가 당선되는 지역구 선거에서 소수정당 후보는 경쟁력이 없기 때문에, 거대 양당이 원내 의석을 다수 차지하는 현상이 나타난다. 이 문제를 해결하기 위해 주로 비례대표 제도를 통해 여성, 장애인, 이주민, 노동자, 청년대표 등 소수자의 대표성을 확보하려는 노력을 해왔다.

20대 국회에서도 좀 더 민주적인 국회 구성을 위해 전체 의회 의석 300석 중 비례의석을 47석에서 75석으로 늘리려는 시도가 있었지만 합의되지는 못했다. 비례의석수를 47석으로 유지한 채 준연동형 비례대표제라는 새로운 선거법을 제정했다. 그러나 새로운 선거법에 따라 치러진 2020년 4월 총선 결과, 21대 국회에 입성한 거대 양당 소속 의원들의 수는 전체 의석의 94.3%로 역대 최고치를 기록했다.

정당은 의회의 구성 뿐 아니라 의원들의 의정활동 전반에 중요한 영향을 미치는 조직이다. 개개인이 헌법 기관인 의원들은 지역구 대표 또는 특정 분파의 대표인 동시에 정당 멤버이기도 하다. 따라서 지역 또는 집단의 이익을 추구하거나 정당이념에 따르거나 혹은 개인적 신념과 소신에 따라 의정활동을 한다.

그런데 실제로 의원들의 의정활동은 정당 간 권력 관계에 의해 좌우되는 경우가 많다. 왜냐하면, 정당은 의원들의 상임위원회 배정 등 원내 활동에 영향을 미치며, 다음 선거에서 공천권을 쥐고 있기도 하다. 물론 지역구 대표로서 지역의 이익을 대변함으로써 지역민들의 지지를 받는 것이 재선에 중요한 영향을 미친다. 그러나 정당은 후보자 부적격 심사와 출마 지역 선정 뿐 아니라 경선의 룰을 만드는 등 공천심사에 있어서 실질적인 영향력을 행사할 수 있다.

의회의 운영에 있어서도 정당은 중요한 영향력을 행사한다. 모든 의원들이 모이는 본회의와 의원들의 전문성을 바탕으로 구성된 소규모 상임위원회 중심으로 의회는 운영된다. 영국 의회처럼, 본회의 중심으로 운영되는 방식(Legislature for Arena)은 주로 정당 간 표 대결 양상이 나타난다. 법안이 시민들의 대표인 의원 전원이 참석하는 본회의에서 표결로 심사되므로 대표성이 높다고 할 수 있다.

한편 미국 의회처럼, 특정 정책 법안에 대한 지식이나 관심 또는 전문성을 가진 의원들로 구성된 상임위원회 중심(Transformative Legislature)으로 운영되는 경우가 있다. 상임위원회 소속 의원들은 각기 다른 정당 소속 의원일 수도 있는데 정당 보다는 정책 의제에 따라 법안을 심사하기 때문에 합의가 가능하다는 장점이 있다. 하지만 미국이나 한국에서 상임위원회 중심으로 법안을 처리하는 나라에서도 실질적으로 법안이 심사되는 과정에서 정당 간 경합 현상이 나타나기도 한다.

더 보기: 21대 국회 둘러보기

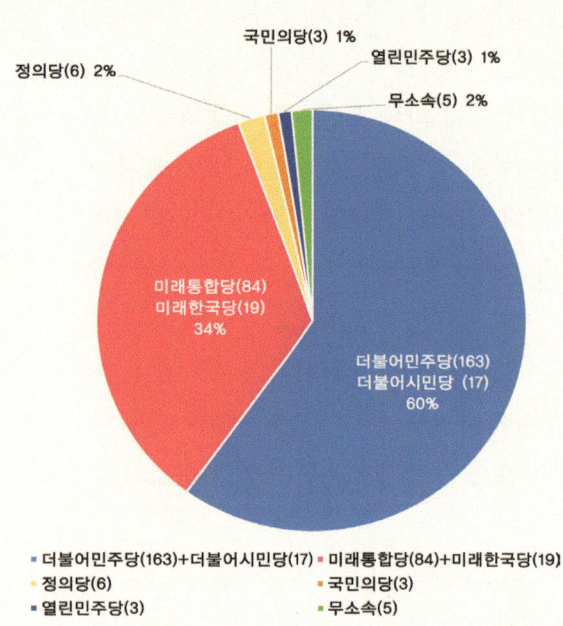

〈21대 국회 전체 정당별 의석 구성〉

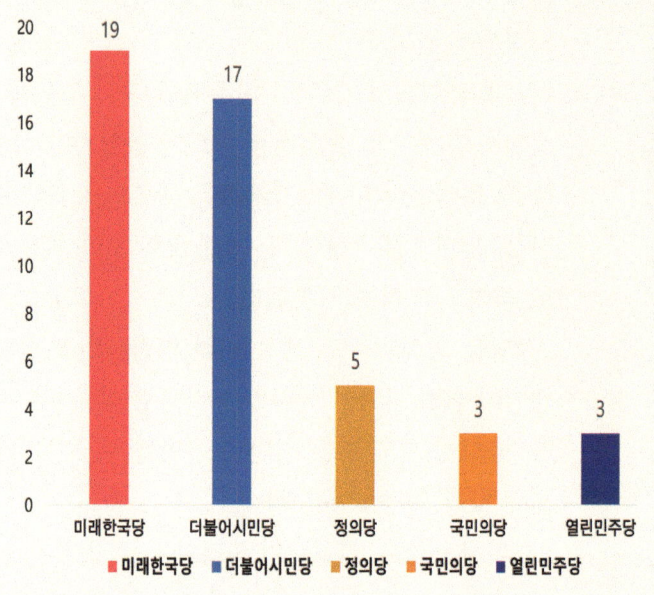

〈21대 국회 정당별 비례대표 의석 구성〉

1	국회운영위원회	10	문화체육관광위원회
2	법제사법위원회	11	농림축산식품해양수산위원회
3	정무위원회	12	산업통상자원중소벤처기업위원회
4	기획재정위원회	13	보건복지위원회
5	교육위원회	14	환경노동위원회
6	과학기술정보방송통신위원회	15	국토교통위원회
7	외교통일위원회	16	정보위원회
8	국방위원회	17	여성가족위원회
9	행정안전위원회	18	예결특별위원회

〈21대 국회 상임위원회 구성〉

21대 국회 전반기 원 구성 협상이 끝내 결렬되면서 2020년 6월 29일에 여당 의원으로 18개 상임위원장을 선출하는 이례적인 일이 발생했다. 과반수 여당의 상임위원장 독점 체제는 1985년에 구성된 12대 국회 이후 35년 만에 처음이다. 민주화 이후에는 통상적으로 국회 내 정당별 의석비율에 따라 상임위원장을 배분해왔다.

2. 의회는 어떤 일을 할까?

무엇보다 중요한 의회의 고유 권한은 헌법이 보장한 입법권이다. 시민의 대표인 의원들의 입법 활동은 다양한 시민사회의 이해와 요구를 국가 정책으로 실현하는 의회의 가장 핵심적 역할을 수행한다는 점에서 중요하다. 의회는 민의를 수렴하고 시민이 표출한 집약된 이익을 법률로 전환하는 대표기관이기 때문이다.

그런데 전 세계 많은 나라들에서 의회가 행정부에 입법 주도권을 내어주거나 심지어 행정부에서 제출한 법안을 통과시키는 통법부 역할을 하는 사례가 나타났다. 그 이유는 행정 권력의 비대화, 대통령의 각종 명령권, 사법부의 위헌심사, 정당국가화, 이익집단 정치의 활성화 등 다양하지만 의회의 입법기능에 근본적 문제가 제기되고 있는 것은 보편적인 현상이다.

우리나라도 예외는 아니다. 입법은 의회의 고유권한이지만 우리나라 헌법 제52조는 "국회의원과 정부는 법률안을 제출할 수 있다"고 규정하여 정부에게도 법률안 제출권을 부여했다. 삼권분립을 보장하는 대통령제 국가 임에도 불구하고 입법과정에의 정부참여를 제도적으로 보장하고 있는 것이다. 따라서 법률안은 정부제출안과 의원발의안으로 나뉜다. 정부제출안은 정부에서 제출하고 국회에서 심의 의결하는 법률안을 의미하며 의원발의안은 국회의원들이 직접 준비하여 발의, 심의, 의결하는 법률안을 뜻한다(장성훈 2005, 8-9).

의회가 입법부로서의 역할을 제대로 한다면, 정부 보다는 의원들이 제출한 법안의 양이 더 많아야 할 것이다. 그런데 민주화 이전 국회에서는 6대와 12대를 제외하고 의원입법이 50%를 넘지 못하는 현상이 나타났다. 의원발의안이 차지하는 비율은 제헌국회 38%, 2대 46%, 3대 41%, 4대 37%, 5대 46%, 국가재건최고회의 48%, 6대 63%, 7대 46%, 8대 31%, 9대 24%, 10대 4%, 국가보위입법회의 17%, 11대 41%, 12대 56%였다. 이를 통해 과거 권위주의 정권하에서 의회의 입법기능은 거의 마비되었고 주요정책은 행정부에 의해 결정되었다는 것을 알 수 있다. 입법과정에서 의회는 사실상 아무런 권한을 행사하지 못하고 행정부에 일방적으로 끌려가는 '거수기' 역할을 했던 것이다.

이러한 과거 경험 때문에 민주화 이후 의회가 최고 입법 기관으로서 중추적 역할을 해야 한다는 사회적 요구가 커졌다. 의회가 거수기 역할을 하는 것에 대해, 학자들은 사회적으로 중요하지만 정부가 꺼리는 사안들이 의제로 설정되지 않는 등 민의가 정책에 반영되지 않는 문제가 발생한다고 지적했다(박찬표 2001). 또한 다수의 의원들은 소속 정당에서 발의하는 법안에 대해서 형식적인 동의를 표하여 공동발의하게 되는데, 이는 부실한 입법 활동의 핑계가 될 수 있기 때문에 실명화를 통한 책임제를 구현해야 한다고 주장했다(김재영 1999, 169; 임성수 1999, 167;

임성호 1998, 220). 이 외에 의원들의 입법 기능을 회복하기 위해 법안발의자가 그 법안의 상임위 및 본회의 회부 시 보고책임을 맡도록 하여 법안심의 과정을 주도하도록 하는 보고책임제나 미국처럼 행정부 법안제출권을 제한하는 방안, 의원입법 조직과 전문 인력 증대 등도 제안되었다.

이런 요구에 부응하여 여러 가지 개혁 조치가 취해졌다. 그 대표적인 예는 16대 국회에서부터 시행된 법안실명제인데, 의원들의 법안 발의를 장려하고 책임감을 부여하여 입법 기능을 회복하는 방안으로 법안실명제가 도입된 것이다. 또한 국회의 입법조직이 강화되었고 의원들의 연구단체 수도 증대했다. 참여연대 등 시민단체가 의원들의 대표발의 건수를 공개하는 등 사회적 압력도 증가했다.

그 결과, 의원들의 법안 발의 활동이 활발해져서 의원발의안 건수가 급증했다. 최근 회기를 마친 20대 국회에서도 의원발의안은 21594건으로 정부제출안 1094건에 비해 압도적으로 많았다. 이는 국회가 더 이상 거수기 역할을 하는 통법부가 아니라 실질적인 입법 기관으로서의 주도권을 회복했다는 것을 보여주는 매우 긍정적인 변화라고 볼 수 있다.

그런데 법안이 실제 법으로 가결되는 입법 생산성을 살펴보면, 역대 국회에서 나타난 정부제출안의 가결비율이 의원발의안보다 훨씬 높은 현상이 민주화 이후에도 여전히 나타났다. 20대 국회에서도 정부제출안 1094건 중 67.5%인 738건이 법으로 가결된 반면, 일반 의원들이 제출한 법안 21594건 중에서는 30.6%인 6608건만 법으로 통과되었다.

이는 단순히 의원들의 법안발의 활동이 활발해지면서 제출안이 급증했기 때문에 법으로 통과되는 비율이 낮은 것일 수도 있다. 하지만 의원안이 정부안에 비해 전문성이 떨어지고 질적 수준이 낮으며 특정 이해만을 대변하거나 단순하고 상징적이거나 선언적인 쟁점들에 치중하기 때문에 덜 가결된다는 학자들의 의견도 많다(김장수 2006; 이한길 2006; 서현진·박경미 2009).

이처럼 민주화 이후 국회가 통법부에서 실질적 정책을 입안하는 본질적 기능을 회복해왔지만 아직도 개선해야 할 문제점은 남아있다. 앞으로도 의원들의 전문성 문제를 해결하기 위한 입법지원조직의 활성화 등 제도적 노력이 필요하다. 입법전문성을 제고하고 입법지원조직 활용도를 실질적으로 높여 의원들이 양질의 법률안을 발의하도록 해야 한다는 것이다.

이런 제도적 변화와 더불어 사회적 인식의 변화도 반드시 실현되어야 할 과제이다. 현재는 의원들이 어떤 법을 생산했는지가 의정활동을 평가하는 중요한 기준이 되지 못하고 궁극적으로 재선에 직접적인 영향을 미치지도 않는다. 이런 사회적 분위기는 의원들이 법안 발의 건수에만 몰두할 뿐 가결여부에 크게 신경 쓰지 않아도 되는 환경을 조성했다고 볼 수 있다.

자세히 보기: 한국과 미국의 입법 과정 비교

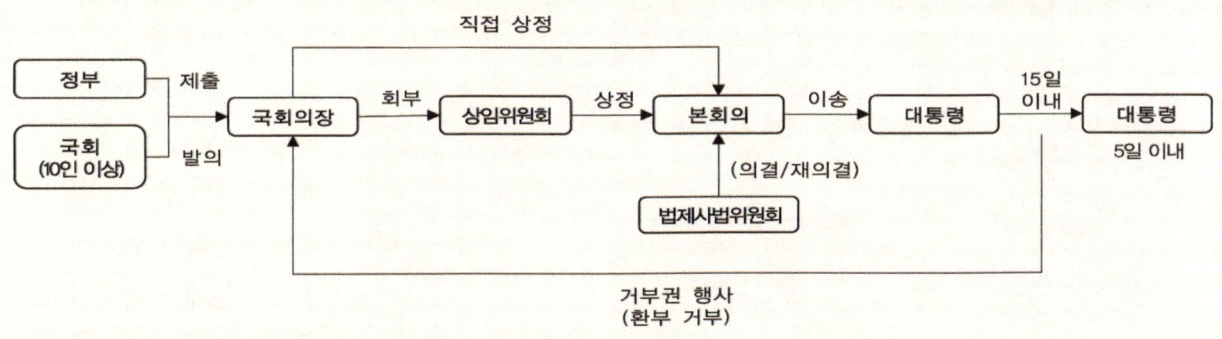

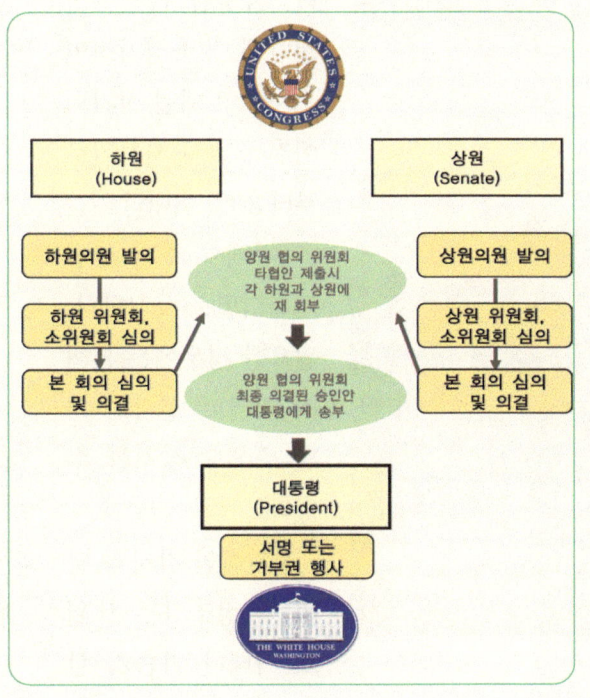

우리나라 의회의 입법과정은 전체적으로 미국의 입법 과정과 유사하다. 다만 우리나라에서는 의원들뿐만 아니라 정부도 법안을 제출할 수 있도록 법으로 규정하고 있다. 또한 우리나라와 달리 미국은 양원제 의회 제도를 가지고 있으므로 법안의 발의, 상임위원회 심사, 본회의 심의 과정이 상원과 하원에서 동일한 형태로 이뤄진다는 차이점이 있다. 특정 정책에 대한 법안이 상하 양원에서 모두 통과되어야 하므로 입법이 더 어려울 수 있다.

입법 활동 외에 의회는 납세자인 시민의 대표 기관으로서 국가 예산안에 대한 심의와 결산 활동을 한다. 매년 의회는 국가에 필요한 예산안을 심의하고 결산하는 역할을 통해 세금이 효율적으로 집행되는지, 일부 정치세력이 아니라 국민을 위해 사용되고 있는지를 평가한다. 만약 정부가 예산집행을 부당하게 했다면 의회가 시정요구를 할 수 있다. 이처럼 시민들이 낸 세금이 제대로 쓰이고 있는지를 관리 감독하는 활동 외에 세금과 관련된 법률을 정하는 등 재정입법권을 납세자의 대변자인 의회가 갖는 것은 당연한 일이다.

〈그림 5-2〉 국정감사와 국정조사

국정감사
2018년 10월에 한국철도와 코레일 등 피감사자들이 국정감사에 성실히 임하겠다는 선서를 하고 있는 모습

국정조사
2014년 4월 16일에 발생한 세월호 침몰 사건의 진상 규명을 위해 국정조사가 열렸지만 여야 간 합의 없이 파행됨

또한 의회는 다양한 시민들의 대표 기관으로서 정부의 국정운영을 관리 감독할 수 있다. 〈그림 5-2〉에서 볼 수 있듯이, 정부의 활동에 대한 감시와 견제는 국정감사와 국정조사를 통해서 이뤄진다. 국정감사는 국정 전반에 대한 정기적인 조사로서 매년 정기회 이전에 감사 시작일로부터 30일 이내의 기간을 정해서 소관 상임위원회별로 실시한다. 필요한 경우에는 본회의 의결로 정기회 기간 중에도 실시할 수 있다.

정기적인 감사와 달리, 국정조사는 세월호 사태나 가습기 살균제 사태 등 정치사회적 영향력이 큰 특정 사안에 대해 진상을 조사하고 재발 방지를 위한 대책을 마련하기 위한 것이다. 국정조사는 재적의원 1/4 이상의 요구가 있을 경우 특별위원회나 상임위원회에서 실시한다. 이를 통해 의회 내 위원회는 정책 분야별 전문성을 바탕으로 사회적 현안에 대한법안을 심사할 뿐 아니라 각 행정 부처와 기관들의 활동을 감시하는 기능도 수행한다는 것을 알 수 있다.

3. 의회를 믿어도 될까?

앞서 설명한 바와 같이 의회는 다양한 대표가 모인 집합체이므로 본질적으로 논쟁과 갈등의 현장이며 대화와 타협을 중시하는 의사결정구조를 가진다. 때문에 행정부나 사법부에 비해 비효율적이며 낮은 신뢰의 대상이 되기도 한다. 그런데 의회 불신과 정당 양극화가 심화되던 1990년대 미국 상황에 주목한 학자들의 연구에 따르면, 사실상 의회 불신은 이런 의회의 구조적 특성에서 오는 것이 아니라는 점을 알 수 있다. 시민들의 신뢰도에 영향을 미친 것은 의회의 입법 정책 결과 보다 입법 과정에서 나타나는 의원들 간의 충분한 토의, 자발적 합의, 소수 의견 존중 등의 요인이었다. 즉 의원들의 감정적 말싸움, 예의 없는 비난, 불필요한 이분법적 논쟁, 입법 절차의 악용이나 특정 이익만을 대변하는 행위 등이 신뢰도 하락으로 나타났다(Bernstein 2001; Brady and Theriault 2001; Funk 2001; Hibbing and Theiss-Morse 2001).

한국에서도 민주화 이후 국회에 대한 불신이 심각하고 고질적인 문제로 부각되었다. 각종 국내외 설문조사 결과를 통해 국회에 대한 불신이 지속적으로 발견되면서 이에 대한 연구도 진행되었다. 한국 사례를 분석한 연구들도 미국 의회 불신에 대한 연구와 비슷한 결론을 얻었다. 어떤 특정 정책이나 정당의 잘못이라기보다는 파행적인 국회 운영, 정당 간 갈등의 심화, 빈번한 교착상태, 대화와 타협이 아닌 다수결적 해결 방식 등이 국회 불신의 원인이라고 지적했다(유성진 2009; 이현우 2009; 조진만 2009; 서현진 2016).

우리와 비슷한 문제에 봉착했던 미국에서는 정당 양극화가 심화되던 시기 오히려 의회 내 정치과정은 중도적 모습을 보였다. 왜냐하면 양극화 상황에서 의회교착이 일어날 경우, 양 정당 모두 그 책임에서 자유롭기 어렵기 때문에 선거승리와 여론의 지지를 얻기 위해서 오히려 의원들은 타협적 태도를 취했다는 것이다. 그 결과 미국민의 의회의 업무수행 방식에 대한 전반적인 신뢰도는 1990년대 초반 25% 수준으로 추락했다가 2000년대 초반에는 50% 수준으로 상승했다(Mayhew 2001, 345). 특정 정당이 의회를 장악해서 특정 정책성과를 냈기 때문이 아니라 민생현안에 대한 논의와 타협이 이루어지는 대의기관으로서의 신뢰를 회복했기 때문이다. 그렇다면 현재 대한민국 국회는 가장 중요한 대의기구로서의 가치를 실현하고 시민들의 신뢰를 얻고 있을까? 아마도 그 답은 '아니다' 일 것이다. 최근에 임기를 마친 20대 국회는 2019년 패스트트랙 법안을 두고 여야 정당 간 대립이 첨예하게 지속되고 극심한 파행을 거듭하면서 민주성과 대표성을 거의 상실하여 대의기관으로 신뢰할 수 없는 모습을 보여주었다. 패스트트랙은 국회에 발의된 수 만 건의 법안 중 우선순위에 해당하는 안건을 지정하여 신속하게 처리하는 제도이다. 신속처리 안건은 국회 계류 기간 최장 330일을 지나면 본회의에 자동으로 상정되

고, 과반수 의결로 처리할 수 있다.[2]

　국회에서 다양한 생각이 표출되고 갈등이 나타나는 것은 매우 자연스러운 현상이므로 패스트트랙 법안에 대한 여야의 견해 차이가 나타나는 것을 나쁘다고 할 수 없다. 다만 여기서 가장 중요한 것은 국회일정 보이콧, 장외투쟁 등 국회 파행으로 인해 국회 내에서 패스트트랙 법안에 대한 논의 자체가 제대로 이뤄지지 못했다는 점이다. 여야 간 갈등의 표출 만 있을 뿐, 더 좋은 법을 만들기 위한 숙의, 대화, 토론, 타협, 합의, 절충 등 민주적 소통 과정이 생략되었다는 점에서 국회는 민주적으로 운영되었다고 볼 수 없다.

　패스트트랙을 둘러싼 국회파행이 계속되면서 국회는 가장 기본적 임무인 입법기능을 제대로 수행하지 못했기 때문에 대표성 문제도 제기된다. 〈그림 5-3〉을 보면, 20대 국회가 역대 최악의 입법 성적표를 낸 것도 알 수 있다. 국회 의안정보 시스템에 의하면, 20대 국회에서 발의된 법률안 총 24141건 중 36%인 8799건이 법률로 반영되었다. 이는 역대 최저였던 19대 국회의 법안 반영비율 42%보다 낮은 것이다.

　물론 그림에서 보는 바와 같이 최근 들어 의회에 제안되는 법률안 자체가 많아졌기 때문에, 법안으로 반영되는 수가 증가했음에도 불구하고 비율이 줄어든 결과가 나타났다고 볼 수 있다. 하지만 이런 설명은 국회 공전이나 파행 없이 열심히 일하는 국회의원들의 모습이 국민에게 보여 질 때에만 설득력이 있을 것이다. 입법 실적률이 낮은 것도 문제지만, 실질적 심의 없이 시한이나 여론에 떠밀려 중요한 법안들이 졸속으로 처리되는 문제는 더욱 심각하다. 국회는 납세자를 대표하여 정부가 예산을 함부로 쓰지 않도록 국가 예산안을 심사 기능도 수행하는데, 이 또한 지난해 말 국회파행으로 인해 실질적인 심의가 불가능했다. 세간의 관심을 끌었던 민식이 법(어린이 보호구역 내 교통사고 예방을 위한 관련법)도 2019년 12월 10일에 겨우 국회를 통과했다.

　그런데 2020년 3월 25일부터 시행되었지만, 시행된 지 3일 만인 28일에 청와대 국민청원 사이트에 '민식이 법 개정을 청원합니다' 라는 글이 올라왔고 22만 명이 이에 동의했다. 청원인은 어린이보호구역의 사고 방지를 위한 민식이 법의 취지에는 동의하지만 보호구역에서 교통사고를 낼 경우 가중 처벌하는 법은 개정돼야 한다고 주장했다. 결국 여론에 떠밀려 국회가 엉터리 법안을 만들었다는 주장이 제기되었고 많은 사람들이 이에 공감한 것이다.

　게다가 2020년 발생한 코로나19 관련 3법으로 '감염법의 예방 및 관리에 관한 법률' 개정안

---

2) 이전에 패스트트랙으로 처리된 안건은 세월호 사건을 계기로 2016년 12월 23일에 제정된 사회적 참사법과 2018년 12월 27일에 제정된 유치원 3법이다.

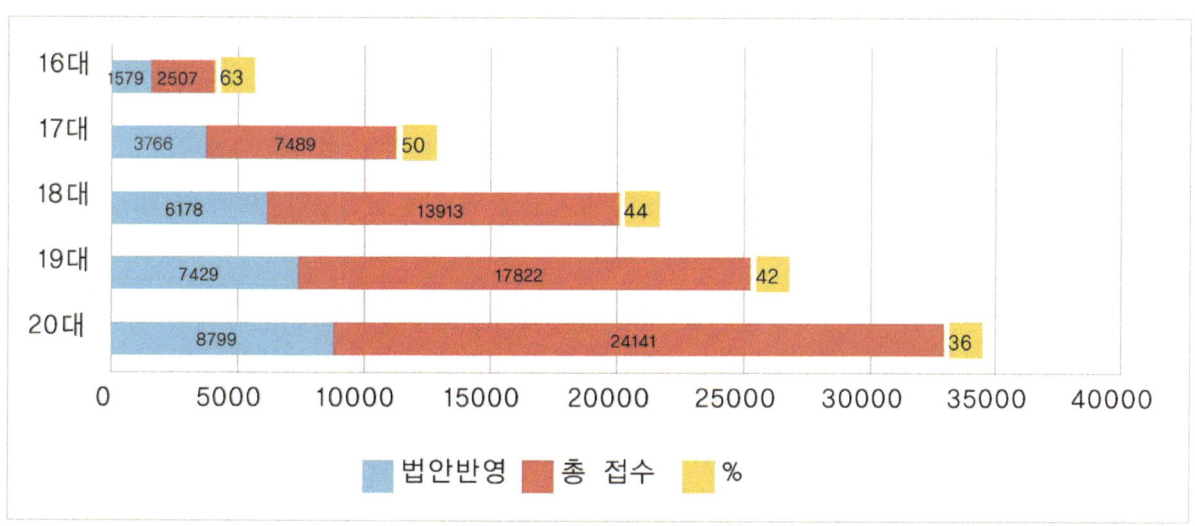

〈그림 5-3〉 역대 국회 법안 반영 비율(%)

도 여론의 압박으로 2월 26일에 겨우 통과되었다. 그리고 코로나19 확산에 따른 경제 위기 극복의 일환으로 정부가 4월 말에서 5월 초에 긴급재난지원금 지급을 결정했지만, 이를 위한 국회 내 수정예산안 편성 요구를 둘러싸고 여야 간 갈등이 심화되었다.

21대 총선 실시 이후 잔여 임기 중임에도 여야 간 책임공방으로 법안이 표류한 것이다. 이에 여론이 나빠지자, 국회는 4월 29일에서야 간신히 추가경정예산안을 처리했다. 국민들은 '긴급' 지원금이 아닌 '늑장' 지원금이라는 비판을 쏟아냈다. 이와 같이 여러 모로 일하지 않는 식물국회에 대한 불만은 2019년 6월 기준으로 청와대 국민청원 홈페이지에 21344명이 국민소환제를 요구한 하나의 사례를 통해서도 알 수 있을 정도로 높았다.

한편 패스트트랙 정국에서 일은 안하고 싸움만 하는 동물국회의 모습도 재연되었다. 2019년 4월 패스트트랙 상정과정에서 심각한 몸싸움을 벌이는 의원들의 모습이 생중계되었다. 특히 집권당 시절 스스로 만든 국회선진화법을 무력화시키는 자유한국당 의원들의 모습은 국민에게 큰 실망을 주었다.[3] 민주당과 자유한국당 의원들은 국회법 위반, 특수공무집행방해, 공동상해 등

---

3) 국회선집화법은 국회 내 폭력과 몸싸움을 막기 위해 국회 의장의 직권 상정 권한을 제한하는 대신 합법적 의사진행 방해 등 조항일부를 개선한 국회법으로 2012년 5월 국회에서 합의한 법이다. 국회선진화 법에 의해 '무제한 토론'이란 이름으로 합법적으로 의사진행을 방해할 수 있는 필리버스터가 도입되었다.

의 혐의로 서로 검찰에 고소·고발을 했다. 2020년 4월 28일부터 본격적으로 패스트트랙 재판이 시작되었는데, 재판에 넘겨진 20대 국회의원 중 21대 총선에서 당선된 의원은 여당 3명, 야당 9명 등 모두 12명이다.

이는 법을 제정하는 의원들이 스스로 만든 법을 어기고, 국회를 논쟁과 타협이 아닌 물리적 폭력이 난무하는 대결의 장으로 만들었다는 점에서 의회민주주의를 퇴행시킨 사건이라고 볼 수 있다. 또한 패스트트랙 수사에 불응하는 의원들의 모습은 법 위에 군림했던 권위주의 시대를 상기시켰다.

패스트트랙 쟁점을 둘러싼 극심한 정당 갈등, 국회 파행과 장기간 공전, 극단적 언쟁과 물리적 충돌, 절차적 악용이나 특정 이익만 대변하는 행위 등 국회의 모습은 대의제 기능을 상실한 것으로 보인다. 국민에게 국회는 여여 할 것 없이 수단과 방법을 가리지 않고 이익을 도모하는 분파적인 정당들의 모임으로 인식되었다. 이런 국회에 대한 국민의 신뢰는 낮을 수밖에 없다.[4] 신뢰를 잃으면 국회는 국민의 대표로서의 정통성도 잃게 된다는 점을 기억해야 한다.

---

4) 국회는 2019년 〈시사IN〉이 신뢰도 조사를 실시한 이래 가장 낮은 점수를 받았는데 10점 만점에 2.9점을 받았다. 세월호 특별법 제정을 놓고 여야가 충돌한 2014년에 가장 낮은 점수인 2.97점을 받은 바 있다. 〈리얼미터〉 2019년 국가사회기관 신뢰도 연례조사에서도 2.4%로 조사 대상 중 꼴지인 경찰 2.2%에 이어 두 번째를 차지했다. 〈한국리서치〉가 2020년 2월 3일에 조사한 국가기관 업무수행과 신뢰도 조사에서는 청와대, 행정부, 지자체, 경찰, 검찰, 법원보다 낮은 꼴지를 차지했다.

자세히 보기: 2019년 패스트트랙 관련 국회 파행 일지

2019년 3월 7일 국회 개원과 동시에 여야 충돌은 시작되었다. 민주당은 바른미래당 민주평화당 정의당 등 야 3당과 함께 자유한국당이 반대하는 쟁점법안 10건을 패스트트랙으로 지정해 2020년 2월 안에 처리하겠다고 했다. 민주당의 협상안에는 연동형 비례대표제를 골자로 하는 선거제도 개혁, 고위공직자비리수사처(공수처) 법안, 검경 수사권 조정을 위한 형사소송법·검찰청법 개정안, 공정거래법 전면 개정안, 패스트트랙 기간을 330일에서 90~180일로 줄이는 국회법 개정안 등이 포함되었다.

4월 22일에 여야 4당이 함께 마련해 온 패스트트랙 합의안을 의원총회를 열어 추인함으로써 선거제 개혁을 위한 공직선거법 개정, 고위공직자비리수사처(공수처) 설치법안, 검경수사권 조정법안이 사실상 패스트트랙에 올랐다. 이러한 여야 4당 패스트트랙 연대 추진에 대해 자유한국당은 '최악의 빅딜 획책', '사상 초유의 입법부 쿠데타'라고 비난하면서 저지 투쟁에 나서겠다는 의지를 밝혔다. 선거법 패스트트랙 강행 시 의원직 총사퇴 등 강경하게 대응하겠다는 자유한국당의 선언은 실제로 몸싸움, 장외투쟁, 황교안 대표의 삭발과 단식투쟁, 필리버스터 등 일련의 행동으로 이어졌다.

자유한국당 의원들이 4월 25일과 26일 이틀 간 패스스트랙 안건 지정을 막기 위해 국회 회의장 출입구를 봉쇄하고 점거하며 몸싸움도 일어났다. 문희상 국회의장이 경호권을 발동했는데 경호권 발동은 1986년 이후 33년 만이다. 우여곡절 끝에 4월 29일 패스트트랙 안건이 지정되었으나 자유한국당이 5월부터 장외 투쟁을 시작하면서 국회는 80여일 넘게 장기파행 된다. 이후에도 황교안 자유한국당 대표가 11월 20일부터 27일까지 8일간 고위공직자범죄수사처(공수처)법과 연동형 비례대표제(선거제법) 통과를 막기 위해 단식 투쟁을 하였다.

최후의 수단으로 자유한국당은 정기국회를 11일 남겨놓은 11월 29일 오후 국회 본회의에 상정될 예정인 198개 법안 전체에 대한 '필리버스터(합법적 의사진행 방해)'도 신청했다. 정기국회 종료 시한인 12월 10일까지 필리버스터를 한다는 입장을 냈다. 이런 강경대응에 대해 민주당은 패스트트랙 법안에 대한 상호 합의가 이루어지지 않는다면 법이 정해놓은 일정대로 처리할 수밖에 없다고 주장했다. 필리버스터에 대응해서는 본회의를 열지 않기로 했다.

결국 '민식이법' 등 민생법안 처리가 무산될 위기에 처하자 여론이 좋지 않았다. 민주당은 선거법을 상정하지 않는 조건으로 민식이법을 통과시켜주겠다는 한국당에 대해 아이들의 목숨과 안전을 정치 흥정의 도구로 전락시키며 국회를 마비시켰다고 비판했다. 자유한국당은 민생법안을 우선 통과시키자는 요구를 무시하고 국회 본회의 개시를 거부한 민주당에 책임을 물으면서 서로 책임공방을 벌였다.

자세히 보기: 주요 국가기관에 대한 국민의 평가

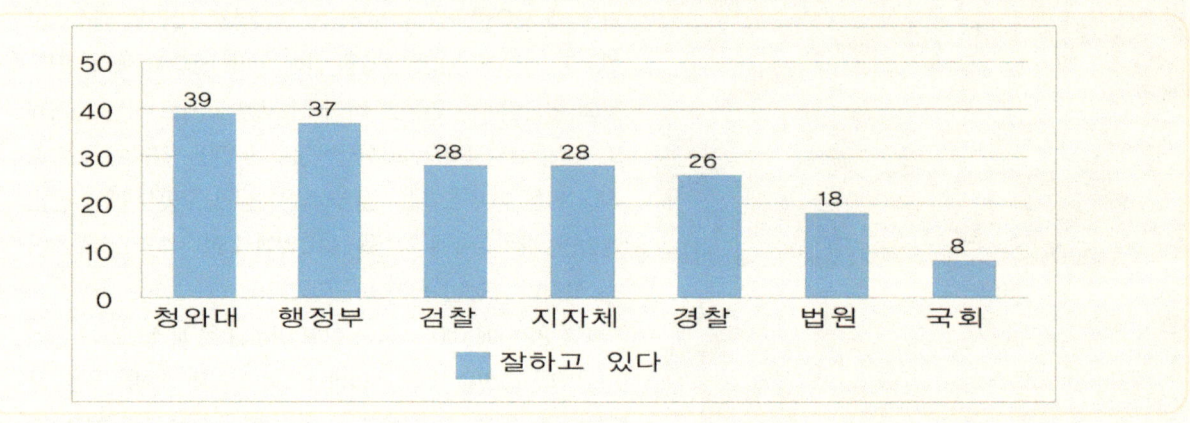

〈국가기관 업무수행 평가(%), n=1000〉

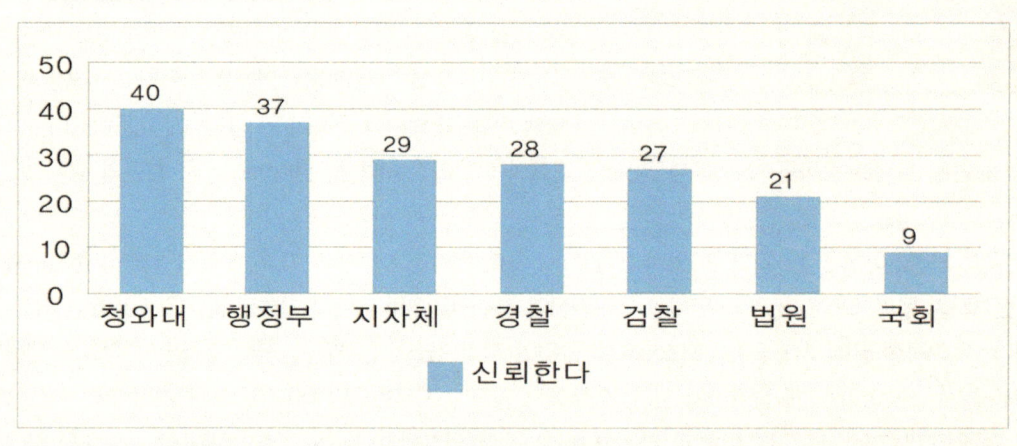

〈국가기관 신뢰도 평가(%), n=1000〉

출처: 한국리서치(2020-02-03). [국가기관 업무수행 및 신뢰도 평가 - 2020년 1월 5주차]
https://hrcopinion.co.kr/archives/14895

    마지막으로 시민들은 국회의 신뢰 회복을 위해 어떤 활동을 해야 할까? 핵심적인 대의제 기구로서의 국회 정상화를 위해서는 의정활동에 대한 시민의 감시와 참여가 중요하다. 믿을 수 없다고 외면하거나 비난 만하는 것은 민주정치 발전에 전혀 도움이 되지 않는다. 시민들의 지속적인 견제와 참여가 있을 때에만 의원들이 스스로를 법 앞에 평등해야 할 모든 시민 중 한 사람으로서의 대표라는 점을 잊어버리지 않을 것이다. 시민들의 무관심은 의원들이 위임된 권력을 휘두르는 특권층으로 변하는 데 적합한 환경을 제공한다.

  21대 국회는 입법 과정에서 의원들 간의 충분한 토의, 자발적 합의, 소수의견을 존중하는 모습을 보여주길 기대해본다. 하지만 의원들 스스로 각성하고 변하기만을 언제까지 기다릴 수만은 없는 것이다. 최근 청와대 국민청원이 활성화되면서 여러 가지 민감한 정치사회적 이슈에 대한 공론장이 형성되는 등 시민들의 참여가 확대되었다. 청와대 국민청원의 경우 청원이 성립(국민 20만명 이상 동의)되면 정부 관계자가 답변하는 것으로 처리가 완료되는데, 국민청원 게시판에 올라온 글들을 보면 청와대 보다는 국회에서 다루어져야 할 이슈들도 많았다.

  국회도 〈그림 5-4〉에서 보는 바와 같이 시민들이 참여할 수 있는 공간이 존재하지만 그동안 접근성이 떨어지고 홍보도 되지 않아 실질적인 활용도는 미약했다. 국회는 최근 2020년 1월 10일 온라인 청원 사이트 '국민동의청원'을 열었다. 2019년 4월 '국회법' 전자청원 도입 근거를 마련하면서 이를 준비해 왔으며 전자청원제도 운영에 필요한 내용을 담은 '국회청원심사규칙' 개정안이 1월 9일 국회 본회의를 통과함에 따라 사이트 운영이 가능해졌다. 여태까지는 국회 청원을 위해서는 반드시 국회의원의 소개를 받아 문서로 작성한 청원서를 국회에 제출해야 했다. 그러나 이제는 국회 사이트 '국민동의청원' 탭에서 30일 이내 10만 명의 국민들로부터 동의를 받으면 법률 제·개정, 공공제도·시설운영 등에 대한 청원이 가능하다. 국회 국민동의청원은 청원이 성립되면 국회가 이를 소관 상임위원회에 회부하여 심사할 의무를 지게 된다는 점에서 국민의 헌법상 기본권인 청원권을 보다 실효성 있게 보장하는 수단이 될 수 있다.

〈그림 5-4〉 국회 홈페이지와 시민참여 공간

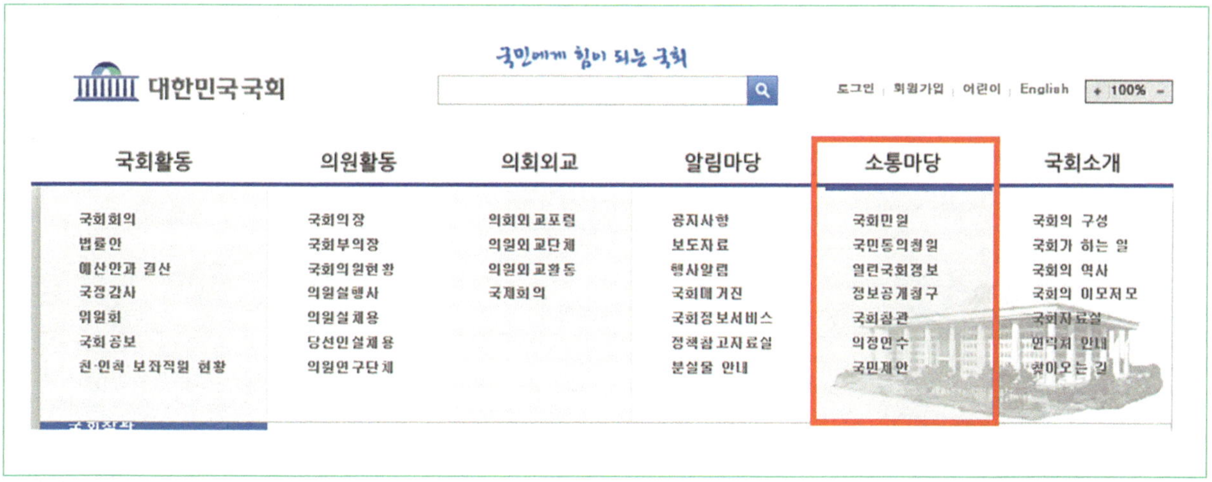

더 보기: 국민청원과 국회 동의청원 절차

〈 청와대 국민청원 〉

 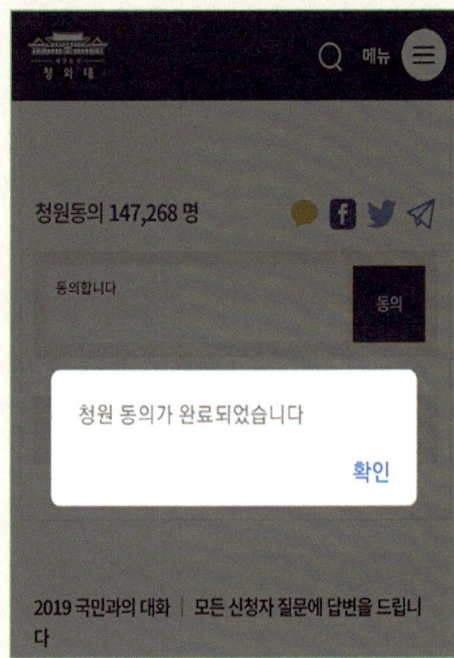

〈 국회 동의청원 〉

  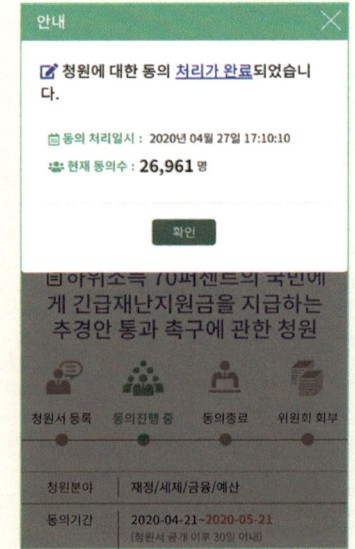

연관 검색어: 시민이 입법과정에 참여할 수 있을까?

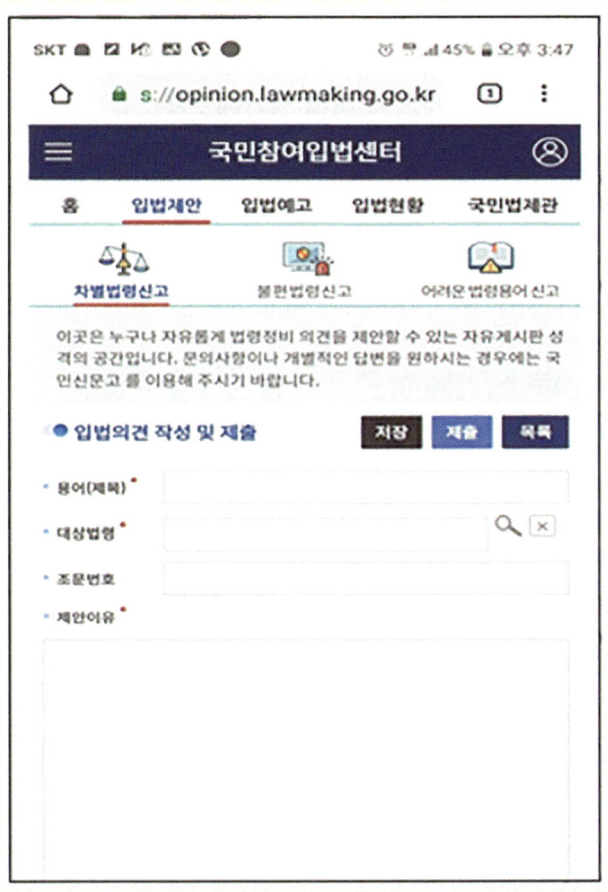

　법제처는 2018년 10월 18일 보도자료를 통해서 국민참여입법센터(opinion.lawmaking.go.kr)를 모바일에서도 쉽게 이용할 수 있도록 개선했다고 밝혔다. 국민참여입법센터는 우리나라의 입법현황 및 법령의 입법예고 등을 통합 제공하고 다양한 입법의견을 제출할 수 있도록 지원하는 개방형 소통채널이다.

　디지털 환경에 발맞추어 보다 많은 시민들이 입법과정에 참여할 수 있도록 새로운 모바일 서비스를 제공한 것은 고무적인 일이다. 또한 SNS 계정(네이버, 페이스북, 카카오톡)을 이용해 별도의 회원가입 없이도 입법예고 조회, 입법의견 제시, 차별법령·불편법령 신고 및 어려운 법령용어 신고 등도 보다 쉽고 간편하게 할 수 있게 개선되었다.

생각해 보기

국회의원 세비지출, 정당하고 합리적인가?

청와대 국민청원 사례를 보고 국회의원 세비 문제에 대해 생각해보자.

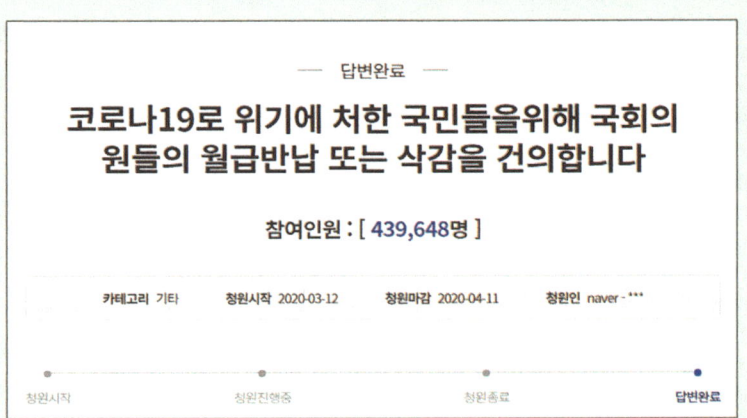

신종코로나바이러스감염증(코로나19) 사태로 힘들어하는 국민을 위해 국회의원들이 자진해 월급을 반납해 달라는 국민청원이 등장했다. 청와대 국민청원 게시판에는 2020년 3월 12일 '코로나19로 위기에 처한 국민들을 위해 국회의원들의 월급 반납 또는 삭감을 건의합니다' 라는 제목의 글이 등장했다. 본 청원은 3월 12일부터 약 한달간 총 43만 9648명의 청원수를 기록했다. 청원내용은 의료진부터 착한 임대인, 직장인, 어린 학생들까지 코로나 19위기 극복을 위해 노력하는 시기에 국회의원도 동참해야한다는 것이었다. 특히 지난해 몇달간 국회가 열리지 않았음을 언급하며 이같은 청원을 작성하였다. 이에 대한 청와대의 답변은 다음과 같았다. 국회는 독립된 헌법 기관이므로 청와대가 국회의원의 월급 반납 혹은 삭감 여부를 언급하기 어렵다는 것이 골자였다. 하지만 현재 국회의원 월급 지급조건을 설명하며 국민의 목소리로 새로운 요청이 가능함을 시사하였다. 현대 국회의원 월급 지급조건에는 국회의 개원 여부나 회의 참석 횟수가 포함되지 않는다. 다만 최근 일하는 국회에 대한 국민의 요구를 담아 국회 회의에 불출석 하는 경우 수당 및 입법활동에 대한 지원을 삭감 지급하는 등에 관한 〈국회의원수당 등에 관한 법률 일부개정법률안〉이 발의돼 국회운영위에 회부된 사실을 알렸다. 정부는 이 같은 상황에 대해 국민이 예의주시할 것을 권고하였다. 이는 시민의 관심이 곧 지금의 상황을 개선하는 데에 큰 역할을 할 수 있음을 시사한다.

청와대 국민청원 홈페이지에서 발췌 및 수정. https://www1.president.go.kr/petitions/586609

세계의 국회의원 세비책정 자료를 보고 합리적이고 정당한 세비책정 방식에 대해 논의해보자.

〈세계의 국회의원 세비 책정 방식〉

〈영국〉

외부 독립기관에서 책정
- 독립기관(independent Parliamentary Standards Authority: IPSA)에서 책정함
- IPSA 위원은 5년 임기로 전직 의원, 고위 법관, 회계사를 포함한 4인의 위원과 1인의 위원장으로 구성됨

〈독일〉

다른 공무원 급여와 연동
- 연방최고법원 판사 급여 수준

〈미국〉

조정률 기준 법제화
- 미국 노동부 노동통계국이 제출하는 고용비용지수(The Employment Cost Index)에 따라 급여 조정율을 결정함
- 일반 공무원 임금표(General Schedule)의 조정율을 넘을 수 없음

〈프랑스〉

- 최고위 공무원 급여의 평균값으로 결정

〈대한민국〉

국회의원 스스로 책정
- 세비증액에 스스로 합의하여 인상율 결정함
- 1949년 국회의원 보수에 관한 법류에 의거함

〈일본〉

- 일반직 국가공무원의 최고 급여액 수준

- 내가 선택한 정당한 세비 책정 방식은?

- 그 이유는?

2020년 국회의원 수당지급 기준표를 참고하여 202n년 세비 예산안을 책정해보자.
시민과 국회의원 모둠으로 나눠 각각의 입장에서 세비를 책정하고 이유를
설명해보자.

〈2020년 국회의원 수당지급 기준표〉

구분		지급시기	지급액(원)	연액(원)
수당 (월)	일반수당	매월	6,751,300	81,015,600
	관리업무 수당		607,610	7,291,320
	정액급식비		140,000	1,680,000
	정근수당	1월, 7월	3,375,650	6,751,300
	명절휴가비	설, 추석	4,050,780	8,101,560
경비 (월)	입법활동비	매월	3,136,000	37,632,000
	특별활동비		매월변동	9,408,000
연간총액				151,879,780
월평균액				12,656,640

출처: 국회사무처 홈페이지. https://nas.na.go.kr/nas/index.do/

모둠 입장	202n년 국회의원 세비 예산안		세비 책정의 주안점
	√ 내가 만약 시민이라면, 국회의원에게 얼마를 주고 싶은가? √ 내가 만약 국회의원이라면, 얼마가 필요할 것이라 예상하는가?		
	항목	금액	
☐ 시민 OR ☐ 국회의원			
	합계		

6 민주시민과 정당

미리보기

정당의 이미지를 키워드로 말해보자.

21대 국회 원내정당의 로고를 보고, 정당별로 떠오르는 이미지 키워드 3가지를 적어보자. 그리고 여러분이 생각하는 각 정당들의 이념적 위치를 보수-진보 스펙트럼 안에 표시해보자.

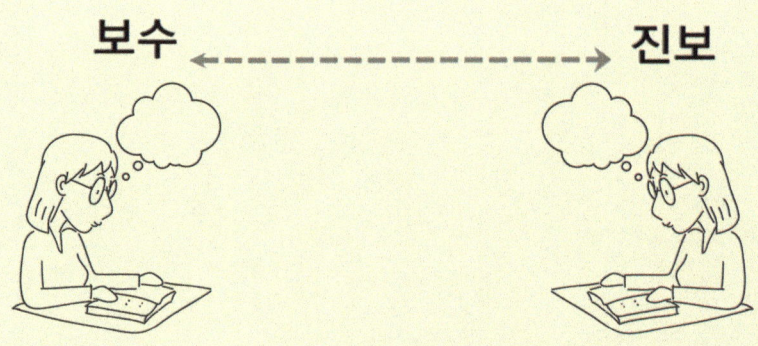

1. 정당은 왜 생겨났을까?

정당은 우리 일상과 매우 동떨어져 있는 것 같다. 왜냐하면 우리들 대부분은 정당에 가입하지 않았고 정당에 소속감을 느끼지 않으며 정당에 당비나 기부금을 내지 않고 정당과 메시지를 주고받지 않는 등 매일 매일을 정당과는 무관하게 일상을 살아가기 때문이다. 그런데 잠시 정치와 관련된 일들을 생각해보면 정당은 빠짐없이 등장한다. 예를 들면, 거의 매년 치러지는 각종 선거에서 정당은 주인공이기도 하고 후보자를 돕는 조연이기도 하다. 또한 의회 내 정당 간 대결에 관한 리포트는 단골 정치 뉴스이다. 우리 일상에 중요한 영향을 미치는 다양한 공공정책에 대한 이슈 프레임을 제공하는 것도 정당이다.

최근 미국에서는 마스크 당과 노 마스크 당이라는 말이 나타났는데, 이는 코로나 확산방지를 위해 마스크를 써야 한다는 민주당과 마스크 착용의 실효성이 없기 때문에 필요 없다는 공화당의 입장을 빗대서 하는 말이다. 한국에서도 코로나 사태와 관련하여 바이러스 유입 차단을 위해 국경이나 지역을 봉쇄할지 말지, 마스크 수출이나 해외 원조를 규제할지 말지, 재난지원금을 국민 모두에게 줄지 일부에게만 줄지 등에 대한 정당 간 의견 대립이 있었다. 이 외에도 다양하고 복잡한 공공 이슈에 대해 각 정당은 우리들이 쉽게 생각해 볼 수 있도록 이슈의 틀을 단순화시켜서 제공한다.

이처럼 정당은 정치적 이상과 견해가 비슷한 사람들의 자발적 조직으로서 시민들이 공동체의 이익과 발전을 위한 결정을 할 수 있도록 서로 다른 이상과 비전을 제시한다. 정당들이 제시하는 정치적 이상과 정책은 다양한 방향으로 나타나지만, 기본적으로는 보수와 진보라는 이념적 틀로 구분되어 왔다. 보수는 현 상황에 만족하면서 점진적 변화를 추구하는 반면 진보는 현 체제에 불만을 품고 개혁을 원하는 사람들이다.

정당은 이런 보수와 진보 세력의 갈등을 민주적으로 해결하는 역사적 과정을 통해 탄생되었다고 볼 수 있다. 정당은 18-19세기 시민계급의 등장과 함께 만들어지고 근대 민주정치의 발전과 더불어 성장해 온 조직이다. 정치학자 샤츠 슈나이더(E.E.Schettschneider)는 "민주주의를 만든 것은 정당이며, 정당 없는 근대 민주주의는 생각할 수 없다"라고 했을 정도로 정당과 민주정치는 떨어질 수 없는 관계에 있다.

유럽과 미국 등에서 등장한 근대 정당은 길게는 300여년 이상의 역사를 갖고 있다. 앞에서 영국의 명예혁명은 의회 중심의 민주정치가 시작되는 계기가 되었다고 설명했다. 당시 1688년 명예혁명을 주도한 급진세력은 신교도 중심의 휘그(Whig)로 의회권력 강화를 주장하면서, 구 왕정체제를 옹호하는 카톨릭과 온건한 개혁을 원하는 영국국교회 중심의 토리(Tory) 세력과 맞섰다. 이 두 세력이 근대 정당의 기원인데, 명예혁명이후 토리는 점차 세력을 잃었지만 1783년에 온건 보수세력을 규합하여 새로운 토리당을 창당했다. 반면, 휘그당은 산업혁명으로 경제적 부를 축적한 상공업자, 지주 등 부르조아 시민계급을 기반으로 강력한 절대군주와 전통적 신분제에 저항하는 진보세력으로 성장해나갔다.

이후 민주정치가 발달하면서 시민권에 대한 요구는 경제적 자유 보장을 넘어서 선거권 확대 등 정치적 권리에 대한 요구로 확대되었다. 18-19세기 보통선거권의 확대로 유권자 수가 증가하게 되면서 의회 내 보수와 진보 등 엘리트 집단들은 선거운동을 위한 조직이 필요했다. 이런 필요성에 따라 정당이라는 조직이 의회 내에서 확대·발전된 것이다. 당시 일반적인 정당 유형은 소수엘리트로 구성된 간부정당(cadre party)이다.

간부정당은 주로 선거 때만 활동하고 평상시에는 별 활동을 하지 않는 엘리트 조직이었다. 이들은 비교적 동등하게 권력을 나눠 가졌기 때문에 정당의 권력구조는 분권적이었다. 정당 구성원인 엘리트들은 스스로 의원 후보자가 되고 정당재정과 선거비용을 개인적으로 충당했다. 당시 선거권을 가진 유권자는 사회적 지위와 부를 가진 소수 특권층이었기 때문에 선거운동은 개인적이고 인간적인 관계에 기초한 느슨한 네트워크 형태로 치러졌다.

한편 의회 내 엘리트 세력의 필요성이 아닌 새로운 시민계급의 필요성에 따라서 의회 밖에서 정당이 나타나기도 했다. 자본주의가 급성장한 19세기 유럽에서는 노동자와 자본가 간 계급갈등이 심각했다. 기존 부르조아 민주주의 체제에서 보호받지 못했던 노동자나 농민 등 새로운 시민계급이 의회 진출을 원하게 되었다. 이들은 보통선거권 확대로 인해 투표에 참여할 수 있었지만, 자신들의 경제적 권리나 자유를 의회 내 엘리트 집단에 의해 보장받는 데는 한계가 있음을 알게 되었다. 따라서 보다 효율적인 시민권 보장과 노동자 계급의 이익을 위해 직접 의회로 진출할 필요가 있었고 이를 실현시킬 정치적 조직인 정당을 자발적으로 결성했던 것이다.

선거권 확대로 19세기 후반에서 20세기 초반에 새롭게 등장한 정당의 모습은 광범위한 대중적 조직이었다. 대표적인 대중정당(mass party)의 예는 독일의 사민당(SPD)으로 노동운동을 배경으로 탄생하였으며 이후 전 유럽으로 확산되었다. 노동자 계층의 이익을 대변하는 사회주의 이념을 표방하는 좌파 정당들은 엘리트 계층처럼 부와 지위는 없지만 수많은 노동자들을 당원이므로 이들이 내는 당비로 운영이 가능했다. 정당 조직은 중앙집권적이었고 기초 조직은 지부(branch)로 구성되었는데 특정 이념을 공유하는 당원들 간 정당 규율은 강했다. 당의 정책이나 후보 결정과정에서 당원의 영향력도 강했다. 노동자 및 여성 등 사회적 소외층을 대변하는 진보 세력인 노동당(Labour Party)은 의회 밖에서 출발하여 의회로 진입한 대중정당에서 그 기원을 찾을 수 있다.

새로운 대중정당의 영향으로 인해 기존의 의회 내 엘리트 조직인 간부정당들도 보다 개방적이고 대중적인 조직으로의 변화가 필요했다. 귀족, 대지주, 부르조아 등 소수 엘리트 중심의 폐쇄적 조직으로서는 더 많은 유권자의 지지를 끌어낼 수 없어서 선거에서 승리가 불가능했기 때문이다.

사민당 등 대중정당 모델을 수용하여 중산층 유권자들이 자발적으로 정당에 가입할 수 있도록 이들의 이익을 대변하는 정강과 정책을 개발했다. 주요 보수 정당 중 하나인 기독교민주연합(CDU))은 제2차 세계대전 후인 1945년 가톨릭과 개신교가 기독교 정신을 기초로 창당한 정당으로 자본가 및 중산층의 보수 유권자 세력을 지지기반으로 삼았다.

그러나 강력한 정당조직으로 운영되던 대중정당은 제2차 세계대전 이후 경제성장과 복지국가의 등장 등으로 인해 힘을 잃게 되었다. 산업화와 경제성장으로 인해 계층 내 동질성은 줄고 계층 간 이동이 늘어나면서 자본가와 노동자 간 대립이라는 계층 갈등이 점차 약화된 것이다. 중도적 이념을 가진 중산층이 증가함에 따라서 특정 계층에 호소하는 것으로는 더 이상 선거 승리가 어렵게 되었다.

이념적 차별성에 따라 투표하는 유권자 비율이 줄고 당비를 내는 당원 수가 감소하면서 포괄정당(catch-all party)이라는 새로운 정당 유형이 등장했다. 키르히하이머(Otto Kirchheimer)에 따르면, 포괄정당이란 노동자 계급이나 자본가계급 등 어느 특정 계층의 지지에 의존하지 않고 거의 모든 유권자들에게 지지를 받을 수 있는 포괄적인 정책을 제시하는 정당이다.

대부분의 현대 정당들은 포괄정당 유형으로 존재한다. 선거에서 이기기 위해 정당 관료보다는 선거운동을 이끌고 전략을 짜는 캠페인 매니저나 전문가들이 중요하며, 당비를 내는 당원들의 의견보다는 지지자나 유권자들의 의견이 중요하다.[1] 또한 당원이 줄어들면서 정당의 운영 자금도 당비로 충당되지 못하고 국고 보조금 같은 공적 자금을 통해 충당한다.

이처럼 대중정당이 당비를 내는 당원들 중심으로 운영되던 것과 달리, 포괄정당은 선거 때 마다 다른 정당을 선택할 수도 있는 충성도가 낮은 유권자 중심으로 운영된다. 포괄정당의 대표적인 예는 미국의 공화당과 민주당인데, 양당 간 정책적, 이념적 차이는 크지 않고 당원규모도 적다. 연방제 국가인 미국에서 중앙과 지방의 정당 조직은 각각 자율성을 가진 매우 분권적인 형태로 존재하며 느슨한 형태로 결합된 선거머신(electoral machine)의 특징을 가지고 있다.

유럽에서도 포괄정당으로 변해가는 정당들이 많이 나타나면서 정당과 당원 간 연계가 약해지는 한편 정당의 국고보조금에 대한 의존도는 심화되는 현상이 나타났다. 보수와 진보 정당들은

---

1) 정치학자 파네비앙코(Panebianco)는 정당기능이 선거중심으로 변했다는 의미에서 이런 정당들을 선거전문가 정당(electoral-professional party)이라고 불렀다.

기존의 입장을 수정해서 선거 승리를 위해 중산층이 선호하는 정책을 택할 수밖에 없었다. 보수 정당들은 사회주의 정당들이 주장해 온 사회복지정책 등을 일부 수용했으며, 진보 정당들도 급진적 사회주의 노선을 수정하여 자본주의 시장경제 원리를 대폭 수용하게 된 것이다. 이처럼 현대 정당들이 표방하는 이념이나 정책은 양극단의 이념적 차별성 보다는 중도로 수렴하는 경향을 보인다.

그런데 현대 정당들이 포괄정당의 성격을 가진다고 해서 정당 간 이념 차이가 완전히 사라진 것은 아니다. 역사적으로 보수 정당들은 사회적 지위와 재산 등이 많은 기득권 계층을 대변해왔는데, 오늘날 영국의 보수당이나 미국의 공화당 등도 마찬가지이다. 현재 많은 것을 가진 이들은 현 상황이 급격하게 바뀌는 것을 원치 않을 것이다. 이들이 자신들이 소유한 사유재산권의 옹호와 시장에서 개인의 자유가 최대한 보장되는 정책을 지지하는 것은 당연하다고 볼 수 있다.

반면, 현 상황에 불만인 사람들은 국가가 현재의 불평등한 상황에 개입해서 해결해 주길 바라는 등 보다 나은 사회로의 변화를 원하게 되는 것이다. 또한 기존 이슈 보다는 새로운 세상에서

더 보기: 20세기에 등장한 독재정당들

중국공산당은 중화인민공화국의 집권 정당으로, 1921년에 창당된 세계에서 두번째로 거대한 정당이다. 일당 독재 체제로 국가를 통치하는 공산당 가운데 하나로, 약칭은 중공이다.

중국 공산당의 최고 기구는 5년마다 열리는 전국대표회의로, 전국대표회의가 개회되지 않았을 때에는 중앙위원회가 최고 결정권을 가진다. 중국 공산당의 당수는 중국의 최고직인 중앙위원회 총서기, 중국의 군사력 자체를 총괄하는 당 중앙군사위원회 주석, 국가 주석 등의 자리를 모두 역임하게 되며, 결국 중국 공산당의 당수가 곧 중국의 최고 지도자라고 할 수 있다. 현재의 주석은 2012년 18대 중앙위원회에서 선출된 시진핑이다.

국가 파시스트당은 베니토 무솔리니가 창당한 이탈리아 왕국의 파시즘 정당이었다. 1921년부터 1943년까지 이탈리아 왕국의 집권당으로서 권위주의, 국가주의 및 전체주의에 입각한 파시즘 통치를 하였다.

뭇솔리니는 파시스트 당 이외의 정당을 불법화하고, 신문, 라디오 등 매스컴과 교육을 장악하여 국민 생활의 모든 분야를 감시, 통제하였다. 또한, 파시스트는 국가 지상주의를 내걸고, 파시스트 당이 대표하는 국가는 강력하고 위대해져야 하며, 팽창하지 않는 국가는 멸망한다고 주장하여 군국주의와 팽창주의를 내세우기도 하였다.

부각되는 현안에 관심을 갖고 이를 해결하고자 결성되는 정당들도 이념적 측면에서 보면 변화를 원하는 진보성향이라고 할 수 있다. 따라서 현대 정당들도 진보와 보수라는 기본적 이념 틀 안에서 자신들의 추구하는 가치와 정책을 제시하고 유권자들로부터 지지를 확보하기 위해 노력한다.

더 보기: 21세기 한국사회에서 새롭게 등장하는 정당들

전 세계적으로 환경문제에 대한 관심을 촉구하는 정당들이 있다. 대한민국에도 이러한 녹색당이 생겨났다. 2011년 10월 30일, 창당준비위원회를 발족하여 2012년 3월 4일 전국적인 창당대회를 추진하였다.
이어진 2012년 총선에서 총 0.48%의 낮은 정당득표율로 선관위 등록이 취소되었으나 위헌 소송을 제기하여 녹색당이라는 당명을 되찾게 되었다. 등록일은 2012년 10월 22일이다.
다음은 녹색당의 소개말 일부다.
"우리는 '녹색당'이라는 작은 씨앗입니다. 이 씨앗을 싹틔워 인류가 지구별의 뭇 생명들과 춤추고 노래하는 초록빛 세상을 만들려고 합니다."

대한민국에도 다양성 문화를 추구하는 새로운 정당이 생성될 조짐이 있다. 페미니즘당은 2020년 2월 14일, 창당준비위원회가 발족되었으나 유사한 문제의식을 가진 여성의 당과 달리 창당에 실패하였다. 이 당은 생태주의 등 다양한 문제에 대하여 관심을 가지고 있다는 특징이 있다. 여성은 물론, 장애인, 이주민, 성소수자 등의 대한 보호와 노동의 가치, 경제적 독립, 안전한 자립, 모병제, 기본소득 등을 주장하고 있어 귀추가 주목된다.
다음은 페미니즘당의 소개말 일부다.
".... 페미니즘당은 차이를 경쟁의 수단으로 삼는 대신 다양성으로 명명한다. 차이가 차별이 되는 사회 구조와 시대의 흐름 속에서 평등을 외치겠다."

2. 21세기에도 정당은 필요한가?

20세기 중반 이후 일각에서는 민주정치의 산실인 정당이 위기를 맞고 있다는 주장이 제기되었다. 앞서 설명한 바와 같이 강력한 대중조직이었던 유럽의 정당조직이 점차 약화되고 포괄정당이 등장하면서 정당에 가입하는 당원들이 줄어드는 현상이 나타났기 때문이다. 또한 유럽 뿐 아니라 미국에서도 젊은 세대들은 개인주의와 탈 물질주의(post-materialism)가 확산되면서 정당에 적극적으로 관여하지 않았다.

학교에 입학하거나 직장에 취업하면 소속을 증명하는 ID 카드를 발급받는데, 당원도 당원증을 받는다. ID 카드를 지닌 당원이 아니더라도 특정 정당에 대해 애착이나 소속감을 갖는 지지자들은 심리적으로 정당일체감(party identification)을 갖는다. 정당일체감은 유권자가 선거에서 자신이 지지하는 정당의 후보와 정책을 선택하는 중요한 심리적 요인이 된다.

그런데 당원뿐 아니라 정당일체감을 가진 유권자의 비율도 줄어드는 현상이 나타면서 정당의 위기에 대한 우려가 나타난 것이다. 미국이나 유럽에서 특정 정당에 대한 지지나 선호가 줄고 무당파가 증가하는 현상과 더불어 시민사회 단체가 활성화되는 현상도 나타났다. 시민사회가 활성화되면서 선거에서 후보를 공천하고 정책을 제시하는 정당의 영향력은 감소되었다.

게다가 디지털 사회로 진입하면서 시민이 직접 정치에 참여하는 참여민주주의에 대한 기대가 확산되고 있다. 이런 시대적 흐름에 따라 정당의 기능이 약화되고 역할이 축소될 것이라는 우려와 함께 궁극적으로는 사라지게 될 것이라는 극단적인 주장도 제기되고 있는 것이다.

민주주의가 더 발달된 미래사회에서는 정당이 정말 필요 없게 될지도 모를 일이다. 하지만 우리는 21세기인 현재에도 여전히 대의민주주의 체제에서 살고 있다. 대의제에서 시민의 대표 집단인 의회와 정부는 선거를 통해 구성되며, 선거를 통해 정치적 주장과 이상을 약속하고 권력을 획득하여 의회 정치를 통해 실현하는 기구는 정당이다. 따라서 정당은 많은 대의민주주의 국가에서 정치권과 시민을 연결하는 가장 중요한 연결고리(linkage)인 것이다. 정당이 수행하는 기능과 역할은 매우 다양하지만 크게 세 가지 요소로 정리할 수 있다.

첫째, 정당의 가장 중요한 기능은 다양한 시민들의 요구와 이익을 집약하여 공공 정책에 반영하는 것이다. 그런데 시민들의 요구와 이익을 집약하는 일은 쉬운 일이 아니다. 시민들의 요구는 매우 다양하며 다양한 이익이 충돌하는 경우는 많다. 예를 들어 부자와 빈자, 여성과 남성, 청년세대와 노인세대 등 다양한 시민집단은 각각 다른 이해관계를 갖는다. 때문에 정당은 모든 집단을 대변할 수 없다. 정당의 기원에서 설명했듯이, 어떤 정당은 귀족의 이익을, 어떤 정당은 신흥자본가의 이익을, 어떤 정당은 노동자의 이익을 가장 중요하게 대변한다.

이처럼 정당은 본질적으로 정치적 이상과 주장이 같은 사람들의 모임이므로 분파적인 속성을 갖는다. 미국이 건국될 당시에도 건국의 아버지들이 가장 두려워했던 것은 특정 파벌이나 분당(faction)이 정치권력을 갖고 사적 이익을 위해 공동체의 이익을 훼손하는 것이었다. 이런 두려움은 정당정치에 대한 불신으로도 나타났지만 현실적으로 정당 없이 민주정치를 할 수 없다는 점에 동의하게 되면서 현재의 양당체제를 확립하게 되었다. 정당이 전체가 아닌 분파의 이익을 대변하는가는 오늘날 많은 국가에서도 지속적으로 논란이 되는 쟁점이다.

하지만 정당이 일부의 이익만을 대변한다면 선거를 통한 정권획득이 불가능하고 정치 생명도 짧을 것이다. 이익집단과는 달리 공적 조직으로서 가능한 한 많은 사람들의 의견을 반영하는 주장과 정책을 수립할 때 더 많은 지지를 얻을 수 있다. 더 다양한 계층과 집단에게 열려있고 더 다양한 이슈를 대변하는 민주적이고 대표성을 가진 정당일수록 오랫동안 지지를 받게 되는 것이다. 따라서 정당은 가능한 한 많은 사람들의 지지를 받기 위해, 사회적 이익을 대변하려고 노력하며 다양한 집단의 요구를 파악하고 취합해서 공공정책으로 반영하는 핵심적 역할을 수행한다.

둘째, 정당은 선거에 참여하여 공직을 차지할 후보를 내는 정치적 충원(political recruitment) 기능을 수행한다. 시민의 대표를 선출하는 선거에서 후보자를 추천하고 지지하는 공적 조직은 정당 뿐이다. 물론 무소속으로 출마하는 후보들도 있지만 대부분의 민주주의 국가에서 후보자들은 정당의 공천을 받아 선거에 출마한다. 정당의 후보 공천은 공직선거에 내보낼 후보자를 선정하는 것으로 다양한 방식으로 이뤄진다. 과거 간부정당 시절에는 소수 핵심 당 지도부가 밀폐된 공간에서 자신들끼리 후보자를 결정하는 경우가 많았다. 하지만 이런 폐쇄적인 방식은 민주주의가 발달하면서 거의 사라졌다. 최근에는 다수의 정당 예비후보들을 대상으로 당원이나 대의원 또는 일반 지지자 등이 참여하여 경선을 치르는 다양한 형태의 상향식 공천이 이뤄지고 있다.

정당은 선거 시기에는 물론이고 선거가 없을 때에도 유권자들에게 자신의 이념적, 정책적 방향성에 대하여 알리고 지지를 호소한다. 사회적 현안이나 쟁점에 대한 정보와 지식을 제공함으로써 정치교육 기능을 수행하는 것이다. 또한 이런 정치적 주장이나 정책을 책임지고 실천할 인재를 직접 훈련시키고 양성하거나 외부에서 발굴하여 영입하기도 한다. 이처럼 정당의 충원 기능은 의회나 정부에 필요한 인적 자원을 준비하고 당선시켜 효율적으로 정책결정과정에 참여할 수 있게 한다는 점에서 중요하다. 선거에서 후보자를 선택할 때, 유권자들에게 믿고 뽑을 수 있는 책임성을 제공한다는 점에서도 중요하다. 정당 브랜드는 선거에서 후보를 선택할 기준을 제시하거나 복잡한 쟁점을 해석하는 일종의 렌즈를 제공하기 때문이다.

셋째, 선거를 통해 정권을 획득한 정당은 정부와 의회를 구성하고 공공 정책을 실행하는 등 국정운영에 중요한 역할을 한다. 정당이 선거 승리에 집착하는 것은 이 때문이다. 선거에서 승리한 다수당과 달리, 선거에서 이기지 못한 소수당은 자신들의 주장과 정책을 실현시킬 기회를 가질 수 없다. 소수당은 정부 정책에 대한 감시와 비판, 그리고 대안 제시를 통해 국정에 제한적이고 간접적으로 참여할 수 있을 뿐이다.

정당이 국정운영에 참여하는 방식은 대통령제나 의원내각제 등 정부형태에 따라서 상이하다. 4장에서 설명한 바와 같이, 의원내각제에서는 의회 다수당의 대표가 수상이 되고 다수당 또는 연립정부에 참여하는 정당들이 내각을 구성하기 때문에 정당은 의회선거에 승리하면 동시에 행정부 권력을 장악할 수 있다. 다수당이 전적으로 국가운영의 책임을 진다.

반면 대통령제에서는 행정부, 입법부, 사법부 간의 권력분립이 중요하고 대통령은 독자적인 선거를 통해 선출되기 때문에 정당 소속일지라도 정치적인 독립성을 갖는다. 또한 행정 각부의 장관도 대통령에 의해 임명되기 때문에 정치적 책임은 정당보다는 대통령에게 있다. 따라서 정부

더 보기: 정당과 이익집단은 어떻게 다른가?

구 분	정당	이익집단
목 적	· 정치권력 획득	· 이익도모를 위해 공공정책결정에 영향력 행사
활동 방법	· 공직 차지를 위해서 선거에 후보 공천 · 후보의 당선을 위해 선거운동 조직	· 자신들의 이익증진을 위해서 정치인·관료 지원 · 선거에서 호의적인 후보에 대한 지지와 후원
책 임	· 선거공약에 대하여 정치적 책임을 짐	· 정책 결정에 책임이 없음
대표성	· 사회 내 단일하고 좁은 이익을 넘어 다수의 이익 대표	· 특정 정책 또는 이해관계가 있는 분파를 대표

구성과 운영에서 정당의 역할은 일반적으로 대통령제에서보다는 의원내각제 하에서 더 강하다. 대통령제에서는 의회에서의 다수당이 대통령 소속 정당인지, 아니면 야당인지에 따라 정당의 역할이 달라지기도 한다. 특히 대통령이 속한 정당과 의회 다수당이 다른 경우를 '분점 정부'(divided government)라고 하는데, 이런 상황에서는 여당의 역할이 축소되고 다수당인 야당의 역할이 강해질 수도 있다. 이와 같이 정부형태에 따라서 정부의 역할과 기능이 차이가 있지만, 정권획득을 한 정당이 국정운영의 주도권을 잡는다는 점에서는 차이가 없다.

자세히 보기: 정당 조직과 원외정당, 원내정당?

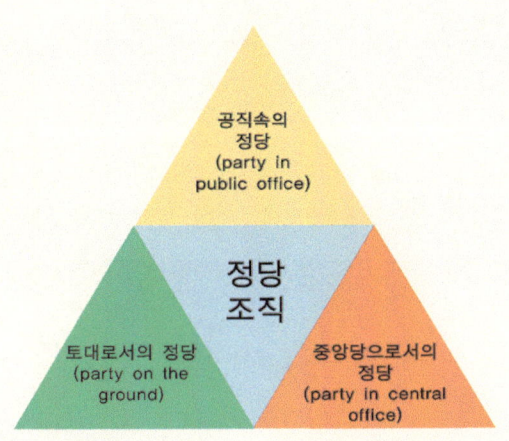
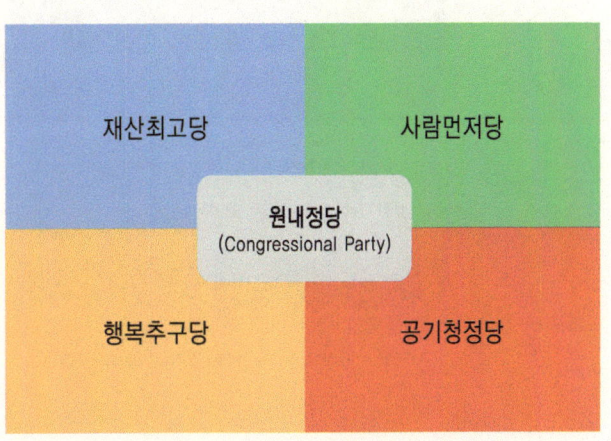

각각의 정당은 당원, 지지자, 유권자 등으로 구성된 토대로서의 정당, 중앙당으로서의 정당, 의회나 정부 내에 공직을 차지한 사람들의 정당 등 세 가지 영역으로 조직된다. 또한 원내 정당과 원외 정당으로 나뉘기도 한다. 그림에서 보는 바와 같이 네 개의 가상 정당이 있다고 보면, 원내 정당은 4개 각각의 정당 구성원 중에서 선거에서 승리하여 의회에 진출한 당원들(의원들)로 구성된 조직이다. 원외정당은 의회에 진출하지 않은 당원들로 구성된 정당으로 주로 중앙당과 각 지역의 당 지부와 산하단체들로 조직된다. 한 나라의 정치가 원외정당 중심으로 이뤄지는 경우, 의원들은 정당에서 파견된 사람들에 불과하여 자율성이 적기 때문에 의회 내 정당 간 갈등이 커질 가능성이 높다. 반면 원내정당 중심인 경우는 의원들의 자율성이 크므로 의회 내에서 정당 간 정책 조율이 상대적으로 수월하다.

민주정치에서 중요한 역할을 하는 정당은 다른 정당과의 경쟁 관계 속에서 나라마다 다양한 모습으로 존재한다. 한 나라에서 정당들이 어떤 경쟁적 관계를 맺고 있는지 그 특성을 일컫는 개념을 정당체제(party system)라고 한다. 정당체제는 크게 비경쟁적 체제와 경쟁적 체제로 나뉜다.

먼저, 비경쟁적 제도는 정당 간 경쟁이 존재하지 않는 나라에서 나타나는 현상으로 〈표6-1〉에서 보는 바와 같이 일당제와 패권정당제가 이에 속한다. 일당제는 현대에는 거의 없는데, 과거 공산권 국가들이나 나치 독일 등에서 볼 수 있었던 체제이다. 법적으로 정당이 한 개만 허용되고 정당조직은 군대와 유사하며 정당이 정부를 통제한다. 이는 대중동원과 통제, 정치 선전을 위한 도구이므로 앞서 설명한 민주적 정당의 기능을 수행한다고 볼 수 없다.

〈표 6-1〉 정당체제: 비경쟁적 제도

일당제 (Single Party System)	패권정당제 (Hegemonic Party System)
특징	특징
• 정당이 정부통제, 대중 동원과 통제, 정치 선전의 중심 • 정치 정보와 지식 교환 X	• 선거 자체가 자유 선거가 아님 • 정권교체 없이 한 정당이 계속 집권함
사례	사례
구 소련, 동유럽국들, 나찌 독일, 프랑코스페인	멕시코 제도혁명당(1938년이래 최근까지 집권)

패권정당체제는 정당학자 사르토리(G. Sartori)가 명명한 것으로 다수의 정당이 존재하지만 실질적으로는 한 정당이 권력을 독점하는 비경쟁적 정당체계이다. 정권교체 없이 한 개의 정당이 오랜 기간 권력을 장악하는 것으로 선거 자체가 경쟁이 가능한 자유선거가 아니라는 점이 중요하다. 이는 주로 권위주의 정치체제에서 나타나는 정당 체제이다. 법적으로는 복수의 정당 활동이 가능하지만 실질적으로는 패권을 가진 정당의 허용이 있어야 선거에서 후보를 낼 수 있으므로 기본적으로 정당 간 경쟁이 허용되지 않는 것이다. 대표적인 사례는 1929년에 창당되었고 1938년부터 1990년대 중반까지 50년 넘게 권력을 장악하였던 멕시코 제도혁명당(Partido Revolucionario Institucional)이다. 사르토리는 한국의 1970년대 정당 체계를 패권정당체계

에 속하는 한 사례로 소개하기도 하였다.

다음으로 〈표 6-2〉에 정리된 경쟁적 정당체제를 보면, 독점우세 정당제, 양당제, 다당제가 있다. 독점우세 정당제는 공식적으로 경쟁이 가능한 여러 개의 정당이 존재하지만, 한 개 정당이 장기간 정권을 독점하는 체제이다. 이런 정당체제는 일본이나 인도 등에서 나타났지만 민주주의 국가에서 흔하게 나타나지는 않는다. 대부분 민주주의 국가의 정당체제는 양당제와 다당제이다.

〈표 6-2〉 정당체제: 경쟁적 제도

독점 우세 정당제(Dominant-Party System)	양당제(Two Party System)	다당제(Multi-Party System)
특징	특징	특징
• 정당이 여러 개 있으나 언제나 한 당이 장기간 지속적으로 정권 독점 • 자유선거를 통한 정권획득 경쟁 가능 • 야당이 정치적 대안 제시, 정부 비판, 열린 논쟁 가능 〉 언젠가 정권획득	• 선거에 의해 두 정당 간 정권교체 • 다양한 정책, 후보자 선택 기회 제공, 연합 없이 국정운영 〉 안정적 정치 • 주로 소선거구제 〉 양당제 가능성	• 다원적 사회세력 반영 〉 유권자의 선택기회 많음 • 소수민족과 종교 등 이익대변 〉 민주성, 대표성 • 연립 내각의 형성 〉 정국 불안정 • 비효율적 정책 결정과 집행 • 주로 PR 〉 다당제
사례	사례	사례
일본(자민당: 1955년 창당 후 1990년대 초까지 집권) 인도 (독립 후 30년간 국민회의당 중심)	미국, 영국, 캐나다, 호주, 뉴질랜드	독일, 노르웨이, 이탈리아, 스웨덴, 핀란드

양당제는 미국의 민주당과 공화당처럼 두 개의 정당이 경쟁하는 체제이다. 양당제 국가에도 제3당이 나타나기도 하지만 정권교체가 두 정당 간에서만 일어난다는 점이 중요하다. 두 정당 간 경쟁이므로 선거에서 승리한 정당은 독자적으로 다수당 의회를 구성하므로 안정적 국정운영이 가능하다. 또한 의회 내 다수당이 확실하므로 유권자들이 정책 평가를 할 때 책임소재를 묻기가 쉽다.

다당제는 세 개 이상의 정당이 경쟁하는 체제로, 유권자들의 다양한 요구가 반영되고 선택의 폭이 넓다는 장점이 있다. 소수 정당들로 의회 진입이 가능하다는 점에서 민주성과 대표성이 높다고 볼 수 있다. 하지만, 한 정당이 의회 내 과반수 의석을 단독으로 차지하기 어려워 연립정부가 구성될 가능성이 높은데, 이는 정국 불안정으로 이어질 수 있어서 단점으로 여겨진다. 또한 연립정부가 추구하는 정책이 실패할 경우, 책임소재가 불분명해질 수도 있다.

이처럼 다양한 정당체제가 존재하며, 각 제도는 장단점을 지닌다. 그러나 여기서 설명된 특징과 장단점은 깨지지 않는 진리는 아니다. 정당체계는 양당제에서 다당제로 변하기도 하는데 오늘날 영국의 정당체계를 양당제가 아닌 온건 다당제로 봐야 한다는 주장도 있다. 또한 제도 자체의 장단점 보다는 이 제도가 어떻게 운영되는가 하는 점이 더 중요하다. 다당제를 가진 나라에서도 의회 정치나 국정 운영이 안정적으로 이뤄질 수 있고, 양당제 국가에서도 정치적 불안과 정당 간 교착상태가 심하게 나타날 수 있기 때문이다.

더 보기: 선거제도와 정당 체제 (듀베르제의 법칙)

듀베르제의 법칙은 정치학자 모리스 듀베르제(Maurice Duverger)가 저서 『정당론(1951)』에서 선거제도와 정당 체제 간 관계에 대해 제시한 가설이다. 소선거구 단순다수제는 양당 체제를 촉진하고 비례대표제는 다당 체제를 유도한다는 것이다. 왜 그럴까? 먼저 최다 득표자 1명만 당선되는 소선거구 단순다수제에서는 소수정당 지지자들이 자신들의 표가 쓸모없어질 것을 우려하여 당선 가능성이 높은 큰 정당 후보에게 투표하게 된다는 것이다. 소수 정당 후보는 선거구에서 1위가 되기 매우 어렵기 때문에 당선 가능성이 낮아지는 것이다. 결과적으로 의회 의석은 거대 양당이 거의 차지하며, 소수 정당의 의회 진출은 쉽지 않게 된다. 반면, 비례대표제의 기본 원칙은 전국을 하나의 선거구로 하고 각 정당이 득표율만큼 의석을 차지하도록 하는 것이다. 유권자는 자신의 표가 사표가 되지 않는다는 것을 알기에 당선 가능성과 상관없이 가장 선호하는 정당에 투표할 가능성이 높아진다. 이처럼 소수 정당도 득표한 만큼 의석을 배분받게 되므로 다양한 정당들이 의회로 진입한다는 것이다

3. 한국 정당은 어떤 모습으로 변해왔을까?

한국에서는 정당이 언제 처음 만들어졌을까? 1945년 해방 직후, 혼란스러웠던 한국에는 다양한 이념적 정치집단들이 존재했다. 미군정이 이런 집단들을 '정당'으로 신고하게 함에 따라 최초의 정당들이 생겨났다. 1946년 2월 미군정은 미소공동위원회 개최에 대비해 법령 55호 '정당에 관한 규칙'을 발표하고 '정당 등록제'를 시행했다. 법령 55호에 의하면 "어떤 형식으로나 정치적 활동에 종사하는 자로서 된 3인 이상의 단체"를 정당으로 규정하고 있다. 이 규정에 따라 1946년 당시의 등록된 정당의 수는 107개나 되었고, 1947년에는 남한에서 344개에 이르렀다(강원택·유진숙 131).

이렇게 처음 등장한 정당들은 현재에 이르기까지 어떤 모습으로 변해왔을까? 서구 정당들에 비하면 한국의 정당은 상대적으로 75년여의 짧은 역사를 가지고 있다. 그 짧은 시간동안 얼마나 치열하게 성장해왔는지는 〈그림 6-1〉에 정리된 주요 정당들의 흐름을 보면 알 수 있다.

먼저 민주화 이전을 보면, 정당들을 민주정치의 핵심적 장치로서의 역할을 다하지 못했다. 해방직후부터 한국사회는 좌우대립이 극심한 혼란과 무질서를 경험했다. 조선공산당과 남조선노동당 등 좌파 진영은 친일 잔재의 청산과 사회주의 정책 등을 통한 급진적인 사회개혁을 외쳤다. 하지만 1946년 미군정이 좌파 정당활동을 금지하면서 우파진영의 정당 만 살아남게 되었다.

1948년 5월 10일에 최초로 치러진 제헌국회의원 선거에서 국민촉성국민회 등 48개의 정당과 사회단체에서 후보를 배출했고 무소속으로도 417명이 출마하여 총 948명이 출마했다. 무소속이 이렇게 많이 출마했다는 것을 보면 아직 정당정치가 자리 잡지 못했음을 알 수 있다. 1950년에 제2대 국회의원선거에서도 무소속 출마자는 1526명으로 후보자 전체의 68.5%를 차지했고, 선거결과 126명이 당선되어 전체 의석의 60%를 차지했다. 정당을 보면, 가장 많은 후보를 낸 정당은 이승만지지 선언을 하며 정부의 지원을 받았던 대한국민당 168명과 보수야당인 민주국민당 151명 순 이었다(중앙선거관리위원회 2017, 19-26).

1948년 대한민국 정부 수립 이후 권력을 장악한 이승만 대통령은 2대 국회의원 선거결과 무소속이나 중도파가 대거 당선되면서 위기의식을 갖게 되었다. 자신을 지지할 정치세력을 규합하기 위해 1951년 12월 우리나라 최초의 집권당인 자유당을 창당했다. 즉 자유당은 이승만 대통령이 1952년 대통령선거를 앞두고 재선을 위해 창당한 우파 정당으로, 이후 이승만의 독재를 지지하는 개헌과 3·15 부정선거를 주도하는 역할을 했다. 그러나 4·19혁명으로 인해 이승만 정권이 무너지면서 역사 속으로 사라졌다.

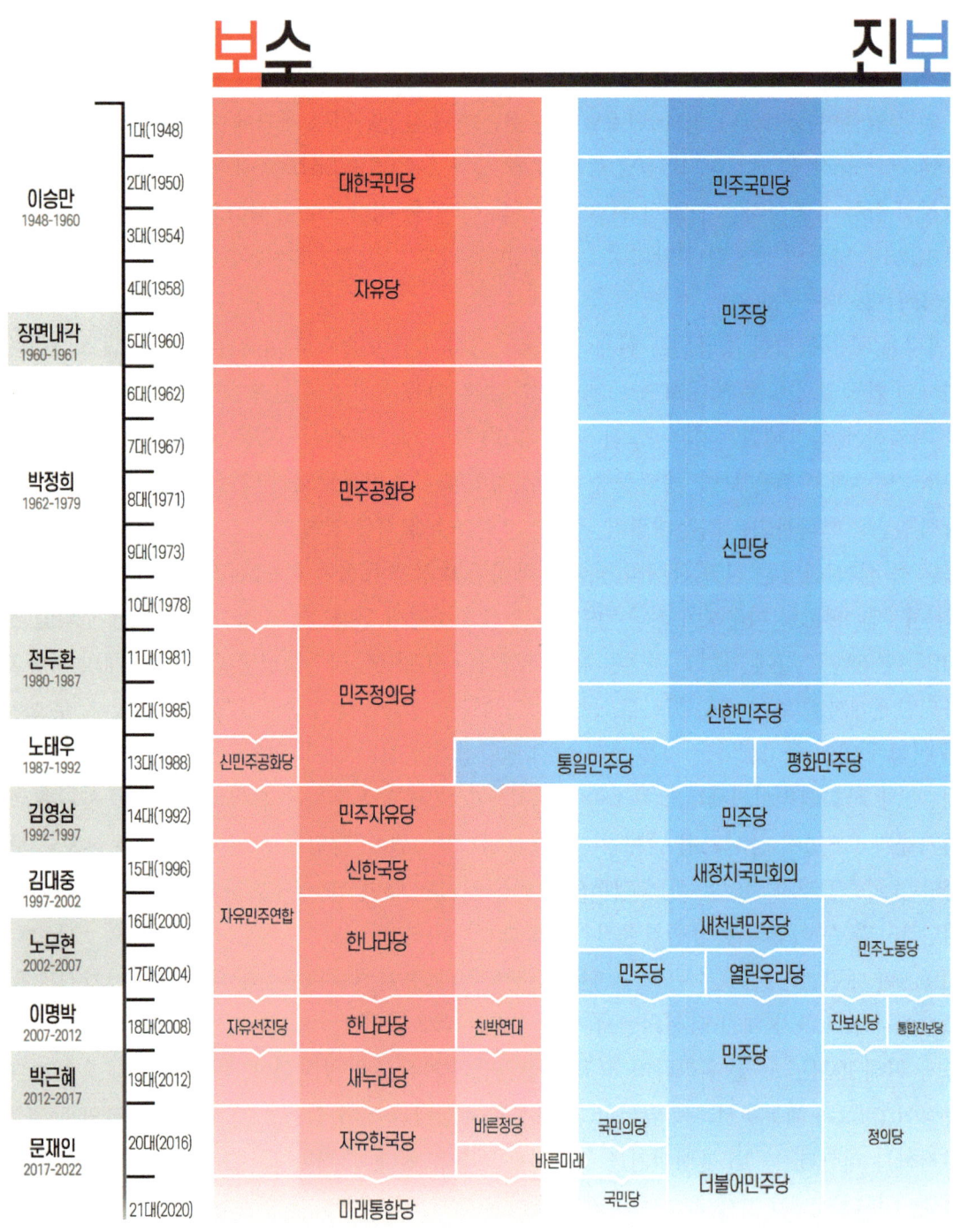

〈그림 6-1〉 한국 정당의 흐름

1954년 제3대 국회의원 선거에서는 최초로 정당공천제를 시행했는데, 자유당은 당 총재와 당의 결정에 절대 복종하며 당선되면 개헌을 지지한다는 서약서에 서명해야 공천을 주었다. 야당인 민주국민당도 공천제를 시행했지만, 자유당보다 조직력과 영향력이 떨어졌으며 정치적 탄압의 대상이었기에 후보자들은 오히려 민주국민당의 공천을 피하고 무소속으로 출마했다(중앙선거관리위원회, 44). 그 결과, 전체 203석 중 자유당이 114석으로 과반수를 차지한 반면 민국당은 15석 밖에 차지하지 못했다. 무소속 당선자는 67명으로 여전히 많았지만 이전에 비하면 많이 감소해서 정당정치가 서서히 자리 잡기 시작한 것을 알 수 있다.

1954년 이승만 대통령이 종신집권을 위한 사사오입 개헌을 통과시키자 이승만과 자유당 세력에 대항한 반독재투쟁 세력들은 중도적 자유민주파인 민주당과 좌파 혁신성향의 진보당을 창당했다. 민주당은 1955년 9월에 민국당과 무소속 의원들이 결집하여 창당한 정당으로, 도시 중산층을 기반으로 자유당에 대항하는 정당으로 부상했다. 반면 진보당은 1958년 창당 4개월 만에 해산되었으며 당수였던 조봉암은 사형되었다. 진보당 사건 이후 좌파 정당의 명맥은 끊겼다.[2]

이후 한국의 정당 활동은 1961년 5·16 군부쿠데타와 유신체제, 1979년 12·12 군부쿠데타를 거쳐 1987년 민주화에 이르기까지 상당한 기간 동안 제약을 받았다. 이 시기의 정당체제는 권위주의 패권정당제라고 볼 수 있다. 1961년 5·16 군부쿠데타로 정권을 장악한 박정희 대통령은 1963년 김종필 등 군부 세력과 함께 민주공화당(공화당)을 창당했다. 공화당은 박정희의 정권연장을 위한 인적·물적 자원 구축 조직으로, 1967년 대선에서의 재선 성공과 총선을 통한 의회 장악에 기여했다. 또한 1972년 유신체제 도입이후, 1973년에 실시된 총선에서 공화당은 지역구 정수 146명 중 73석을 차지했다. 이에 유신정우회 소속 의원 73명을 추천하여 결과적으로 국회 의석의 3분의 2를 공화당과 유신정우회[3] 소속으로 채웠다(김용호 2001).

공화당과 경쟁하는 야당인 신민당은 중도적인 민주당의 명맥을 이은 정당이었다. 1973년 선거에서 신민당은 53석을 확보했고 1978년 선거에서는 공화당보다 더 많은 표를 얻기도 했다. 직·간접적인 정치적 탄압에도 불구하고 신민당을 중심으로 권위주의 정권에 저항하는 세력이 존재했다는 점에서 당시 정당체제를 경쟁이 가능했던 공화당 대 신민당 간 양당제라고 볼 수도 있다. 하지만 박정희의 관제 여당인 공화당은 권위주의 정권 유지와 의회 장악을 위한 수

---

2) 1958년 2월 민의원 선거를 앞두고 진보당은 간첩죄, 국가보안법 위반, 간첩방조혐의 등으로 기소되었고, 1959년 7월 당수 조봉암이 사형당하였다. 2007년 진실·화해를 위한 과거사정리위원회는 진보당사건은 이승만이 날조한 것임을 밝혔다. 2010년 1월 대법원은 52년 만에 이루어진 재심에서 조봉암에게 내린 유죄판결을 파기함으로써 무죄판결을 내렸다.

3) 유신정우회는 준 정당조직으로 박정희의 친위대이다. 1972년 10월 유신헌법은 국회의원 3분의 1을 대통령이 추천하고 통일주체국민회의에서 찬반투표 방식으로 선발되도록 했다. 이렇게 선발된 유신정우회 의원들은 공화당 의원들과 함께 유신체제의 의회 장악을 도왔다.

단이었으며, 선거를 통한 실질적인 경쟁을 허용하지 않았다는 점에서 패권정당으로 분류되는 것이다.

1979년에 박정희 대통령이 암살된 후 12 · 12 군부쿠데타로 집권한 전두환 정부 역시 1980년 광주민주화항쟁을 유혈 진압하고 권위주의적 체제를 유지하였다. 이승만, 박정희와 마찬가지로 전두환 대통령도 자신의 집권을 위한 민정당(민주정의당)을 창당했는데, 놀라운 것은 관제 야당인 민주한국당도 만들었다는 점이다. 전두환 정부에서도 우파와 중도파 정당 만 허용되었고 정당의 민주적 기능은 상당히 제약될 수밖에 없었다. 그럼에도 불구하고 민주주의에 대한 열망이 커지면서, 민주-반민주라는 정치적 대립구도가 형성되었고, 신한민주당 등 야당 세력의 활동도 점차 활발해졌다. 이 시기에 김대중, 김영삼 등 야당 지도자들에 대한 정치적 탄압이 중지되면서 야당세력은 노동운동세력, 재야운동권세력, 학생운동세력과 연대하여 1987년 민주화항쟁과 대통령 직선제 개헌을 주도하게 되었다.

그렇다면 민주화 이후 정당들은 시민과 정치권을 연결하는 민주정치의 중요한 공적 조직으로서의 역할을 수행했을까? 한국에서도 민주화 이후 서구 정당들의 경험을 통해 나타났던 진보-보수 간 이념 경쟁이 나타나서 현재까지 그 명맥을 유지해오고 있다. 하지만 그 보다 더 중요한 것은 지역기반 정당의 출현과 선거 전후 나타난 이합집산 현상이다.

첫째, 지역주의 정당의 출현에 대해 살펴보자. 민주화 이전의 여당들은 자유당, 공화당, 민정당의 예를 통해 알 수 있듯이, 권위주의 지도자들의 정권 유지를 위한 도구로서 지도자가 사라지면 정당도 사라지는 모습을 보였다. 반 민주세력에 저항하는 세력으로 야당들이 존재했지만 큰 역할을 하지는 못했다. 그런데 1980년대 권위주의에 항거하는 민주화 운동이 점차 거세지면서 비로소 민주주의 수립에 중요한 역할을 하게 되었다.

하지만 대통령 직선제 개헌으로 시민들의 관심이 뜨거웠던 1987년 대통령선거를 앞두고, 오랫동안 민주화 운동을 이끌었던 김영삼과 김대중 등 민주세력들이 지역을 기반으로 분화되었다. 선거 직전 신민당은 영남을 대변하는 김영삼 중심의 통일민주당과 호남을 대변하는 김대중 중심의 평화민주당으로 분열되었다. 영호남 지역을 대표하는 인물 중심의 계파 정당들이 탄생된 것이다. 현재까지도 영남을 기반으로 하는 정당들은 보수 계열로, 호남을 기반으로 하는 정당들은 진보계열로 맥을 이어오고 있다. 한편 구 공화당 인사들 등 박정희 지지 세력을 규합하여 김종필은 충청도를 기반으로 하는 신민주공화당을 창당했고 이 정당도 이후 자유민주연합과 자유선진당 계열로 맥을 이어갔다. 이렇게 민주화 이후 이른바 지역주의에 호소한 '3김 정치'가 시작되면서, 제13대 대선에서는 민정당의 노태우 후보가 당선되는 결과가 나타났다.

〈그림 6-2〉 1987년 대선과 지역주의 등장

13대 대통령 선거 벽보

13대 대통령 선거 득표율(%)과 지역주의 대두

	전국	1등 지역	2등 지역
노태우	36.6	대구 69.8	경북 64.8
김영삼	28.0	부산 55	경남 50.1
김대중	27.0	광주 93.8	전남 87.9
김종필	8.1	충남 43.8	충북 13.5

후보별 우세지역 현황

강원택 2019, 231.

둘째, 민주화 이후 나타난 정당의 이합집산 현상에 대해 살펴보자. 이합집산이란 기존의 정당이 분열되어 여러 개의 정당이 되거나, 반대로 여러 정당이 하나의 정당으로 합당되는 현상을 말한다. 민주화 이후 진보와 보수 간 이념적 정체성이 명확하지 않았던 한국에서는 선거 때마다 정당들이 헤쳐 모이는 이합집산 현상이 나타났다. 앞에서 언급한 바와 같이 정당 이름이 여러 번 바뀌었을 뿐 아니라 소속 정당을 옮겨 다니는 철새 정치인도 종종 목격되었다. 선거철마다 정당의 이합집산이 일어난 이유는 선거에서 이기기 위해서였다.

그 대표적인 예는 1992년 대통령 선거를 앞두고 탄생한 민주자유당이다. 이 정당은 보수당인 민정당과 공화당 그리고 야당세력인 통일민주당 3당이 합당하여 만든 당이다. 노태우 대통령은 여당인 민정당 대 공화당, 통일민주당, 평화민주당 등 야 3당의 정당대결구도에서는 국정장악 능력이 떨어질 수밖에 없다는 위기의식을 느꼈다. 김영삼은 제1야당인 평화민주당 주도의 정국에서 통일민주당의 입지가 좁아지는 것에 위기감을 느꼈기 때문에 두 정당이 협력할 수 있는 정치적 공간이 형성되었다. 가장 작은 정당이었던 공화당의 경우, 군소정당에서 벗어날 수 있는 기회인 합당을 마다할 이유가 없었다. 이런 정당들 간 이해관계가 맞아 떨어지면서 거대 여당인 민자당이 탄생하게 되었고, 김영삼은 민자당 후보로 1992년 대선에서 대통령으로 당선되었다(심지연 2013, 390).

이후 1997년 대선을 앞두고 민자당은 분열되었다. 김종필은 1995년에 민자당에서 탈당하여 자유민주연합(자민련)을 창당했고, 남은 세력은 1995년에 신한국당으로 당명을 변경했다. 신한국당은 1997년 대선에서 한나라당으로 당명을 바꿨고, 2012년에는 새누리당, 2017년에는 자유한국당, 2020년에는 미래통합당 이름으로 선거를 치렀다. 2008년 총선에서는 이명박 지지자와 박근혜 지지자가 나뉘면서 한나라당에서 박근혜 지지자가 나와서 친박연대를 창당하기도 했었다. 박근혜 대통령이 당선된 2012년 대선을 통해 다시 뭉쳐 새누리당을 만든 이들은 2017년 박근혜 대통령 탄핵을 계기로 자유한국당과 바른정당으로 갈라졌다. 2020년 선거를 앞두고 자유한국당과 바른미래당 일부는 다시 합당하여 미래통합당을 만들었다.

민주당 계열 정당들도 다르지 않다. 평화민주당은 1992년에 민주당으로 당명을 바꾸고 1996년 총선 전에 새정치국민회의로 다시 당명을 바꿨다. 2000년 1월에 총선을 앞두고 새정치국민회의와 통일민주당 등 다른 야당세력을 규합하여 창당한 새천년민주당은 2004년 총선을 앞두고 노무현 대통령을 지지하는 열린우리당과 민주당으로 분당되었다. 2008년 총선을 앞두고 다시 민주당으로 합당한 이후 2011년 민주통합당, 2014년에 새정치민주연합으로 당명을 변경했는데, 이들 중 일부는 탈당하여 안철수 대표가 이끄는 국민의 당으로 합류하였다. 새정치민주연합은 2015년 당명을 더불어민주당으로 바꾸고 현재까지 이어져오고 있다.[4)]

정당의 이합집산 현상은 현재 진행형인데, 2020년에는 총선을 앞두고는 선거용 위성정당을 창당하는 일도 일어났다. 2020년 선거에서 새로 도입된 준연동형 비례대표제로 인해 자유한국당은 총선에서 불이익을 받을 것이라는 두려움에 비례의석 확보를 위한 위성정당을 창당하기에 이르렀다. 2019년에 심재철 자유한국당 원내대표가 연동형 비례대표제 도입 시 비례한국당을 만들어야 한다고 발언했는데 실제로 일부 인원을 분할하여 별도의 당으로 창당한 것이다. 2020년 2월 5일에 미래한국당을 공식적으로 창당하였으며, 20대 총선에서 19석을 차지했다. 총선 후 5월 29일 모정당인 미래통합당으로 합당했다.

자유한국당의 위성정당 창당에 대한 민주당의 대응도 비례대표 전용 위성정당 창당이었다. 미래한국당 창당에 대해 국회쿠데타이고 폭거라며 맹비난을 했던 민주당도 꼼수 정당이 국회 제1당이 되는 것을 막는다는 명분으로 비례정당을 만든 것이다. 자유한국당과의 차별화를 위해 민주당은 기본소득당 등 범여권비례연합 정당으로 더불어시민당을 2020년 3월 18일에 창당했지만, 이 또한 비례전용 선거연합 정당이었다. 총선 이후 5월 8일에 이 정당은 권리당원 투표(84.1% 찬성)를 통해 더불어민주당과 합당을 결정했다.[5] 이처럼 민주성과 대표성을 높이기 위한 선거제도 개혁에 맞서 기존 거대 정당들은 선거승리 만을 위한 위성정당을 창당하고 선거 후 합당하는 일을 한 것이다.

---

4) 진보계열 소수정당도 이합집산을 했는데, 민주노동당에서 2008년에 분당된 진보신당은 2012년 정의당으로 당명을 바꾸고 현재까지 지속되고 있다. 반면 남은 분파는 2011년 통합진보당으로 이름을 바꿨는데 2014년에 해산되었다.

5) 민주당 계열에서는 열린민주당이라는 비례전용 정당도 창당되었다. 2020년 2월 28일, 정봉주 통합민주당 전 의원은 열린민주당 창당을 선언하고, 노무현, 김대중, 문재인 대통령 정신을 계승하겠다고 밝혔다.

4. 한국 정당, 어떻게 변하면 좋을까?

　한국 정당들은 서구 정당들처럼 오랜 시간을 거쳐 민주정치의 발달과 더불어 자연스럽게 생겨난 조직이 아니라 해방 후 외부로부터 수입되어 온 조직이다. 권위주의 시대를 거치면서 정당의 역할은 왜곡되고 제한되었다. 민주화 이후 정당들은 수많은 시행착오를 경험하면서 본래 기능을 회복해가고 있지만 그 역사는 매우 짧다고 할 수 있다. 정당이 일부 정치인들의 조직이 되지 않고 민주정치 발전에 핵심적 역할을 하는 조직으로 성장하도록 시민들의 지속적인 관심과 참여가 필요하다. 시민들이 적극적으로 정당의 나아갈 방향을 모색할 때, 고민해봐야 할 문제를 정리하면 다음과 같다.

　첫째, 어떻게 하면 한국 정당들도 오래 지속되고 많은 유권자의 지지를 받는 정당이 될 수 있을까? 이분화 된 프레임을 버리고 새로운 정치에 대한 사회적 요구를 민감하게 수용해야 한다. 21세기를 잘 살아가기 위해서는 특정 정당의 승리가 아니라 대한민국의 승리를 위한 정책이 필요하고, 일상적인 시민의 삶을 살피고 대변하는 정당 간 경쟁이 필요하기 때문이다.

　우리는 종종 정당들이 선거 승리에 사활을 거는 것을 비난한다. 그런데 정당은 선거에서 이겨서 정권을 획득할 때 자신들이 추구하는 정치적 주장이나 정책을 실현할 기회를 갖게 된다는 점을 기억해야 한다. 때문에 정당이 정권획득을 위해 경쟁하는 것을 비난해서는 안 된다.

　하지만 주객이 전도되어 선거에서 이기는 것만을 목적으로 정당을 창당하고 합당하는 등의 행위는 비난받아야 한다. 정당은 정치적 가치와 비전이 같은 사람들이 이를 실현할 목적으로 만든 자발적 정치조직이지 선거에서 이기려는 목적으로 모인 사람들의 조직이 아니기 때문이다. 정당은 분파의 이익이 아닌 사회의 이익을 위하여, 책임 있는 정치적 주장이나 정책을 제시하고, 공직선거를 통해 시민들의 지지를 얻음으로써 비로소 이를 실현할 기회를 갖는 것이다.

　다행히 2000년대로 들어서면서 지역주의를 기반으로 한 정당 경쟁 구도는 점차 약화되었다. 시장의 자유와 국가의 규제, 개인의 권리와 국가의 역할, 북한문제와 안보노선 등에서 주요 정당들은 정치 이념과 정책적 차별성을 나타냈다. 그런데 진보와 보수 정당 간 이념 갈등과 세대 갈등이 심화되면서, 정당들은 양극화된 분파의 이익을 위해 싸우는 조직으로 비난받게 되었다. 전쟁과 빈곤을 극복한 60대 이상의 지지를 받아 온 보수당 계열 정당은 친일, 반공, 꼰대의 대변자 정당으로, 권위주의 독재를 타도한 민주화 세대의 지지를 받아 온 민주당 계열은 친북, 좌파 독재, 적폐청산 정당으로 비난받았다.

　예를 들면, 2019년에 정당들은 선거법 개혁과 사법개혁 쟁점을 둘러싸고 극심한 갈등을 일으킨, 일명 '조국 사태'는 양분화된 거대 양당이 얼마나 시대적 개혁 과제와 민심에 민감하게 반응하지 못하는가를 단적으로 보여준 사례였다.[6] 각종 불공정 사건과 관련된 조국 사태는 민주당을 지지해 온 젊은 층에게 큰 실망을 안겨줬다. 서초동 촛불집회에 2030세대의 참여는 상대적으로 저조했다. 리얼미터 정례 여론조사에 따르면, 민주당 지지율이 20대에선 조 전 장관 관련 이슈가 격렬한 논쟁으로 이어졌던 국정감사 기간(10월 2주차)에 큰 폭으로 하락(6.8%)했고, 30대에선 조 전 장관 자택 압수수색이 있었던 8월 4주 차에 최저점(32.6%)을 기록했다.[7]

자유한국당도 장외투쟁 등 강경노선을 취하면서 보수층 결집효과를 얻긴 했지만 지지율은 20%대에 머물렀다. 더 놀라운 것은 한국갤럽이 2018년부터 조국 사태 이후까지 다섯 차례 조사한 정당 비호감도에서 자유한국당은 비호감 1위 정당의 자리를 지켰다는 것이다. 2019년 2월 조사에서는 북한 김정은과 비호감도가 같은 62%였는데, 3040 세대에서는 한국당 비호감도(76%)가 김정은(56%)보다 높았다.[8] 진보와 보수 양 정당은 촛불민심과 광화문 민심을 대변하며 치열하게 싸웠지만 결과는 좋지 않았다.

양극화된 거대 정당에 대한 실망은 군소 정당에 대한 지지로 이어지지도 않았다. 각종 여론조사에 의하면, 민주당과 자유한국당 다음으로 무당파 비율이 높은 것을 알 수 있다. 〈그림 6-3〉을 보면, 세대별 정당지지율을 알 수 있다. 한국갤럽과 리얼

〈그림 6-3〉 세대별 정당 지지율

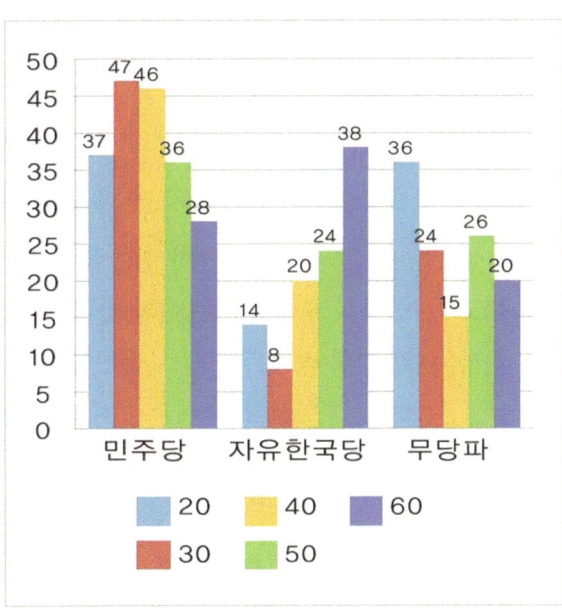

한국갤럽 여론조사
(2019.11.26-28, 1001명)

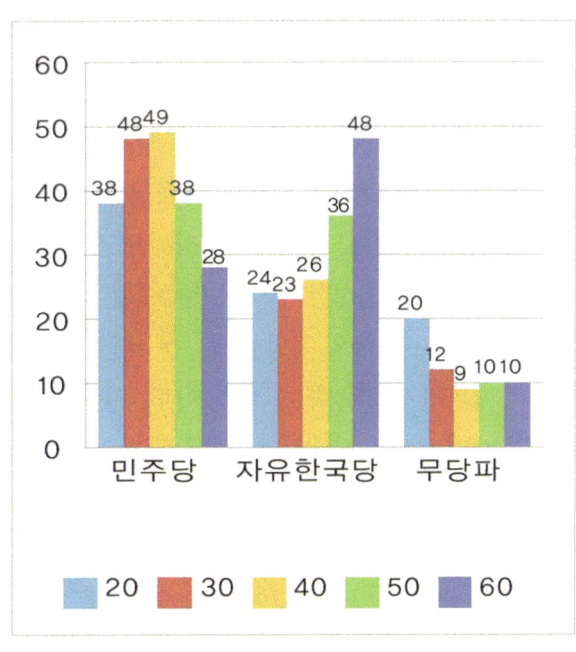

리얼미터 여론조사
(2019.11.25-29, 2506명)

미터의 여론조사 결과는 약간 상이하지만 20대의 무당층 비율이 다른 세대보다 높은 것은 차이가 없다. 무당파 비율이 높은 것, 특히 젊은 세대의 무당파 비율이 높은 것은 공정한 사회, 특권 폐지, 주거와 취업안정, 성평등, 동물권, 소수자, 환경 문제 등 새롭고 다양한 가치를 대변할 정당을 찾는 사람들은 갈 곳이 없음을 의미한다.

이런 사례를 통해, 세상은 빠르게 변하고 있는데 현재 우리 정당들은 새로운 변화를 주도할 시대적 개혁과제를 제시하지 못하고 있음을 알 수 있다. 21세기를 이끄는 정당이 되기 위해서는 시민들의 요구를 발 빠르게 수용하고 결집해야 한다. 더 많은 시민들의 지지를 받으며 오래 지속되려면 시민과 대표자를 이어주는 가장 중요한 연결고리로서의 본분과 역할에 충실해야 하는 것이다. 정당들이 더 다양한 집단에게 열려있고 더 다양한 이슈를 정책에 반영하는 조직이 되도록 시민들의 지속적인 관심과 참여도 필요하다.

둘째, 미래 한국 정당은 어떤 모습이어야 할까? 사실 정당에 대한 관심과 참여가 줄어드는 현상은 전 세계적인 현상이다. 이는 시대적 변화와 무관하지 않은데, 최근 계층의식의 약화, 인터넷의 발달, 이익단체와 시민사회의 활성화 등은 정당의 위상을 약화시키는 중요한 요인들로 지적되고 있다. 앞에서 서구 정당들이 간부정당에서 대중정당으로, 대중정당에서 포괄정당으로 변화되어 왔음을 설명했다. 새로운 환경에 적응하면서 변화되었기 때문에 정당은 현재까지 살아남았을지 모른다. 이를 거꾸로 말하면, 정당이 살아남기 위해서는 새로운 환경에 맞는 모습으로 변해야 한다는 것이다.

역사가 짧은 한국 정당들은 서구 정당들의 역사적 변화과정을 거치지 않았는데, 이것이 큰 문제는 아니라고 본다. 다만 서구 정당들에서 나타난 여러 가지 모습들이 혼재되어 나타나는 특징이 있다. 먼저, 간부정당의 성격을 보여주는데, 과거 정당들에서는 인물 중심의 계파가 정당의 노선과 존폐에 과도한 영향력을 행사했던 경험이 많다. 특히 비민주적인 이런 관행이 문제가 되었던 부분은 하향식 후보 공천이었다. 2000년대 들어서면서 거의 모든 정당들이 당내 소수 지도자에 의한 하향식 공천 대신 국민참여 경선 방식을 도입하면서 민주적인 방향으로 변화되었다.[9] 그럼에도 불구하고 아직도 선거 때 공천파동이 일어나기도 하는데 어느 조직보다 민주적이어야 할 정당의 당내 민주화는 반드시 이뤄져야 한다.

다음으로 한국의 정당들에서는 계급이나 계층 간 갈등을 바탕으로 한 대중정당의 모습은 크게 나타나지 않는다. 민주화 이후, 민주노동당, 진보신당, 노동당, 정의당 등 노동자계급의 이익을 대변하는 진보정당들이 등장했다. 하지만 대다수 유권자의 지지를 얻지는 못했기 때문에 소수정당 수준에 머물렀고 그 영향력도 제한적이다. 한편 거대 정당들은 주로 '포괄정당'의 성격을 가진다. 이미 설명했듯이, 지역이나 세대 또는 이념 갈등을 바탕으로 한 보수와 진보 양 진영 간 대결이 일상화되면서 선거승리를 목표로 하는 조직으로 발전해왔다.

거대양당 간 진영 대결구도와는 달리 거대정당 대 소수 정당의 대결구도도 나타났다. 바로 정당의 카르텔화 특징도 나타난 것이다. 이는 거대 정당들이 연대하여 국고보조금을 자기들끼리 나눌 수 있는 제도를 확립하는 등 새로운 정당의 원내 진입을 어렵게 하는 현상이다. 서구의 정당들은 당원이 줄고 당비로 운영이 어려워지면서 국가에 의존하는 형태로 변하게 되었다. 이런 형태를 보고 카츠와 메이어(Katz and Mair)는 1990년대에 카르텔 정당이 출현했다고 주장했는데, 국고보조금을 둘러싸고 거대 정당들 간의 카르텔이 형성되었다는 것이다. 카르텔은 동종 업계 기업들이 이윤 극대화를 위해 경쟁을 피하고 시장 독점을 위한 협정을 맺는 것으로 대기업들 간의 가격 담합으로 인해 골목 상권이 죽는 것과 같은 현상이다. 한국의 정당들도 당비 보다는 국고보조금에 의존한다는 점에서 카르텔 정당의 특징이 있다.

이와 같이 여러 가지 정당의 모습이 나타나고 있는데, 미래 한국정당의 모습을 반드시 서구 모델에서 찾을 필요는 없다. 서구 정당들의 자신들이 처한 상황에 맞게 변화해 왔듯이, 우리도 우리의 정치 현실에 맞는 정당으로 발전시켜 나가는 것이 더 중요하다. IT 강국이라는 인터넷 기반과 한류로 전 세계를 이끌고 있는 우리나라의 장점을 시민과 정당을 연결하는 데 활용할 수 있을 것이다. 예를 들면, 한편에서는 시민참여형 플랫폼을 중심으로 한 네트워크 정당이 대안으로 제시되고 있다. 반면 조직화된 대중이라는 기반이 없는 네트워크 정당은 추종자 동원에 전념하는 여론 정치만 심화시킨다는 문제제기도 있다(박상훈 2015, 392-393). 더 나은 우리만의 정당을 갖기 위해 지금은 미래 정당의 모습에 대한 시민들의 논의가 절실하게 필요한 시점이다.

---

6) 최우선 국정 과제인 검찰개혁을 이루기 위해 문재인 대통령은 8월 초에 법무장관 후보로 조국을 내정했다. 하지만 검찰개혁 이슈를 둘러싼 정당갈등이 심화되면서 조국 법무장관 후보자에 대한 인사청문회는 난항을 겪었다. 인사청문회가 열리기 직전에 검찰은 이례적으로 각종 불공정 사건과 관련된 조국 일가 의혹에 대해 강제수사에 들어갔다. 조국 장관은 8월 9일에 임명되어 10월 14일에 물러났는데, 이 기간 동안 대한민국은 '조국수호와 검찰개혁'을 외치는 진보 진영과 '조국파면'을 촉구하는 보수 진영으로 갈라졌다.

7) 더팩트정치(2019-12-01). [TF기획-문재인 키즈 ④] 21대 총선 인재영입 키워드는?
http://news.tf.co.kr/read/ptoday/1770010.htm

8) 조선일보(2019-10-28). [여론&정치] 김정은의 비호감 라이벌
http://news.chosun.com/site/data/html_dir/2019/10/27/2019102701450.html

9) 2002년 12월 제16대 대선에서 새천년민주당이 '국민참여 경선방식'을 도입한 후 대통령선거에서 국민참여 경선은 필수적인 절차가 되었고 2004년 제17대 국회의원선거부터는 국회의원 후보 공천에서도 경선규정이 도입되었다.

더 보기: 정당의 정강 정책

우리는 대한민국임시정부의 항일정신과 헌법적 법통과 4월혁명, 부마민주항쟁, 광주민주화운동, 6월항쟁, 촛불시민혁명의 민주이념을 계승한다. 국가발전을 위한 국민의 헌신과 노력을 존중하며, 노동자·농어민·소상공인 등 서민과 중산층을 비롯한 모든 사람의 권리 향상을 위해 노력한다. 우리는 민주정부 10년의 정치·경제·사회 개혁과 남북 화해·협력의 성과를 계승하여 평화와 번영의 새로운 시대를 열어간다.

첫째, 공정하고 정의로운 사회를 만든다.
둘째, 국민이 안전한 사회를 만든다.
셋째, 포용적 복지국가 실현을 통해 모든 사람이 함께하는 통합된 사회를 만든다.
넷째, 혁신성장과 포용적 성장을 통해 새롭게 번영하는 나라를 만든다.
다섯째, 한반도 평화의 시대를 실현한다.

더불어민주당 홈페이지. https://theminjoo.kr

미래통합당은 자유민주주의와 시장경제를 통해 발전해온 자랑스런 대한민국의 역사를 계승 발전시킨다. 대한민국을 명실상부한 세계 선진 국가로 만들고, 국민 각자의 행복을 높이는데 우리 당의 역사적 임무가 있다. 튼튼한 안보를 바탕으로 북핵 위협을 제거하여 진정한 평화를 이루고, 헌법 가치가 구현되는 통일을 지향한다. 다양한 기회와 선택권이 주어지고 법치와 신뢰, 인권이 살아 있는 공정한 사회를 만들기 위해 우리부터 불법과 비리, 특권과 기득권이 발붙이지 못하도록 한다. 미래통합당은 나라의 기둥인 경제와 안보를 튼튼히 지키며, 정의로운 사회?따뜻한 공동체를 만들고 자유와 평등?공정과 정의?인권과 법치라는 민주공화국의 헌법가치들을 온전히 지켜낸다. 헌법 가치에 충실한 정당, 따뜻한 공동체를 만드는 정당, 미래가치를 선도하는 정당으로서 미래통합당은 국민의 사랑을 받고 국민의 믿음을 얻기 위해 노력한다.

1. 법치를 바탕으로 한 공정한 사회 구현
2. 삶의 질의 선진화
3. 북핵 위협 억지와 안보 우선 복합외교
4. 교육 패러다임 전환을 통한 교육백년대계 확립
5. 민간주도, 미래기술주도 경제 발전

미래통합당 홈페이지. https://www.unitedfutureparty.kr

더 보기: 정당의 정강 정책

대한민국은 자랑스러운 나라이다. 우리는 3.1 운동과 임시정부의 법통을 계승한 대한민국의 헌법을 수호한다. 우리는 4.19 혁명, 부마항쟁, 5.18 민주화운동, 6.10 민주항쟁, 촛불시민운동 등 대한민국 민주화의 주인공은 국민이었다. 우리는 새마을운동, 한강의 기적, 광부와 간호사의 독일 파견, 건설 노동자의 중동 파견, 외환위기 극복 등 대한민국의 산업화의 주인공은 국민이었다.

우리는 국민이 이루어낸 민주화와 산업화의 역사와 공로를 일부 정치세력이 독점하고 진보와 보수라는 특정 이념과 진영에 가두어 국민을 편 가르고 사사로운 이익 추구에 악용하는 것을 단호히 반대한다. 우리는 주권자인 국민의 요구와 현장을 외면하고 집권 정치세력이 국가의 의사결정을 독점하는 하향식 민주주의에 단호히 반대한다. 우리는 급변하는 산업구조와 경제상황, 인구변화 및 심화되는 빈부격차의 문제를 이념과 진영논리의 문제로 접근하는 반실용적 사고에 단호히 반대한다.

우리는 정치의 공공성 회복과 합리적 개혁을 추구하는 실용적 중도정당으로서 다음과 같이 다짐한다.

첫째, 우리는 대한민국 국가최고 규범인 헌법을 우리 공동체의 지향점과 사상적 중심 가치로 회복한다.

둘째, 우리는 헌법이 채택한 대의민주주의 틀 안에 직접민주주의의 가치를 반영함으로써, 국민의 주권을 실질적으로 회복하고 민주화 이후의 민주주의를 실현한다.

셋째, 우리는 제4차 산업혁명과 인구절벽 및 양극화 등의 문제를 과학적 사고와 사실에 입각하여 해답을 찾아내는 '실사구시'의 태도로 접근하고 국민의 행복추구권을 실질적으로 회복하고 산업화 이후의 새로운 산업화를 이루어낸다.

국민의당 홈페이지. https://peopleparty.kr

함께 행복한 정의로운 복지국가를 향하여
"우리는 진보정치의 새로운 도전을 시작하며 이 강령을 채택한다"
(1) 민주주의를 위한 정치 개혁과 강한 정당
(2) 한국 자본주의의 민주적 개혁과 대안의 경제 체제
(3) 생태 기반의 지속가능 사회
(4) 시민의 보편적 권리, 노동권의 확대
(5) 누구나 존중받는 차별 없는 사회
(6) 전 생애와 영역을 뒷받침하는 보편적 복지
(7) 동아시아와 한반도 평화의 주도자

정의당 홈페이지. https://www.justice21.org

생 각 해 보 기

정당민주주의, 어떻게 가능할까?

21대 총선에 출마한 거대 정당 비례후보자들을 보면서 정당의 공천 기준에 대해 생각해보자.
더 다양한 목소리를 담기 위한 정당의 민주적 공천 방안에 대해 토의해보자.

더 다양한 목소리를 담기 위한 민주적 공천, 가능할까?

선거 때마다 정당의 공천과정에서 빠지지 않는 키워드가 있다. 바로 '새로운 인물', '청년정치' 라는 키워드다. 이는 당의 쇄신과 새로운 도약을 이루고 청년들의 민심을 잡겠다는 포부에서 비롯된 관심이다. 그런데 이런 '청년 인재 영입' 논의는 선거기간 내에 미디어 홍보용이나 장식용으로 생겼다가 슬그머니 사라진다. 당내 기득권층이 자신들의 정치적 이권을 민주적 다양성에 근거해 나눠주는 일은 그리 쉽지 않기 때문이다.

미래통합당의 경우, 21대 총선에서 다수의 현역 중진의원들이 공천에서 배제되거나 직접 불출마 의사를 밝히면서 '현역 물갈이'는 성공적이라는 평가를 받았다. 하지만 한편에서는 물갈이만 있고 제대로 된 혁신은 보이지 않는다는 비판이 제기하기도 했다. 미래통합당은 21대 총선에서 총 226개 지역구 중 12곳만을 청년공천지역으로 정했다.

당원의 목소리를 존중하는 정당 내 민주화를 실현하기 위한 방안에 대해 토의해보자.

권리당원을 위한 당내 민주주의, 가능할까?

청년 공천의 문제가 정당원으로 인재를 외부에서 영입하는 과정에서 발생하는 문제라면, 권리당원의 문제는 정당 내에서 권리당원의 권리 실현과정에서 발생하는 문제에 해당한다.

한국에서 권리당원이 되기 위해서는 매월 1천원 이상의 당비를 내야 하고 당이 추천하는 공직 후보자를 지원할 의무가 있다. 경선(당내 선거) 등에 참여하려면 경선일(선거일) 6개월 이전 입당한 권리 당원 중 12개월 이내 6회 이상 당비를 납부해야 한다.

하지만 현실에서는 이렇게 의무를 다한 권리당원의 목소리가 묻히게 되는 상황이 자주 벌어진다. 21대 총선을 앞두고 더불어민주당 부산지역에서는 권리당원의 서명운동이 벌어졌다. 이 지역 내 예비후보들이 있었음에도 불구하고 중앙 공천관리위원회에서 당 지도부가 뽑은 단독 후보로 단수공천을 한 것에 대해 권리당원들이 공분하면서 이런 일이 벌어진 것이다.

- 정당 공천 과정에서 더 다양한 목소리를 담기 위한 의견 :

- 당원을 존중하는 정당 내 민주주의를 위한 의견 :

위에서 논의한 정당 민주화 방안을 그림으로 그려보자.

아래 비주얼 싱킹 자료를 참고하여 제도적 차원과 의식적 차원으로 표현해보자.

제 도

의 식

7 민주시민과 선거

| 미리보기 | 최초의 ○○○ 미래 선거를 상상해보자. |

다음은 역대 최초의 ○○선거이다. (   )에 들어갈 말을 찾아 넣어보자.
미래에는 어떤 "최초"의 (   ) 선거가 일어날지 상상해보자.

1948년 5월 10일
제헌 국회의원 선거
최초의 (   ) 선거

1973년 2월 27일
국회의원 선거
최초의 (   ) 선거

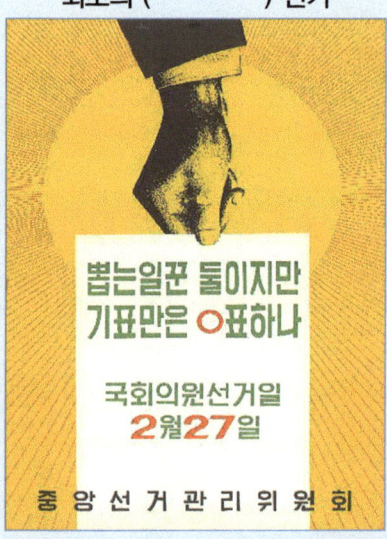

2020년 4월 15일
국회의원 선거
최초의 (   ) 선거

1. 선거는 공정할까?

우리가 살고 있는 요즘은 거의 매년 선거를 치르는 시대이다. 이처럼 일상이 되어 버린 선거는 정당과 마찬가지로 민주정치 발전의 역사적 동행자였다. 앞에서 설명했던 바와 같이, 고대 그리스의 도시국가인 아테네 민주정치가 시작되었을 때 모든 시민들은 선거를 통해 공직을 맡았다. 군사와 재정 분야의 공직자 100명은 선거로 선출되었고, 모든 행정기관과 민회의 대표자들은 클레로테리온(kleroterion)이라는 제비뽑기 장치를 통해 추첨으로 정했다. 이들은 돌아가면서 공직을 맡는 윤번제를 통해 누구나 한번쯤은 공직에 참여했었다. 물론 당시 시민은 자유민인 성인 남성으로 제한되었다는 점도 기억해야 한다.

아테네 민주정치는 중세와 근대 초기를 거치면서 사라졌다가 영국 명예혁명, 미국 독립혁명, 프랑스 혁명 등 시민혁명기를 통해 다시 등장했다. 그런데 작은 도시국가였던 고대 아테네의 직접 민주정치는 근대 민주주의 국가에서는 불가능했기 때문에, 선거를 통해 선출된 소수의 대표자에게 정치를 위임하는 대의 민주주의를 실행할 수밖에 없었다. 아테네의 추첨제나 윤번제와는 다른 오늘날의 선거 시스템이 생겨난 것이다. 이처럼 시민혁명 이후 혁명가들이 대의제 장치로 만들어 낸 선거를 바라보는 시각에는 차이가 있었다. 선거를 통해 선출된 의원들을 일반 시민들과는 다른 존재로 볼 것인가 말 것인가에 대한 시각 차이가 있었던 것이다.

시민혁명을 통해 천부인권과 국민주권 사상이 나타났다는 점은 이미 설명했다. 대표적인 사회계약론자 중 한 사람인 루소(Jean-Jacques Rousseau)는 그의 저서 『사회계약론』에서 주권은 양도할 수 없으며 대표될 수도 없다고 주장했다. 즉 영국 의회 의원들은 시민들의 대표자가 아닌 심부름꾼에 불과하며, 시민이 직접 승인하지 않은 법은 무효라고 보았다(Rousseau 저·김중현 역 2010, 135). 루소는 시민들이 의원을 선출할 때만 자유민이고 이후에는 그들의 노예가 되는 상황을 개탄했다. 때문에 선출된 의원들이 시민들과 질적으로 다르지 않으며, 시민들이 자유와 권리를 포기하지 말아야 함을 주장한 것이다.

반면, 미국의 건국자들은 통치자와 피치자가 질적으로 다르다는 점을 전제했다. 어리석은 다수 보다는 선출된 능력 있는 소수의 인재들이 정치를 이끌어 가는 것이 더 바람직하다고 보았다. 미국 제2대 대통령 존 애덤스(John Adams)는 『정부론(Thoughts on Government)』에서 직접 통치하기에는 영토가 광대하고 인구가 많기 때문에 최고 인물들로 이루어진 소수 집단이 전체를 대신해야 한다고 주장했다(Van Reybrouck 저·양영란 역 2016, 118 재인용). 제4대 대통령 제임스 매디슨(James Madison)도 「연방주의자 논설 제57호」에서 선거를 통해 사회의 공익이 무엇인가를 판단할 최고의 지혜와 그러한 공익을 추구하는 최고의 덕성을 지닌 사람들을 지도자로 확보해야 한다고 주장했다(Madison 저·김동영 역 1995, 345).

이런 시각 차이는 오늘날에도 존재한다. 선거 때 마다 우리는 국민의 심부름꾼이 되겠다며 땅바닥에 절을 하는 후보자들을 만날 수 있지만 당선 후 의원들을 만나기는 쉽지 않다. 선거를 통해 선출된 사람들이 우리를 대신하는 일꾼인지, 위임 받은 권력을 행사하는 엘리트인지에 대한 의견 차이는 현재 진행형이다. 다만 대의 민주주의에서 선거가 불가피한 제도적 장치라는 점에는 이견이 없다. 인구가 많고, 영토가 넓으며, 복잡하고 다원화된 사회에서 직접 민주주의는 실현되기 어렵다.

때문에 현대 민주주의 국가들은 시민이 선출한 대표자들이 정부를 구성하고 일정 기간 동안 정치권력을 행사하도록 대의제를 실시한다. 시민의 대표를 뽑는 선거는 대의민주주의의 핵심적 기능을 담당하는 것이다. 국민 주권의 원리가 선거를 통해 구현되므로 선거를 민주주의의 꽃이라도 부르기도 한다. 민주적 선거를 통해 선출된 대표자들은 정통성(legitimacy)을 부여받는데, 선거를 통해 만들어진 정치권력이란 합법적인 절차에 따라 국민의 지지와 동의를 얻어 형성된 것을 의미하기 때문이다. 즉, 선거를 통해 구성된 정부의 행위는 시민의 의사로 간주되며, 공권력의 행사 또한 정당성을 갖게 된다.

또한 선거는 시민들이 책임정치를 실현하도록 정치권력을 통제하는 역할도 한다. 선출된 정치지도자들이 시민들의 요구에 민감하게 반응하지 못할 경우, 다음 선거를 통해 교체될 수 있다. 반대로 시민들의 의사를 국정에 제대로 반영했다면 재신임 받을 수도 있다. 이처럼 주기적인 선거를 통해 시민들은 대표자들에게 정치적 책임을 물을 수 있다.

선거는 민주주의를 유지시키는 제도이기도 하다. 선거를 통해 다양한 사회적 갈등이 표출되는데, 이런 갈등이 제도적이고 합법적인 방식으로 관리될 때 민주정치는 유지된다. 민주주의가 제대로 뿌리내리지 못한 나라에서는 정권교체가 선거 보다는 쿠데타나 혁명 같은 과격한 방법을 통해서 이뤄진다.[1] 쉐보르스키(Adam Przeworski)는 『민주주의와 시장(Democracy and the Market)』(1991)에서 선거가 정권교체를 할 수 있는 "동네의 유일한 게임(the only game in town)"이 되었을 때 민주주의가 정착되었다고 보았다(Przeworski 저·임혁백 외 역 1997, 49).

이처럼 선거는 민주정치의 성공과 실패를 좌우하는 가장 핵심적인 요인이다. 그런데 민주국가가 아닌 나라들에서도 선거가 치러지기 때문에 단순히 선거가 시행된다는 것만으로 민주정치가 실현되고 있다고 볼 수는 없다. 선거가 어떤 방식으로 시행되고 있는지가 더 중요하기 때

---

[1] 선거는 권위주의에서 민주주의로의 이행을 이끄는 민주화의 매체이기도 하다. 헌팅턴(Samuel Huntington)은 『제3의 물결: 20세기 후반의 민주화(The Third Wave: Democratization in the Late Twentieth Century)』(1991)에서 선거가 민주주의의 생명일 뿐만 아니라 독재정치의 종말이라고 주장한 바 있다(Huntington 저·강문구 외 역 2011, 244).

문에 민주적이고 공정한 선거 제도의 확립과 운영은 한 나라의 민주주의 수준을 가늠해보는 가장 기본적인 척도가 된다.

민주적이고 공정한 선거를 위한 네 가지 기본 원칙은 보통, 평등, 직접, 비밀 선거이다. 첫째, 보통선거는 재산, 소득, 성별, 인종, 학력 등 능력이나 신분에 따른 제한 없이 모든 시민에게 선거권을 부여해야 한다는 원칙이다. 현대 민주주의 국가에서는 보통선거권이 당연한 시민의 권리로 여겨진다. 하지만 이 권리는 많은 시민들의 희생과 투쟁의 역사를 통해 보편화되었다. 시민혁명 이후에도 선거권은 소수의 자산가인 백인 남성들에게만 제한적으로 주어졌는데, 19-20세기에 걸쳐 전개된 노동운동과 민권운동을 통해 노동자, 여성, 흑인 등에게까지 확대되었다. 보통선거권이 확립된 시기는 나라마다 다르지만, 대략적으로 남성의 보통선거권은 1차 대전이 끝나면서, 여성의 보통선거권은 2차 대전이 끝나면서 시행되었다.

둘째, 평등선거는 모든 유권자의 표가 동동한 가치를 가져야 한다는 '표의 등가성' 원칙이다. 한 사람이 행사하는 한 표(one man, one vote)가 선거결과에 기여하는 가치도 동등해야 한다는 것이다. 보통선거권이 확립된 이후에도 사회적 신분이나 재산, 학력 등에 따라 차등적으로 특정 집단에게 더 많은 표를 준 사례가 있었다. 예를 들면, 영국에서는 1948년까지도 학력과 재산에 따른 복수선거권 제도가 존재했다. 대학 졸업생과 대학 교수는 주소지에 근거한 지역선거구에서 1표, 별도의 대학선거구에서 1표 등 2표를 행사할 수 있었다. 또한 10파운드 이상의 가치를 지닌 사업처의 소유자는 지역선거구에서 1표, 해당 사업처가 있는 선거구에서 1표 등 2표를 행사할 수 있었다(강원택·유진숙 편 2018, 193). 현재에도 도시나 농촌 등 선거구별로 유권자의 수가 동일하지 않기 때문에 표의 등가성 문제가 제기되기도 한다.

셋째, 직접선거는 유권자가 자신의 의사에 따라 직접 투표를 해야 한다는 원칙이다. 대부분 유권자들은 직접 투표소에 가서 투표를 함으로서 이 원칙을 실현한다. 하지만, 선거당일 투표소에 갈 수 없는 시민들의 기본권 보장을 위해 부재자 투표, 우편투표, 재외국민투표, 사전투표 등 다양한 제도가 시행되고 있다. 따라서 이 원칙은 반드시 직접 투표소에 가서 투표해야 한다는 것이 아니라 유권자의 의사에 반하는 대리자의 투표나 중간에 누군가가 개입한 간접선거는 허용되지 않는다는 것이다.

넷째, 비밀선거는 한 유권자의 선택을 다른 사람이 알 수 없도록 해야 한다는 원칙이다. 만약 투표 내용이 공개되어 유권자가 불이익을 받게 된다면, 유권자는 자신의 의사에 따라 자유롭게 투표할 수 없을 것이다. 유권자의 선택이 공개되지 않도록 선거는 반드시 무기명투표로 치러져야 한다. 비밀선거를 보장하기 위해 한 장의 용지에 모든 후보자를 표시한 투표용지가 1858년 오스트레일리아에서 처음 사용되었기 때문에, 비밀선거는 오스트레일리아식 투표(Australian Ballot System)라고도 불린다.

자세히 보기: 참정권 쟁취의 역사

노동자들의 차티스트 운동(Chartist Movement) 은 재산과 소득에 의한 제한선거 철폐운동이다. 시민혁명 이후 참정권은 혁명을 주도한 부르조아 계급인 상당한 재산을 소유한 백인 남성들에게만 제한적으로 허용되었다. 예를 들면, 1815-1830년 동안 프랑스의 하원의원 선거에서 선거권은 300프랑 이상의 직접세를 내는 납세자들에게만, 그리고 피선거권은 1,000프랑 이상을 내는 납세자들에게만 주어졌다. 이로 인해 1848년 남성 보통선거권이 확립되기 이전까지 프랑스의 유권자 수는 전체 인구의 1%도 채 되지 않았던 것으로 추정된다(최장집 2005, 72). 산업혁명 이후 열악한 노동환경에 시달리던 노동자들은 자신들의 권리 보장을 위해 선거권을 가져야 한다는 자각을 하게 되었고 오랜 시간 지속적인 투쟁을 통해 투표권을 얻게 되었다.

흑인 참정권 운동은 미국에서 일어났다. 1870년부터 흑인에게도 투표할 수 있는 헌법상의 권리가 주어졌지만 1965년 투표권법(The Voting Rights Act)이 제정되기 전까지 사실상 보통선거권은 보장되지 않았다. 대부분의 남부 주들은 투표세(poll tax)와 문맹검사(literacy test) 등 흑인들의 투표를 막는 제도적 장치를 마련했다. 또한 투표를 할 수 없도록 흑인 투표소를 태워 없애기도 했다. 이런 차별에 저항하는 흑인 민권운동이 1960년대에 대대적으로 전개되었는데, 가장 유명한 운동은 마틴 루터 킹(Martin Luther King, Jr.)을 중심으로 한 셀마(Selma)에서 몽고메리(Montgomery)까지의 대행진이다. 이 운동을 통해 흑인의 참정권을 실질적으로 보장하는 투표권법이 제정되었다.

자세히 보기: 여성 참정권 운동과 현황

여성 참정권 운동은 19세기 중반부터 중산층 여성을 중심으로 전개되었다. 첫 번째 표를 보면, 각 나라마다 남녀 보통선거권 확립 시기에서 큰 차이가 나는 것을 알 수 있다. 가장 먼저 1848년에 남성 보통선거권이 확립된 프랑스에서 여성은 1944년에서야 선거권을 획득했다. 미국에서도 남성은 1860년에 선거권을 가졌지만, 여성은 60년 후인 1920년에 비로소 참정권을 얻었다. 프랑스처럼 남성 보통선거권이 1848년에 가장 먼저 주어진 유럽의 선진국 스위스에서는 여성의 보통선거권이은 무려 1971년이 되어서야 가장 늦게 확립되었다.

국가	프랑스	스위스	미국	독일	뉴질랜드	벨기에	이탈리아	영국	한국
남성	1848	1848	1860	1871	1879	1894	1913	1918	1948
여성	1944	1971	1920	1919	1893	1948	1945	1928	1948

두 번째 표에는 연대에 따라서 각국 여성의 참정권 현황만 정리되어 있다. 특히 아랍 국가들을 주목해보면 1950년대 이후에야 비로소 여성이 참정권을 갖게 된 것을 알 수 있다. 사우디아라비아의 경우는 매우 최근인 2015년에 여성의 보통선거권이 인정되었다. 이를 통해 지구촌 어디에선가는 여성의 참정권 이슈가 과거가 아닌 현재 진행형임을 알 수 있다.

연대	각국 여성 참정권 현황
1800년대	뉴질랜드(1893)
1900년대 -1940년대	핀란드(1906), 노르웨이(1913), 덴마크(1915), 소비에트연방(1917), 캐나다(1918), 독일(1919), 미국(1920), 미얀마(1922), 영국(1928), 에콰도르(1929), 남아프리카공화국(1930), 태국/우루과이(1932), 터키/쿠바(1934), 필리핀(1937), 프랑스(1944), 일본/이탈리아(1945), 북한/중국(1946), 한국/이스라엘/벨기에(1948), 인도(1949)
1950년대 -1990년대	레바논(1952), 시리아(1953), 이집트(1956), 튀니지(1959), 리비아(1963), 이란(1963), 남예멘(1967), 북예멘(1970), 스위스(1971), 요르단(1974), 이라크(1980), 카타르(1999)
2000년대 이후	바레인(2002), 오만(2003), 쿠웨이트(2005), 아랍에미리트(2006), 부탄(2008), 사우디아라비아(2015)

우리나라에서 민주선거의 4대 원칙을 적용하여 처음으로 치른 선거는 1948년 제헌 국회의원 선거였다. 유럽과 미국 등 선진민주국가들에서 이 원칙이 적용되는데 100년 이상의 시간이 걸렸지만, 한국에서는 미군정하에서 정부수립을 위한 첫 제헌국회 선거가 치러질 때 이 원칙이 적용된 것이다. 최초의 민주선거인 5·10 총선은 미군정 법령 제175호로 공포된 선거법에 따라 시행되었는데, 성인 남녀 모두에게 선거권이 부여되었다. 제헌국회에서 제1대 대통령 이승만과 부통령 이시영을 간접선거로 선출했다. 초대 대통령 이승만은 재임을 위해 대통령 직선제 개헌을 추진하여 1952년에 최초의 대통령 직선제를 도입했다.

이후 권위주의 정권을 거치면서 민주선거의 원칙은 훼손되기도 했지만 시민사회의 지속적인 노력을 통해 이 원칙은 복원되어 왔다. 박정희와 전두환 정권에서는 대통령을 국회나 통일주체국민회의에서 선출하는 간접선거가 시행되었는데, 부정선거의 가능성뿐만 아니라 국민의 진정한 의사가 왜곡될 수는 있다는 비판에 부딪혔다. 유권자가 직접 정치권력을 선택하겠다는 공정선거에 대한 열망은 6월 민주항쟁으로 나타나서 1971년 대통령 선거이후 16년 만에 1987년 직선제로의 개헌이 이루어졌다.

또한, 1962년 박정희 정권에서는 정당에 대한 별도의 투표 없이 각 정당의 지역구 득표율로 정당별 비례대표의석을 배분하는 비례대표제를 도입했다. 이 선거제도 역시 비례대표의원의 선출이 유권자의 투표에 의해 직접 결정되지 않는다는 점에서 직접선거 원칙에 위배된다는 주장이 제기되었다. 결국 헌법재판소에 1인 1표에 의한 전국구 비례대표 의석 배분 방식의 위헌성에 대한 심판이 청구되었고, 2001년 7월 19일에 이 방식은 직접선거, 평등선거, 자유선거의 민주선거 원칙에 어긋난다는 위헌 판결이 내려졌다. 이를 해결하기 위한 시민사회의 끈질긴 노력의 결과로 1인 2투표 비례대표제가 2004년 총선에서부터 도입된 것이다.

현재 우리나라에서는 선거당일에 투표소에 갈 수 없는 유권자를 위해 사전투표제도와 재외선거제도를 운영하고 있기도 하다. 2012년 총선에서부터 국외에 거주하거나 체류하는 대한민국 국민으로서 국내에 주민등록이 되어 있지 않은 재외선거인과 국외여행자, 유학생, 주재원 등 국내에 주민등록이 있지만 국외에 일시 체류하는 유권자 중 외국에서 투표를 원하는 사람들은 투표가 가능하다. 2014년 지방선거에서부터는 사전투표를 원하는 모든 유권자는 신분증만 소지하면 전국 어디서든 투표를 할 수 있다. 2020년 총선에서는 선거 연령이 18세로 하향조정되어 더 많은 시민들이 참정권을 실현하게 되었다. 이처럼 민주선거의 4대 원칙을 더 잘 실현하기 위한 공직선거법 개정이 지속적으로 이뤄지고 있다.

공정한 선거를 위해 민주선거의 기본 원칙을 지키는 것만큼 중요한 문제는 선거구 획정이다. 선거구는 대표를 선출하기 위해 선거가 실시되는 지역단위를 의미한다. 선거구는 선거 유형에 따라 규모가 다른데, 대통령 선거의 경우 전국이 하나의 선거구가 된다. 하지만 국회의원이나 지방의회의원 등의 경우는 한 선거구에서 몇 명의 대표를 선출할지가 명확하게 정해져 있지 않고 선거구제도에 따라서 다양하다. 우리나라 지역구 국회의원 선거와 시·도 의원 선거에 사용하는 소선거구제는 한 선거구에서 한 명의 대표를 선출하는 제도이다. 보통 소선거구제는 가장 많은 표를 받은 사람을 뽑는 다수제와 관련이 있다.

중·대선거구제는 한 선거구에서 2명 이상을 뽑는 경우를 말한다. 이 선거구제의 장점은 유권자가 선택한 후보가 2등이어도 당선될 가능성이 있기 때문에 사표를 줄일 수 있다는 점이다. 또한 한 선거구에서 3명 이상을 뽑을 경우, 적은 표를 받고도 3등으로 당선되는 후보가 생기므로 소수대표를 가능하게 한다는 장점도 있다. 소선거구제 보다 선거구 규모가 크므로 선거 매수나 조직적 개입 등 부정선거의 위험이 줄어들기도 한다. 반면에 한 선거구에 여러 명의 후보가 나오기 때문에 유권자들이 모든 후보들에 대해 파악하기 어렵고 정치신인 보다는 인지도가 높은 후보가 유리할 수 있다.

우리나라에서는 1972년 10월 유신헌법이 선포되면서 대통령이 제안하고 국회가 아닌 비상국무회의에서 의결한 선거법을 통해 처음으로 중선거구제가 도입된 사례가 있다. 1973년 국회의원 선거에서는 국회의원 2/3는 유권자 직접투표로 선출하고 나머지 1/3은 대통령이 추천한 통일주체국민회의에서 간접선거로 선출했다. 선거구별로 뽑히는 의원은 2명이지만 유권자는 1표만 행사하는 중선거구제를 시행했다.

이로 인해 선거구 수는 73개로 대폭 축소되었고 여야 간 경쟁은 느슨해졌다. 왜냐하면 거의 모든 선거구에서 여당 후보의 당선과 동시에 야당 후보의 당선 가능성도 높아졌기 때문이다. 결과적으로 여당인 공화당은 73명이 당선되어 지역구 의석 절반을 차지했고 간선을 통해 당선된 73명을 더해 전체 의석의 2/3를 확보했다. 야당도 모든 지역구에서 동반 당선되었으나 신민당, 민주통일당, 무소속으로 나뉘었기 때문에 여당을 견제할 힘을 갖지 못했다(중앙선거관리위원회 2018, 79-81).

이처럼 선거구를 어떻게 정하는가에 따라서 선거결과에 미치는 영향이 크다. 때문에 선거구를 분할하여 대표자를 선출하는 기본단위를 정하는 선거구 획정에 있어서 정당 간 갈등은 크다. 선거구 획정은 선거 출마자들과 정당의 선거 승패에 영향을 미치는 중요한 사안이지만 사실 유권자인 시민의 입장에서도 중요하다. 유권자들이 원하는 후보가 대표로 선출될 수 있는 기회에 심각한 영향을 미치기 때문이다. 따라서 공정한 선거구 획정은 공정한 선거권 행사를 위한 필수적인 조건이 된다.

일반적으로 선거구 획정은 인구비례를 기본으로 하는데 선거구 간의 인구 편차가 너무 클 경우 투표의 등가성 문제가 발생한다. 예를 들면, 한 선거구에서는 100명의 유권자를 대표하여 1명이 선출되고, 다른 선거구에서는 1000명의 유권자 대표로 1명이 선출된다면 과다대표와 과

소대표의 문제가 생기는 것이다. 한편 인구비례만을 기준으로 선거구를 획정할 경우, 서울과 같은 대도시에서는 많은 대표가 선출되지만 인구가 희박한 산간 지역 같은 지역의 대표는 몇 명 되지 않을 것이다. 이 경우, 지역대표성의 문제가 발생한다. 의회에서 대도시의 이익만 대변되고 농어촌이나 산촌 등 인구가 희박한 지역의 이익은 무시될 가능성이 크기 때문이다. 이런 사항을 고려하여 많은 민주국가에서는 선거구 획정을 객관적 기준에 따르는 선거구법정주의를 택하고 있다.

더 보기: 게리맨더링

게리맨더링(gerrymandering)은 특정 정당이나 후보에게 유리하도록 부자연스럽게 선거구를 획정하는 것을 말한다. 1812년 미국 매사추세츠 주지사였던 엘브리지 게리(Gerry)가 소속 정당에 유리하게 선거구를 그었는데, 이 선거구의 모양이 서양 전설 속 괴물 '샐러맨더(salamander)'와 닮았다고 해서 게리의 반대파에서 '게리'와 '맨더'를 붙여 만들어 낸 말이다.

미국의 선거구 획정은 10년마다 실시된다. 2020년에는 4월 센서스(인구주택총조사) 이후 각 주의 회가 11월에 대선과 함께 치러질 연방 하원 의원 선거구를 결정한다. 그런데 2020년 미국 선거를 앞두고 연방대법원의 게리맨더링 관련 판결에 대해 우려가 제기되었다. 연방대법원은 2019년 6월 27일(현지 시각) 주(州)의회가 결정하는 선거구 획정에 연방법원이 개입할 수 없다는 결정을 내렸다. 이는 노스캐롤라이나주 일부 유권자가 공화당에 유리하게 획정된 선거구를 법원이 바로잡아 달라는 소송을 낸데 대한 판결이다.

과거에는 연방대법원이 비슷한 소송에 대해 판결을 통해 선거구 획정을 고치라고 한 적이 있었다. 2000년에 획정된 매릴랜드 3선거구는 대표적인 게리맨더링으로 뽑히는데, 민주당이 공화당 표를 분산하기 위해 사마귀모양으로 선거구를 찢어놓았었다. 2010년에 오하이오 9선거구에서도 유사한 일이 발생했는데, 공화당이 민주당 표를 분산하기 위해 200킬로미터에 달하는 길고 가느다란 뱀 모양의 선거구를 획정했었다.

연관 검색어: 매니페스토

매니페스토 실천운동

매니페스토(elect manifesto)는 출마자가 구체적인 정책대안을 유권자에게 공개적으로 약속하고 실천하는 것이다. 선거 매니페스토운동은 정책공약을 만드는 과정부터 실천하는 과정까지 상시소통을 통한 시민들의 의사반영을 가장 중요시한다. 따라서 선거과정에서의 정책공약이 유권자의 의사를 제대로 반영하고 있는지에 대한 평가와 함께 당선 이후에도 실천과정에서 시민들의 의사를 반영하며 실천하고 있는지에 대한 주기적인 평가가 필요하다.

해외 매니페스토 사례

영국에서는 1834년 보수당 당수인 로버트 필이 "유권자들의 환심을 사기 위한 공약은 결국 실패하기 마련"이라면서 구체화된 책임공약의 필요성을 강조한 데 기원을 두고 있으며 이후 1997년에는 영국 노동당의 토니 플레어가 매니페스토 10대 정책을 구체적으로 제시한 데 힘입어 집권에 성공하였다.

미국에서는 1994년 의회선거 때 공화당 하원의장이었던 뉴트킹크르치가 '미국과의 계약'이라는 이름으로 10개의 정책을 발표하여 제시했고 크게 성공을 거둬 40년 만에 하원에서 다수를 차지했다. 이는 미국 역사상 가장 성공적인 매니페스토로 꼽히고 있다. 또한 네거티브 공격을 자제하고 현실성 있는 공약위주의 선거를 통해 버락 오바마 대통령이 당선된 사례가 있다.

한국매니페스토 실천본부 홈페이지에서 발췌 및 수정. http://manifesto.or.kr

2. 선거제도, 왜 중요한가?

우리나라는 민주화 이후 절차적 민주주의의 지표가 되는 보통, 평등, 직접, 비밀 투표 등 선거의 4대 원칙을 잘 지켜왔다. 또한 시민사회와 선거관리위원회를 통한 공명선거운동이 활발하게 일어나서 선거관리의 공정성도 확보되었다. 선거가 공정하게 치러지는 것만큼 중요한 문제는 시민들의 투표가 공정하게 반영되는 제도를 마련하는 것이다. 이제 한국사회는 절차적 민주주의 확립에서 한 걸음 더 나아가 보다 나은 민주주의로의 질적 향상을 위해 노력하고 있다. 이는 2019년 패스트트랙 안건 중 가장 첨예한 여야 대립을 불러일으킨 것은 선거법 개정이었다는 점을 통해서도 알 수 있다.

선거제도가 어떻게 디자인 되는가에 따라서 유권자들의 표가 어떻게 반영되는지는 달라진다. 대통령 선거의 경우, 대부분의 나라에서 가장 많은 표를 받은 후보가 당선되는 제도를 택하고 있다. 그런데 지지율이 비슷한 후보자가 여러 명인 경우, 낮은 득표율로도 당선이 될 수 있다. 〈표 7-1〉을 보면, 13대 대통령 선거에서 노태우 후보는 역대 최저 득표율인 36.6%를 얻어 당선된 것을 알 수 있다. 당시 2위 김영삼 후보와 3위 김대중 후보가 얻은 표를 합하면 55%를 넘는다. 만약 프랑스 대통령 선거제도처럼 1위와 2위를 한 후보를 대상으로 결선투표를 했다면 이 선거의 결과는 달라졌을지도 모른다.

〈표 7-1〉 민주화 이후 역대 대통령 선거 투표율과 득표율

대통령선거	투표율(%)	득표율(%)		
		1위	2위	3위
13대 (1987)	89.2	36.6 (노태우)	28.0 (김영삼)	27.1 (김대중)
14대 (1992)	81.9	42.0 (김영삼)	33.8 (김대중)	16.3 (정주영)
15대 (1997)	80.7	40.3 (김대중)	38.7 (이회창)	19.2 (이인제)
16대 (2002)	70.8	48.9 (노무현)	46.6 (이회창)	3.9 (권영길)
17대 (2007)	63.0	48.7 (이명박)	26.1 (정동영)	15.1 (이회창)
18대 (2012)	75.8	51.6 (박근혜)	48.0 (문재인)	
19대 (2017)	77.2	41.1 (문재인)	24.0 (홍준표)	21.4 (안철수)

출처: 중앙선거관리위원회

물론 단순히 산술적으로 2위와 3위 후보의 득표수를 합쳐서 1위 보다 많다고 해서 결선투표를 실시할 경우, 선거 결과가 바뀐다고 볼 수는 없다. 예를 들어, 15대, 17대, 19대 대통령 선거에서도 2위와 3위 후보의 득표수를 합하면 1위 후보의 득표수 보다 많은 경우가 발생했다. 19대 대선의 경우를 보면, 결선투표를 했을 때 3위 안철수 후보를 지지했던 사람들의 표가 1위 문재인 후보와 2위 홍준표 후보에게 분산되었을 가능성이 있기 때문이다. 이 경우 결선투표를 해도 투표결과는 바뀌지 않는다. 하지만 13대 대선의 경우라면, 3위 김대중 후보를 지지한 사람들의 대부분은 노태우 후보보다는 김영삼 후보를 지지했을 가능성이 높기 때문에 결과는 달라질 수 있었다는 것이다.

이처럼 선거제도는 누가 정치권력을 획득하는가에 중요한 영향을 미친다. 누가 정치권력을 획득하는가는 한 나라의 미래 비전과 국정방향 설정에 있어서 중요하다. 때문에 시민들의 민의가 제대로 반영되도록 선거제도가 설정되어야 한다. 특히 세계 여러 나라의 의회 선거제도는 대통령 선거제도보다 더 다양하고 복잡하다. 시민들이 선출한 대표가 어떤 방식으로 의회에 입성하는가를 정하는 규칙에 있어서 가장 중요한 원칙은 민주성과 대표성이다.

보편적으로 의회 선거제도는 다수결제와 비례제로 나뉜다. 다수결 선거제도는 선거구에 출마한 후보들 중 가장 많은 표를 얻은 후보가 당선되는 제도이다. 다수제는 단순다수제(plurality)와 절대다수제(majority) 등 두 가지 방식이 있다. 소선거구 단순다수제(single-member district plurality voting)는 한 선거구에서 한 표라도 더 많이 얻는 후보자가 승리하는 방식으로, 경마에서 유래된 '먼저 기준점을 통과하는 것'(first-past-the-post)의 약자로 FPTP라는 명칭으로도 불린다(신명순·진영재 2017, 341).

단순다수제는 선거가 용이하고 양당제 창출을 통한 안정적인 의회 운영이 가능하다는 장점이 있다. 하지만 <표 7-2>에서 보는 바와 같이, 유권자들의 선호와 의회 내 정당이 차지하는 의석 비율이 일치하지 않는 불비례성의 문제가 발생한다. 또한 한 선거구에서 최다 득표자 한 명만 선출되는 승자독식 민주주의는 1등만 하면 적은 표로도 당선되는 대표의 정통성 문제와 사표 발생을 우려하여 선호 정당이 아닌 당선 가능한 정당에 투표하는 전략적 투표 문제를 야기했다. 실제 선거에서 받은 유권자의 표 보다 의회 내에서 거대정당들이 과다대표되고 소수정당들이 과소대표되는 불비례성 문제도 발생했다.

절대다수제는 투표자의 50% 이상의 지지를 얻어야 당선되는 제도이다. 여기에는 두 가지 유형이 있는데, 결선투표제와 절대다수 전면적 선호투표제이다. 결선투표제는 1차 투표에서 50% 이상을 획득한 후보가 없을 경우 2차 투표를 실시하는 것이다. 선호투표제는 투표는 한 번만 실시하는데, 유권자가 후보를 선호하는 정도에 따라서 1,2,3 등 순서를 표시하는 것이다. 후보들 중 1번 번호를 50% 이상 받은 사람이 당선되는 제도로 호주의 하원의원 선거에서 사용하고 있다. 절대다수제는 단순다수제보다는 당선자의 정당성이 강화되는 장점이 있지만, 단순다수제처럼 큰 정당에게 유리하고 소수정당에게 불리한 제도이다(신명순·진영재, 346-352).

<표 7-2> 소선거구단순다수제와 비례대표제 비교

	1	2	3	4	5	소선거구 비례제	단순다수제
가당	40	50	30	40	50	4석 (80%)	2석 (42%)
나당	30	30	50	30	40	1석 (20%)	2석 (36%)
다당	30	20	20	30	10	0	1석 (22%)

이에 19세기까지만 해도 대부분의 국가들은 단순다수제를 택했으나 20세기에 와서 많은 유럽국가들은 비례대표제로 전환했다. 비례제는 선거에서 유권자가 지지한 정당 후보자들의 득표율과 의회 내 정당 의석 비율을 최대한 비슷하게 하려는 목적으로 만든 제도이다. 즉, 유권자가 선거에서 한 정당을 25% 지지했다면 의회에서 이 정당이 차지하는 의석도 최대한 25%에 맞추려는 비례성을 강조한 제도이다. 한 선거구에서 여러 명을 선출하는 비례대표제는 나라마다 다양하지만 정당명부식(party list) 비례제를 사용하는 나라가 많다.[2]

정당명부식 비례제는 유권자들이 정당에 투표하면 정당이 후보자 명부를 작성하고 당선자를 결정하는 것이다. 정당에서 정한 후보의 순서대로 당선되는 폐쇄형이 가장 많이 사용되는데, 유권자들이 후보자를 직접 결정할 수 없다는 단점이 있다. 따라서 유권자들이 정당이 제시한 명부에 있는 후보자들 중 1명이나 2명 이상의 후보를 선택할 수 있게 하는 선택형이나 유권자들이 정당 명부에 올라갈 후보자를 직접 선택할 수 있는 개방형을 사용하는 나라도 있다.

그런데 비례제는 유권자의 선호가 최대한 반영되는 장점이 있는 반면, 이로 인해 군소 정당들이 난립할 가능성도 있다. 이를 막기 위해, 많은 나라에서는 의석을 차지할 수 있는 최소한의 봉쇄조항(threshold)을 설정하고 있다. 즉 의회로 들어오는 최소한의 진입장벽을 마련한 것인데, 선거에서 5% 이상의 득표율을 얻은 정당만 의석을 획득할 수 있다거나 지역구 선거에서 일정 수의 당선자를 낸 정당만 의석을 배분받도록 하고 있다. 우리나라의 경우는 지역구에서 5명 이상의 당선자를 내거나 유효투표총수의 3%이상을 득표한 정당에 한하여 의석배분을 하고 있다.

---

[2] 아일랜드와 말타에서 쓰는 단기이양제(Single Transferable System) 방식은 선출하는 의원의 수만큼 유권자의 선호 순위를 부여하여 투표한다.

〈표 7-3〉 혼합형 선거제도 가상 효과 비교

	정당투표 득표율 (%)	지역구 투표 (10명)	병립제			연동제		
			지역구 (10석)	비례 (10석)	전체 (20석)	지역구 (10석)	비례 (11석)	전체 (21석)
가당	40	9	9	4	13	9	0	9
나당	20	0	0	2	2	0	4	4
다당	30	1	1	3	4	1	5	6
라당	10	0	0	1	1	0	2	2

다수결제와 비례제의 단점을 보완하고 장점을 최대한 활용하기 위해 독일, 뉴질랜드, 한국 등 일부 국가들에서는 혼합제를 실시한다. 나라마다 다양한 방식을 택하고 있지만, 각국이 정한 기준에 따라서 전체 의회 의석의 일부는 다수제로 일부는 비례제로 선출하는 것이다. 혼합제는 정당과 후보 투표를 합산하여 당선자를 결정하는 방식인데 1인 2표 병립제와 연동제가 있다. 병립제와 연동제를 가상으로 비교해 본 〈표 7-3〉을 보자. 먼저 병립제는 전체 의석이 20석이라고 가정하면, 유권자가 각각 독립적으로 지역구 후보에게 1표를 행사하고 전국구에서 정당에 1표를 행사한다. 지역구에서 당선된 후보들은 의석을 차지하고, 의회 내 비례대표 의석은 전국에서 정당이 득표한 비율에 따라서 배분된다.

연동형 비례제를 채택한 나라는 흔치 않은데 독일과 뉴질랜드가 유명하다. 독일과 뉴질랜드의 제도는 후보자 투표와 정당투표에 의해 배분되는 의석을 전체 의석의 절반씩 동일하게 설정했다. 전체의석 배분은 각 정당이 정당투표를 통해 획득한 비율대로 정하기 때문에 정당투표 결과에 따라 연동되는 특징이 있다. 연동제의 가상 효과를 〈표 7-3〉에서 살펴보면, 가당은 정당투표에서 40%를 차지했기 때문에 전체 20석 중 8석을 배분받는다. 이때 지역구 당선 인사를 탈락시킬 수는 없는데, 이미 9명의 후보가 지역구에서 당선되었기 때문에 8석 보다 1석 많은 초과의석이 발생한다. 나당의 경우, 정당투표에서 20%를 얻어서 4석을 배분받는데, 지역구에서 한명도 당선되지 않았으므로 비례후보 4명으로 의석을 채운다. 다당은 6석을 배분받는데, 지역구에서 1명 당선되었으므로 나머지 5석은 비례후보가 차지한다.

우리나라도 혼합제를 시행해 온 나라이다. 처음 혼합제가 도입된 것은 1962년 박정희 정권에서 국회의석의 1/4을 전국구 비례의원으로 선출하면서 부터였다. 하지만 이 당시 비례제는 정권유지 차원에서 악용되었다는 비판에 직면했다. 왜냐하면, 유권자는 1인 1표만 행사하는데 지역구 후보에 대한 투표가 곧 전국구 후보인 정당에 대한 투표로 간주되었기 때문이다. 따라서 전국적으로 후보를 내지 못한 정당에 불리했다. 또한 지역구에서 1등을 한 여당에게 비례의석의 절반을 배분하되, 제1당의 득표율이 과반수를 넘을 경우 2/3까지 배분했다(중앙선거관리위원회 2017, 71). 이는 전적으로 여당에 유리한 방식으로 전체적으로 의회 내 여당이 차지하는 의석이 늘어나게 되었다.

민주화 이후 선거제도 개혁에도 불구하고 이런 문제점이 남아있어서 1인 2표제를 도입해야 한다는 목소리가 커졌다. 예를 들면, 유권자가 특정 정당 후보자를 선택했지만, 후보자가 속한 정당을 지지하지 않을 수도 있는데 지역구 투표 결과를 바탕으로 비례 대표 의석을 배정하는 것은 민의를 제대로 반영하지 않는다는 것이다. 헌법재판소 판결에 의해 2002년 3월 7일 선거법이 개정되었고, 2004년 17대 총선이후 20대 총선까지 1인 2투표 병립형 비례대표제를 실시해오고 있다. 〈표 7-4〉를 보면, 이 제도 도입 전후의 변화를 볼 수 있다. 예를 들면, 이 제도가 도입된 이후 소수당인 민주노동당은 지역구에서 2명의 의원이 당선되었지만 전국구에서는 8명이 당선되는 큰 변화가 나타났다.

〈표 7-4〉 1인 2표 도입 전후 선거결과와 의석 분포 현황

	정당	득표율	지역구의석수(%)	비례대표의석수(%)	전체의석수(%)
제16대 (2000)	한나라당	39	112(49.3)	21(45.7)	133(48.7)
	새천년민주당	35.9	96(42.3)	19(41.3)	115(42.1)
	자유민주연합	9.8	12(5.3)	5(10.9)	17(6.2)
	민국당	3.7	1(0.4)	1(2.2)	2(0.7)
	기타	11.6	6(2.6)	0	6(2.2)
	전체	100	227	46	273(100)
제17대 (2004)	열린우리당	38.3	129(53.1)	23(41.1)	152(50.8)
	한나라당	35.8	100(41.2)	21(37.5)	121(40.5)
	민주노동당	13.0	2(0.8)	8(14.3)	10(3.3)
	민주당	7.1	5(2.1)	4(7.1)	9(3.0)
	자민련	2.8	4(1.6)	0	4(1.3)
	무소속/기타	3.0	3(1.2)	0	3(1.0)
	전체	100	243	56	299(100)

2004년 이후 선거마다 전체 의원 정수도 다르고 지역구 의원과 비례의원 수도 조금씩 다르지만, 소수파에게도 기회를 보장하는 방법으로 1인 2표 정당명부식 비례대표제를 실시해왔다. 그런데 이 제도는 여전히 다수제 민주주의 방식이 주를 이룬 것으로 새로운 정당을 원하는 유권자가 늘어나도 신생 정당들의 급부상을 기대하기는 어렵다. 소선거구 단순다수제의 단점인 민의가 왜곡되고 거대정당의 독주가 계속되는 문제점이 해결되지 못한 것이다. 또한 소선거구 단순다수제의 영향으로 한국선거의 고질적 문제인 지역주의 투표현상도 지속적으로 나타났다.

2019년에 연동형 비례대표제가 가장 민감한 정치개혁 이슈로 떠오른 것은 이런 불만과 무관하지 않다. 이 제도를 지지하는 사람들은 정당투표의 득표율을 통해 의석이 배분되므로 한 정당이 특정 지역의 의석을 독점하기 어려워 지역주의 정치가 유지될 수 없다는 점에 주목했다. 또한 정당 지지도가 의석으로 바로 연결되는 시스템이라서 보다 여론에 민감하고 다양한 세력이 대표될 거라는 기대도 있었다(강원택 2019, 181). 비례대표제가 도입되면 군소정당의 난립으로 인한 정국 불안정이 초래될 것이라는 경고에도 불구하고 보다 다원적이고 합의적인 민주주의의 필요성에 공감하는 사람들이 많아지면서 이 문제가 부각되었다고 볼 수 있다.

정치권에서는 선거제도 개혁의 필요성을 느끼면서도 연동형비례제가 정치적으로는 다수당 보다는 소수당에 유리하다 보니 그동안 핵심 쟁점으로 떠오르지 못했다. 거대 정당으로의 입지가 줄어들고 기득권을 내려놓아야 한다는 불안감에 자유한국당 의원들은 논의의 출발점에서부터 격렬하게 저항해왔다. 자유한국당을 제외한 여야 4당의 합의안이 마련되는 과정에서도 당초 소수정당들은 정당 득표율에 정비례하는 온전한 연동형 비례대표제를 원했으나, 민주당과의 타협으로 50% 연동형 비례대표제로 바뀌었다. 의원 정수 확대 쟁점도 있었으나, 국회 전체 의석을 300석으로 고정하되 지역구 의석은 253석에서 225석으로 줄이고 비례의석은 47석에서 75석으로 늘리기로 2019년 4월에 합의했다.

그런데 거대정당의 입지가 줄어들 것을 염려한 것은 민주당도 마찬가지였기에, 결국 12월 27일에 기존 의석수대로 하고 배분 방식만 바꾸는 안으로 최종 통과가 되었다. 즉, 지역구 의석수 253석과 비례의석 47석은 이전과 같다. 다만, 비례의석 중 병립형 17석은 기존의 방식대로 배분하고 준연동형 30석은 [(정당지지율x300석)-지역구 의석수]/2로 배분한다. 〈표 7-5〉를 통해 이런 방식으로 의석을 배분받은 가상 정당들의 현황을 볼 수 있다. 준연동형 비례대표제는 50%만 지지율을 반영하기 때문에 비례대표 의석이 남을 확률이 높다. 표를 보면, 각 당이 배분받은 연동의석은 총 24석으로 30석 보다 6석이 부족하다. 이 경우, 잔여의석 배분방식에 따르는데, (잔여의석수x각 정당득표비율)로 계산한다.

〈표 7-5〉 준연동형 비례대표제 가상 현황

정당	정당 득표율	지역구 의석수(%)	비례대표		비례 의석수	총 의석수 (%)
			연동(잔여)	병립		
A당	40%	110 (43.5)	5 (+2)	7	14	124 (41.3)
B당	30%	80 (31.6)	5 (+2)	5	12	92 (30.7)
C당	10%	30 (11.9)	0 (+1)	2	3	33 (11)
D당	8%	25 (9.8)	0	1	1	26 (8.6)
E당	12%	8 (3.2)	14 (+1)	2	17	25 (8.3)
소계		253	30	17	47	300

연동형 비례대표제였다면 A당의 경우, 300 × 0.4% = 120석이 확보되지만, 준연동형제에서는 총 124석을 얻을 수 있다. 반면, E당은 연동형 비례제였다면 총 36석을 확보하겠지만, 이 표에서는 25석으로 더 적은 의석을 차지할 수 있다. 하지만 기존 제도에 따르면 E당의 경우, 지역구 8석, 병립형 비례제 6석으로 총 14석만 차지할 수 있다. 이처럼 준연동형 비례제도는 완전한 연동형 비례제만은 못하지만, 기존 제도보다는 나은 점이 있다. 지역구에서 경쟁력이 없는 소수정당에게 지지율의 절반은 최소한 보장해준다는 점에서 유리하다고 볼 수 있다.

그런데 〈표 7-6〉에 나타난 21대 총선결과를 보면, 선거법 개정의 효과가 전혀 없었다는 것을 알 수 있다. 먼저, 선거법 개정은 소수당에 유리하지 않았다. 중앙선거관리위원회가 발표한 정당별 득표율에 따르면, 정의당의 비례대표 득표는 269만 7,956표(9.67%)로 2016년 총선 때보다 97만여 표(2.44%) 늘어났다. 전국 17개 시·도 모든 지역에서 득표율이 올랐다. 하지만 정의당이 이번 총선에서 차지한 비례대표의석은 5석으로 지역구 의석1석과 합치면 기존의 6석과 동일하다. 역대 최다 의석(13석)을 차지했던 2012년 총선과 비교하면 더 많은 표를 얻었지만, 의석수는 절반으로 줄어들었다. 이는 준연동형 비례제도입 취지와 어긋나는 결과이다. 이런 결과가 나타난 가장 큰 원인은 거대양당의 비례대표용 위성정당 창당 꼼수에 막혔기 때문이다. 소수당에게 유리할 것이라는 이 제도는 오히려 거대 양당에게 유리하도록 오용된 것이다.

〈표 7-6〉 준연동형 비례제와 21대 총선결과

	정당 득표율(%)	비례대표 연동[3]	비례대표 병립	비례 의석수	지역구 의석수	총 의석수
더불어민주당					163	163
더불어시민당	33.35	11	6	17		17
미래통합당					84	84
미래한국당	33.84	12	7	19		19
정의당	9.67	3	2	5	1	6
국민의당	6.79	2	1	3		3
열린민주	5.42	2	1	3		3
무소속					5	5
소계	89.07	30	17	47	253	300

---

3) 연동배분의석수 30석은 [(정당지지율x(의원정수 300석-의석할당정당이 추천하지 않은 지역구 국회의원 당선자수, 즉 무소속)-지역구 의석수]/2의 공식에 따라 배분됨. 공식에 따르면, 시민당 49, 시민당 49, 한국당 50, 정의당 13, 국민의당 10, 열린민주 8석으로 총 130석이 됨(지역구 의석수를 뺀 정당은 정의당 밖에 없음). 이 경우 연동배분의석수 30석 초과 시, 조정의석수 계산법 [연동배분의석수x30석]/총 연동배분의석수 공식에 따라 배분함. 예) 시민당의 경우, 49x30석/130=11석임.

둘째, 이 선거법의 도입은 소선거구 단순다수제 방식에 따른 지역구 후보 선출의 단점을 해결하지 못했다. 이번 선거에서 163대 84로 미래통합당에 비해 두 배 가까운 지역구 당선자를 낸 민주당이 압승했다고 보이지만, 실제로 두 정당에 대한 민심의 차이는 크지 않았다. 중앙선거관리위원회가 집계한 전국 253개 지역구 후보들의 정당별 득표율을 보면, 더불어민주당이 49.9%, 미래통합당이 41.5%로 8.4%밖에 차이가 나지 않았다. 더불어민주당과 미래통합당의 수도권 지역구 의석수는 103 대 16이었으나, 득표율 격차는 13%에 불과했다.

마지막으로, 〈표 7-7〉에서 보는 바와 같이 준연동형비례제 도입으로 인해 우려되었던 정당의 난립은 현실화되었다. 35개의 정당이 비례대표 선출을 위한 선거용지에 이름을 올렸다. 이들 대부분은 원내진입을 위한 3%를 확보하지 못했거나, 지역구 의석 5석을 확보하지 못했다. 표에 나타난 것처럼 미래한국당, 더불어시민당, 정의당, 국민의당, 열린민주당 등 5개 정당이 원내진입을 했다. 21대 국회는 거대 양당과 소수정당으로 구성되었기에 실제로는 정당 난립으로 인한 정국의 불안정 우려는 줄어들었지만, 정당 난립의 가능성은 충분히 나타난 것이다. 이처럼 새로운 선거법은 기존의 단점은 그대로 두면서 그나마 있던 장점마저 없애버리는 결과를 가져왔다.

〈표 7-7〉 정당별(기호순) 득표율(%)

민생당 (2.71)	국민의당 (6.79)	국민새정당 (0.04)	대한당 (0.01)	자유당 (0.07)
미래한국당 (33.84)	친박신당 (0.51)	국민참여신당 (0.05)	대한민국당 (0.06)	새벽당 (0.36)
더불어시민당 (33.35)	열린민주당 (5.42)	기독자유통일당 (1.83)	미래당 (0.25)	자영업당 (0.06)
정의당 (9.67)	코리아 (0.12)	깨어있는시민연대당 (0.05)	미래민주당 (0.25)	충청의미래당 (0.03)
우리공화당 (0.74)	가자!평화인권당 (0.03)	남북통일당 (0.03)	새누리당 (0.28)	통일민주당 (0.06)
민중당 (1.05)	가자환경당 (0.03)	노동당 (0.12)	여성의당 (0.74)	한국복지당 (0.06)
한국경제당 (0.17)	국가혁명배당금당 (0.71)	녹색당 (0.21)	우리당 (0.02)	홍익당 (0.08)

출처: 연합뉴스(2020-04-16). [표] 21대 총선 정당 득표율
https://www.yna.co.kr/view/AKR20200416105900001?input=1179m

3. 우리는 어떻게 선거개혁에 참여할까?

대의민주주의의 꽃이라는 선거는 정치인들의 당선을 위한 제도가 아니라 시민들이 주권을 실현하는 제도이다. 대의제를 실시할 수밖에 없는 상황에서 시민들은 대표를 선출하는 제도를 통해 자신들의 시민적 자유와 권리를 행사해 온 것이다. 앞서 살펴본 바와 같이, 역사적으로 기득권층이 아니었던 노동자, 여성, 흑인 등은 더 평등한 세상을 꿈꾸며 오랜 세월 투쟁을 통해 참정권을 보장받아왔다. 현재 우리들 대부분은 이런 과거의 열정적인 시민들 덕분에 큰 수고 없이 투표에 참여할 수 있게 되었다. 그럼에도 불구하고 아직도 지구상에는 참정권 보장을 위해 싸우는 사람들도 있다는 것을 기억해야 한다.

이제는 다함께 공존하는 세상을 만들기 위해 현재를 살고 있는 우리들이 노력해야 할 때이다. 과거 권위주의 시절 한국에서 선거는 민주정치의 수단이라기보다는 권력자의 정권연장을 위한 수단이었다. 하지만 1987년 민주화 이후 수차례의 대통령 선거, 국회의원 선거, 지방선거 등을 정기적으로 평화롭게 치러냈다. 1992년 대통령 선거를 통해 문민정부를 탄생시켜 정치적 군부세력을 제거하는데 성공했고 세 차례의 정당 간 정권교체도 이뤄냈다. 헌팅턴(Samuel Huntington)이 제시한 민주주의 공고화 기준인 두 차례에 걸친 선거를 통한 평화적 정권교체를 한국은 이미 달성한 것이다.

민주화 이후 대통령을 직접 선출하고 차기 선거를 통해 권력이 교체되는 관행이 제도화되면서 선거는 권력을 쟁취하는 유일한 게임의 룰로 정착되었다. 선거과정에서 여러 가지 갈등이 발생하긴 해도 선거 자체가 무산되거나 무효화되는 일은 일어나지 않았다. 린즈(Juan Linz)는 기존 민주질서를 불법적으로 전복하려는 행동이 없고 사회, 경제적 위기가 도래해도 민주주의의 틀 안에서 문제를 해결하려는 태도가 존재하며, 기존 민주질서의 규범 안에서 갈등을 해결하며 이를 위반하는 것은 효과가 없다는 사실에 사람들이 익숙해 질 때 민주주의가 공고화된다고 보았다(Linz 1996).

우리는 1997년과 2008년 두 차례의 경제위기를 무난히 극복함으로써 민주주의를 지켜냈다. 노무현 대통령에 대한 탄핵시도와 이명박 대통령에 대한 촛불시위 등의 저항이 있었지만 시민들은 자신들이 뽑은 대통령에 대해 불만이 있더라도 임기를 보장해주었다. 그런데 2017년에는 박근혜 대통령이 국정농단 사태로 국회로부터 탄핵되었고 헌법재판소에서 재판관 8명 전원일치 판결로 파면이 결정되었다. 헌정사상 최초로 대통령이 파면되면서 임기를 마치지 못하는 일이 발생한 것이다. 이런 법적 결정에 이르기까지 중요한 역할을 했던 주체는 정치권 보다는 시민사회였다. 민주주의에 대한 높은 열망은 촛불혁명으로 나타났지만 이 혁명은 폭력이나 쿠데타 같은 비정상적 방법으로 헌정질서를 중단한 시도는 아니었다.

헌정 사상 최초의 대통령 파면으로 인해 2017년 12월 20일로 예정되었던 대선이 5월 9일에 치러졌다. 민주화 이후의 경험을 통해 선거가 사회적 갈등을 민주적으로 해결할 수 있는 제도라는 점에 대한 국민적 합의가 형성된 것이다. 외부에서 이식된 민주주의의 싹은 살아남았고 민주화 이후 뿌리내리면서 공고화되었다. 이제는 민주정치가 온전히 시민들을 위한 것으로 성장해야 할 때이다. 이를 위한 여러 가지 선거 개혁의 과제들이 있지만 여기서는 두 가지 이슈에 대해 논의해보겠다.[4]

첫째, 선거제도 개혁에 대한 관심을 가져야 한다. 2020년에 처음 적용된 준연동형 비례제는 앞서 설명한 바와 같이 문제가 많기 때문에 개혁의 대상이다. 그런데 우리는 결과보다 연동형 비례제가 쟁점으로 떠오른 이유에 대해 관심을 가져야 한다. 그동안 개혁을 원하는 사람들은 사회적 요구와 선호에 더 민감하게 반응하고 더 분명하게 책임지는 의원들을 선출할 수 있는 방법을 모색해왔다. 투표를 통해 보다 효율적으로 대표들에게 민주적 통제를 가하고 싶고, 보다 다양한 세력이 의회 내에서 대표되길 원하고, 유권자의 투표와 의회 구성이 최대한 비슷하길 바란다.

하지만 이런 기대는 이번 선거법 개정을 통해서는 충족되지 않았다. 지난 총선에 비해 전국에서 정의당을 찍은 유권자의 증가세는 뚜렷했다. 여기에는 거대양당의 대결정치와 기득권 정치에 대한 실망이 들어있을 것이다. 거대정당이 품지 못하는 소수자와 약자를 대변하고, 더 다양한 의제의 논쟁에 대한 기대도 들어있을 것이다. 그러나 이런 정의당에 대한 바람과 지지는 의석으로 연결되지 않았다. 오히려 원내 소수정당 참여 확대를 명분으로 도입한 연동형 비례대표제 도입으로 인해 소수당은 불이익을 봤고 소선거구 단순다수제 방식의 문제점도 그대로 남았다.

따라서 시민사회가 정치권이 해결하지 못하는 문제들에 주목하여 민주성과 대표성을 높일 수 있는 진정한 선거개혁에 대한 논의를 시작해야 한다. 연동형 비례대표제는 많은 장점에도 불구하고 세계적으로 택하고 있는 나라는 독일과 뉴질랜드 정도로 드물다. 뉴질랜드의 경우 연동제에 대한 시민적 요구와 사회적 합의가 형성되면서 비교적 최근인 1993년에 소선거구제에서 혼합비례제로 선거제도 개혁을 했다. 이로 인해 녹생당, 마오리당 등 소수정당들이 나타나고 의회 내 더 많은 목소리가 대표되는 결과가 나타났다. 이처럼 다른 나라의 경험을 통해서 얻을 수 있는 시사점을 면밀히 검토해야 한다. 더 중요한 것은 다른 나라의 경험이 우리에게도 똑같은

---

4) 선거 때마다 이합집산하는 정당의 모습, 지역이나 계파 중심의 후보자 공천 모습, 유권자의 지나친 무관심이나 불법 선거운동 등도 개선되어야 할 과제이다.

결과를 줄지는 미지수이므로 우리 실정에 맞는 제도 개혁을 위한 충분하고 심도 깊은 논의가 필요하다는 점이다.

그동안 정치권에서는 극심한 여야 간 대치상황 속에서 준연동형 비례대표제가 기대만큼 선거의 비례성과 민주성을 한층 업그레이드 시킬 적절한 방안인가에 대한 심도 있는 논의가 부족했다. 작은 변화에도 의석수 변동이 생기므로 각 정당들은 자신들에게 유리한 선거제도를 원하기 때문에 심도 있는 협상을 할 수 없다. 여기서 이 제도에 대해 자세히 설명한 것은 선거제도 개혁에 있어서 얼마나 정당 간 이해관계가 첨예하게 대립되는지를 보여준 사례였기 때문이었다. 또한 정치권에만 선거개혁을 맡길 경우 어떤 결과가 나타나는지도 명료하게 보여주었다. 이 선거제도는 세상 어디에도 없고 누구도 쉽게 이해할 수 없는 난해한 제도이다. 2020 총선은 이런 선거제도가 채택되었을 때 어떤 일이 벌어지는지를 보여준 중요 선거였다.

이제 우리는 정치권에만 기대지 말고 더 공정하고 정의로운 사회를 위해 다원적이고 포용적이며 합의적인 민주적 선거제도 확립을 향한 개혁을 스스로 시작해야 한다. 시민들 스스로 제도에 대한 이해를 할 수 없으면 찬반입장을 정하기도 어렵기 때문에 정치권의 선동에 쉽게 휘둘릴 수 있다. 따라서 1등을 뽑지 않은 사람들의 의견은 버려지는 선거제도에 대한 개혁이 시도된 이유를 충분히 알아야 한다. 그리고 아직 갈 길이 멀지만 민의를 보다 공정하게 대표할 수 있는 선거제도의 개혁 논쟁을 스스로 시작해야 한다. 선거제도 개혁은 위로부터 이루어질 수도 있지만 시민적 열망이 아래로부터 정치권으로 수용될 때 더 정당성을 갖고 이루어질 것이다.

자세히 보기: 연동형 비례제

1. 뉴질랜드 의회 내 각 정당구성 변화(1990년, 1996년)와 소수자 출신 의원 구성 변화

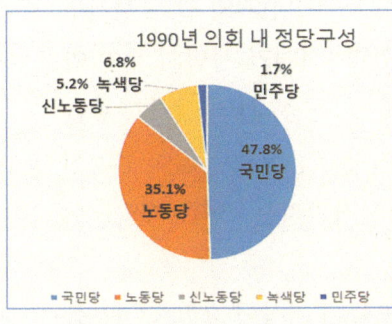
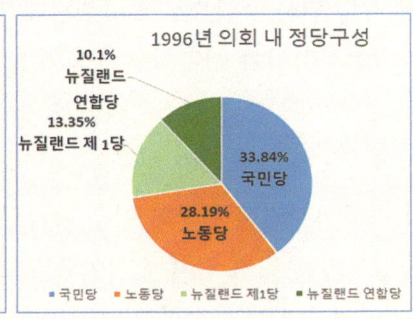
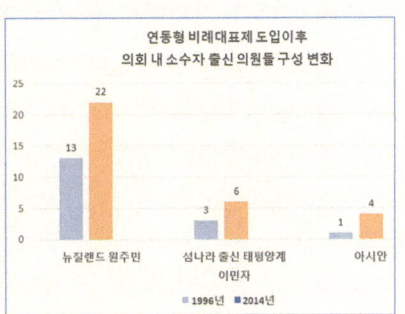

출처: 뉴질랜드 선거제 연구기관(NZES))

2. 연동형 비례대표제 도입국가 현황

국가명	선거제도	정부형태
독일	의석연계 연동형 비례대표제	의원내각제
뉴질랜드	의석연계 연동형 비례대표제	의원내각제
헝가리	득표연계 연동형 비례대표제	의원내각제
레소토	의석연계 연동형 비례대표제	의원내각제
볼리비아	의석연계 연동형 비례대표제	대통령중심제
스코틀랜드	의석연계 연동형 비례대표제	영국 내 자치정부(의원내각제)
웨일스	의석연계 연동형 비례대표제	영국 내 자치정부(의원내각제)

출처: 국회입법조사처, 지표로 보는 이슈 121호 '혼합식 선거제도 국가비례성 비교와 시사점'/외교부

둘째, 자발적 선거운동을 조직할 수 있는 시민이 되어야 한다. 선거운동은 후보자나 정당이 유권자들에게 자신의 정책이나 이념을 알려 지지를 획득해 내는 과정이기 때문에 그동안 후보자와 정당 중심으로 이루어져 왔다. 선거가 주권자인 시민의 대표를 선출하는 민주정치의 제도적 장치임에도 불구하고 시민은 선거운동의 주인이 되지 못했다. 이는 우리나라 공직선거법이 오랫동안 선거운동을 엄격하게 규제해 왔기 때문이다. 규제 중심의 선거관리체계가 이뤄질 수밖에 없었던 데에는 한국의 선거사적 경험이 원인을 제공했다고도 볼 수 있다.

이미 설명한 바와 같이, 우리나라에 선거제도가 도입된 것은 미군정 시대였기 때문에 당시 대부분의 사람들은 선거가 무엇인지 인식하지 못했을 가능성이 크다. 첫 선거의 투표율이 95.5%였다는 점을 봐도 일종의 의무로 여겼던 사람들이 많았음을 추정할 수 있다. 이후 권위주의 시대를 거치면서 선거는 권력자를 위한 수단으로 전락했는데 3·15부정선거와 같은 선거부정과 빈번한 선거제도 개악이 일어나 민의가 왜곡되는 경우가 많았다. 선거가 시민의 것이 아닌 정치인의 것으로 오용되면서 유권자의 표를 매수하려는 온갖 불법, 금품, 관권 선거가 판을 치게 된 것이다. 민주화 이후 이런 선거풍토에 대한 개혁운동이 시민사회 중심으로 일어났고 선거관리위원회의 강력한 규제가 이루어지면서 민주화 이후 한국의 선거관리시스템은 개발도상국의 모범 사례가 될 정도로 공명선거 분위기 정착에 기여했다.

이제 세상은 변하고 있다. 1990년대 중반에 등장한 인터넷은 최근 들어 가장 중요한 선거운동 매체로 급부상하고 있다. 기존의 대중매체를 이용한 선거운동은 고비용이 요구되기 때문에 선거자금이 풍부한 다수당에게 유리하고 선거 전략은 공약이나 정책 이슈에 대한 구체적인 메시지의 전달보다는 후보자의 인지도 향상, 이미지 구축, 쟁점 부각에 중점을 둔 압축적이고 간결한 메시지 전달에 중점을 두었다. 반면 인터넷은 많은 양의 정보를 저렴한 비용으로 빠르게 다양한 포맷으로 시공간의 구애 없이 24시간 유권자에게 전달할 수 있어서 소수당 후보에게도 유리한 매체로 알려져 왔다.

게다가 대중 매체를 활용하는 선거운동은 TV 토론, 정치광고 등과 같이 간접적 또는 일방향적 형태를 띠지만 인터넷은 수평적이며 쌍방향적인 매체로서 메시지 전달과 수신이 외부의 간섭 없이 자유롭게 행해질 수 있다. 그러므로 후보자와 유권자 간의 직접 커뮤니케이션 뿐 아니라 협송도 가능하기 때문에 섬세한 타깃팅(targeting)이 가능하다(Morris 1999). 이런 장점으로 인해 온라인 선거운동은 다양한 형태로 전개되어 왔다.

가장 빨리 인터넷이 발달한 미국에서 다양한 사례가 나타났다. 최초의 온라인 선거운동 성공 사례는 1998년 미국 미네소타 주지사 선거였다. 전직 프로 레슬링 선수였던 개혁당의 제시 '더 바디' 벤추라(Jesse 'The Body' Ventura)후보는 인터넷 선거운동을 통해 다수당 후보들을 제치고 승리했다. 2000년 공화당 예비 선거에서는 존 매케인 상원의원이 인터넷을 통해 전체 모금액의 1/4에 육박하는 370만 달러를 개미군단으로부터 모았다. 2004년 대선 민주당 후보 경선과정에서 각 후보들은 선거모금, 지지자 모임 결성, 자원봉사자 모집 등을 전적으로 인터넷에 의존했다.

2006년 중간선거에서는 UCC(User Created Contents 또는 User Generated Contents) 동영상으로 인해 몇몇 의원들이 선거에서 패하였다는 보도가 있었다. 대표적 사례는 버지니아 주 상원선거에서 공화당 후보였던 조지 앨런의원이 인도계 청년을 마카카(원숭이)라고 비난한 동영상이 유투브닷컴(YouTube.com)을 통해 유포되어 낙선한 것이다. 물론 이 동영상 때문에 앨런의원이 낙선했는지 명확하지는 않으나 UCC가 새로운 선거운동 매체로 등장한 것은 사실이다.

UCC의 영향력은 2008년 대선 민주당 예비 선거 캠페인에서도 입증되었는데 지지율 경쟁에 뒤지던 오바마 후보가 인터넷에 올린 한 동영상으로 인해 힐러리 후보보다 높은 지지를 받게 된 것이다. 2007년 3월 유튜브에서 이미 모든 대선후보와 유권자들 간의 소통을 위해 'You Choose 08'이라는 선거캠페인을 시작한 것처럼 2008년 대선에서 UCC는 인터넷 캠페인의 중요한 기반이 되었다. 게다가 아이폰 등 다양한 스마트 폰의 등장으로 인해 인터넷 공간에서 시작된 소셜 네트워킹은 급속하게 이동통신 공간으로 확장되었다(서현진 2013).

한국에도 2002년 대통령 선거에서 정당 조직이 아닌 온라인 공간에서 자발적으로 조직된 '노사모'라는 정치인 팬클럽이 선거운동에 큰 변화를 가져온 사례가 있다. 노사모는 노무현 대통령을 사랑하는 사람들의 모임의 약자로 노무현이라는 정치인의 팬클럽이다. 연예인 팬클럽이 아닌 최초의 정치인 팬클럽이 등장한 것인데, 이 온라인 커뮤니티는 기존 정당들이 수행하는 역할과 유사한 일들을 해나갔다. 2002년 새천년 민주당의 국민참여경선에서 유권자 40만 명을 동원했는데, 이는 일반 참여 유권자의 21%에 해당하는 엄청난 인원이었다(강원택 2007, 149). 노사모 덕분에 노무현은 대통령에 당선될 수 있었던 것이다. 기존 정당이 선거에서 민의를 대변하지 못할 경우, 시민들이 스스로 정치세력화를 통해 선거를 이끌 수 있는 가능성이 나타난 것이다.

이처럼 새로운 양상의 선거운동이 등장하면서, 선거운동에 대한 지나친 규제가 헌법에 보장된 선거자유의 원칙을 훼손한다는 비판이 일어났다. 이에 중앙선관위를 중심으로 선거운동의 자유를 확대하기 위한 다양한 제도적인 개선방안이 모색되어 왔다. 현재 공직선거법은 1994년 통합선거법이 제정된 이래 수차례 개정되면서 선거의 자유와 공정의 두 가지 이념에 충실하려고 노력해왔다. 하지만 여전히 선거의 자유보다는 공정에 중점을 두고 있어서 선거의 자유가 규제된다는 비판의 목소리가 크다. 현행 선거법에 의하면 원칙적으로 모든 종류의 선거운동이 자유롭게 허용되지만 예외적인 사항들이 많아서 실제 운영과정에서 규제 중심의 선거가 치러지기 때문이다.[5]

---

[5] 선거운동은 선거기간 개시일 부터 선거일 전일까지만 할 수 있도록 공직선거법 제59조는 규정하고 있는데 대통령 선거의 경우에는 22일간, 다른 선거의 경우에는 13일 간의 공식 선거운동 기간이 주어지고 있다. 선거운동기간이 아닌 경우에도 인터넷 홈페이지, 게시판, 대화방, 전자우편 등을 이용한 상시적인 선거운동은 허용되고 있다. 공직선거법 제60조에 의해 "선거운동을 할 수 없는 자"를 제외하고 누구든지 자유롭게 선거운동을 할 수 있도록 허용하고 있다.

현재 우리가 고민해봐야 할 문제는 어떻게 불공정 선거를 막으면서 동시에 선거의 자유를 최대한 보장할 것인가이다. 숨 가쁘게 변하는 디지털 시대에 선거운동도 완전히 다른 형태로 변하고 있다. 당원이나 지지자를 모아놓고 대중연설을 하는 노동집약적 운동에서 대중매체의 발달로 TV 광고 중심의 자본집약적 운동으로 변해온 선거운동이 이제는 인터넷과 소셜 미디어를 중심으로 하는 디지털 선거운동으로 변하고 있다. 이에 따라 온라인 선거운동에 대한 규제는 점차 완화되는 추세이다. 인터넷 선거운동의 자유에 대한 사회적 요구에 부응하여 2011년 12월 29일 우리나라 헌법재판소는 인터넷 선거운동에 대한 규제 행위가 위헌에 해당된다는 역사적 판결을 하게 되었다. 중앙선거관리위원회가 2012년 1월 13일 헌법재판소의 한정 위헌 판결을 적극 존중하여 온라인 선거운동을 상시 허용하는 공직선거법 운용기준을 마련했다.

이와 같이 디지털 시대에는 유권자가 주도하고 참여하는 자발적 선거운동이 가능해졌기 때문에 선거가 본래 목적대로 시민들의 축제가 될 것이다. 한국에서 2014년 제6대 전국동시지방선거 당시 소셜 미디어 사용자들 중심으로 트위터를 통한 투표참여 인증샷 보내기 운동을 벌인 것은 뉴미디어 선거운동의 효과를 보여준 대표적 사례이다. 최근 뉴미디어를 통한 선거운동은 더욱 활발해지고 있는데, 이런 선거운동의 이면에는 가짜뉴스의 일상화 등 부정적인 면도 있다. 선거가 민주정치의 축제로 변모되는 이 시점에서 주인공인 시민들은 네거티브 캠페인과 가짜뉴스에 현혹되지 않도록 그 어느 때 보다 더욱 똑똑하고 현명해져야 한다.

자세히 보기: 미국 오바마 대통령의 온라인 선거운동

인터넷 선거운동은 빠르게 진화해 왔는데 2008년 오바마 대통령 선거를 기점으로 네트워크 선거운동으로 전환되었다. 이전 선거운동이 홈페이지를 기반으로 한 UCC 중심이었다면 2008년 선거운동에서는 유투브 뿐 아니라 페이스북, 트위터 등의 소셜 네트워크 서비스가 정치 콘텐츠 서비스를 제공하는 장이 되면서 네트워크 선거운동이 본격화되었다. 오바마 선거운동 캠프는 모바일 폰 서비스와 연계하여 유권자 동원 뿐 아니라 정치자금을 적극적으로 모금했다. 부통령 선거 발표 때에는 290만 명에게 휴대폰 문자를 보낼 정도로 적극적인 홍보수단으로 모바일을 활용했다(Harfoush 2009).

무엇보다 소셜 네트워크 선거운동이 획기적인 점은 유권자와 후보자 간 또는 유권자 간의 상호적 쌍방향 소통이 이루어졌다는 것이다. 선거운동의 공급자와 수요자의 경계가 불분명해지고 소셜 미디어를 통해 정치적 정보와 의견을 나누고 자발적 참여를 조장했다는 점에서 의미가 있다. 즉 지지자를 조직하기 보다는 스스로 조직되도록 하는 네트워크 방식을 활용했다는 점에서 성공적이었다(Jonhson and Perlmutter 2011). 이전의 온라인 선거운동을 통해 유권자들이 수동적 정보 수용자에서 적극적 응답자로 전환되었다면 다양한 소셜 미디어가 활성화된 2008년 선거를 통해서는 후보자 중심의 미디어 선거운동이 **유권자 중심으로 조직화된 네트워크 선거운동** 구조로 변화된 것이다.

2012년 대선에서도 오바마는 소셜 미디어를 이용한 풀뿌리 선거운동에 성공했는데, 캠프관계자는 '우리는 사람들이 자원봉사자가 되길 원하는 캠페인을 만들었다(We built the kind of campaign that made people want to be volunteer)'고 말했을 정도였다(Messina 2012/11/20). 이런 전례로 인해 소셜 미디어는 중요한 선거운동 수단이 되었다. 과거 바닥 민심과 여론 조성이 동네 교회나 커피숍에서부터 시작되었다면 지금은 소셜 미디어 대화에서 시작되기 때문에 정치인들은 소셜 미디어를 더 이상 무시할 수 없게 되었다.

2008년 6월 유튜브에 앰버 리 애팅거는 '오바마에게 반했어(a crush on Obama)'라는 제목의 영상을 올려 일명 오바마걸로 불린 적이 있다. 이 영상은 정치 풍자 사이트 '베일리폴리티컬 닷컴'이 만들었는데, 네트워크를 이용한 지지자들의 자발적 선거운동 사례로 꼽힌다.

오바마는 재선이 확정된 2012년 11월 7일, '4년 더'란 표현과 함께 아내인 미셸 오바마 여사와 포옹하는 사진을 트위터에 올렸다. 이 글은 당시 22분 만에 32만 회나 리트윗 되면서 인기 가수인 저스틴 비버가 세운 종전 기록을 넘어섰다.

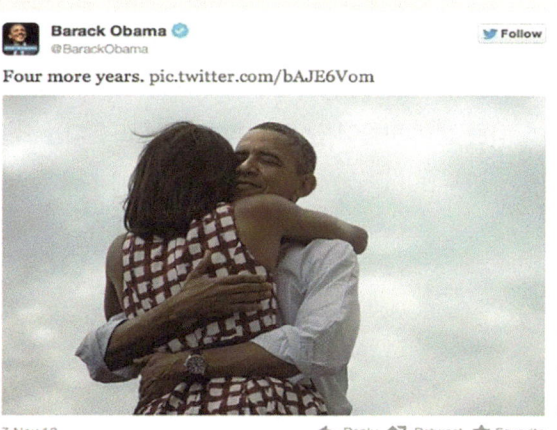

더 보기: 투표행위를 설명하는 이론들

투표는 주요 쟁점에 대해 견해를 표현하고 정치권력을 통제할 수 있는 행위로, 일반 유권자가 할 수 있는 가장 보편적인 정치 참여 방식이다. 유권자들의 투표 행위에 대한 연구는 매우 다양한데, 대표적 모델은 사회학적, 심리적, 합리적 선택 모델이다.

사회학적 모델(콜롬비아 학파)은 유권자의 사회적 배경을 가장 중요한 요소로 보고, 이를 바탕으로 투표 행위를 설명한다. 이 모델은 계급, 인종, 종교, 지역 등이 정당의 핵심 요인으로 작용했던 서유럽에서 중요하게 다루어졌다. 이 모델에서는 인간은 자신이 속한 사회적 집단과 배경에 영향을 받을 수밖에 없다고 보기 때문에, 사회적으로 유사한 배경을 가진 유권자들은 투표 행위에서도 유사한 행위를 보인다고 강조한다.

정당일체감 모델(미시건 학파)은 유권자가 특정 정당에 대해 가지고 있는 심리적인 애착심을 가장 중요한 요소로 보고, 이를 바탕으로 투표 행위를 설명한다. 정당에 대한 애착심은 유권자가 상당한 기간 동안 어떤 정당과 내면적으로 연결된 귀속 의식, 즉 '특정 정당에 대해 가지는 소속감'으로 정의할 수 있다. 이러한 소속감은 부모의 영향으로 가정에서 형성되며, 가장 안정적이고 장기적으로 유지되는 정치적 태도로 간주된다.

합리적 선택 모델은 유권자 개인의 이익을 가장 중요한 요소로 보고, 이를 바탕으로 투표 행위를 설명한다. 이 모델에서는 인간을 자신의 이익을 극대화하기 위해 행동하는 존재로 보기 때문에, 투표 행위를 개인의 목적을 위한 수단으로 간주한다. 따라서 유권자는 자신의 이해와 요구에 부합하는 정책을 제시하는 후보자를 선택한다고 본다(헤이우드 저·조현수 역 2009).

이 밖에 매 선거마다 중요 쟁점이 부각되지 않아도 유권자는 경제문제와 관련하여 쟁점투표를 할 수 있다는 설명도 있다. 전망적 투표는 유권자가 경제적으로 더 나은 미래를 보장받을 수 있다고 보는 정당이나 후보자에 투표하는 것이다. 회고적 투표는 유권자가 현 정부의 경제적 성과를 평가하여 긍정적이면 기존 정당이나 후보에 투표하고, 부정적이면 다른 정당이나 후보에 투표한다는 주장이다.

또한 쟁점 투표와 관련하여 공간이론(special theory)과 방향성(directional theory)이론도 있다. 공간이론은 유권자가 자신의 정책적 입장과 거리적으로 가까운 후보나 정당에 투표한다는 것이며, 방향성 이론은 거리 보다는 정책 방향이 선명한 후보에게 투표한다는 것이다(조진만 2018).

연관 검색어: 2016년 촛불혁명과 19대 대선, 유권자의 선택은?

박근혜 정부에 대한 시민들의 불만은 임기 내내 누적되어 왔다. 2012년 대선에서 국가정보원이 여론을 조작하였다는 부정선거 의혹이 임기 초반부터 불거져 나왔고, 2014년 세월호 침몰 사고에 대한 정부의 무책임한 대응으로 인해 불만은 더 커져갔다. 2015년에는 시민의 반대에도 불구하고 한국사 교과서 국정화 시도가 계속되었고, 2016년에는 시위도중 경찰의 물대포에 맞아 백남기 농민이 사망하는 사건까지 발생했다.

급기야 2016년 가을 최순실의 국정농단과 정유라의 이대 부정입학 사건이 세상에 알려지면서 시민들은 촛불을 들고 거리로 나오게 되었다. 시민사회의 요구는 시간이 흐르면서 박 대통령의 자발적 하야에서 강제적 탄핵으로 변화되었다. 정부와 집권 여당을 견제해야 할 야당 세력들이 우왕좌왕 하는 사이 촛불에 동참하는 시민의 수는 기하급수적으로 증가했고 시위는 전국적으로 확산되었다. 잘못된 정치를 바로잡으려는 시민사회의 염원이 정치권으로 수렴되면서 사상 초유의 대통령 탄핵이라는 결정에 이르게 되었다.

이로 인한 조기 대선의 가장 큰 특징은 박근혜 탄핵 찬반 세력 간 대결이었다. 박근혜 지지층은 주로 중장년층으로 새마을 운동과 한강의 기적 그리고 반공으로 대변되는 박정희 시대를 그리워하는 사람들이다. 이들은 평등과 분배 중심의 민주주의 보다는 멸공과 경제성장 중심의 권위적 자유주의를 선호한다고 볼 수 있다. 이들 중 일부는 국정농단 사태에도 불구하고 여전히 우리 사회가 과거로 회귀하거나 현재에 머물길 원하며 탄핵에 반대하는 입장을 나타냈다. 또 다른 일부는 탄핵에는 찬성하지만 국정농단 사태는 박근혜 측근의 비리로 보수의 실패가 아니라는 입장을 취했다.

여야를 막론하고 탄핵에 찬성하는 대다수 시민들은 새 시대, 새 정치를 원했다. 때문에 특권과 반칙 근절, 비정상의 정상화, 공정시스템 확립 등 선거 전반을 지배한 프레임은 탄핵된 박근혜 대통령을 포함한 현 정권에 대한 불만을 바탕으로 형성된 적폐청산이었다. 한편 그동안 사회경제적 양극화로 인해 심화되어 온 세대 간, 이념 간, 계층 간 갈등이 탄핵 정국을 통해 증폭되었기 때문에 국민통합 이슈도 급부상했다.

따라서 탄핵 정국에서 표면화된 문제들을 해결하고 새 시대를 이끌 지도자를 선택하는 중요한 선거였다. 그런데 '새 정치' 하면 떠오르는 인물은 안철수 후보였다. 2011년 가을부터 시작된 안철수 열풍은 향후 몇 년 간 한국 정치와 사회의 중요한 키워드였다. 새로운 대한민국을 원하는 국민의 요구가 분출되었던 탄핵정국은 안철수 현상과 일맥상통하는 부분이 있다. 때문에 새 정치를 표방해 온 안철수 후보와 전통 야당 민주당의 문재인 후보 간 접전이 예상되었다.

결과는 안 후보의 참패였다. 새 정치에 대한 기대와 염원으로 가득했던 19대 대선에서 왜 정치인 안철수는 진보 유권자의 선택을 받지 못했을까? 안 후보는 자신이 표방해온 진보 내지 중도 이미지와 달리, 보수층으로부터 더 많은 지지를 받았다. 안후보가 내세운 공약은 진보 보다는 보수 유권자가 추구하는 방향과 더 일치했던 것이다. 선거는 후보자가 자신을 지지할 유권자를 선택하는 게 아니라 유권자가 후보자를 선택하는 것이다.

서현진(2017). 제 19대 대통령 선거에 나타난 안철수 지지자 분석. 강원택 편저, 『변화하는 한국유권자 6: 촛불집회, 탄핵정국과 19대 대통령 선거』. 서울: 동아시아 연구원.

생각해 보기

미래의 선거제도, 어떤 모습이어야 할까?

미래의 선거에서는 우편투표가 도입되어야 할까?

미래의 선거에서 '우편투표'의 향방은?

코로나19 확산 방지를 위해 안전한 방안이다
vs
허위투표 가능성과 보안문제가 심각하다

　미국에서는 코로나19 확산을 계기로 2020년 11월 대선의 우편투표 확대에 대한 찬반 논란이 가열되고 있다. 도널드 트럼프 미국 대통령은 우편투표가 자신에게 불리하다고 생각하여 반대 입장을 표명한 반면, 민주당은 국민의 건강권 확보를 이유로 확대를 요구하고 있다.

　트럼프 대통령은 트위터를 통해 자신의 지지자들에게 우편투표 확대는 공화당에 불리하게 작용할 것이라는 점을 분명하게 전달했다. 그가 내세운 우편투표 확대의 문제점은 허위투표와 보안문제이다. 하지만 그는 우편투표가 확대 시행될 경우, 전통적 민주당 지지층인 흑인 등 유색인종과 젊은 층 등의 투표가 늘어나게 될 것을 걱정하고 있는 것이다.

　한편 민주당은 코로나19 확산 방지를 위해 안전하게 투표할 수 있는 방안으로 우편투표를 확대해야 한다는 입장이다. 2020년 6월 7일에 자택대피령이 내려진 상황에서 치러진 위스콘신 '경선' 이후 이런 입장은 더욱 확고해졌다. 민주당 대선주자인 조 바이든 전 부통령은 유권자가 투표소에 직접 가는 방식의 경선에 대해 비판했다. 힐러리 클린턴 전 국무장관도 트위터를 통해 공화당이 위스콘신 유권자들에게 투표를 위해 목숨을 걸 것인지 아니면 투표할 권리를 박탈당할 것인지 둘 중 하나를 선택하도록 강요했다고 비판했다.

미래의 선거에서는 전자 투표가 도입되어야 할까?

미래의 선거에서 '전자투표'의 향방은?

지리적, 물리적 효율성을 추구할 수 있다
vs
기술적 취약성 문제로 실패할 수 있다

미국에서 전자투표 논의가 시작된 배경은 2000년 대통령 선거에서 플로리다주가 사용한 펀치카드 방식의 부정확성으로 인해 재검표가 이뤄지면서이다. 이 사건으로 인해 국민이 아닌 대법원 판결로 대통령 당선자가 결정되면서, 투표 방식 개선의 필요성이 제기되었다. 이후 미국은 전자투표에 관한 법률과 제도를 만들고 2004년 대선부터 전자투표를 본격적으로 도입하였다. 전자투표 도입 후 무효표율도 3%에서 1.6%로 급감했고, 2008년 대통령 선거에서는 전체 유권자의 90% 이상이 전자투표 시스템을 이용했다.

반면 전자투표 도입에 실패한 국가들도 있다. 영국은 2000년 지방선거에서 터치스크린 방식의 전자투표를 시행하고, 2001년 일부 지역에서는 전화와 인터넷을 이용한 전자투표를 실시했다. 이후 전자투표를 지속적으로 확대하다가 2008년 런던 시장 및 의회 선거에서 전자개표 과정에서 오류가 발생하여 중지했다.

네덜란드도 1965년 선거법 개정에서 '종이투표 이외의 방식'으로 투표를 할 수 있는 조항을 신설하여 일찍부터 전자투표의 가능성을 열어둔 국가였다. 그러나 2006년 전자투표에 반대하는 시민단체가 방송을 통해 전자투표 프로그램 해킹으로 결과를 바꾸는 시연회를 연후, 전자투표는 공식적으로 중단되었다.

미래에 '선거 사각지대'를 최소화 하는 방향으로 나아가기 위한 투표방안을 제시해보자.
내가 상상하는 미래의 투표 모습을 한 장면으로 그려보자.

미래의 '선거사각지대' 소수자에 대한 고려

노숙인

이주민

미래 선거를 상상하다: 상상 컷 그려보기

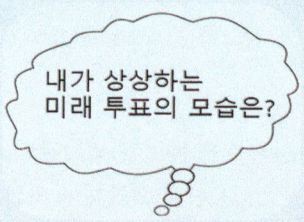
내가 상상하는 미래 투표의 모습은?

[미래투표제안 예시: 블록체인 활용]

8 민주시민과 미디어

미리보기

나의 One pick 미디어는?

미디어와 함께한 내 인생 n년, 정치정보를 습득할 때 어떤 미디어를 자주 쓸까?
미디어를 통해 정치정보를 얻는 나만의 원칙과 전략이 있다면 무엇인지 이야기해보자.

미디어 종류	아주 자주 이용	조금 자주 이용	보통 이용	조금 덜 이용	아주 덜 이용
신문					
TV					
라디오					
잡지					
인터넷 신문					
페이스북					
트위터					
인스타그램					
카톡					
틱톡					
온라인 커뮤니티					
유튜브					
기타( )					

전략 하나,
전략 둘,
전략 셋,

1. 정치 커뮤니케이션이란?

　대의 민주정치에서 가장 중요한 것은 대표자와 주권자인 시민들 간의 의사소통이다. 시민들은 다양한 의견과 요구가 정치권으로 수용되기를 희망하면서 대표자에게 전달하고, 대표자들도 자신들이 수행하는 여러 가지 정치행위에 대해 시민들의 지지와 동의를 얻기 위해 메시지를 전달한다. 이러한 과정을 정치 커뮤니케이션(Political Communication)이라고 한다. 정치 커뮤니케이션을 한 마디로 표현하자면 정치권과 시민 간에 상호영향을 주고받는 과정이다. 그런데 시민은 소통을 위해 정치권(정치인 또는 기관의 행위자들)에 물리적으로 쉽게 접근할 수 없다. 최근 청와대를 비롯한 다양한 정치기관에 대한 시민들의 물리적 접근성이 높아지긴 했지만 직접적인 만남은 여전히 어렵다.

　때문에 정치조직과 시민이 상호 영향을 주고받으며 소통하기 위해서는 이 둘을 잇는 오작교가 필요하다. 이 오작교가 바로 '미디어(media)'이다. 정치 조직과 시민은 미디어를 통해 서로 간의 영향력을 행사하며 역동적인 의사소통 과정을 경험하게 된다. 즉, 정치 커뮤니케이션이란 정치 엘리트 등의 정치 행위자, 미디어, 그리고 시민이 언어나 상징을 이용해 국가 혹은 공동체의 공공정책에 영향을 주는 과정이다(Perloff 2013). 이런 소통은 정치권에서 미디어를 통해 시민에게, 또는 반대로 시민에서 미디어를 통해 정치권으로 전달되는 두 단계 흐름(two-step flow)을 거쳐서 일어나는 것이다.

　시민들은 대부분 미디어를 통해 정보를 제공받는다. 그런데 미디어는 정보제공 외에 민주정치에 필수적인 다양한 역할을 수행한다. 미디어는 기존의 정치 사회적 가치를 교육시키고 전수하여 사회 통합과 안정에 기여하는 한편, 감시자와 비판자 역할을 통해 사회 변화를 이끌어내기도 한다. 또한 뉴스를 만들고 의제를 설정하는 등 다양한 방법으로 여론을 형성하며, 여론을 정치권에 전달하여 정책 결정에 영향을 미치기도 한다. 의회에서 예산이 삭감될 때, 대통령이 해외 파병을 할 때, 법원에서 중대한 판결이 내려질 때도 뉴스가 생산된다. 이런 보도는 정치와 사회 전반에 큰 영향을 미친다. 뿐만 아니라 선거에서 당선자의 결정에도 중대한 영향을 미친다. 미디어의 지지를 얻지 못한 후보들이 고전하거나 낙선하는 것은 흔히 볼 수 있는 일이다. 그 반대의 경우도 드물지 않다. 이렇듯 미디어는 선거과정에서부터 여론형성과 정책 결정 그리고 집행 단계에 이르는 모든 정치과정에 상당한 영향을 미친다.

　정치 커뮤니케이션 방식은 정치체제에 따라서 발전적, 권위적, 민주적 등 세 가지 차원으로 나누어 설명할 수 있다. 먼저 발전적 커뮤니케이션은 주로 개발도상국가에서 나타나는데, 사회 개발을 위한 목적으로 정치 커뮤니케이션을 활용하는 방식을 말한다. 그 주요 특징은 다음과 같다. 첫째, 미디어는 국가가 세운 개발 목표에 상응하는 과업을 수행해야 한다. 둘째, 언론의 자유는 경제 개발 원칙과 사회 개발의 필요성에 의해 일단 제한된다. 셋째, 언론 종사자들은 정보를 수집하고 보급할 자유를 가지는 동시에 그에 대한 책임 또한 가져야한다. 넷째, 국가는 개발 목표를 위해 미디어의 운영을 간섭하고 통제할 권리가 있다(McQuail, 1983). 이 유형에서는 미디어가 국가의 개발목표를 선전하는 도구로 이용되고 언론의 자유도 제한되는 것을 볼 수 있다.

권위적 차원의 정치 커뮤니케이션 방식도 시민의 입장에서 필요한 소통체계는 아니다. 이 방식은 독재자가 지배하는 국가 체제에서 나타나는 것으로 언론의 자유 자체가 허용되지 않으며 개인 간의 의사소통이나 입장 표명도 제한을 받는다. 정치 커뮤니케이션의 형태도 수직적이며 일방적이라 할 수 있다. 주로 정부는 독재 정권 내에 있는 소수 엘리트들의 의견에 따라 정책을 결정하며 이를 대중에게 발표하거나 설득 및 선전할 목적으로 미디어를 이용한다. 정부의 일방적인 정책 발표에 대해 시민들은 비판할 권리가 없으며 수용할 의무만을 갖게 된다(이동신 외 2004, 31-33).

여러분은 위와 같은 두 유형의 정치 커뮤니케이션이 이루어지는 나라에서 살아갈 수 있는가? 아마 권위적 차원의 커뮤니케이션을 추구할 시민은 없을 것이다. 일방향의 수직적이고 독단적인 의사소통을 바라는 이는 없을테니 말이다. 그렇다면 발전적 정치 커뮤니케이션은 어떠한가? 우리나라는 과거 권위주의 정권 시기에 경제 개발과 성장을 목표로 언론의 자유를 담보 잡혔던 경우가 있었다. 언론·출판·집회·결사의 자유 또는 표현의 자유는 헌법 조항일 뿐 실제로 일반 시민들이 소유할 수 있는 것은 아니었다. 이처럼 발전적 정치 커뮤니케이션도 시민답게 살 수 있는 나라를 위한 것이 아닐 수도 있다.

요즘말로, '답정너(답은 정해져 있고 너는 듣기만 하면 된다)' 식의 설명이라 머쓱하지만 우리는 정치 커뮤니케이션의 유형에서도 결국 민주주의를 찾게 된다. 민주적 정치 커뮤니케이션의 방식은 수평적이면서도 쌍방향적이다. 민주주의 국가에서는 자유로운 언론의 활동과 의사소통의 자유가 보장된다. 또한 시민은 자신이 원하는 말을 할 수 있고 인쇄하거나 배포할 수 있는 권리를 보장받는다. 정부는 여론 수렴이라는 방법을 통해 시민이 원하는 바를 청취하고 이를 참조하여 정책을 결정하는 순환적인 결정을 하게 된다. 즉, 정치 행위자의 일방적인 발표나 선전, 설득의 커뮤니케이션보다는 여론에 대한 공개가 이루어지며 비판과 토론이 권장되는 사회의 모습이 생겨난다. 이때 미디어는 정치 커뮤니케이션 채널로서 시민과 정치권을 잇는 교두보 역할을 하며 균형적인 시각을 도모하게 해주고 상대방의 입장을 대변해주는 사고의 기회를 제공한다.

2. 정치 커뮤니케이션에서 활용되는 미디어는 무엇일까?

1787년 영국의 정치가 버크(Edmeund Burke)는 의회연설에서 기자석을 가리키며 "제4부(the Fourth Estate)"라는 표현을 사용했다. 이는 미디어를 행정부, 입법부, 사법부에 이은 제4의 권력으로 지칭한 것으로, 그만큼 미디어의 정치 사회적 영향력이 크다는 것을 시사한다. 그렇다면, 제 4부로서의 미디어는 어떤 모습을 하고 있을까? 인류 역사상 최초로 등장한 미디어는 무엇이었을까? 당시에도 지금처럼 언론의 자유가 있었을까? 정보의 홍수 속에 사는 오늘날과 달리 인쇄매체가 등장하기 전 정보는 일부 계층이 소유하는 매우 제한적인 것이었으며 주로 입에서 입으로 전달되곤 했다. 대표적 인쇄매체인 신문의 등장은 이런 커뮤니케이션 방식에 획기적인 변화를 가져왔다. 이후 방송 매체인 TV의 등장과 뉴미디어로 불리는 케이블 TV, 인터넷, 소셜 미디어의 등장으로 인해 인류는 이제 원하는 정보가 무엇이든 언제 어디서나 쉽게 얻을 수 있는 시대로 진입했다.

1) 신문

가장 전통적인 미디어로는 인쇄매체인 신문이 있다. 일찍이 정치 커뮤니케이션 매체가 발달된 미국에서는 신문이 정치적 목적으로 창간되었다. 18세기 건국 초에 정치인들과 지지자들이 자신들의 주장을 홍보하기 위해 신문을 만든 것이다. 예를 들면 조지 워싱턴(George Washington) 대통령 시절 연방주의자들은 자신의 정치적 견해를 알리기 위해 신문을 창간했고 반대파인 토마스 제퍼슨(Thomas Jefferson)도 공화파의 신문을 창간했다. 그러나 당시 신문은 발행부수도 적고 매우 비쌌기 때문에 일반인이 구독할 수 없었다. 즉 당시 신문은 특정 정파의 주장을 대변하기 위해 만들어졌고 소수의 부유층과 정치가만이 구독할 수 있었으며 보도 내용도 철저히 통제되는 등 정치에 종속되어 있었다(최명 2006, 128).

이후 1830년대 중반에 본격적인 신문의 대중화 시대가 열렸다. 페니페이퍼(penny paper)가 등장하여 매우 싸게 대중에게 신문이 공급되는 획기적인 변화가 일어난 것이다. 이처럼 정당 신문에서 대중에 기반을 둔 'Penny Press' 시대로의 변화가 일어났지만 정치와 대중매체가 분리된 것은 아니었다. 정치인 대신 신문사 사주들이나 편집인들이 미디어의 보도성향을 결정짓거나 기사 내용을 왜곡하는 등 막강한 정치적 영향력을 행사하면서 언론의 정치색채가 더욱 강화되었다(Horn 2004, 34-35). 뉴욕타임즈(New York Times), 워싱턴포스트(Washington Post), 월스트리트 저널(Wall Street Journal) 등 다양한 정치 색채를 가진 신문들은 오늘날에도 미국 뿐 아니라 전 세계의 정치, 경제, 사회에 중대한 영향을 미치고 있다.

더 보기: 세계의 100년 신문들, 그리고 정치적 노선

미국의 대표 100년 신문

미국	시카고 트리뷴	뉴욕타임스	워싱턴포스트	LA 타임스	월스트리트저널
창간연도	1847년	1851년	1877년	1881년	1889년
슬로건	미국인들을 위한 신문	신문에 적합한 모든 뉴스	민주주의는 어둠 속에 죽는다	빠르게, 굳세게, 진실되게	아메리칸 드림을 위한 일기장
특징	중부지역의 중심 일간지	세계 지식인이 즐겨 읽는 일간지	미국 정치인 특종에 강한 일간지	미국내 넷째로 구독자가 많은 일간지	경제와 비즈니스에 중점을 둔 일간지

유럽의 대표 100년 신문

유럽	르 피가로 (프랑스)	파이낸셜 타임스 (영국)	가디언 (영국)	더 타임스 (영국)	코리에레 델라 세라 (이탈리아)
창간연도	1826년	1888년	1821년	1785년	1976년
특징	프랑스 최대 발행 부수, 중도우파 대변	심층 국제 경제 분석에 강한 고급신문	지방지에서 전국지로 성장한 좌파 신문	유럽 신문 기틀 세운 정통 보수 신문	밀라노에서 발행하는 이탈리아 최대 일간지

우리나라의 경우 최초의 근대 신문은 1883년 10월에 창간된 '한성순보'이다. 당시 정부기구인 박문국에서 월 3회 발간하였으며 미국과 같이 특정 정파의 사상을 알리는 용도로 창간되었다. 특히 박영효 등의 개화파가 개화사상을 알리려는 것이 창간의 목적이었다. 이후 우리나라의 첫 민간신문은 1896년 4월 7일에 서재필이 창간한 주 3회 발간되었던 '독립신문'으로 한글 전용과 띄어쓰기를 도입해 대중이 쉽게 읽도록 한 것이 특징이었다. 이후 일제강점기에는 식민지로 전락함에 따라 독립신문을 포함한 다양한 민간신문들이 폐간되고 말았다.

해방 후 미군정기에는 신문발행이 정부 허가제에서 등록제로 바뀜에 따라 민중일보, 자유신문, 대동신문 등 정치 정론지의 성격을 띤 다양한 대중신문이 창간되었다. 이어서 군부독재 시절을 거치며 또 한번 언론의 탄압을 겪었으나 민주화 이후 다시 언론의 자유가 꽃을 피웠다. 전문가와 독자의 의견을 담는 오피니언면도 대폭 확대되기도 하고, 하나로 묶여있던 신문이 두개 이상의 별지로 구성되는 등 다양한 형태로 발전되어왔다(국사편찬위원회 2007). 최근 정치 색채를 중심으로 보면, 진보적인 신문은 한겨레, 경향신문, 오마이뉴스 등이 거론되고 있으며, 보수적인 신문으로는 조선일보, 중앙일보, 동아일보 등이 거론되고 있다.

21세기 들어 전 세계적으로 인쇄매체로서의 신문은 쇠퇴기를 겪고 있다. 바로 '소비되지 않는 상황' 때문이다. 퓨 리서치센터(Pew Research Center)의 미국 시민들을 대상으로 한 설문조사 결과에 따르면, 2017년 기준 텔레비전을 통한 뉴스 소비는 약 50%인 것에 반해, 신문을 통한 뉴스 소비는 약 18%에 불과한 것으로 나타났다. 또한 이 연구소의 조사 결과에 따르면, 1984년 이후 전체 신문의 판매부수는 점진적으로 감소하고 있는 추세이다. 1984년 전체 일간 신문의 판매부수가 약 6천 3백만이었던 것에 비해 2018년 전체 판매부수 측청치는 겨우 2천 8백만에 불과하다.

한국의 경우도 상황은 마찬가지이다. 2019년 한국언론진흥재단 '언론수용자 조사' 결과 신문 구독률이 6.4%에 불과했다. 1990년도의 신문 구독률은 60%대를 유지하다가 2000년대 네이버·다음을 비롯한 포털의 '공짜뉴스' 등장과 지하철 '무료신문'의 등장에 따라 2004년 50% 선이 무너졌고 2008년에는 40% 선이 무너졌다. 스마트폰이 본격적으로 등장한 2009년 이후 하락 폭은 더욱 뚜렷해져 2010년 29%를 기록, 30% 선마저 무너졌다. 불과 10년 만에 구독률은 절반 이하로 급감했다. 그리고 9년이 흘러 등장한 6.4%라는 지표는 2020년대 종이신문의 '종말'을 가리키고 있다(한국언론진흥재단 2019). 이에 신문사들은 새로운 판로를 개척하고 있는 상황이다. 특정한 목표 집단을 중심으로 한 인터넷 유료신문 서비스 등을 출시하고 있으며, 방송사와 연계한 저널리즘에 좀 더 무게를 두고 있는 상황이다.

2) 방송

20세기에 접어들면서 본격적으로 대중매체 시대가 열린 것은 라디오와 TV 등 방송매체의 등장 때문이다. 미국은 다른 나라보다 빠르게 라디오와 TV를 발전시켜나갔다. 1910년대에 실험적 라디오 방송이 여러 번 시도되었으나 당시 공중파(Airwaves)는 공공의 재산으로 매우 비싸고 제한적이었다. 수익성을 고려한 최초의 대중 라디오 방송이 시작된 것은 1920년 피츠버그의 KDKA 방송국에 의해서였다. 1933년 프랭클린 루즈벨트(Franklin D. Roosevelt) 대통령이 '노변정담(fireside chats)'이라 알려진 최초 라디오 연설을 한 이래 라디오는 워싱턴과 국민 그리고 워싱턴 밖의 여러 정치행동가들을 이어주는 매우 중요한 수단이 되어왔다.

최근까지도 라디오는 미국인들에게 중요한 뉴스 정보원인데 러시 림보(Rush Limbaugh)[1]가 진행하는 청취자 참여가 가능한 보수적인 토크쇼는 수백만의 공화당 지지자를 고정 청취자로 확보했다. 이외에도 하워드 스턴(Howard Stern),[2] 돈 이머스(Don Imus),[3] 래리 킹(Larry King)[4] 등이 진행하는 라디오 토크쇼는 많은 청취자를 확보한 인기 있는 프로그램이었다.

최초의 TV 방송 역시 통신기술 발전단계를 거쳐 1920년대에 실험 방송을 하였다. 당시 20여 개의 방송국이 존재하였으나 처음 방송이 시작된 것은 1939년이었다. 그리고 60년대 말 본격적으로 TV의 대중시대가 열렸다. 동시에 여러 지역으로 같은 프로그램을 송신할 수 있는 장치가 개발되면서 ABC, NBC, CBS 등 네트워크 텔레비전이 등장했다. 케이블 방송도 인공위성 덕에 특별한 수신안테나만 있으면 어느 지역에서든 시청이 가능했고, 보다 선명한 화면과 다양한 채널을 공급할 수 있었기 때문에 빠르게 성장할 수 있었다.

1980년에 글로벌 네트워크 전문 뉴스 채널인 CNN(Cable News Network)이 설립되어 현재 전 세계적으로 많은 시청자를 확보하고 있다. 미국 내에서는 Fox News Channel이나 NBC 계열인 MSNBC와 CNBC의 경쟁도 심하다. 상하원에 대한 뉴스를 매일 보도하는 C-SPAN(Cable-Satellite Public Affairs Network)도 규모는 작지만 열성적인 시청자를 확보한 케이블 방송사다. TV는 뉴스외의 다른 방법으로도 정치커뮤니케이션 매체가 되는데 상당한 수의 미국인들이 제이 레노(Jay Leno)와 데이빗 레더맨(David Letterman) 같은 심야오락프로나 새러데이 나잇 라이브(Saturday Night Live) 같은 오래된 코미디 프로그램에서 정치 뉴스를 접하기도 했다. 일요일 아침 TV 토크쇼와 인터뷰 프로그램도 정치적 관심이 많은 시청자들에게 인기가 있다.

우리나라의 라디오 방송은 일제강점기인 1925년 11월 조선총독부 체신부에서 출력 50W의 무선실험방송을 한 때부터 시작됐다. 최초의 라디오 방송국은 이듬해 11월 설립돼 1927년 2월 16일 1kW 주파수 870㎑로 개국한 경성방송국이다. 방송은 오전 6시부터 오후 11시까지 일본어 70%, 한국어 30% 정도의 비율로 진행됐다. 당시엔 라디오 방송을 듣기 위해 2원씩 수신료를 납부하고 허가장을 받아 대문 앞에 부착해야 했다. 우리나라 최초의 라디오는 LG전자의 전신인 금성

---

[1] The Rush Limbaugh Show는 1984년 새크라멘토에서 처음 시작했고, 1988년부터 전국적으로 방송되었다.
[2] The Howard Stern Show는 1979년 시작하여 현재까지 방송 중이다.
[3] 1968년 6월 1일 시작했던 Imus in the Morning은 2018년 3월 29일까지 방송되었다.
[4] 라디오 토크쇼인 Larry King Show는 1978부터 1994까지 방송되었다.

사에서 1959년 11월 15일 생산한 진공관식 라디오(모델 A-501)로 당시 가격은 쌀 50가마니에 해당하는 2만 환으로 고가의 전자제품이었다(문화일보 2012-12-12).

라디오는 대한민국 현대사의 시작과 함께한 중요한 미디어였다. 근대 국가 건설과정에서 새로운 공동체를 상상하고 공유하는 데 있어 중요한 역할을 해왔다. 특히 식민지 지배, 냉전의 시작과 전개, 근대화 프로젝트의 추진, 대중문화의 발전 등을 이해하는 데 있어서 중요한 매체로 기능해왔다(대한민국역사박물관, 2014). 최근에는 라디오를 통한 정치 커뮤니케이션 보다는 변형된 라디오의 형태인 뉴미디어로서의 팟캐스트가 부상하고 있다.

그러면 우리나라 TV의 기원은 언제였을까? 행정자치부 국가기록원의 기록에 따르면, 1954년 TV 수상기 1대가 보신각 앞에 설치돼 일반에 첫선을 보였고 1956년 5월에 '활동사진이 붙은 라디오'라는 별명을 가진 TV 방송이 시작됐다. 1956년 5월 12일 탑골공원, 서울역 등지에 인파가 몰렸다. 이날 첫 전파를 탄 우리나라 첫 TV 방송국 코캐드 티브이(KORCAD-TV)의 방송을 보기 위함이었다. 당시엔 TV 수상기가 일반에 보급되지 않아 서울 시내 주요 공공장소에 TV 수상기를 설치해 방송을 송출했다. 1960~1970년대에는 국(공)·민영 TV 방송국이 서울과

〈그림 8-1〉 한국 최초의 라디오와 TV

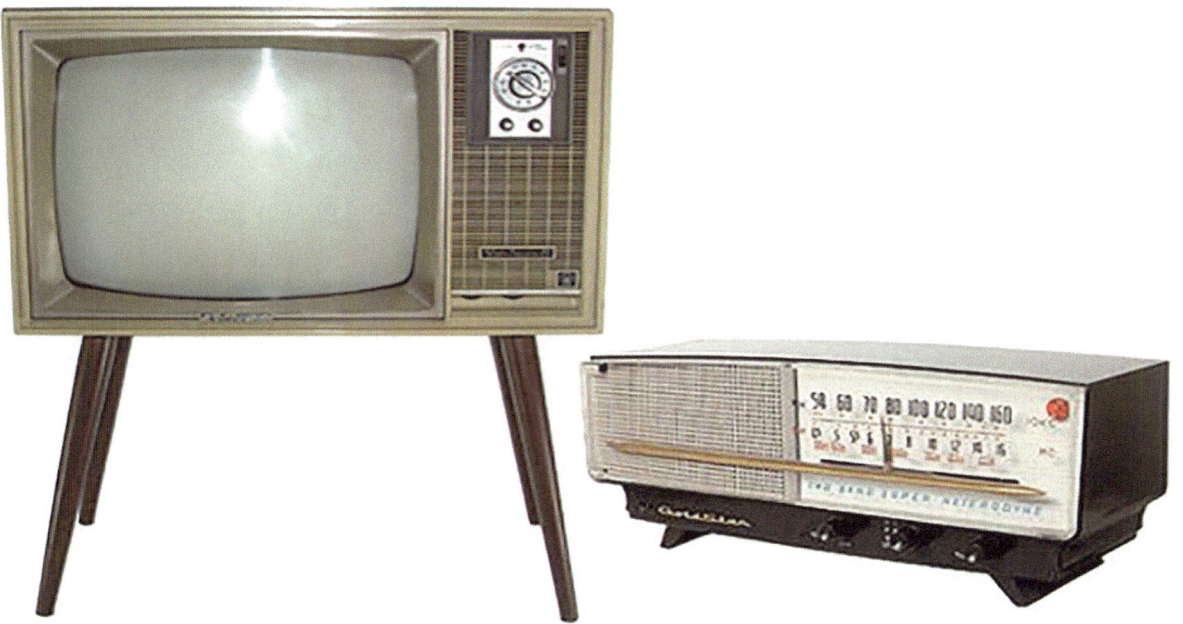

금성사(현 LG전자)에서 제작한 최초의 라디오(A-501)와 흑백 TV(VD-191)이다. 1961년 12월 31일 한국 최초의 TV 방송국인 한국 방송 공사가 창립되었다. 당시의 TV 방송은 매일 4시간씩 송출되었는데 이를 시청하는 수단인 TV는 모두 외국산이었다. 1966년부터 금성사에서 19인치 크기의 VD-191이라는 텔레비전 수상기를 제작하여 판매하기 시작하였다. 국내에서 생산된 텔레비전의 판매 가격은 68,350원으로, 당시 쌀 한 가마니가 2,500원이었던 점을 감안하면 매우 높은 가격이었다.

지방에 속속 개국하면서 TV 방송이 전국적인 방송망을 구축해 갔다.

1980년대 이후 전면 컬러 TV 방송이 실시되고, 다채널·뉴미디어 시대로 진입하면서 TV 방송은 대중매체의 중심으로 자리매김했다. 1980년 정부의 언론 통폐합 정책으로 동양방송이 KBS에 통합되고, MBC의 주식 상당분을 KBS가 인수함으로써, KBS 중심의 공영방송체제로 재정비됐다. 1981년 TV 수상기 보급이 80%를 넘어서고 컬러 TV 방송이 전면 실시되면서 TV는 안방 시청자들을 사로잡았다. 컬러 TV 방송으로 프로그램은 다양해지고, 화려한 쇼·오락 프로그램의 비중이 늘어나 시청자들을 브라운관 앞으로 끌어들였다. 또한, 교육방송(81.2.), 서울방송(SBS, 91.3.), 케이블TV(95.1.), K-TV(95.7.), 아리랑TV(99.6.) 등이 등장하면서 다채널·뉴미디어시대로 본격 돌입하게 됐다.

TV는 뉴스 외의 다른 방법으로도 정치 커뮤니케이션 매체가 되는데 바로 TV 토론이 이에 해당한다. 우리나라에서는 선거운동 방법 중 하나로 국내에서는 1995년 서울 시장 선거에서 최초의 TV 토론이 개최되었다. 이후 대통령 선거에서도 토론이 진행되었다. 2004년부터는 선거관리위원회 산하 선거방송토론위원회가 상설되며 이를 도맡아 하고 있는 상황이다(이호은 외 2014, 14). 그 외 TV 프로그램으로 선거방송이 아니더라도 정치적 시사문제에 관해 다루는 MBC의 백분토론(1999~), 종편방송인 TV조선의 강적들(2013~), 썰전(2013~2019) 등이 매니아층을 형성하며 다양한 정치 이슈에 대한 정보와 논의거리를 제공하는 역할을 한 바 있다.

3) 인터넷과 뉴미디어

인터넷은 여러 가지 장점을 가진 매체이다. 인터넷에는 시간과 공간의 제약 없기 때문에 사용자들은 원하는 정보를 언제든지 선택하여 볼 수 있다. 인터넷을 활용하면 정보 공급자는 정보를 수용자에게 직접 전달할 수 있다. 또한 정보 수용자가 이 정보를 다시 인터넷을 통해 다른 이용자에게 전달할 수도 있다. 이로 인해 인터넷 상의 정보는 상대적으로 빠르게 재생산되는 경향이 있다. 또한 방송사의 웹사이트들을 보면, 정보 공급자가 문자(신문), 소리(라디오), 화면(TV) 정보를 수용자에게 동시에 전달할 수 있음을 알 수 있다. 쌍방향 커뮤니케이션은 인터넷 매체의 가장 큰 장점이며, 대중에게 다량의 메시지를 전달하는 대량 의사소통과 이메일 등을 통한 개인적 의사소통이 동시에 가능한 것도 장점이라고 볼 수 있다.

이렇게 많은 장점을 가진 인터넷의 확산으로 기존 정치 커뮤니케이션 방식에 긍정적인 변화가 나타나고 있다. 정보의 양적 증대로 인해 시민들이 정치이슈에 대해 자유로운 의사표현과 토론에 참여하는 일이 수월해졌다. 따라서 정치인이나 언론사 사주 또는 편집인이나 기자가 아닌 네티즌들이 직접 여론을 형성할 수 있게 되었다. 또한 특정 정치인 팬클럽의 예에서 볼 수 있듯

〈그림 8-2〉 대한민국 여론을 움직이는 6대 온라인 커뮤니티

이 네티즌의 적극적인 정치참여 활동이나 정치인과의 직접 커뮤니케이션도 가능해졌다. 이런 상호작용성, 기존 형식의 파괴, 사용의 편리성 등 새로운 소통 매체의 발달로 인해 정치 커뮤니케이션의 중요성은 더욱 커지고 있다.

특히 젊은 세대처럼 정치에 대한 관심이 적고 덜 참여적인 시민도 페이스북, 유튜브, 트위터 등 다양한 소셜 미디어(SNS)를 통해 쉽게 정치과정에 연계될 수 있다. 트위터의 실시간 업데이트나 유튜브의 동영상 업로드 등을 통해 시민들은 이전보다 훨씬 수월하게 정치과정에 참여하게 되는 것이다. 최근 한국에서는 다양한 취미활동 및 사교활동을 목적으로 만들어진 온라인 커뮤니티들이 정치적 입장을 취해 다양한 차원의 참여 사례가 나타나고 있다. 즉, 인터넷을 통한 정치사회화와 정치 행동이 활발해지고 있는 상황이다. 연구에 따르면, 소셜 미디어의 정치적 사용은 정치 효능감, 정치참여, 온라인 토론 등과 밀접한 상관관계를 갖는 것으로 나타났다(이준웅 외 2015, 471).

다양한 견해가 공존하는 인터넷의 활성화는 정부나 언론 재벌들의 권력 집중으로 인한 정보의 통제에 대한 대안도 제시한다. 예를 들면, 2003년 3월과 4월 이라크 전에서 미군과 동행한 취재기자들은 인터넷 '전쟁 블로그'(warblogs)를 통해 전장소식을 직접 송신했다. 당시 대중매체의 최대 헤드라인 뉴스는 이라크 전쟁을 지지하는 내용이었지만 반전 운동가들은 최초로 이메일을 통해 대대적인 반전운동을 펼친 것이다(Horn 2004, 40). 우리나라의 경우도 정치 커뮤니케이션 과정에서 미디어를 자발적으로 활용한 시민의 사례가 있다. 예를 들어 2017년 박근혜 대통령 탄핵 국면에서 벌어진 여러 이해당사자들에 대한 청문회 시절, 이른바 네티즌으로 분한 시민들은 실시간 채팅에 참여하며 정치인들을 감시하고 꾸짖었으며, 정치인들이 찾지 못한 여

러 정보를 SNS 메시지를 통해 직접적으로 전달하는 등, 시민의 목소리가 투영될 수 있도록 적극적인 참여 행동을 보인 바 있다.

　이처럼 기존 대중매체의 특성을 그대로 가지고 있으면서 새로운 장점이 부가된 인터넷의 등장으로 인해 여론형성과 선거 그리고 정치과정 전반에 걸쳐 기존 정치 커뮤니케이션 방식이 변화되고 있다. 그런데 인터넷의 정치적 개입이 확대되고 영향력도 증대되는 것에 대해 우려하는 목소리도 있다. 온라인 공간에서 확인되지 않은 정보나 자기 성찰이 수반되지 않은 메시지들이 교환되기 때문이다. 이런 루머나 가짜 뉴스는 빠르게 확대 재생산 되면서 소모적 갈등을 부추길 뿐 시민들의 정치 지식과 관심 증대에 기여하지 않는다는 것이다(Conreoy, Feezell, & Guerrero 2012).

　또한 생각이 유사한 사람들끼리 자신들의 정치적 목소리를 공유하고 확대 재생산하면서 메아리나 에코로 돌아오는 자신들의 목소리가 전반적인 여론이라고 착각하는 상황이 벌어지기도 한다. 이제 새로운 매체는 준비가 되었다. 생각이 다른 사람들 간에 관용적이고 합리적인 대화와 토론이 이뤄지고 합의를 이끌어 내는 공론장으로 뉴 미디어를 활용할 줄 아는 진정한 시민들이 많아질 때 비로소 새로운 방식의 정치 커뮤니케이션이 일어날 것이다.

더 보기: 뉴미디어를 통한 청소년의 정치 커뮤니케이션 : 일베 사례

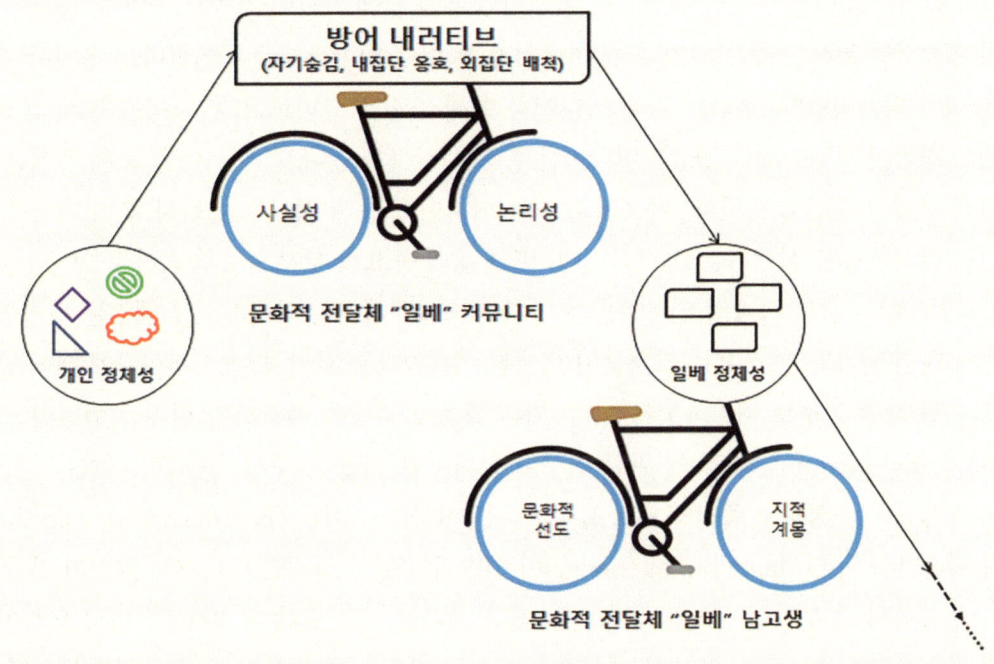

우리는 지금까지 뉴 미디어를 통한 정치 커뮤니케이션이 양날의 칼이 될 수 있음을 논의하였다. 이 같은 논의는 미디어를 기술의 혁신으로만, 그리고 절대선으로만 바라보지 않는다는 점에서 의미있는 논의에 해당한다. 여기에 더하여 우리가 주목할 부분이 있다. 바로 '어떤 집단'이 '어떤 문화'와 결속하여 뉴미디어 정치 커뮤니케이션 활동을 하고 있냐는 것이다.

그 중에서도 남자 청소년들에 주목할 필요가 있다. 이수정(2016)의 일베 활동 남고생 대상 연구에 따르면, 청소년들은 일베 사이트에서 자기숨김과 내집단 옹호, 외집단 배척의 방어적인 내러티브를 학습하며 이것을 자신들의 학교문화에 전달하는 역할을 하고 있다. 전라도에 대한 편견, 여성에 대한 비하, 이주민에 대한 괄시 등이 유머코드로 환기되어 아이들 간의 문화로 이입되고 있다는 것이다. 이 같은 사례는 뉴 미디어를 통한 소통이 특정 집단에게 어떤 영향력을 발휘할 수 있는지에 대해 주목할 필요가 있음을 보여준다. 아울러 뉴 미디어 자체에 대한 성찰 뿐만 아니라 그것이 영향력을 미치는 오프라인 공간에 대한 관심도 필요함을 보여준다.

이수정 2016. "일베 남고생에 대한 이해—사회정체성 형성을 중심으로." 서울대학교 석사학위 논문에서 발췌 및 수정

3. 미디어는 정치에 어떻게 영향력을 행사할까?

위와 같이 미디어는 다양한 유형으로 발전되며 우리 삶에 가까이 자리잡고 있다. 때문에 미디어의 영향력을 논하는 것은 우리 삶에 머물러 있는 미디어의 존재를 확인한다는 점에서 자연스러운 일이 되어버렸다. 우리는 이제 미디어를 통해 물건을 살펴보고, 미디어를 통해 결제하는 경제적 경험이 자연스럽다. 또한, 미디어를 통해 사람들을 만나고, 미디어를 통해 관계를 맺는 사회적 경험이 즐겁고 편하다. 아울러 우리는 미디어를 통해 정보를 습득하고, 미디어를 통해 시민적 참여행동을 실행하는 정치적 경험 또한 삶의 중요한 부분으로 축적하고 있다.

정치인들이나 관련 학계의 연구자들은 미디어가 매개하여 우리에게 제공해주는 정치정보에 따라 우리의 생각과 행동 혹은 그것들이 모여진 여론이라는 것이 변화될 것인가에 대해 궁금해 했고 이를 각종 연구로 해소하고자 했다. 이와 같은 궁금증을 해소하기 위해 실행했던 초기의 '미디어 효과(Media Effect)'에 관한 연구를 살펴보면, 대중은 주사나 총알을 맞은 것처럼 미디어가 제공하는 정보를 즉각적으로 흡수한다는 피하주사 이론(Hypodermic needle theory)이나 마술탄환 이론(Magic bullet theory)이 일반적이었다. 하지만 미디어의 역할이 가장 중요하고 영향력이 큰 분야인 선거운동에 대한 연구 결과는 이와 달랐다. 1940년 미국 오하이오주 에리 카운티(Erie County) 주민을 대상으로 대선 선거운동 기간 동안 후보자 선호 변화를 분석한 라자스펠드, 베렐슨, 고뎃(Lazarsfeld, Berelson, Gaudet 1948)은 대중매체를 통해 다양한 선거정보를 습득했음에도 불구하고 대부분의 유권자들이 기존에 선호하던 후보자에 대한 지지를 유지한다는 연구결과를 내놓았다. 이 연구에 따르면, 대중매체를 통한 정보 습득은 유권자들이 이미 갖고 있는 기존 선호를 전환시키기보다 이를 강화시키거나 잠재된 선호를 일깨우는 역할을 하는 것으로 보인다.

이와 유사하게 이후 1950년대와 60년대 연구들도 선거과정에서 매체 효과가 제한적이라는 연구결과를 내놓았다. 트루만 대통령의 위슬 스탑 캠페인(whistle-stop campaign)으로 유명한 1948년 선거에 대한 연구는 캠페인에 관심을 기울인 사람들의 기존 태도는 변화되기보다 더욱 강화되었다고 결론지었다(Berelson et al. 1954). 매체가 정치행태에 미치는 영향력이 크지 않은 까닭은 유권자들이 당파성이나 이념과 같은 기존 정치성향에 따라 매체를 선택적으로 이용하거나 정보를 이해하기 때문일 수 있다(Klapper 1960). 또한 선거 정보가 후보자로부터 유권자에게 직접 전달되기보다 매체를 통해 선택적으로 때로 해석되어 전달되기 때문에 매체를 통한 후보자들의 메시지가 유권자들의 선호에 미치는 영향력이 미미하게 관찰될 수도 있다.

미디어의 최소 효과에 대한 이론들은 미국에서 TV 소유 가구 수가 1/4도 채 되지 않았던 시절에 연구된 것이다. 향후 TV 보급이 확대되고 정당의 공천과정이 민주화되었으며 선거자금법이 개정되는 등 일련의 환경 변화가 일어나면서 이 이론은 수정되기 시작했다. 대선 공천이 정당 지도자나 소수 엘리트에 의해 결정되던 제도가 1960년대 들어 예비 선거를 통한 경선방식으로 민주화되면서 공천과정에서 정당의 영향력이 감소하였다. 게다가 1970년대 선거자금법은 선거자금을 정당 차원이 아닌 개인에 의해서 조달할 수 있도록 1974년과 1976년에 개정되었다.

이처럼 이전의 정당 중심 선거전이 인물중심의 선거전으로 변화되고 예비선거와 본 선거에서 이기기 위해 매체의 주목을 받아야하는 새로운 캠페인 환경이 조성되면서 대중매체의 영향력이 증가하게 되었다. 많은 연구들은 다양한 측면에서 매체 효과를 입증하기도 했는데 대표적인 것이 의제설정 효과(Agenda Setting Effect)이다. 여기서 의제설정 효과란 가장 중요한 정책이나 쟁점에 대한 대중의 인식에 대중매체가 미치는 영향력을 말한다(McCombs & Shaw 1972). 의제설정 효과는 매체가 뉴스 혹은 정보를 선택적으로 제공할 수 있기 때문에, 그리고 대중이 매체를 통해 주요 정보를 습득하기 때문에 발생한다. 비록 매체가 무엇을 생각할 것인지(what to think)를 결정할 수 없을지 몰라도 무엇에 대하여 생각할 것인지(what to think about)를 결정하는 데는 중요한 역할을 할 수 있다(Cohen 1963).

더 보기: 광고에도 사용되는 미디어 효과: 수면자 효과(sleep effect)

미디어 효과 이론에서 유명한 학자인 호블랜드(K. Hovland)는 그의 동료들과 함께 재밌는 하나의 실험을 하게된다. 그들은 1949년 후반에 미군에 징집된 사람들을 대상으로 육군에서 만든 선전용 영화를 보여 주었다. 그런 다음 5일이 지난 후와 9주일이 지난 후의 태도를 조사하였다. 결과는 어땠을까? 영화의 내용은 당시 제 2차 세계대전의 연합군을 지지하는 내용이었다. 그런데 흥미로운 것은 영화를 본 집단이나 영화를 안 본 집단이나 그들의 태도에 큰 차이가 없었다는 것이다. 그러나 9주일이 지난 뒤엔 달랐다. 9주일이 지난 후에는 영화를 본 집단이 영화를 안 본 집단보다 연합군에 대해 긍정적인 태도를 보인 것이다. 호블랜드와 그의 동료들은 이 결과를 두고 수면자 효과(Sleeper Effect)라고 명명하였다.

우리는 의례 시간이 오래되면 기억력이 쇠퇴하여 영향력 또한 미미하리라 생각한다. 이 실험이 시사하는 바는 오히려 시간이 오래 지날수록 출처에 대한 기억이 부실해져서 정보의 신빙성과는 무관하게 메시지의 내용만을 기억하게 된다는 것이다. 그들은 아마도 실험 현상 자체를 잊었을 수 있다. 이 실험은 신빙성이 낮은 정보다 점차 설득력을 얻게 된다는 것을 보여준다. 때문에 미디어가 내뱉은 여러 정보들이 터무니 없는 출처와 내용들이라 할지라도 사람들에게 오래도록 각인될 수 있음을 잊어서는 안된다.

에티오피아의 기근 사태 보도는 대중매체가 어떻게 의제를 설정하는가를 보여주는 예가 될 수 있다. 1987년 10월 23일에 보도된 'the Faces of Death in Africa'라는 제목의 에티오피아에 대한 4분짜리 NBC 뉴스 보도는 오랜 기근으로 죽어가고 있는 아프리카 사람들의 처참한 모습을 생생히 보여주었다. 아프리카에서 기근으로 많은 사람들이 죽어간 것은 매우 오랫동안 진행된 일이었지만 그 동안 어느 누구도 관심이 없었다. 하지만 이 뉴스는 아프리카에 대한 미국인들의 관심을 고조시키고 궁극적으로 미국의 대외 정책에까지 영향을 미쳤다(Iyengar & McGrady 2007).

미디어의 의제설정 효과는 프라이밍 효과(priming effect)와 밀접하게 연관되어 있다. 프라이밍 효과란 매체가 개인의 선호를 직접적으로 변화시키기보다 선호나 판단을 위한 기준에 영향을 미침으로써 종국적으로 선호나 판단을 변화시키는 것을 말한다(Iyengar & Kinder 1987). 이 이론에 따르면, 선거 기간 중 특정 쟁점이 더 많이 보도된다면 유권자들은 더 많이 보도된 쟁점에 대한 자신들의 판단 또는 평가에 무게를 두어 후보자를 선택하게 될 것이다. 이 효과가 나타나는 까닭은 우선 대중이 모든 쟁점에 집중할 수 없다는 사실에 있다. 예를 들어 선거 기간 중 특정 쟁점이 더 자주 보도되는 경우 이 쟁점은 유권자들에게 더 두드러지게 보이게 될 것이기 때문에 유권자들은 이 쟁점에 대한 평가를 중심으로 후보자를 선택하게 될 것이다.

실제로 드럭만(Druckman 2004)의 연구에 의하면, 미국 유권자들은 더 많이 보도된 쟁점에 대한 평가에 기반을 두어 후보자에게 투표하는 경향이 있음을 확인할 수 있다. 쟁점 효과는 선거 운동을 이해하기 위해서도 매우 중요하다. 어떤 후보가 특정 정책, 예를 들어 복지 정책에 강점이 있다면, 이 후보에게 효과적인 선거 전략은 복지 문제가 더 활발히 논의되고 매체에 의해 이 정책이 더 많이 보도되도록 힘쓰는 것이 될 수 있다.

한편 뉴스가 어떻게 구성되는가에 따라 사회문제에 대한 책임소재가 다르게 형성될 수 있다. 프레임(frame) 효과는 뉴스가 전하는 사회현실에 대한 인식, 확인, 해석의 틀로서 프레임을 정의한다. 갬슨(Gamson 1968)은 프레임이 뉴스를 특정한 방식으로 해석하도록 돕는 이야기 구성 방식이라고 했다. 예를 들면 뉴스 보도에서 범죄, 실업자, 경제문제, 테러리스트 등의 문제를 에피소드(episodic framing)로 구성하면 그 책임소재는 개인적 문제가 된다. 반면 사회문제나 사건의 배경 설명과 분석 그리고 비판 등 사회 정치적 상황을 고려하여 테마(thematic framing)로 구성하면 그 책임은 개인보다는 사회나 정부의 탓으로 여겨지는 경향이 있다. 종국적으로 이러한 프레이밍(framing)은 정보 수용자의 행태에 변화를 유발할 수 있다.

즉 대중매체는 정보를 제공하여 정치적 관심과 지식수준을 높이고 특정 문제나 쟁점에 대해 주의를 환기시킨다. 그리고 프레이밍을 통해 쟁점의 특정 측면을 부각시킬 수 있다. 이 과정을 통해 매체는 유권자들의 문제 인식과 행태에 영향을 줄 수 있다. 예를 들어 선거 기간 중 경제

문제에 대한 반복적인 뉴스는 유권자들의 경제에 대한 관심을 고조시킬 것이다. 경제에 관한 관심 증대는 경제문제에 대한 평가를 중심으로 후보자들에 대한 지지를 결정하는 이유가 될 수 있다. 더 나아가 좋지 않은 경제 상황에 관한 기사를 테마식으로 구성한다면, 유권자들은 경제 문제를 정부의 정책과 연관시킬 가능성이 높다. 결국, 경제 상황에 대한 이러한 기사는 현직 후보의 득표율에 부정적인 영향을 미칠 것이다.

자세히 보기: 침묵의 나선이론(the theory of spiral of silence, 1973)

1970년대 미국에서 의제설정이론이 주목받을 때, 유럽에서는 노엘 노이만(E. Noelle-Neumann)의 침묵의 나선이론에 학문적 관심이 집중되었다. 이 이론은 미디어가 여론의 전개과정에서 어떻게 작용하는지를 설명하고 있다. 침묵의 나선이란 자신의 의견이 대중적이라고 생각하는 사람은 의견을 표명하는 반면, 그렇지 못한 사람은 침묵하게 될 때 발생한다. 예를 들어 낯선 사람들과 기차를 타고 가는 열차 내에서 어떻게 특정 주제에 대해 토의하게 되는지 그 과정을 연구해 본 결과, 지배적인 경향은 다수의 의견과 일치할 경우 자유롭게 토론하지만 의견이 일치하지 않을 경우 토론을 회피한다는 것이다 즉, 침묵의 나선은 승자의 편에 서는 문제가 아니라 자신이 속한 사회집단으로부터 고립되는 것에 대한 두려움에서 야기되는데 자신에 대한 타인들의 비판 위협은 개인을 침묵하게 만드는 요인이 된다. 보통 사람들은 자신의 견해가 대중매체의 내용과 다를 때 무력감을 느끼는데 이는 자신의 의견이 대중적이지 않아서 사회 조롱의 대상이 될까봐 두려워하기 때문이다. 따라서 사람들은 대중매체가 지배적인 견해를 명백히 하면서 여론을 형성하는 것을 무의식적으로 받아들인다는 것이다.

4. 민주시민은 미디어와 어떻게 소통해야 할까?

　미디어는 궁극적으로 민주주의에 도움이 될까? 이에 대한 대답은 중립적일 수 밖에 없다. 미디어가 가지고 있는 장점을 제대로 활용하면 긍정적 측면이 강화될 것이고, 단점이 강화되도록 여러 상황에 소극적으로 대처한다면 부정적 측면이 강화될 것이기 때문이다.

　그렇다면 미디어가 가지는 긍정적 측면은 무엇일까? 첫째, 미디어는 다양한 목소리를 가시화하게 하여 민주주의에 도움을 준다. 정치인, 언론인, 시민 등 다양한 참여 주체들은 미디어를 통해 정치활동을 할 수 있는 접근성을 높일 수 있다. 둘째, 미디어는 실시간 시민참여를 가능하게 하여 민주주의에 도움을 준다. 국회방송, 청와대 방송 등 실시간 방송에 대응을 가능하게 하는 스트리밍 서비스가 이와 관련된다. 이러한 기회는 정치 주체들이 직접 의견 지도자가 되어 주체적인 참여를 할 수 있게 한다. 셋째, 미디어는 시민의 정치사회화에 기여한다. 전통적으로는 가정과 학교, 사회가 개인의 정치사회화 과정을 책임졌다면, 이제는 미디어를 통해 상당 부분 학습되고 함양되는 부분이 많아졌다. 라디오 TV, 뉴스, SNS, 영상채널 등에 대한 접근성이 높아지면서 정치지식, 정치태도 등을 평생교육의 차원에서 습득할 수 있게 되었다고 할 수 있다.

　그러나 양날의 칼처럼 미디어가 민주주의에 부정적인 영향을 미칠 가능성도 있다. 첫째, 미디어 자체의 공정성, 객관성, 정확성의 문제가 민주주의를 위협할 수 있다. 이를테면 특정 정파나 인물에 치우쳐 편파적 보도를 하거나, 사실관계에 대한 확인 없이 부정확한 내용을 전달하는 미디어가 존재할 수 있다. 아울러 보도뿐만 아니라 시민과 만나는 토론과 대담의 경우에도 공정한 태도 여부가 건강한 정치정보를 훼손할 수도 있다.

　둘째, 미디어가 이념적 갈등의 문제로부터 자유롭지 않다면 이 역시 민주주의에 대한 위협으로 이어질 수 있다. 각개 미디어들이 특정한 성향을 대변하는 것은 다양한 이해관계가 존재한다는 것을 보여준다는 점에서 민주주의와 연결된다고 볼 수 있을 것이다. 그러나 이것이 정치세력과 결탁해 정치정보를 지나치게 편향되고 감정적이게 전달할 경우 이에 대한 피해는 고스란히 시민들에게 다가온다. 문제의 본질에 대한 정보보다는 일종의 세력싸움으로 만들어지는 정보는 이용자의 판단력을 흐리게 만들고 건강한 공론의 장을 훼손시킬 수 있다.

　셋째, 미디어의 구조적 제약성이 민주주의를 흔들 수 있다. 특히 현대사회에서 미디어를 이용하는 것이 곧 재화와 서비스의 소비로 이어진다는 자본주의적 관점이 뿌리내리면서 '어떤 이슈가 뉴스거리인가' 라는 화두가 미디어 기관들의 주요한 관심사가 되었다. 이에 따라 대중의 호응을 대변하는 시청률에 집중해 보다 자극적인 이슈에 주목하는 경향이 커지고 있다. 또한, 깊이 있는 뉴스보다는 간결한 정보를 제공하여 효율성 있게 관심을 제고 할 만한 가벼운 뉴스가

<그림 8-3> 연성뉴스의 시대를 보여주는 뉴스기사 헤드라인

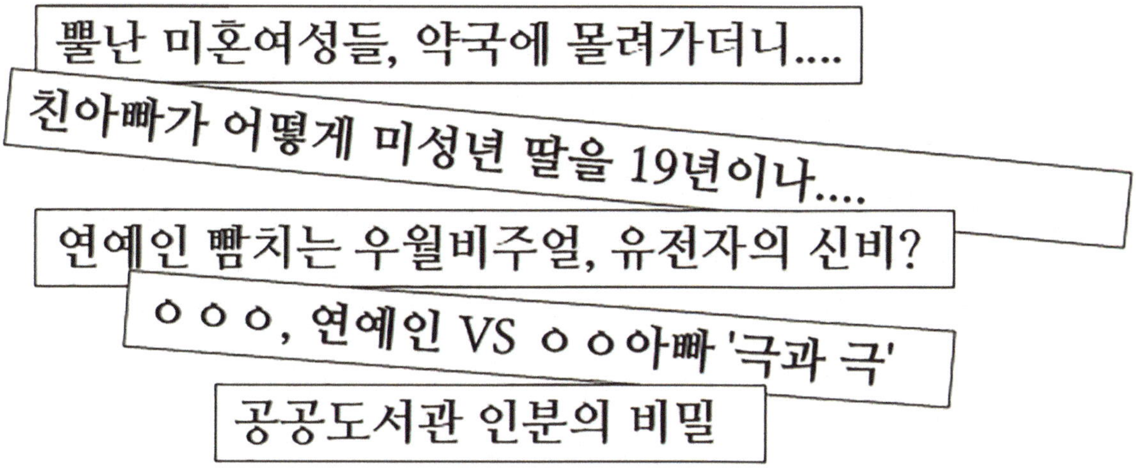

뿔난 미혼여성들, 약국에 몰려가더니....
친아빠가 어떻게 미성년 딸을 19년이나....
연예인 뺨치는 우월비주얼, 유전자의 신비?
○○○, 연예인 VS ○○아빠 '극과 극'
공공도서관 인분의 비밀

성행하고 있다.

 설상가상으로 최근에는 기술진보가 상당한 수준으로 이루어지면서, 정치 커뮤니케이션 상의 문제가 되는 딥페이크 정치정보들이 난무하고 있다. 이는 비단 시민의 위기만을 뜻하지 않는다. 정치 행위자들 역시 자신에 대한 가짜 뉴스와 구설수로부터 자유로울 수 없고, 언론기관 또한 신뢰를 잃을 가능성이 커지고 있기 때문이다. 뉴미디어의 시대가 도래하면서 인쇄물, 영상물을 넘어 이제는 다양한 차원의 위기와 기회가 만들어지고 있다는 것이다.

 우리는 이제 미디어를 단순한 정치 커뮤니케이션의 도구로 여기기보다는 그 이상의 영향력을 행사하는 주체로 여기며 분석적으로 사용해야하는 시대에 살고 있는 것이다. 이러한 상황 속에서 어떻게 하면 미디어를 민주주의에 도움이 되는 방향으로 바라보고, 또 이용해야 하는 것인지 궁금해질 것이다. 미디어, 정치조직(및 정치인), 시민 모두 노력해야겠지만 장기적으로는 시민의 비판적 태도와 적극적 참여가 결국 문제적 상황을 해결하는 주요한 역할을 할 수 있다.

 이러한 위기 상황에서 소환되는 것이 바로 '교육'이다. 미디어를 운영하는 언론인, 미디어를 활용하는 정치인과 시민 모두 교육을 통해 성장하여 보다 나은 정치 행위자가 될 필요가 있는 것이다. 이에 따라 '교육계'의 고민과 노력이 계속해서 축적되고 있다. 다양한 기조의 교육이 진화를 거치며 미디어와의 상생을 논의해오고 있다는 것이다.

자세히 보기: 딥페이크 영상과 음성합성 기술

딥페이크(deepfake)란 인공지능 기술을 활용해 기존에 있던 인물의 얼굴이나, 특정한 부위를 영화의 CG처리를 한 것과 같이 합성하거나 음성을 조작하여 편집하고 합성하는 기술을 말한다. 과거에는 인물 사진이나 영상을 특정 프로그램으로 일부 변형하는 것에 머물렀었다면 현대는 인종기능의 발전으로 인해 정교해진 기술력을 자랑하고 있다. 이에 사회 여러 전문가들은 딥페이크 기술로 인해 정치영역에서 허위정보가 만들어지고 악용될 가능성이 있음을 우려하고 있다. 예를 들어 한 영상에서는 분할된 화면 속에서 오바마 전 대통령이 여러명 등장해 말을 하고 있다. 하지만 이 중 실제 오바마는 단 1명뿐이고 나머지는 실제에 근접하게 만든 딥페이크 영상이었다. 영상뿐 아니라 음성 역시 합성될 수 있다. 이에 따라 언론인의 얼굴과 목소리를 흉내내 가짜 내용을 전하거나 정치인의 인종차별이나 욕설, 비리 등을 기정사실화하기 위해 악용되는 사례에 대해 모두 우려하고 있는 상황이다. 기술이 진보할 때 항상 함께 동반되어야 하는 것이 있다. 바로 의식의 진보가 이에 해당한다. 기술을 제대로 활용하기 위해서는 우리의 의식이 기술에 압도되어서는 안될 것이다.

미디어 교육은 미디어의 다양한 기능을 극대화하고 급증하고 있는 여러 가지 역기능적 문제점들을 최소화하기 위한 방안의 하나로 능동적이고 적극적인 수용자 의식을 토대로 스스로 미디어를 선택하고 활용할 줄 아는 주체적 능력을 배양시키기 위해 필요한 교육이다. 즉, 인간의 필요에 의해 만들어진 미디어를 제대로 다룰 줄 아는 주인으로서의 능력을 갖추기 위해 필요한 교육이라고 말할 수 있다(박진우 외 2012, 20).

미디어 교육은 다양한 시각과 입장에서 여러 갈래로 발전되어오고 있다. 첫째, 소비자 교육으로서의 미디어 교육이 있다. 이는 미디어를 통해 생산되고 유통되는 모든 메시지와 정보를 상품으로 여기는 견해에서 비롯한 교육적 입장이다. 즉, TV 프로그램을 시청하거나 신문, 잡지 등을 구독하거나, 인터넷 사이트를 이용하는 모든 행위는 소비행위로 이해되며, 이러한 소비를 진작시키기 위해 적극적인 소비생활에 대한 능력을 배양시킬 수 있는 미디어 활용 교육이 실행되고 있다. 이를테면 구글 코리아에서 제공하는 성인대상의 학습 프로그램이나 신문사에서 진행하는 NIE 교육(Newspaper In Education, 신문활용교육) 등이 이에 해당한다고 볼 수 있다.

둘째, 비판적 수용(시청) 교육으로서의 미디어 교육이 있다. 이는 미디어 수용자들이 맹목적이고 수동적이며 소극적인 수용 행태를 보이고 있다는 문제의식에서 출발하는 입장이다. 때문에 미디어에 대한 주체적이고 능동적이며, 적극적인 수용자로서의 자질을 강조한다. 주로 미디어 비판적 읽기에 해당하는 교육 프로그램이 이에 해당한다. 이를테면 조중동, 한경오 등으로 회자되는 신문기사에 나타난 정치적 지향점을 판독하는 프레이밍 읽어내기 교육안(이미나, 2009) 등이 대표적인 사례이다.

셋째, 미디어 리터러시(Media Literacy) 교육이 있다. 이는 인간이 사용하는 모든 언어에 일정한 법칙이나 규칙이 존재하듯, 모든 미디어에도 그 나름의 사용법칙, 즉 일정한 질서와 의도가 있다고 보는 입장이다. 따라서 미디어를 올바르게 이해하고 파악하기 위해서는 바로 이러한 미디어 언어 또는 문법이라는 미디어마다 지니고 있는 독특한 구조적 특성을 이해하고 이를 자신만의 방법으로 사용할 수 있도록 하는 종합적인 역량이 배양되어야 한다.

즉, 미디어 리터러시는 미디어 텍스트를 분석하고 이해하는 '읽기'(reading)와 미디어 텍스트를 제작하는 '쓰기'(writing)를 필수적으로 포함한다. 따라서 미디어 교육은 미디어에 대한 비판적인 이해 그리고 미디어의 적극적인 활용과 능동적인 제작 모두를 목표로 한다. 예를 들어, 가짜뉴스를 판독하는 교육, VR(Virtual Reality, 가상 현실) 뉴스 만들기 교육 등이 이에 해당한다. 위와 같이 미디어 교육의 흐름에 따라 최근에는 미디어 '리터러시' 교육에 집중하며 관련 연구와 논의가 활발하게 진행되고 있다(박진우 외 2012, 30-45).

한편, 최근에는 미디어 교육을 포괄하는 '디지털 시민성 교육'(Digital Citizenship Education)'에 대한 논의가 또 다른 축에서 활발하게 논의되고 있다. 디지털 시민성은 디지털 환경에서 요구되는 시민으로서의 자질, 즉 지식, 기능, 가치, 태도를 일컫는다. 때문에 미디어에 관한 지식, 미디어 리터러시와 같은 미디어를 읽고 쓰는 능력, 타인들과 소통하고 배려하는 윤리적 태도, 참여행동 등을 모두 포괄하고 있다.

민주적인 정치 커뮤니케이션을 위해서는 지금의 뉴미디어 사회 속에 적응하면서, 온-오프라인을 넘나드는 시민적 자질을 키워야 한다. 때문에 디지털 시민성 교육의 부상은 민주정치와 시민교육을 위해 반가운 일에 해당한다. 민주적인 정치 커뮤니케이션을 위한 시민들의 적극적인 노력을 배양하는 역할을 할 것이라 기대하기 때문이다.

연관 검색어: 미디어&시민의 긍정적 상호작용을 위한 교육의 변화

미디어와 시민의 의미 있는 상호작용과 소통을 위해서는 그들 사이를 가로막는 가짜뉴스 판독 기술의 발달도 중요하지만 인류의 가장 근원적인 해결책, 바로 교육이 필요하다. 이런 문제의식에 공감한 교사들이 활발히 움직이고 있다. 주감초의 이성철 교사는 청소년이 팩트체커(fact checker)로 성장하도록 하기 위해 인터넷에 떠도는 영상의 사실성을 판독하는 체커톤 수업을 진행했다. 체커톤이란 허위 정보의 검증을 뜻하는 '팩트체크'와 '해커톤(해킹+마라톤)'의 합성어로 문제 해결을 위해 다양한 아이디어를 모으고 해결책을 도출하는 것을 말한다. 이 교사는 체커톤을 경험하는 학생이 늘어나도록 하기 위해 2019년 10월 한국언론진흥재단과 함께 협업하여 제1회 청소년 체커톤 대회를 개최하였다. 2019년 첫 체커톤 주제는 환경, 사회 공동체의 피해를 유발하는 편견, 고정관념이었다. 가짜뉴스에 대항하는 새로운 교육적 시도인 체커톤 대회는 지속적으로 개최될 예정이다.

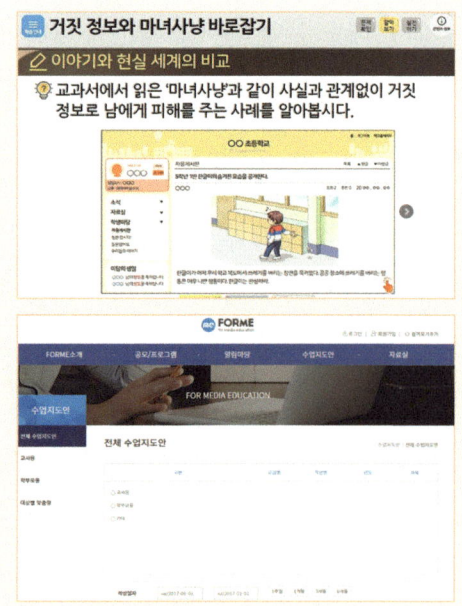

교육부도 미디어와 시민 사이의 원활한 상호작용을 위해 미디어 리터러시 역량을 기를 수 있는 교육 컨텐츠를 양산하고 있다. 2020년 4월 교육부는 미디어를 비판적으로 수용할 수 있도록 도움을 주는 초등학교 5-6학년용 '슬기롭게 누리는 미디어 세상' 자료를 개발해 보급했다. 이 자료는 초등학교 5-6학년 국어수업시간에 활용할 수 있는 수업 보조 개념의 일환이다. 그 밖에 언론진흥재단도 미디어 리터러시 역량을 높이기 위해 교사와 학생, 시민을 지원하는 미디어리터러시 교육 홈페이지를 따로 개설하여 교육지도안 및 학습자료를 개발해 배포하고 있다.

생각해 보기

가짜 뉴스, 어떻게 만들어지고 어떻게 대응해야 할까?

아래 자료를 읽고 가짜 뉴스의 속성을 파악해보자.

〈내가 체크해야 할 가짜 뉴스의 속성〉

시민들이 접하는 뉴스 채널이 전통 미디어인 신문·방송에서 디지털 뉴미디어 플랫폼으로 빠르게 변화하면서 가짜뉴스도 빠르게 진화하고 있다. 더 이상 가짜뉴스는 가짜의 냄새가 나지 않는 '진짜 같은 가짜' 뉴스로 누구나 쉽게 이용하는 미디어 플랫폼을 통해 생산되고 있다. 또한 가짜뉴스는 더 이상 동요나 입소문으로만 퍼지지 않는다. 진짜 보다 더 진짜 같은 내용의 가짜뉴스들은 사람들의 선호와 필요에 의해서 소셜 미디어 등을 타고 쉽고 빠르게 유통되고 확산된다. 구글, 페이스북, 트위터 등은 가짜뉴스의 온상지가 됐다.

한국에서도 카톡이나 트위터 같은 플랫폼은 가짜뉴스를 퍼나르는 가장 쉽고 빠른 매체가 되고 있다. 그저 루머라고 치부하기에는 오늘날 가짜 뉴스가 미치는 정치사회적 영향력이 심각할 정도로 커졌다. 가짜뉴스에 지속적으로 노출된 사람들은 가짜뉴스가 가짜로 밝혀져도 이 사실을 쉽게 받아들이지 못한다. 가짜뉴스를 걸러내기 위한 다양한 기술이 개발되고 유통을 막는 법 제도적 장치가 마련되고 있지만 가짜뉴스를 완전히 근절할 수는 없다. 가짜뉴스를 판별할 수 있고 공유 하지 않는 현명한 시민들이 많아질 때 가짜뉴스는 줄어들게 될 것이다.

〈세계 가짜뉴스 사례〉

미국: 프란치스코 교황이 도널드 트럼프 지지 선언을 했다는 가짜뉴스는 지난 2016년 미국 대선 기간 중에 페이스북에서 가장 많이 공유된 소식이었다.

독일: 2016년 '독일의 베를린에서 13세 러시아계 독일 소녀가 난민들에게 '욕보임'을 당했다'는 가짜뉴스가 독일을 중심으로 세계적으로 퍼진 일이 있었다. 이 같은 소문은 당시 독일의 집권 정당의 정책을 흔들기 위해 러시아가 공작을 벌인 것이라는 의혹이 제기됐었다.

일본/한국: 1923년 1월 일본의 관동 대지진이 일어났을 때 '조선인들이 우물에 독약을 탔다'는 의도적인 유언비어가 퍼졌다. 이로 인해 수많은 조선인들이 학살당했던 역사가 있다.

오늘 관심 있게 본 뉴스 속 실제 기사 키워드를 이용해서 가짜뉴스 스토리를 구상해보자.
가짜뉴스 시나리오를 작성한 뒤, 가짜뉴스제작소에서 기사로 만들어보자.

지금 바로, 당신의 뉴스를 만들어보세요!

가짜뉴스 제작소: http://www.dailypadak.com/
망고보드: https://www.mangoboard.net/

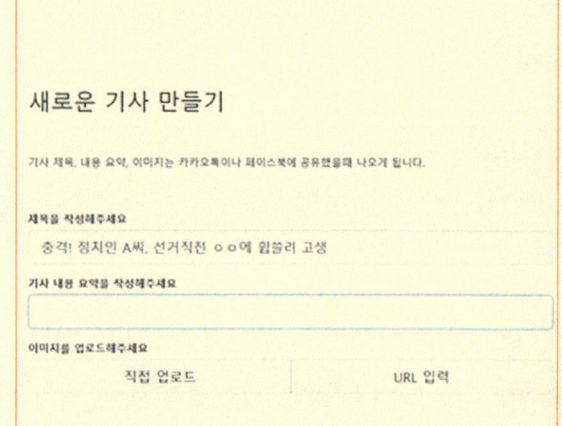
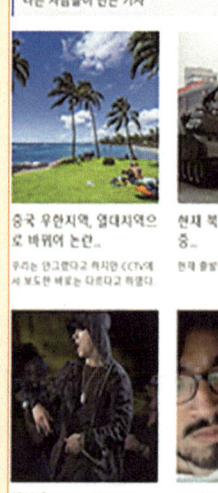

자신이 만든 가짜뉴스를 지인 3명에게 공유해 그들의 반응을 분석해보자.
반응 분석을 토대로 가짜뉴스에 대응하는 매뉴얼을 제안해보자.

가짜뉴스를 공유하고 반응을 분석해보자!

구분 / 특징	가짜뉴스에 대한 반응	반응 유형 분석
A 지인 특징:		
B 지인 특징:		
C 지인 특징:		

가짜뉴스 대응 매뉴얼.
No1. _____
No2. _____
No3. _____
No4. _____
No5. _____

9 민주시민과 시민사회

| 미리보기 | **포**스트잇 정치, 세상을 바꿀 수 있을까? |

> 다음은 한국 시민사회의 새로운 정치 참여 방식 중 하나인 포스트잇 정치참여 사례이다.
> 만약 여러분이 포스트잇 정치에 참여한다면, 어떤 말을 쓸까?
> 자신의 관심 분야에 대한 의견을 포스트잇에 적어보자.

2020년 7월 9일, 박원순 서울시장이 스스로 생을 마감했다. 생을 마감하기 전날 위력에 의한 성추행을 내용으로 전직 비서에게 고소를 당한 직후였다. 7월 18일, 서울대학교 중앙도서관 앞에는 이 사건에 대한 무력감과 문제의식을 표현한 학생들의 포스트잇들이 부착되었다.

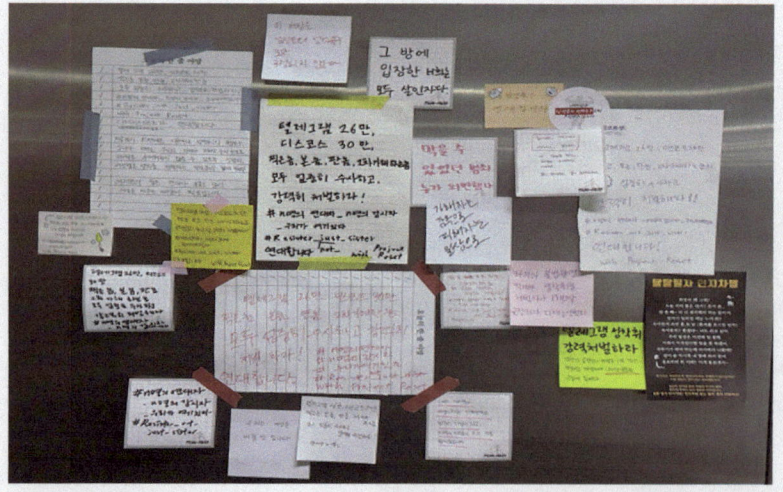

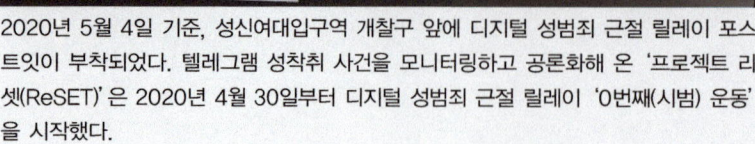

2020년 5월 4일 기준, 성신여대입구역 개찰구 앞에 디지털 성범죄 근절 릴레이 포스트잇이 부착되었다. 텔레그램 성착취 사건을 모니터링하고 공론화해 온 '프로젝트 리셋(ReSET)'은 2020년 4월 30일부터 디지털 성범죄 근절 릴레이 '0번째(시범) 운동'을 시작했다.

1. 지금, 왜 시민사회인가?

나는 시민사회(civil society)의 일원일까? 어떤 시민단체에 가입하지 않아도 자동적으로 시민사회의 구성원이 되는 것일까? 이에 대한 대답은 'YES'다. 현대사회에서 시민사회는 개인과 국가를 연결하는 고리이다. 시민사회는 국가와 시장에 대해 상대적으로 자율적인 사회 영역으로서 거대한 정치, 경제, 사회 문제들 뿐 아니라 생활영역에서의 다양한 의제들에도 관심을 갖는다. 이런 의제들은 자발적 결사체 활동이나 사회운동, 공적인 토론 등 일상적 활동을 통해 다루어진다. 이처럼 다양한 문제를 다루는 시민사회는 갈등과 경쟁의 장이기도 하지만 동시에 타협과 연대의 장이기도 하다.

시민사회는 시공간에 따라 다양한 모습으로 나타났기 때문에 하나의 명확한 개념보다는 다양한 관점으로 정의된다. 고대와 중세에도 시민사회라는 용어가 있었다고 하는데 이는 현대적 의미와는 다르다. 당시 시민사회는 정치사회(political society)와 구별할 수 없는 것으로 법에 의해 지배되는 안정된 질서를 의미했다. 개인의 사적영역은 독립적인 것이 아닌 국가와 정치사회라는 공적 영역에 속하는 종속적인 것이었다. 이처럼 공적 영역에 종속된 개인으로 구성된 시민사회가 국가와 분리할 수 없는 정치적 연합체로 인식되는 것은 당연할 일이었다.

고대와 중세적 관점과는 달리, 근대적 관점은 국가와 시민사회를 분리했다. 앞장에서 설명한 바와 같이, 17-18세기 혁명기를 거치며 오랜 기간에 걸쳐 새롭게 등장한 시민집단은 오늘날 시민사회 발전의 원동력이 되었다. 18세기 산업사회가 도래하면서 사회계약에 기초한 국가관이 성립되었는데, 대표적으로 로크(John Locke)와 헤겔(G. W. Hegel)은 제한적인 권력을 갖는 국가로부터 시민사회를 분리하는 이분 모델을 제시했다. 이처럼 근대의 시민사회는 절대주의 국가권력에 대항하는 저항의 주체로 인식된 것이다.

이후 현대에 이르러 이론적 발전과정을 통해 시민사회는 국가뿐 아니라 시장과도 구분되는 개념으로 발전되었다. 정치사회(국가)-시민사회-경제사회라는 삼분모델에서는 정치권력이 재생산되는 국가, 상품의 생산과 소비가 이루어지는 경제, 그리고 친밀한 관계와 다양한 결사체 및 사회운동 등으로 이루어진 시민사회로 사회가 구성된다. 여기서 시민사회는 사회문제를 공적 시각에서 토론하고 해결하려는 자발적 시민들의 모임으로 자신만의 이익을 앞세우지 않고 공공의 이익을 고려하여 상호협력과 부조가 이루어지는 곳이다. 이런 관점에 따라 현대 시민사회는 주로 국가권력이나 사적 경제이익을 추구하는 과정에서 야기된 공공영역의 파괴를 막고 복원하기 위한 주체로 인식된다.

자세히 보기: 로크의 시민저항권

정부와 시민 간 양자 계약의 본질은 시민들의 사유재산권을 보호하는 것이다. 여기에는 물질적 재산 뿐 아니라 자신의 신체와 생명, 권리까지도 포함되어 있다. 그러므로 재산권을 보호하는 정부는 법의 근거 없이 권력을 행사하거나 임의적으로 권력을 행사할 수 없다. 모든 권력의 행사는 시민들의 동의를 얻은 것이어야 하며, 그 밖의 권력을 행사할 때 시민들은 신뢰관계가 깨졌다고 판단한다. 만약 동의 없이 권력을 행사한다면 인간의 권리와 신체, 생명, 재산은 예측할 수 없는 위험에 놓일 것이다. 이런 위험에 저항해 계약을 위반한 정부를 무력을 사용해서라도 제거할 수 있다는 로크의 주장이 바로 '시민저항권'이다.

로크는 시민저항권이 정당한 네 가지 이유를 제시한다. 첫째, 자의적 권력을 남용하는 폭정은 반드시 반란을 낳는다. 잘못된 정부에 시민들이 저항하는 것은 당연한 반응이라는 것이다. 둘째, 혁명은 공공 문제 처리에 있어서 사소한 잘못이 있을 때마다 일어나는 것이 아니다. 시민저항권은 시민 대부분의 동의가 있는 아주 드문 경우에 일어나기 때문에 사회를 안정적으로 유지하는 데 위험 요소가 아니라는 의미이다. 셋째, 권력을 가진 이들이 무력으로 법과 제도를 파괴하는 행위가 진정한 반란이다. 이것을 권력을 이양 받은 자가 권력을 남용하는 것이 근본적인 잘못인지, 아니면 그것에 저항하는 것이 근본적인 잘못인지를 물어보면 저항행위가 정당하다는 것이 밝혀진다는 주장이다. 넷째, 정부의 목적은 인류의 복지이다. 복지에 힘써야 할 통치자가 목적과 상관없이 권력을 방만하게 사용해 시민이 항상 폭군의 무제한적 의지에 신음할 때, 또는 통치자가 시민의 동의를 위반하여 권력을 인민의 재산을 파괴하기 위해 사용할 때, 이런 형태의 지배에 저항하는 것이 진정 인류를 위한 것이라는 의미이다.

김만권 2011, 48-50에서 발췌 및 재구성

오늘날 시민사회의 공공성은 사회구성원 누구에게나 개방되어 있고, 누구나 쟁점에 대해 목소리를 낼 수 있는 의사소통의 원리에 기초한다. 물론 시민사회가 애초에 국가권력에 대항해서 등장하였기 때문에 국가의 통합을 저해하고 체제를 약화시킨다는 부정적 견해도 있다. 특히 2차 세계대전 이후 1970년대 중반까지 전 세계적으로 사회문제를 해결하려는 노력은 주로 국가를 통해서 이루어졌다. 이후 1970년대 후반부터 1990년대까지는 시장에 기초하여 사회문제를 해결하려는 노력이 주를 이루었기 때문에 시민사회에 대한 관심은 줄어들었다(에드워즈

자세히 보기: 헤겔의 시민사회와 근대국가

헤겔은 인간이 자신이 태어난 사회의 관습과 정치적 사회적 제도를 습득하여 윤리적 삶을 누릴 수 있는 중요한 세 곳이 가족, 시민사회, 국가라고 보았다. 시민사회는 근대인들만이 가지고 있는 윤리적 삶의 터전이라고 보았다는 점에서 매우 독특한 개념이다. 근대 자유주의 철학에서 오랫동안 시민사회는 필요의 체계로서 자본주의 시장경제와 거의 동일시되어 왔으며, 이 경제적 공간은 근대 이전에는 찾아볼 수 없는 독특한 근대적인 공간이었다. 즉 시민사회와 시민사회의 제도들은 근대적 개인들이란 새로운 인간상이 탄생한 곳이다.

시민사회는 세 가지 부분으로 이루어져 있다. 첫째, 필요의 체계로서의 경제이다. 개인은 자신의 필요와 요구를 채우기 위해 재화와 서비스를 교환한다. 이런 교환은 경제적 발전을 이루어내어 노동의 분화가 일어난다. 노동의 분화 등을 통해 개인과 가족은 자신이 다른 사람들과 상호 의지하는 관계에 있다는 것을 알게 된다. 이 과정에서 농민, 상인, 노동자 같은 계층 혹은 계급이 생겨난다.

둘째, 권리를 보호해 줄 기구이다. 이 체계는 개인들을 외부의 위협이나 위험으로부터 보호하는 법을 정하고 공표하여 알린다. 시민사회의 권리는 한 개인이 시장에서 활동하는 인간으로서 갖는 권리로 이루어져 있다. 이런 권리는 국가에서 생겨난다. 셋째, 경찰과 조합이다. 헤겔이 살던 시대의 경찰 개념은 현재 우리가 알고 있는 경찰보다 훨씬 광범위했다. 경찰을 뜻하는 polizei 는 정치를 뜻하는 그리스어 politiea에서 나온 것으로 시민사회의 경찰은 법을 강제로 집행할 뿐 아니라 일상용품들의 가격을 정하고 생산물의 질을 통제하며, 병원과 거리의 안전등 관리 같은 다양한 일을 한다. 이런 점에서 본다면 헤겔의 시민사회는 준국가적 위치에 놓여 있다.

김만권 2011, 88-91에서 발췌 및 재구성

2005, 40). 하지만 1990년대 말 많은 국가들은 국가와 시장 중심으로 사회문제를 해결하는 데 실패했기 때문에 새로운 대안을 모색하게 되었다.

이런 대안의 모색은 시민사회의 재발견으로 이어졌다. 현대 사회의 많은 문제를 해결하기 위한 중요한 정치행위자로 시민사회가 재등장하였고 시민운동은 계급 간 갈등과 노동운동 중심에서 지역자치, 반전반핵, 페미니즘, 환경운동처럼 생활정치 차원의 운동으로 변모해왔다(염재호 2002, 129). 게다가 1990년대 동유럽 공산국가체제의 붕괴와 더불어 시작된 민주화 추세가 남미와 아시아 등으로 확산되면서 신생민주 국가들에서도 시민사회에 대한 관심이 크게 증대하였다. 제3세계의 민주화 과정에서 시민사회의 힘이 장기간 지속된 권위주의체제를 붕괴시키는데 결정적 역할을 했다는 것이 많은 지역사례 연구를 통해 밝혀졌다. '자유, 평등, 자율'의 슬로건을 내걸고 발전한 시민사회는 권위주의 정권의 지배기반을 약화시키고 민주화를 이룬 주체세력이 되었다는 것이다(Diamond 1992).

민주화, 탈근대, 탈산업화, 세계화로 대변되는 21세기에는 시민사회의 자율적 참여 없이 진정한 민주주의 실현을 기대하기 어려울 것이라는 견해가 보편적이다. 20세기 말에 전 세계적으로 발생한 민주화 운동의 결과로 수립된 신생 민주국가들의 상당수가 장기적으로 민주주의를 정착시킬 수 있을지는 아직 미지수다. 이러한 상황에서 많은 학자들은 신생 민주주의의 안정적인 유지와 발전에 있어서 시민사회의 중요성을 강조해왔다. 선진 민주주의 국가에서도 시민사회는 중요하다. 다양한 선호와 이해관계가 표출되는 탈근대 시대로 진입하면서 기존 대의민주주의는 그 권위를 상실해가고 있기 때문이다.

현대사회에서는 매우 다양한 문제가 발생하고 있기 때문에 이 모든 문제를 국가가 전적으로 해결하거나 책임질 수는 없게 되었다. 예를 들면 세계화 시대에 신자유주의 시장의 탈규제와 민영화, 다국적 기업의 등장, 민족적, 종교적, 문화적 충돌 등은 기존 정부(government) 중심의 통치방식으로 해결하기는 어려운 초국적 문제들이다. 국내적으로도 환경, 소수자, 마약, 빈곤, 이민자, 각종 전염병 등 다양한 문제들이 늘 새로운 정치쟁점으로 부상하기 때문에 정부 혼자 해결하기는 쉽지 않다. 다양한 요구에 재빨리 대처하지 못하는 정부에 대해 시민들의 불만은 고조되기 때문에 현대 국가는 당면 문제들을 해결하기 위해서 점점 더 많은 사회행위자들에게 의존할 수밖에 없게 되었다.

이처럼 시민사회의 정치참여는 시대적 요청에 따른 것이라고 할 수 있다. 민주화, 다원화, 탈산업화 사회로 역동적으로 변해감에 따라 대의민주주의의 대안으로 참여민주주의 모델이 제시되고 있다. 복잡하고 거대한 현대사회에서 대의제의 대안으로 직접 민주주의를 실현하는 것은 쉽지 않다. 그럼에도 불구하고 정부와 정치권이 독자적으로 현대사회의 다양한 문제를 해결할 수도 없기 때문에 현실적인 대안으로 참여민주주의 모델이 제시된 것이다. 이 관점에서 학자들은 정치, 경제, 사회 영역의 다양한 참여 주체들 간의 분화와 협조가 필요하다고 본다. 여기서 분화는 기존 주체들, 즉 정부와 시민사회를 구성하는 시민들 간의 분립보다 공조와 상호작용을 의미한다(Peters and Pierre 1998; Kooiman 2003; Bohne et.al, 2004).

가장 바람직한 둘 간의 관계는 시민사회가 제도적이고 수평적인 네트워크를 통해 자발적으로 정부와 상호협력 하는 것이다. 우리는 여전히 대의민주주의 체제에서 살고 있다. 참여민주주의 시대가 다가왔지만 국가와 정부는 여전히 공공문제 해결에 있어서 중요한 권력을 행사한다. 시민사회는 정부, 국회, 사법부 등 정치권처럼 하나의 통합적인 목표를 중심으로 모여 있거나 선거를 통해 선출된 대표로 구성된 조직이 아니므로 통치행위를 할 수 있는 정통성은 없다. 때문에 직접민주주의가 구현되기 전까지는 현실적으로 시민사회가 국가나 정부를 대신하여 거버닝을 담당할 수는 없다는 것이다.

따라서 현 상황에서는 대의민주주의의 문제점을 보완할 수 있는 참여가 필요하다. 시민사회는 정치과정에 참여하여 실질적인 영향력을 행사할 수 있고 국가도 시민사회와의 상호작용을 통해 민주적 통치 능력을 강화할 수 있다. 국가는 갈등적 관계에 놓일 수 있는 시민사회의 요구를 알아내고 정치과정에 실질적으로 반영함으로써 사회에 대한 통제력을 얻을 수도 있다. 이와 같이 시민사회의 정치참여는 참여민주주의라는 시대적 요청에 따른 것이기 때문에 그 자체를 좋거나 나쁘다고 볼 수는 없다. 우리가 고민해봐야 할 더 중요한 문제는 어떻게 시민사회가 정치과정에 효과적으로 참여할 것인가이다.

〈그림 9-1〉 국내외 이슈에 대한 시민사회의 움직임

2020년 5월 28일, 미국 백인 경찰의 과잉 진압으로 살해된 흑인 조지 플로이드를 추모하고, 미국 정부의 국가 폭력 시도를 규탄하기 위한 시위가 오하이오 주 콜럼버스 지역에서 열렸다.

2019년 11월 17일 서울대학교의 '홍콩의 진실을 알리는 학생모임'(학생모임)이 홍콩 민주화 운동에 연대하고 홍콩 정부의 국가 폭력을 규탄하며 침묵 행진을 진행했다. 본 집회에서 침묵집회를 진행한 이유는 국가에 의해 침묵을 강요당하는 홍콩 시민들과 연대하기 위함이었다.

2. 시민사회, 어떻게 정치에 참여할 수 있을까?

시민사회는 다양한 방식으로 정치에 참여한다. 다양한 방식 중 여기서는 21세기 참여민주주의 시대에 많은 관심을 받고 있는 시민사회운동, 공론장, 자발적 결사체 활동에 대해 살펴보려 한다. 먼저 시민사회운동은 가장 전통적이고 보편적인 시민사회의 정치참여 방식일 것이다. 흔히 사회운동(social movement)라고 불리는 기존의 시민운동은 비공식적인 운동으로 국가권력에 대항하여 이익을 결집하는 투쟁적 정치 참여 방식이다. 애초에 사회운동은 노동자나 농민 등 시민들과 정치나 경제 엘리트 간 계급적 갈등을 토대로 시작되었다. 이런 사회운동은 제2차 세계대전 이후 경제성장, 분배구조 개선, 민주국가의 안전 등을 목표로 하면서 서유럽이나 미국 등에서 1970년대와 1980년대를 거치면서 확대되었다. 제3세계에서도 1980년대 이후 민주화 운동이 확산되면서 사회운동이 활발하게 이루어졌다.

한편 1970년대 서구에서는 기존의 사회운동과는 다른 '신사회운동'(New Social Movement)이 등장했다. 신사회운동은 기존 사회운동이 관심을 가졌던 전통적인 정치 이슈와 산업민주주의 국가에서 강조되었던 부와 물질적 행복에 의문을 제기하였다. 탈물질주의적 가치(post-material value)를 기반으로 한 삶의 질 향상과 문화적인 것에 더 관심을 갖고 자아, 건강, 이웃, 환경, 성차별, 세대차, 인권 등 생활 영역에서의 정치를 지향하는 다양한 이슈들에 대해 문제제기를 했다. 신사회운동은 국가마다 다른 양상으로 전개되었는데 독일에서는 평화운동과 핵발전소 반대운동 등 환경운동이 주를 이루었고 스위스는 환경운동과 반문화운동 등이 활발하게 전개되었다. 대다수 유럽 국가들에서 1970년대와 1980년대 녹색당이 등장한 것은 이런 신사회운동의 정치적 영향력을 보여주는 것이라고 할 수 있다. 기존 사회운동이 주로 중앙 중심 위계구조의 유형을 취하였던 데 반하여 신사회운동은 분권적, 개방적, 민주적인 유연한 구조를 취하였다.

참여민주주의에 대한 관심이 고조되는 현 시점에서도 사회운동은 여전히 가장 보편적인 시민사회의 참여방식이다. 오늘날 시민운동은 디지털 매체의 장점을 활용하여 시공간을 초월해 전 세계적으로 연결되는 네트워크 방식으로 변하면서 더욱 활발해지고 일상화되고 있다. 이제 시민운동은 분열적이고 협소한 특수 이익과 가치를 대표하기 보다는 다양한 이슈를 중심으로 광범위한 사회집단들로부터 지지를 받는 공적 활동으로 변모하고 있다. 물론 특수 이익을 중심으로 하는 시민운동도 여전히 존재하지만 대다수 시민들이 참여하고 지지를 보내는 시민운동은 공공선을 추구하는 경우가 많다는 것이다. 오늘날 시민사회운동은 느슨하고 탄력적인 비공식적 조직을 특징으로 한다. 공감대를 형성한 이슈가 등장할 때 목표를 공유하는 여러 단체들이 연대하고 국경을 넘는 네트워크 형성을 통해 유연하게 다양한 문제를 해결해 나가고 있다.

때문에 자원이 부족하거나 지속적인 정치적 지지와 참여를 이끌어 내는 데 한계가 있기도 하지만 전 세계적으로 시민운동은 큰 성과를 거두고 있다.

연관 검색어: 온라인을 통한 시민운동

 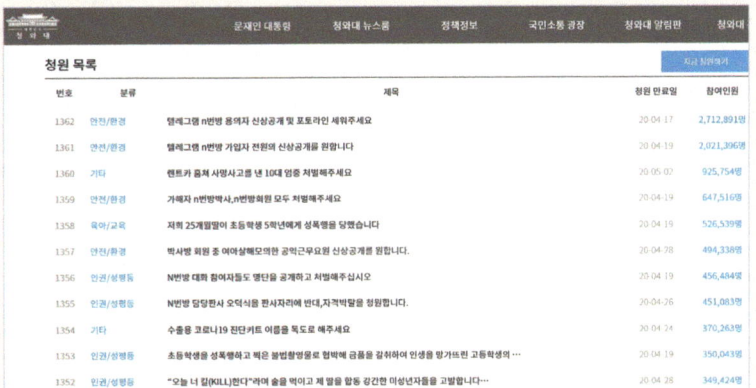

2020년 4월 청와대 국민청원 사이트의 청원목록 예를 보면 시민사회가 어떤 문제에 관심을 가졌는지 알 수 있다. 당시 N번방 사건이 얼마나 사회적 공분을 샀는지 청원목록과 참여인원을 통해 유추해 볼 수 있는 것이다. N번방은 2019년 2월부터 수십여 명의 여성을 궁지에 몰아넣어 성착취 영상물을 찍게 하고, 이를 텔레그램을 통해 거래한 디지털 성범죄 사건을 말한다.

이에 대해 2019년 9월 추적단 불꽃의 최초 보도가 시작되었고, 2019년 11월 한겨레의 단독 보도 내용이 트위터에서 공유되며 세간의 관심을 끌었다. 2019년 12월 16일에 한 사람의 트위터를 통해 텔레그램 성착취 신고 프로젝트가 제안되면서 프로젝트 리셋(ReSET)이란 모임이 시작되었다. 디지털 성범죄 문제의 심각성을 인지하지 못하는 사회적 분위기와 낮은 법적 처벌 수위 등에 대해 비판하고, 국회와 정부에 대한 해결책 촉구 논의들이 이뤄지는 온라인 공론장이 마련된 것이다.

점점 더 많은 여성 누리꾼들이 이 모임에 참여하면서 공론장은 확장되었고, 국회 국민동의청원에 나서서 이 문제를 '1호 청원'으로 만들어내기도 했다. 시민들의 목소리는 2020년 1월~3월 사이 N번방 관련 청와대 국민청원을 통해서도 울려 퍼졌다. 이처럼 온라인을 통한 시민사회의 참여가 정부와 국회로 하여금 N번방 사건의 조속한 처리와 재발 방지책 마련 움직임을 만들어내도록 한 것이다.

더 보기: "신고리 원자력발전소 5·6호기 공론화위원회"

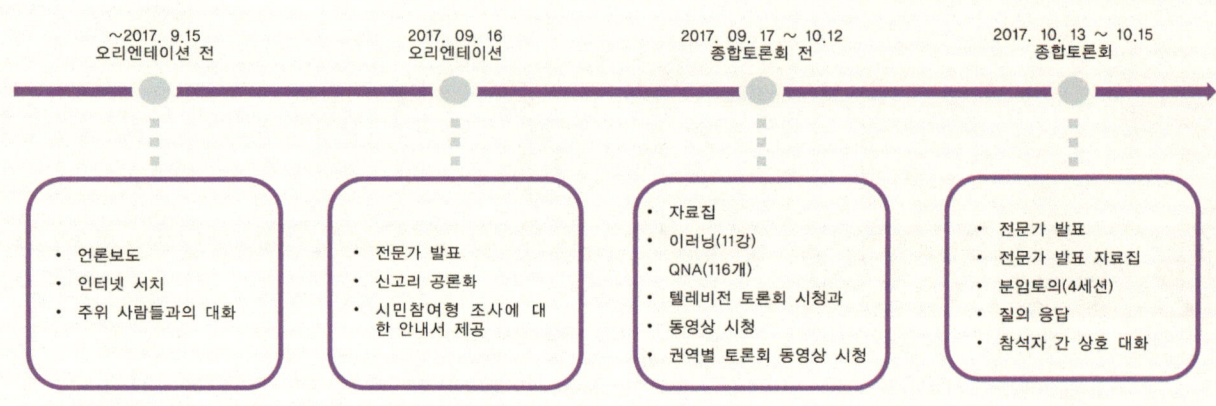

〈시민참여형 조사의 숙의 절차와 유형〉

최근 우리나라에서도 숙의민주주의에 대한 첫 실험을 한 사례가 있다. 신고리 원자력발전소 5·6호기 공론화위원회 사례다. 2017년 대통령선거 과정에서 문재인 후보는 4월 28일에 신고리 원자력발전소 5·6호기 공사 중단에 대한 공약을 발표했다. 이에 7월 24일에 신고리 5·6호기 공론화위원회가 공식 출범하였고 정부는 이를 통해 공론을 조사했다. 10월 20일에 최종 보고서가 제출되면서 3개월에 걸친 신고리 5·6호기 공론화 과정이 마무리되었다. 이 과정에서 4차례의 대국민 여론조사가 있었고, 471명의 시민이 2박 3일 동안 전문가 토론회를 통해 학습했고 건설 찬반 토론을 벌이기도 했다.

결과는 정부의 입장과는 다른 것이었다. 이 결정에 따라 문재인 대통령은 신고리 5·6호기 건설을 조속히 재개하겠다는 뜻을 밝혔다. 그리고 10월 22일 SNS를 통해 공사중단이라는 공약을 지지해주신 국민들도 공론화위원회의 권고를 존중하고 대승적으로 수용해주시길 부탁한다는 글을 남겼다.

신고리 원자력발전소 5·6호기 공론화위원회는 10월 20일 정부에 제출한 보고서에서 대의제 민주주의를 보완하는 숙의민주주의를 본격 추진할 수 있는 계기를 제공했다고 자평했다. 정부와 여당도 이번 공론화 과정이 갈등 해결의 새 모델이 될 것으로 평가했다. 문재인 대통령도 이번 공론화 경험을 통해 사회적 갈등 현안들을 해결하는 다양한 사회적 대화와 대타협이 더욱 활발해지길 기대한다고 했다.

이처럼 공론화위원회는 집단지성으로 합의를 끌어내고 사회의 갈등을 풀어내는 숙의민주주의의 첫 사례였다. 공론화를 추진한 것은 전문가 집단이 일방적인 결정으로 인해 생기는 문제점을 극복하고 원전으로부터 일상적인 삶에 큰 영향을 받는 시민의 뜻을 따르자는 취지였다. 이를 통해 앞으로도 사회적 논란이 큰 정책을 결정할 때 공론조사를 활용할 가능성도 커졌다.

다음으로 시민사회는 공론장을 통해 정치에 참여할 수 있다. 대의 민주주의에 대한 대안으로 새롭게 떠오른 또 하나는 숙의 민주주의(Deliberative Democracy)이다. 거듭 말하지만 대의 민주주의 모델은 유권자가 주어진 대안 중 하나를 선택하는 선거제도를 근간으로 한다. 주로 투표나 여론조사 등을 통해 다수결 원칙에 따라 공공 정책을 결정하거나 선거에서 후보를 선택하는 것이다. 이와 달리 숙의민주주의는 공동체 민주주의 모델로 시민들이 사회적 현안에 대해 토의하고 의사결정과정에 참여하는 공론장에 주목한다.

공론장에 대한 분석은 시민사회를 공공영역(public sphere)으로 정의한 하버마스(J. Habermas)에 의해 이루어졌다. 공론장은 시민들이 사회문제에 대해 자유롭게 토론하고 문제점을 부각할 수 있는 사회적 삶의 공간을 말하는데, 이는 18세기 들어 유럽에서 확대되어 온 것으로 파악된다. 당시 사적 영역이 시민사회의 협의의 개념에 속한다면, 공적 영역은 국가, 경찰, 지배계급과 관계되었다. 하버마스는 신문과 같은 인쇄매체의 등장이 능동적이고 이성적인 대중(public)이 출현에 기여했다고 보았다. 지식인들만 제한적으로 서로 정보를 교류하던 당시에 인쇄매체가 확산되면서 비판적이고 합리적인 시민계층이 광범위하게 형성되었다는 것이다. 이성을 보편적으로 사용할 수 있게 된 시민계층은 공론장을 통해 국가에 대한 비판을 하게 된 것이다. 이렇게 새롭게 등장한 공론장은 공적이면서 사적인 성격을 갖으면서 공공 담론이 생산되고 유통되는 공간이 된 것이다. 공론장은 시장교환을 중심으로 하는 경제사회와도 다른 토론과 숙의의 공간이었다(유홍림 2003).

숙의(deliberation)는 단순한 이분법적 논쟁이나 의견교환을 넘어 여러 이견들이 합의 또는 통합에 이르는 과정을 말한다. 개인들이 서로 다른 관점에 대해 배우고 협력하여 공동체를 위한 집합적 대안을 찾아가는 '대화, 토론, 설득'의 과정이다(김병준 2013). 때문에 숙의에서는 자신의 주장을 개진하는 것만큼 타인의 의견에 대한 공감적 경청이 중요하다. 단순히 다른 사람의 의견에 동의하는 것이 아니라 깊이 이해하는 '상호 이해'와 '공동 성찰'이 필요하다. 이처럼 숙의의 가장 중요한 요소는 사회구성원들 스스로 합리적 대화를 통해 중요한 의제를 설정하고 해결책을 모색하는 공론장을 형성하는 것이다. 숙의 민주주의는 숙의의 공간인 공론장을 통해 가능하기 때문이다.

그런데 한편에는 공론장을 통한 숙의 민주주의에 대해 우려를 표명하는 목소리도 있다. 우선 갈수록 빈발하는 대형 갈등과제를 매번 사회적 합의를 통해 해결할 수 있는지에 대해 회의적인 입장을 보이는 사람들이 많다. 더 심각한 것은 책임성 문제이다. 골치 아픈 사회적 갈등 해결과 정책 결정에 있어서 선출된 국회의원과 행정부가 책임을 시민에게 돌릴 수 있는 문제가 발생할 수 있다. 또한 책임은 없고 권한만 있는 시민토론단의 결정이 무책임할 수 있고 그 과정이 충분한 숙의를 거친 것인가의 문제도 있다. 이와 같이 숙의민주주의는 의사결정의 질과 효율성 문제를 안고 있다.

그럼에도 불구하고 참여 민주주의와 정보화 시대에 이미 많은 공론장이 온라인 공간에 생겨나고 있다. 최근 전 세계적으로 이슈가 되었던 미투운동의 경우도 온라인 공론장을 통해서 다양한 시민들의 의견이 개진되었고 대화, 설득, 조정, 타협 등의 과정을 거치면서 보다 합리적인 대안을 탐색하는 시민사회를 구축했다. 이처럼 대의 민주주의로 인한 참여의 결핍과 참여민주주의로 인한 참여의 과잉 문제를 해결하기 위한 제도적 장치로 숙의 민주주의를 활용하는 것이 필요하다. 공론장을 통한 사회적 합의에 대한 책임성 문제에 대처하기 위해서는 정치사회와 시민사회가 책임을 공유할 수 있는 제도적 기반이 마련되어야 할 것이다. 또한 일부의 이해관계가 최종 결정에 과하게 반영되는 문제를 해결하기 위해서는 공론장 참여자들에게 평등한 기회가 주어져야 한다.

마지막으로 결사체 활동을 통한 시민사회의 정치참여 방식에 대해 살펴보자. 참여민주주의 시대에 대의 민주주의에 대한 대안으로 새롭게 떠오른 다른 하나는 결사체 민주주의(Associative Democracy)이다. 민주주의 핵심요소인 시민사회를 체계화된 시민 결사체(civic associations) 조직으로 이해한 논의는 토크빌(Alexis de Tocqueville)에 의해 시작되었다. 그는 1835년에 발간된 Democracy in America 라는 책에서 미국의 민주주의가 유럽보다 발전된 이유를 강력하고 자발적인 결사체(strong voluntary associations) 때문이라고 분석했다.

토크빌은 보통선거를 통해서 선출된 국가도 민주적인 제도를 억압하고 자유를 박탈하는 새로운 국가전제주의로 변질되고 있다고 경고하면서 이러한 전제국가의 출현을 막기 위해 정치권력을 제한할 수 있는 제도 마련이 시급하다고 보았다. 그는 국가권력의 집중을 막고 민주주의를 공고하게 하는데 필수적인 방안으로 다차원적이고 자율적인 시민 결사체의 활성화를 제시했다. 이런 결사체는 과학자 협회, 문학단체, 학교, 출판사, 여관, 기업, 지방자치단체 같은 것들을 포함한다. 그는 시민사회가 다양한 결사체조직을 활성화하고 정치적이고 조직적인 기술을 발전시켜 중앙집권적인 국가권력에 대한 통제와 영향력을 행사할 수 있을 때 민주주의가 강화된다고 보았다. 자발적인 결사체 활동을 통해 시민들은 공동 이익을 발견하고 이것이 궁극적으로 정책결정에 반영되도록 노력한다. 즉 시민들은 결사체 활동을 통해 정보와 스스로의 행동에 대한 자신감을 얻게 되며, 극도의 개인주의에서 벗어나 공익을 위해 희생할 줄 아는 사회적 규범과 다른 사회구성원에 대한 신뢰와 관용을 배우게 된다는 것이다(Tocqueville 2003, 113-132).

시민 결사체들을 바탕으로 형성된 시민사회는 이러한 시민교육적 의미뿐만 아니라 제3세계의 민주화에도 기여했다. 많은 제3세계에서 시민 결사체들은 여성, 노동자, 빈민 등 소외계층의 정치참여 통로 역할을 했다. 시민 결사체들이 시민사회가 국가권력을 견제하고 대항할 수 있

〈그림 9-2〉 다양한 자발적 결사체들

2018년 5월, APEC 국제 교육 교류 협력 활동을 위해 다양한 학교급에 소속된 교사들이 모임을 만들었다. 필리핀 방문을 앞두고 신남방정책과 국제교류에 대한 심도깊은 토의 및 공부를 하기 위해서다. 이들은 상호 성장을 위한 소모임 공부 문화를 지속하고 있다.

2020년 6월, 서울시 은평구 8계동 은평자율방범대 중 진관자율방범대(은평뉴타운 1,2,3지구 담당)의 회원들이 늦은 저녁 방범활동에 나서고 있다. 이들은 자발적인 의사로 지역을 위해 봉사를 하고 싶어 결성된 조직이다. 모두 3년 이상의 참여경력을 자랑하고 있다.

그린피스는 1970년에 결성된 반핵 단체로 '해일을 일으키지 말라 위원회'를 모태로 하여 1971년 캐나다 밴쿠버 항구에 캐나다와 미국의 반전운동가, 사회사업가, 대학생, 언론인 등 12명의 환경보호운동가들이 모여 결성한 국제적인 환경보호 단체이다.

세계에서 최초로 생긴 NGO(non-governmental organization) 자발적 결사체는 국제 적십자 위원회(International Committee of the Red Cross, ICRC)로 1863년도 스위스에서 시작되었다. 전쟁, 내란 등의 국제적 혹은 비국제적 무력 분쟁에서 전상자, 포로, 실향민, 민간인 등의 희생자를 보호하기 위해 설립된 인도주의 단체이다.

는 제도적 장치가 되어 민주화에 기여한 것이다. 또한 인도와 같은 나라에서는 강력한 시민 결사체들이 무기력한 정당들을 대신하여 사회개혁과 정치개혁을 추진하는 주체세력이 되었다. 그리고 시민사회를 형성하는 결사체들은 민주적 이상과 정보의 유포 매체가 되어 권위주의적 헤게모니를 약화시켰다. 즉, 제3세계에서도 시민사회는 사회적 영역에서 국가 권력에 대항하여 이익을 결집하고, 개인적 영역에서 민주적 참여와 경험을 습득하는 학습장이 된 것이다(Diamond 1992).

3. 한국의 시민사회는 무엇에 관심이 있을까?

한국의 시민사회는 무엇에 관심을 두고 발전했을까? 우리는 크게 세 가지 차원에서 한국시민사회의 관심사를 소개할 수 있을 것이다. 첫째, 바로 '민주화'다. 민주화를 경험한 다른 나라의 경우와 유사하게, 한국의 시민사회도 권위적이고 독점적인 국가 권력에 대항하는 저항세력으로 등장하였다. 대한민국은 1948년 제헌헌법을 통해 민주주의 국가로 태어났다. 하지만 1987년 민주화 이전까지 권위주의 군사독재를 통해 민주주의 제도와 가치가 훼손되었다. 권력자의 장기집권을 위한 헌법 개정이 빈번하게 이루어졌고 쿠데타, 부정선거, 인권 탄압, 시민의 자유와 권리가 박탈되는 일들이 일어났다. 1960년 부정선거를 규탄하며 4·19 혁명이 일어났고, 1980년 광주에서 5·18 민주화 항쟁이 있었지만 민주화는 이루어지지 않았다. 이런 상황에서 노동운동이나 사회운동은 쉽게 억압되었다.

하지만 민주주의의 가치를 회복하려는 시민사회의 노력은 끊이지 않았다. 민주화 이전 '대한민국의 정치사는 민주주의 복원을 향한 투쟁의 기록'이라고 해도 될 만큼, 수차례 좌절 속에서도 민주주의를 향한 시민들의 열망은 꺾이지 않았다(강원택 2015, 7). 1960년대 이래 산업화의 결과로 형성된 중산층과 노동자층은 정치참여와 사회적 평등의 확대를 요구하면서 참여에 필요한 능력과 기술을 발전시키게 된다. 노조는 학생과 종교단체 등 다른 시민세력과 규합하여 임금인상 등 그들의 요구를 관철시키고 권리와 이익을 어느 정도 보장받게 된다. 이들은 다양한 정보를 교환하고 민주주의 이상을 유포시키면서 권위주의적 헤게모니를 약화시켰다.

그리고 1987년 권위주의 정권에 대항하는 자발적 시민세력을 규합하여 민주주의 투쟁을 벌였다. 민주주의를 요구하는 시민들의 열망이 절정에 달하자 마침내 민주주의로의 체제 전환이 이루어졌다. 1987년 민주화 운동은 시민사회를 바탕으로 한 사회운동세력들의 결집된 힘에 바탕을 둔 것이었다(신명순 1995, 69). 노동자, 중산층, 학생, 지식인, 종교단체 등이 연대한 시민세력은 민주화 운동의 자발적 정치주체가 되어 시민사회 영역의 자율성을 확보하는데 중요한 역할을 하였다. 이렇듯 민주화 이전의 시민운동은 주로 강력한 권위주의 군사독재에 대항한 투쟁적이고 급진적인 체제부정 운동이었다. 때문에 국가와 시민사회는 늘 대립적 관계에 놓일 수 밖에 없었다.

민주화 이후, 한국의 시민사회는 역동적으로 발전하였다. 권위주의 정권에 저항하는 민중운동이나 반체제 운동의 성격을 가졌던 정치적 민주화 운동에서 새로운 시민운동으로 급속하게 변하였다. 이전과 달리 시민사회의 정치참여는 합법화되고 보편화되었다. 왜냐하면 권위주의에서 민주주의로 이행된다는 것은 소수 엘리트 지배 체제에서 국민에 의한 지배 체제로 이행된다는 의미이기 때문이다. 이미 앞에서 언급한 바와 같이, 시민사회의 지속적인 발전과 관여 없이 민주주의가 굳건하게 뿌리내리기는 어렵다. 따라서 시민사회는 공공선의 구현과 민주주의 발전에 기여하고자 노력해왔다.

이에 두 번째 관심사로 '정치개혁'이 부상한다. 민주화 이후 양적 뿐 아니라 질적으로 팽창한 시민사회는 다양한 정치개혁 활동을 전개했다. 1990년대부터 2000년대 초반까지 시민사회운동의 대부분은 정치개혁과 관련된 것이었다. 국가에 대한 대항세력은 아니었지만 정치권력을 비판하고 감시하거나 중앙정부에 대한 시민사회의 요구를 전달하는 운동이 주를 이루었다. 민주화는 되었지만 민주주의의가 제대로 정착되기 위해서는 시민사회의 국가권력에 대한 견제가 지속적으로 필요했기 때문이다. 지구상에 수많은 나라들이 민주화 이후 다시 권위주의나 군부 통치로 돌아갔기 때문에 당시 시민사회에는 민주화 보다 민주주의 '공고화'가 더 중요한 과제가 된 것이다.

사실 권위주의에서 민주주의로 체제는 전환되었지만 여전히 정치과정에서 밀실 공천, 계파 갈등, 인물 중심 정당, 정당의 사당화 등 비민주적인 정당 정치 행태가 그대로 남아있었다. 국회의원들이 국회 출석이나 법안 발의 등 기본적인 업무를 수행하지 않거나 몸싸움이 난무하는 등 국회의 파행적 국정 운영도 여전했다. 정경유착이나 선거부정도 중요한 정치개혁 과제로 떠올랐다. 이런 문제들을 기득권을 쥔 정치세력이 해결할 수 없다는 것을 알기에 시민사회는 꾸준히 새로운 정치세력의 등장을 요구했다. 하지만 정치세력 교체는 쉽게 이루어지지 않았고 정치개혁도 지연되면 전반적인 사회개혁도 지체되었다. 무능하고 부패한 정치세력에 대한 정치 불만이 고조되었기 때문에 시민사회는 정치개혁 운동에 집중하게 된 것이다.

대표적인 정치개혁 운동은 의정활동과 선거 감시였다. 국회의원의 의정활동에 대한 정보를 제공하고 정치교육을 하는 등 시민사회가 정당을 대신해 시민의 알권리를 충족시키고 참여를 촉진하는 역할을 담당했다. 예를 들면, 참여연대나 국정감사시민연대 등은 유권자들에게 다음 선거에서 참고자료로 쓸 수 있도록 인터넷 홈페이지 등을 통해 의정감시 기록을 작성하여 제공하였다. 경제정의실천연합은 각 정당에게 정책공약 문제점을 지적한 정책질의서를 발송했다. 또한 한국여성단체협의회는 여성의 정치권 진출 확대를 위한 운동을 벌였다. 공명선거를 위한 운동은 14대 총선부터 17대 총선까지 매우 집중적으로 꾸준히 전개되었다. 왜냐하면 선거를 통해 실질적인 정치개혁을 이끌 새로운 정치세력이 등장할 수 있기 때문이다.

1992년에 치러진 14대 총선 당시 공명선거실천시민연합이 결성되어 관권 개입 고발과 감시 위원회 설치 및 운영, 정당 감시, 선거부정행위 고발과 접수, 선거사범의 사법처리, 선거법 개정 등을 촉구하는 활동을 벌였다. 또한 투표참여와 금품거부 등 유권자 운동도 했다 1996년 15대 총선에서도 불법 선거운동을 밀착 감시하는 활동을 지속적으로 벌였지만, 감시와 고발보다는 유권자와 후보자 의식개혁 운동에 집중했다. 선거문화가 바뀌어야 공정한 선거가 치러진다는 점에 착안하여 홍보, 전화걸기, 공청회 개최, 인터넷을 통한 유권자 교육 등 보다 적극적인 시민운동을 전개했다.

2000년 16대 총선에 와서는 시민운동이 시민이 직접 참여할 수 있는 운동으로 바뀐다. 그동안 정치개혁 운동은 민주화 운동과 비슷하게 정치권력 비판과 감시, 시민에게 정보 제공, 중요한 이슈 형성 중심이었다. 또한 공명선거 분위기를 조성하는 데 그칠 뿐 직접 참여하여 낡은 제도와 관행을 바꿀 수 있는 방안이 제시되지 못했다. 이에 시민사회는 낙천낙선 운동을 벌였는데 2004년 17대 총선까지 이어지면서 큰 성과를 거두었다.

2016년 총선에서도, 새누리당의 친박과 비박 간 공천파동 문제가 남아있었지만, 낙선운동으로 인해 상향식 공천제 확대 등 시민사회가 공천과정에 관여할 수 있는 제도적 장치가 마련되기도 했다. 2020년 총선에서도 낙선운동이 진행되었는데, 이전과 다른 양상을 보인 부분은 다양한 집단들이 이슈에 따라 분화된 낙선운동을 펼쳤다는 점이다. 친일정치인, 세월호 참사 진실은폐에 가담한 후보, 지역이슈에 무관심한 후보 등 다양한 대상에 대한 낙선운동이 이루어진 것이다. 이처럼 민주화와 정치개혁에 대한 시민사회의 움직임은 여전히 진행 중이다.

〈그림 9-3〉 2000년 낙선 운동의 모습

최근의 동향을 보면 좀 더 다양화된 이슈에 대한 시민사회의 움직임을 목격할 수 있다. 사실 한국의 시민사회를 말할 때 외신에서 가장 많이 주목하고 언급하는 사례는 바로 평화적인 촛불시위일 것이다. 2002년 미군장갑차에 의한 여중생 사망 사건 촛불시위, 2004년 노무현 대통령 탄핵 반대 촛불시위, 2008년 광우병 쇠고기 수입 반대 촛불시위, 2014년 세월호 촛불시위, 2016년 박근혜 대통령 탄핵 촛불시위 등 촛불시위를 통한 참여가 한국 시민사회의 보편적인 참여방법으로 회자되고 있다. 촛불시위를 통해 시민들은 언제 어디서나 다양한 이슈를 중심으로, 다양한 방법으로 시민사회에 참여하고 있다는 것을 확인할 수 있다. 그 영역 또한 정치 영역 뿐 아니라 사회전반으로 확대되고 있는 상황이다.

  이에 세 번째 관심사는 정치와 관련된 하나의 키워드로 설명될 수 있기보다는 '사회의 다양한 측면들과 인권 수호'에 대한 주목이라 할 수 있을 것이다. 이를테면 정치영역 뿐만 아니라 경제, 문화, 환경 등의 다양한 측면에서의 각성과 관심을 촉구하는 시민사회의 노력이 많아지고 있으며, 아울러 새터민, 이주민, 여성, 성 소수자 등의 다양화된 소수자 및 인권의 사각지대에 있는 정체성 집단에 대한 관심이 늘어나고 있다. 관심을 풀어내는 방식도 다양하다. 개인적 차원의 캠페인과 물건 구매 및 비구매 행위에서부터 집단적 차원의 시민단체 참여에서 해시태그 운동, 검색어 운동, 영혼 보내기 활동 등 참여의 방법 또한 여태껏 보지 못했던 방식으로 다양화되고 있다.

〈그림 9-4〉 새로운 시민사회 운동 양식

* 환경을 생각하는 마음으로 텀블러, 에코백을 사용하기 시작한 시민들이 늘고 있다. 일종의 캠페인 형태를 띠며 지속되고 있는 상황이다.

* 세월호 사건을 기억하는 마음, 투표 참여에 대한 인증, 퀴어문화에 대한 존중, 아이스버킷챌린지 참여 등을 SNS의 일종인 인스타그램에서 다음과 같이 #이라는 해시태그를 통해 자신을 표현하고 타인과 연대한다.

* 영혼보내기는 영화를 예매 한 뒤, 막상 상영시에는 영화를 보러 가지 않는 행위를 뜻한다. 주로 여자 주인공이나 여성 감독 영화는 흥행이 안된다는 편견을 바로잡기 위해 시작되었다. 82년생 김지영, 걸캅스 등이 영혼보내기로 주목받았다.

* 우리사회에 혐오 때문에 힘들어하는 소수자들을 위해 콘서트 형식의 토크쇼가 생겨나고 있다. 시위, 법적 조치 등도 중요하지만 시민사회의 관심을 촉구하기 위해 진입장벽 낮은 움직임들이 필요하다는 점에서 비롯된 것으로 보인다.

4. 풀뿌리 민주주의는 무엇이며, 어떻게 가능한가?

오늘날 시민사회는 거대한 담론 뿐 아니라 자신들의 삶과 직결된 문제들에 대해서 정치적 해법을 요구하면서 지속적으로 활동을 강화하고 새로운 형태의 참여방안을 모색하고 있다. 그렇다면 시민들이 일상적으로 참여할 수 있는 시민사회에는 어떤 유형이 있을까? 앞서 소개했듯이 시민운동, 자발적 결사체 활동, 공론장 참여 등 다양한 방법들이 존재한다. 그런데 누군가 '보다 구체적이고 일상적인 차원에서 시작할 수 있는 방법은 없을까?' 라고 묻는다면 내가 살고 있는 동네에 대한 관심을 통해 우리 동네나 지역 공동체의 문제에 관여할 수 있다고 대답할 것이다. 즉, '풀뿌리 민주주의'에 대한 추구가 일상적인 시민사회의 참여를 이끈다는 것이다.

풀뿌리 민주주의는 어디서나 흔히 볼 수 있는 이름 없는 풀들이 땅속 깊이 뿌리를 내리고 다른 풀들과 엉키고 섞이며 연결되어 거센 비바람에도 꿋꿋이 버티는 모습에 빗대어 표현한 말이다. 이는 시민의 대표가 아닌 시민이 주체가 되는 참된 민주주의를 실현하려는 열망을 담고 있다. 일상생활에서 나타나는 갈등을 시민사회가 스스로 해결함으로써 총체적인 삶의 변화를 지향한다.

따라서 대의 민주주의에서 가장 보편적인 정치참여 방법이 선거라면 풀뿌리 민주주의에서는 삶에 영향을 미치는 모든 결정들에 대한 생활정치(life politics) 영역에의 직접적인 참여를 강조한다. 참여를 통해 그동안 소외되고 배제되었던 사람들의 목소리가 정치, 경제, 사회 영역에서 들리기를 기대한다.

풀뿌리(grassroots)란 지리적 공간을 의미하는데, 여기서 공간은 가장 작은 규모의 동네 구역(block)과 마을(neighborhood, town, village)부터 지역구(district, county) 또는 도시지역까지 해당된다(Smith 2000, 8; Berry et al. 1993, 9-11). 이러한 정의에 따르면 한국의 최소 행정단위인 읍면동이나 군구, 나아가 소도시 규모에 이르는 지리적 공간들을 풀뿌리 공간으로 볼 수 있다. 보다 구체적으로는 주민의 선거에 의해 구성된 기초의회를 갖춘 중소도시와 도시의 구 및 농촌의 군 단위 등 기초자치 단체 범위를 풀뿌리 공간으로 간주해볼 수 있다(주성수 2005, 8-9).

알다시피 현대사회는 국민이 직접 의사결정에 참여할 수 있는 직접민주주의 체제가 아니라 국민의 권력은 선거를 통해 위임받은 의회와 정부에 의해 행사되는 대의민주주의 체제에 해당한다. 때문에 직접 민주주의의 형태보다 관심과 참여가 저조하며, 국민의 의사와 대표자의 의사 불일치 문제가 발생하는 등의 취약성이 존재한다고 볼 수 있다. 풀뿌리 민주주의는 이러한 취약성을 극복하는 하나의 주장으로 제기되었다. 즉, 풀뿌리 민주주의는 현대사회의 정치체제가 대의제라 할지라도 주민으로서 직접 소속된 지역의 입법과정과 의사결정에 참여할 수 있는 창구들을 활용함으로써 시민의 직접 참여를 추구할 수 있다는 기대 속에서 발달한 개념이다. 유사용어로 지역 민주주의, 마을 민주주의, 지방자치 등이 있다.

그렇다면, 풀뿌리 민주주의를 실현하기 위한 참여방법에는 무엇이 있을까? 가장 근본적인 참여 방법은 지방선거에 참여하는 것이다. 1995년 전국동시지방선거가 처음으로 실시되었을 때 68.4%의 투표율을 보였던 데에 비해 제7회 전국동시지방선거인 2018년까지 이 투표율을 넘은 기록이 없다. 풀뿌리 공간에 대한 애정과 관련 조직에의 참여도 중요하지만 가장 본질적으로는 지방정부를 구성하는 데에서부터 참여가 시작되어야 한다. 지방자치를 실현할 수 있는 제도는 마련되었는데 자치를 실천할 주인들의 관심과 참여가 저조하다면 이 제도는 관심을 가진 소수에 의해 오남용될 수밖에 없다.

자세히 보기: 지방선거의 역사

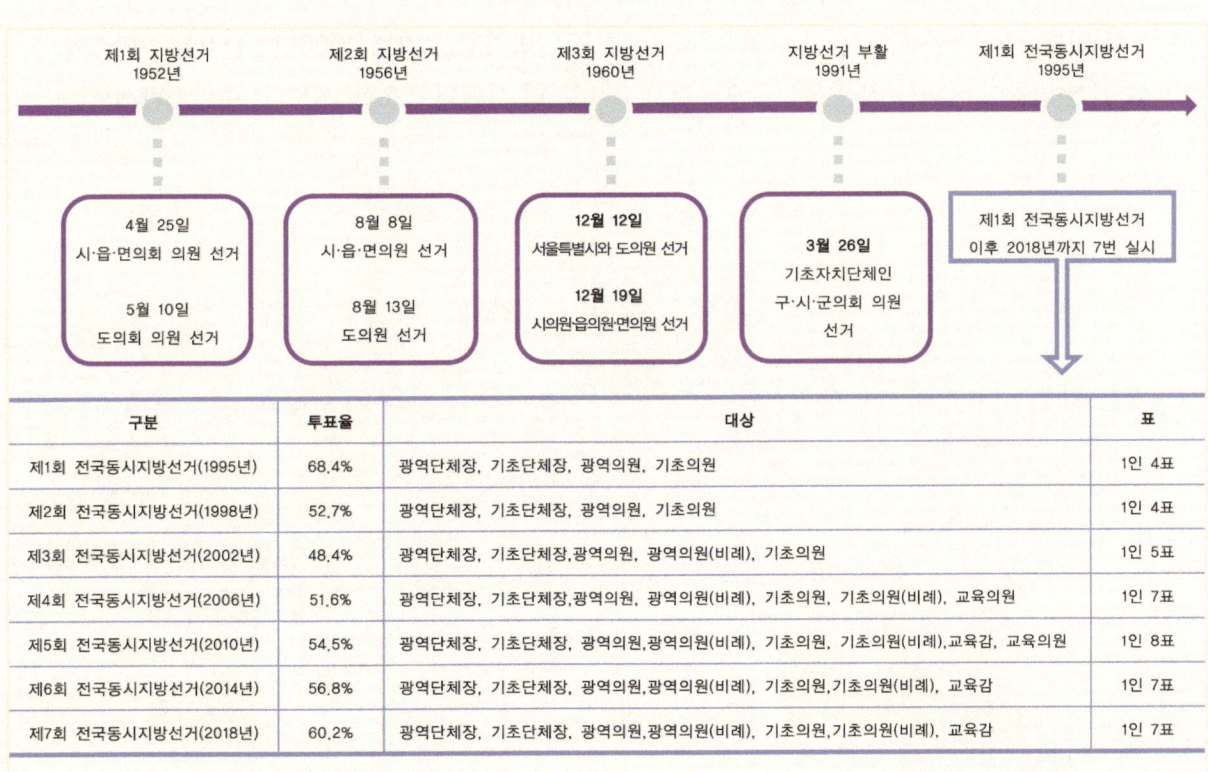

구분	투표율	대상	표
제1회 전국동시지방선거(1995년)	68.4%	광역단체장, 기초단체장, 광역의원, 기초의원	1인 4표
제2회 전국동시지방선거(1998년)	52.7%	광역단체장, 기초단체장, 광역의원, 기초의원	1인 4표
제3회 전국동시지방선거(2002년)	48.4%	광역단체장, 기초단체장,광역의원, 광역의원(비례), 기초의원	1인 5표
제4회 전국동시지방선거(2006년)	51.6%	광역단체장, 기초단체장,광역의원, 광역의원(비례), 기초의원, 기초의원(비례), 교육의원	1인 7표
제5회 전국동시지방선거(2010년)	54.5%	광역단체장, 기초단체장, 광역의원,광역의원(비례), 기초의원, 기초의원(비례),교육감, 교육의원	1인 8표
제6회 전국동시지방선거(2014년)	56.8%	광역단체장, 기초단체장, 광역의원,광역의원(비례), 기초의원,기초의원(비례), 교육감	1인 7표
제7회 전국동시지방선거(2018년)	60.2%	광역단체장, 기초단체장, 광역의원,광역의원(비례), 기초의원, 기초의원(비례), 교육감	1인 7표

선거 외에 풀뿌리 민주주의를 실현하기 위한 방법으로는 첫째, 주민투표, 둘째, 주민소환, 셋째, 조례제정개폐청구(주민발의), 넷째, 주민참여예산제도가 있다. 먼저 주민투표는 지방정부의 중요한 결정사항을 주민이 직접 투표를 통해 결정하는 제도를 말한다. 이는 주민의 참여와 책임 의식을 고취시키고 지방의회의 대의기능을 보완하기 위해 마련된 제도이다. 1994년 지방자치법이 개정되면서 이에 대한 논의가 시작 되었다. 그러나 주민 투표에 관한 법률은 2003년이 되어서야 통과되었고 2004년에 관련법이 공포되어 주민투표법이 제정되었다(정일섭, 2015, 10-12).

대표적인 주민투표 사례는 2011년 8월에 실시된 서울시의 무상급식 관련 주민투표 사례이다. 〈그림 9-5〉에서 보는 바와 같이, 오세훈 시장과 서울시 안 중 하나를 선택하는 주민투표였다. 하지만 투표율이 25.7%로 개표 가능한 유효 득표율 33.3%에 도달하지 못했기 때문에 투표는 무효화되었다. 즉 1안과 2안 모두 부결되었고 이에 대한 책임을 지고 오세훈 시장이 사퇴했다. 엄청난 예산을 쓰고도 주민투표가 무산되었고, 선거가 끝나고도 주민들 간의 갈등이 봉합되지 못했기 때문에 이 제도에 대한 비판이 일었다. 또한 주민투표 청구와 개표 요건이 너무 엄격하다는 비판도 있었다. 하지만 이 사례가 보여준 더 중요한 교훈은 주민의 참여 없이 제도만으로 풀뿌리 민주주의는 실현되지 않는다는 것이다.

두 번째, 주민소환 제도는 제주특별자치도에서의 입법과정을 거쳐 2006년 5월 2일 주민소환에 관한 법률이 국회를 최종 통과함으로써 2007년부터 시행되고 있는 제도다. 주민소환제도는

〈그림 9-5〉 서울시 주민투표 사례: 무상급식 지원범위에 대한 의제

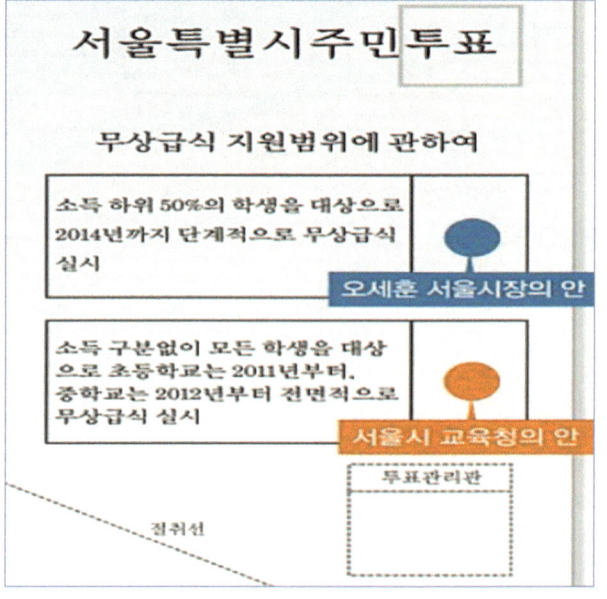

선거에 의해 선출된 공직자에 대해 일정 수 이상의 유권자가 서명하여 해임을 청구하면 주민투표를 거쳐 해임시킬 수 있는 선출직 지방 공직자의 부패를 견제하는 장치라 할 수 있다. 즉, 주민 통제를 통해 공직자들의 책임성을 강화하는 역할을 하여 문제가 있는 선출직 공직자를 해임하는 불신임제도이자 재신임여부를 묻는 제도에 해당한다(고성봉, 2010: 8). 대표적인 사례로 제주도지사에 대한 주민소환 운동이 많이 소개된다. 2009년, 제주강정마을에 민군복합형 해군기지 개발을 둘러싸고 도지사의 능력과 행태에 대해 해임을 건의하게 되었다. 주민소환청구 요건에는 해당되는 선거인단을 마련했으나 투표율이 11%에 그쳐 개표하지 않게 되었다. 이 사례 역시 주민의 참여가 풀뿌리 민주주의의 절대적 조건임을 보여준다.

세 번째, 조례제정개폐청구 제도는 주민이 청구한 조례안을 지방자치 단체의 장이 지방의회에 부의하는 간접 발안 형태로 주민의 발의권을 보장하는 제도다. 우리나라에는 1999년 도입되었다. 2003년 전라남도의 학교급식재료 사용 및 지원에 관한 조례제정은 조례제정개폐청구제도에 대한 관심과 주민참여를 증거시켰다고 평가받고 있다. 2018년부터는 온라인으로 주민의 공인전자서명을 가능하게 하여 편리성을 높였다. 전라남도의 학교급식재료 사용 및 지원에 대한 조례안이 대표적인 사례로 언급된다. 2003년 전국 초중고교에서 질 낮은 급식이 사회문제로 부각되자 학교급식 문제를 해결해야한다는 미명아래 운동이 전개 되었고 이에 따라 조례안이 공포되었다. 주민들의 발의로 조례가 제정된 첫 사례였다.

네 번째, 주민참여예산 제도는 지방자치단체의 예산편성 과정과 재정지출의 모든 것을 주민에게 투명하게 개방하여 주민의 요구와 의견을 사전에 반영하고 사업예산의 우선순위 등을 결정하는 권한을 주민이 직접 행사하도록 보장하는 참여제도이다(김명수, 2015, 25). 2003년 예산시민네트워크의 주민참여예산제도 도입 제안과 관련된 조례재정 운동이 시작점이 되었다. 대표적인 사례로 광주광역시 북구의 사례가 있다. 2003년부터 주민참여예산제 도입을 위한 활동을 전개하면서 2004년에는 관련 조례재정, 2006년에는 기존 조례의 개정의 과정을 거쳐 예산참여민관협의회를 조직하는 등 주민의 참여를 증진시키는 방향으로 발전해나간 것이 특징이다.

그 밖에도 우리가 풀뿌리 민주주의를 실현하기 위해 참여할 수 있는 장은 무수히 많다. 지방자치와 관련된 제도 말고도 입주민 회의, 지역협동조합, 주민참여 봉사활동 등 소소한 우리의 일상에서 찾아볼 수 있는 참여의 기회는 무궁구진하다. 보다 주목할 것은 바로 이러한 기회들을 대하는 우리들의 태도이다. 시민으로서, 지역의 주민으로서 내가 속한 이 공간에 대한 애정을 바탕으로 타인들과의 협력적인 관계를 받아들이고, 그 속에서의 정치관용을 실천해야 한다. 일반적으로 관용은 자신과 의견을 달리하는 집단에 대해 참고 견딜 수 있는 태도인데, 더 나아가 민주사회에서 정치관용은 내 생각과 다른 주장도 타인의 입장에서 보면 권리 행사의 일부분이므로 인정되고 허용되어야 함을 의미한다(Nie et al, 1996).

더 보기: 지역상권을 살리는 시민 어벤져스

2020년, 코로나 19 사태에 대응하여 지역경제를
살리는 시민사회의 모습에 주목해보자.

"청소년" 어벤져스

KIS Jeju 학교의 FLY(For Love Y'all) 팀은 코로나19 여파로 이용자가 감소하는 등 어려움을 겪고 있는 지역 상가를 돕기 위해 주변상가를 방문해 약 30만원 상당의 선결제를 통한 '지역상권 살리기' 캠페인에 동참했다.

"청년" 어벤져스

경남대 학생들은 코로나 19 상황에서 일부 대면수업이 진행되자 비접촉식 적외선 체온계 40여개를 직접 제작해 학교에 기부했다. 또한 체온계 제작에 필요한 도면과 회로의 세부 정보를 외부와 공유할 계획을 밝혔다.

"주부" 어벤져스

영등포구의 여성단체연합협의회는 지역상권을 살리고자 전통시장에 방문했다. 장을 보고 식사한 후 코로나 19 예방 활동 및 동네 상가 이용하기 캠페인을 전개했다.

"지자체" 어벤져스

충청남도는 코로나19 확산에 따른 졸업식·입학식 취소 여파로 어려움을 겪는 지역 화훼농가 등을 돕기 위해 '원 테이블, 원 플라워' 캠페인을 펼쳤다.

생각해보기

'내 안에 있는 편견'을 성찰해보자.

다음의 '소수자'로 여겨지는 집단들에 대한 나의 느낌을 말해보자.

"조금 멀리서 이사 온 사람들"

이주민들

나의 느낌은..

새터민들

나의 느낌은..

"곁에 있지만 잘 몰랐던 사람들"

성소수자들

나의 느낌은..

여성들

나의 느낌은..

이런 막연한 느낌을 설문조사를 통해 구체화해보자.

〈소수자에 대한 심리적 거리감 조사〉 1점: 동의의 정도가 가장 낮음 7점: 동의의 정도가 가장 높음	이주민	새터민	성소수자	여성
① 나는 ___와 그냥 알고 지내는 사이가 되는 것을 꺼리지 않을 것이다.				
② 나는 내가 속한 동호회에 ___가 들어오는 것을 꺼리지 않을 것이다.				
③ 나는 ___와 같은 동호회에 참가하는 것을 꺼리지 않을 것이다.				
④ 나는 ___와 이웃하여 산다는 것을 꺼리지 않을 것이다.				
⑤ 나는 ___가 옆자리 동료가 된다는 사실을 꺼리지 않을 것이다.				
⑥ 나는 ___와 진정한 개인적 친구가 된다는 사실을 꺼리지 않을 것이다.				
⑦ 나는 ___가 가족의 배우자가 된다는 사실을 꺼리지 않을 것이다.				

이주민, 새터민, 성소수자, 여성에 대한 나의 심리적 거리감을 방사형 도표에 표현해보자.
(방사형이 좁게 표현되었다면 그 집단에 대한 나의 거리감이 크다는 뜻이다.)

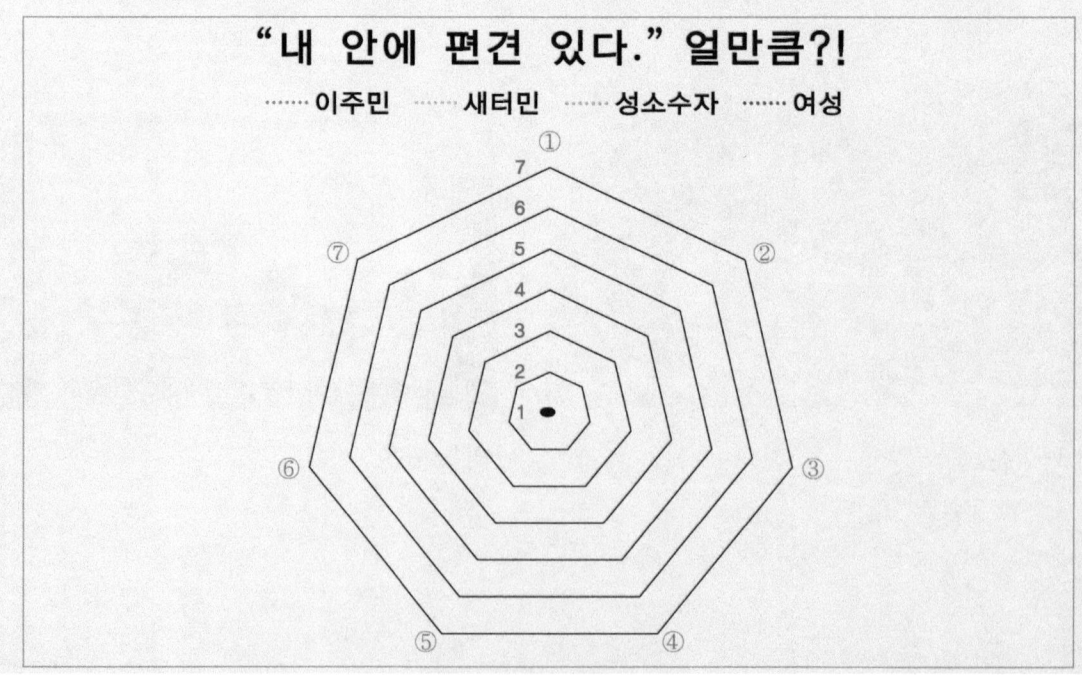

위 설문조사 결과를 토대로 나의 삶에서 마주했던 소수자들과의 경험을 떠올려보자.
오늘 하루 내가 일상에서 마주했던 편견들을 일기장에 적어보며 성찰해보자.

년   월   일   요일

10 민주시민과 세계시민

미리보기

세계시민, 누구인가라는 주제로 전시회를 연다면?

대주제 '세계시민, 누구인가' 전시회의 큐레이터라면, 어떤 작품들을 전시할까? 아래 예시처럼 자신이 기획한 전시회의 타이틀을 정하고 사진이나 그림 등 작품들을 채워보자.

〈나의 온라인 쇼핑 다이어리와 쓰레기 생산〉

1. 세계화, 무엇을 의미할까?

"지구촌(Global village) 사회, 세계화(Globalization) 시대!" 이 표현을 들었을 때 어떤 느낌이 드는가? 이제는 이러한 용어들이 익숙해진 것을 넘어 당연한 이야기로 들려 무표정을 지을지도 모르겠다. 나아가 오래된 이야기를 새삼스레 꺼낸다는 생각도 들 것이다. 이렇게 느낄 수 있다는 것은 그만큼 우리가 지구, 즉 세계라는 테두리 내에서 서로에게 가까운 존재가 되었고, 이러한 삶을 당연하게 살아가고 있다는 것을 보여준다. 바다 건너 나라가 마치 바로 옆 골목에 있는 이웃집처럼 친근하면서 모든 사람이 정보에 뒤떨어지지 않는 사회. 지구촌은 사실 1945년 공상과학 소설가인 Arthur Charles Clarke가 제시한 지구의 미래상이었다. 그는 인공 위성을 통하여 전 세계 사람들이 동시에 빛의 속도로 통화가 가능할 것이라고 예견하였는데, 21세기의 지구는 정말로 그가 말했듯이 '지구촌'의 모습을 하고 있다.

세계화는 어떠한가? 세계화는 국제환경에서 국가들 간의 상호의존성, 상호연결성이 증가함에 따라 세계가 하나의 체계로 나아가고 있는 현상을 말한다. 특히 세계화라는 개념은 1970년대 이후에 활발히 쓰이기 시작했다. 하지만 '역사적 현상'으로서의 세계화의 기원에 대해서는 여러 견해들이 존재한다. 예를 들어, 이매뉴얼 월러스틴(Immanuel Wallerstein), 롤란드 로버트슨(Roland Robertson)은 1500년대에서, 앤서니 기든스(Anthony Giddens)는 1800년대에서, 그리고 존 톰린슨(John Tomlinson)은 1960년대에서 세계화의 기원을 찾고 있다.

그러나 대체로 세계화는 정치, 경제, 문화적 상호의존성이 증가하기 시작한 제2차 세계대전 이후에 본격화되었다는 논의가 많다(한국민족문화백과사전, 김호기, 2010). 사회시간에 한 번쯤은 우리나라의 대외의존도가 높다는 이야기를 들어봤을 것이다. 우리나라도 세계화와 밀접한 관계가 있다. 실제로 우리나라는 2011년 국민총소득(Gross National Income, GNI) 대비 수출입비율이 113.5%였으며 2019년 최근에도 86.8%로 꽤 높은 수준을 유지하고 있다. 이는 다른 나라가 우리나라에게 의지하는 부분, 우리나라가 다른 나라에게 의지하는 부분이 상호 간 심화되었음을 보여준다.

더 보기: 세계화와 자본주의

인류는 세계화를 언제, 어떻게 맞이하게 되었을까? 정확히 세계화가 시작된 지점에 대해서는 학자마다 다양한 논의를 펼치고 있지만 공통적으로 자본주의와 세계화가 밀접하게 관계되어 있다는 점에서는 이견이 없는 것으로 보인다.

예를 들면 이강국(2005)은 세계화가 먼저였기 보다는 오히려 자본주의에 의해 소환된 것이 자본주의라고 이야기 한다. 즉 그는 주어를 자본주의에 두고, '자본주의는 그 기원부터 국제적이었다'(이강국 2005, 14)라는 논지를 편다. 이러한 논지는 결국 세계화가 1970년대 초반에 심각해진 자본주의의 구조적 위기에 대응한 자본 주도의 전략이라는 주장과도 같다. 즉, 세계화의 주체는 자본이며 자본의 힘이 결국 세계화의 길을 열어주었다는 것이다.

국제정치경제학자인 에릭 헬라이너(Eric Helleiner)는 보다 구체적인 주장을 한다. 그의 주장에 따르면 미국과 영국을 중심으로 1970년대부터 국제적인 자본이동을 자유화하는 세계금융 정책이 대거 실시되었다. 이런 흐름이 전 세계로 퍼져나가면서 유럽, 아시아권의 세계 무역과 금융 거래가 순환되었다는 것이다(Helleiner, 1996).

이처럼 세계화와 자본주의의 관계는 매우 밀접하며, 그렇기 때문에 양날의 칼처럼 주목해야하는 측면도 있다. 자본이 우리를 잠식하여 지구촌 마을의 동심을 앗아갈 수 있다는 점을 유념해야할 것이다.

이처럼 지구가 마을 형태가 되어가고, 세계가 하나의 체계로 나아간다는 표현은 묘사하는 양상이 조금 다를 뿐 공통적으로는 우리가 겪고 있는 현상을 대변하는 용어들에 해당한다. 하지만 이제는 너무 당연해져서 어쩌면 세계화와 지구촌의 양상을 표현할 때 진행 중이라기 보다는 '진화' 중이라는 표현이 알맞을지도 모르겠다. 그만큼 우리가 상상하지 못할 만큼의 세계의 연결이 긴밀해지고 있으며, 또 긴밀해질 필요성이 높아지고 있는 상황이기 때문이다.

이렇듯 지구촌 사회에 살면서 세계화를 겪는 것이 너무나 당연한 현실이기에 세계화의 양상을 영역별로 나누어 설명하는 것은 그리 어려운 일이 아니다. 첫째, 정치적 차원의 세계화를 설명할 수 있다. 이는 정치 시스템이 규모와 복잡성 면에서 커지는 것을 의미한다. 전 세계적 정치 시스템에는 정부, 정부 간 기구, 국제비정부조직과 시민단체와 같이 정부로부터 독립된 국제 시민사회도 포함된다(가상준 2018, 360).

〈그림 10-1〉 세계정치를 보여주는 사례: 한-아세안 정상회의

우리나라의 문재인 대통령(제 19대)이 2018년 11월 14일 싱가포르 선텍컨벤션센터에서 열린 20차 한-아세안 정상회의에 참석해 각국 정상들과 자리를 함께했다. 2019년 11월 25~26일 부산 벡스코에서 열렸던 한-아세안 특별정상회의는 문 대통령이 이때 제안해 성사된 것이었다.

예를 들면 기존의 국민국가 틀 내에서는 해결하지 못하는 문제들을 담당하기 위해 결성된 국제연합(UN), 국제통화기금(IMF) 등 정부 간 조직 외에 국제사면위원회(Amnesty International), 그린피스(Green Peace), 국경없는의사회(Doctors Without Borders) 등과 같은 비정부조직 및 시민단체의 비중 또한 커져 왔다. 이 조직들은 국민국가의 경계를 넘어서서 정치, 경제영역뿐만 아니라 교통·통신·과학 및 환경 등의 영역에서 발생하는 초국적 문제들을 해결하는 데 주력함으로써 국가별 개별 정부에 작지 않은 영향력을 행사하고 있다(김호기 2010).

둘째, 경제적 세계화를 설명할 수 있다. 경제적 세계화는 상품과 서비스의 생산, 유통, 소비, 그리고 자본의 투자 활동 등 여러 가지 경제활동이 전 세계적으로 통합되는 과정을 말한다(Malcolm Waters, 이기철 역, 1998, 14). 경제적 세계화를 보여주는 대표적인 사례는 바로 자유무역 활동을 지지하는 세계무역기구(WHO)와 초국적 기업의 등장이다.

여기서 초국적 기업은 생산 부분을 개발도상국을 거점으로 하여 분업체제로 형성함으로써 국경의 의미를 보다 축소시키는 구조적인 체계를 만들어 나가고 있다. 우리나라에도 초국적인 세계 기업이 있을까? 경제언론사 포브스에 의하면 2019년 기준 세계 100대 다국적 기업 순위에 우리나라의 기업 중 삼성전자가 13위를 기록하고 있다고 밝혔다. 삼성전자는 1969년에 창립한 후 1978년에 미국에 최초로 해외 사무소를 설립하여 지금까지 글로벌 기업으로 성장가도를 달리고 있다.

〈그림 10-2〉 세계로 뻗어가는 한국 문화 컨텐츠

K-음식의 대표주자 비빔밥
한국의 비빔밥이 해외에서 화제. 각국의 풍토에 맞게 변형된 소스가 전략적으로 개발됨에 따라 다양한 나라의 수요가 늘고 있다.

K-음악의 대표주자들과 운동용품
SM엔터테인먼트는 K-POP 어벤저스를 표방하며 엑소의 백현-카이, 엔시티의 루카스, 텐, 태용, 마크, 그리고 샤이니의 태민을 포함시켜 그룹을 만들었다.

마지막으로, 문화적 세계화를 설명할 수 있다. 대표적 사례는 '한류'라 불리는 문화적 세계화인데, 인터넷의 발달과 SNS의 이용 등을 통해서 매우 활발하게 지구적 차원에서 진행되고 있다. 〈그림 10-2〉에서 볼 수 있듯이, 한국의 음식(K-food), 화장품(K-beauty), 대중음악(K-pop) 등 다양한 문화적 컨텐츠가 세계로 나아가고 있다. 그 어떤 영역보다도 문화적 영역이 일상적 삶과 생각의 변화에 큰 영향을 미치고 있다는 점에서 지구적 차원의 문화적 재구조화 경향은 중요하다고 볼 수 있다.

한 나라의 문화는 다른 나라에 전파되어 원형과 다른 문화적 결과를 만들어내기도 한다. 예를 들면, 2019년에 MBC가 2015년부터 방영하고 있는 '복면가왕'의 포맷을 기반으로 'The Masked Singer'라는 미국판 프로그램이 방영되었다. 시민들은 두 나라의 가면이 사뭇 다르다며 새롭게 해석한 다른 나라의 포맷을 흥미롭게 지켜보며 SNS를 통해 교류하는 모습을 보였다. 이를테면, 한국의 복면이 해학적이라면 미국의 복면은 사실적이라는 측면에서 한국의 탈과 미국의 마스크가 어떤 역사적 연원을 가지고 있는지에 대한 분석적인 논의도

전개되었다.

이처럼 각 국의 문화상품이 국경을 넘어 전 세계적인 히트를 기록하는 일은 비일비재하다. 미국의 VOD 플랫폼 넷플릭스(Netflix)는 세계 비디오시장의 역사를 새로이 쓰고 있는 중이다. 과거에는 문화상품이 개별적으로 수출, 수입되며 국지적인 교류가 주된 방식이었다면 이제는 집약적으로 문화상품을 한 곳에서 소비하며 대화 역시 개별창구가 아닌 모여진 창구에서 집단적으로 이루어지기도 한다. 이처럼 지구적인 문화 소비가 이루어지면서 동시에 이로 인해 세계화가 더욱 촉진되고 있는 상황이다.

영역별로 세계화의 양상을 설명하기도 하지만 세계화 자체가 품고 있는 특성에 대한 설명 역시 가능하다. 허영식(2004)은 세계화의 의미에 불가피성, 양면성, 정확한 예측의 곤란성, 조정의 가능성이 내포되어 있다고 말한다. 불가피성은 표현 그대로 세계화는 시대적으로 역행할 수 없는 현상이라는 뜻이다. 거스를 수 없는 흐름으로서의 성격을 갖는다는 것이다. 양면성은 기회와 위험을 모두 내포하고 있음을 시사한다. 개인과 국가 모두가 발전하는 기회가 될 수도, 위험사회 진입의 계기가 될 수도 있다.

정확한 예측이 곤란하다는 것은 우리가 여태 겪어온 발자취를 들여다봐도 알 수 있는 부분이다. 세계화에 대한 지지만큼 저항 역시 거세지고 있음을 보면, 세계화의 명암에 대한 논쟁과 문제 상황 극복이 어떻게 이루어질지 예측하기 어려운 것이 사실이다. 어느 정도 조정이 가능하다는 점은 전 세계가 하나의 마을, 즉 지구촌으로서 기능할 때 상호 동의하는 일종의 사회계약이 요구되며 이를 통해 기본적인 필요와 소망의 충족, 유익한 교류가 가능하다는 점과 맞닿아 있다.

2. 세계화 시대, 살기 좋아졌을까?

<그림 10-3> 정치적 세계화의 두 얼굴

2017년 7월 7일, 일본군 위안부 소녀상이 홍콩에도 설치됐다. 소녀상 설치를 주도한 다오위다오보호행동위원회(保釣行動委員會)에 따르면 홍콩 주재 일본총영사관 인근에 설치된 소녀상 2개는 각각 한국인과 중국인을 상징한다. 세계화로 인해 정치적인 이슈에 대한 문제의식이 다른 나라로 공유되며 퍼져 나가는 현상이 벌어지고 있다.

1948년부터 기나긴 갈등과 분쟁을 겪고 있는 이스라엘과 팔레스테인의 베들레헴 장벽. 팔레스타인은 이 분쟁 속에서 미국의 개입으로 골머리를 앓고 있다. 2020년 2월 11일 유엔 안전보장이사회에서 제시된 미국의 중동평화안은 팔레스타인을 또 한번 분노하게 했다. 이 안에 따르면 팔레스타인 영토가 이스라엘에 비해 현저히 작았기 때문이다. 강대국의 개별국가에 대한 정치적 개입 문제는 늘 논란의 대상이다.

이처럼 세계화는 다양한 영역에서 가속화되고 있으면서도 굉장히 유동적이고 예측 불가능한 성격을 내포하고 있음을 확인하였다. 때문에 세계화는 양날의 칼이자 빛과 그림자처럼 그 효과와 부작용이 함께 논의되어야 한다. 세계화로 인해 우리가 취하게 되는 좋은 점과 겪게 된 나쁜 점에는 어떤 것들이 있을까?

먼저 정치적 측면에 대해 이야기해 볼 수 있다. 세계화는 민주주의와 인권의식에 대한 인식을 확대하는 데에 기여할 수 있다. 세계 각국에서 벌어지는 여러 상황들에 대해 논의를 진행하면서 민주적이고 인권 지향적인 의식이 배양될 수 있다는 것이다. 예를 들면, 한국 위안부 문제에 대한 전 세계적인 관심이 많아지고 있는 경우 등이 선한 영향력이 발휘된 사례라고 할 수 있다.

한편, 정치적 세계화의 부작용으로 강대국의 약소국에 대한 정치적 개입이 있을 수 있다. 팔레스타인과 이스라엘의 오래된 영토 및 종교 분쟁 속에서 미국이 개입하면서 치열한 권력싸움으로 이어진 경우가 가장 대표적인 사례에 해당할 것이다. 지난 2020년 2월, 팔레스타인은 결국 미국과 관계단절을 선언하며 더 이상의 간섭과 행동을 멈춰줄 것을 요구했다(AP 통신, 2020. 02. 01). 이처럼 선진국이 개별 국가들의 분쟁 속에서 개별 국가의 입장에서 중재 아닌 중재를 행하는 모습을 보이며 정치적 개입을 할 수 있기에 세계화의 진전이 개별 국민국가의 자율성을 침해하는 것으로 연결된다는 분석도 존재한다.

경제적 측면도 예외는 아니다. 앞서 언급했듯이 세계화로 인한 초국가 기업의 등장은 낮은 임금과 자원을 활용할 수 있는 기반이 마련되었음을 시사해준다. 이러한 상황은 생산비용과 상품 가격의 절감을 가능하게 하며, 결과적으로는 다양한 재화와 서비스를 경험해볼 수 있다는 점에서 소비자의 선택 행위도 보다 윤택해졌음을 보여준다. 또한, 국가마다 비교우위에 근거한 자유무역이 진행됨에 따라 상호 이익과 경제발전이 도모된다는 점 또한 이익으로 언급되는 부분이다.

하지만 같은 상황 속에서도 부작용 역시 존재한다. 선진국의 기업 이전은 그 나라의 자연환경과 생태계를 파괴하고, 부존자원을 남획하며, 노동을 착취하는 구조를 만들어낼 수 있다. 또한, 무역의 가속화는 상호의존성 증대를 의미하기 때문에 한 국가가 경제위기에 휘청이게 되면 연결된 다른 국가 역시 경제위기가 초래되는 위험한 관계성이 형성될 수 있다.

아울러 사회적 차원의 명암도 존재한다. 지구촌 이슈로서 언급되는 환경, 빈곤, 인권, 난민, 건강 등의 의제들이

〈그림 10-4〉 경제적 세계화의 두 얼굴

㈜스타벅스커피 코리아는 지난 1999년 이대앞 1호점을 시작으로 하루 평균 30만명 이상의 고객들에게 커피를 판매하고 있다. 2019년 기준 매출이 30조에 달했으며 이중 한국에서의 매출액은 약 2조원에 이른다. 스타벅스는 이제 단순한 커피가게가 아니라 커피문화를 파는 곳으로 부상하고 있다.

2020년 3월 영국의 한 프로그램에 의하면 스타벅스에 커피콩을 납품하는 과테말라 커피농장들을 취재한 결과, 13세 미만 아동들이 하루 5파운드(약 7660원) 미만의 임금을 받으며 주 40시간 이상씩 일하고 있다고 한다. 한편에서는 여유롭게 즐겨지는 커피이지만 다른 한편에서는 경제적 착취의 단면이 존재하고 있다.

세계화가 진척됨에 따라 수면 위로 떠오르는 경우를 보았을 것이다. 전 세계 청소년들이 즉각적인 환경운동을 위해 목소리를 낼 수 있게 해준 그레타 툰베리(Greta Thunberg)의 사례, 미국의 총기소지에 대해 경종을 울려 전 세계 청소년의 해시태그 운동을 이끈 엠마 곤잘레스(Emma Gonzalez)의 사례를 기억할 것이다. 하지만 이런 행동들이 항상 사회문제의 해결국면을 만들어내는 것은 아니다.

때로는 갈등을 야기하기도 한다. 세계화를 통한 상호소통과 의존의 증대를 계기로 서로를 더 구분 짓고 종족화하는 현상이 나타나고 있다. 우리나라의 경우, 경제발전으로 인해 선진국 대열에 오르며 일을 하러 외국으로 나가는 나라가 아니라 일을 하러 외국에서 오는 나라로 변화하였다. 이에 따라 다문화가 한국을 설명하는 키워드가 될 만큼, 다양한 국가에서 온 이주민들이 우리의 옆에 존재하고 있다. 하지만 이들을 대하는 방식에는 아직 미성숙한 태도가 남아있다. 서로의 다름을 인정하고, 함께하는 삶을 존중하기 보다는 혐오의 논리와 편견의 시선을 포기하지 않는 분위기가 형성되고 있는 상황이다. 이처럼 세계화는 두 얼굴을 가지고 있다. 이러한 세계화의 양면성에 대하여 크게 세 가지 유형으로 세계화에 대해 판단하는 입장이 있다. 첫째, 극단적인 세계화 주장가들로 이른바 변화론자들이 있다. 이들은 주권의 소멸, 민족국가의 약화, 통합적인 국제 경제, 도전적인 사회경제적 조직의 출현 등 획기적인 국제체제의 변화를 받아들인다. 둘째, 온건한 세계화 이론가들이 있다. 이들은 국제화의 심화가 변화론자들의 주장처럼 세계를 이끌지 않을 것이라 예견하며 국가들이 아직 주권을 가지고 있기 때문에 지구촌

〈그림 10-5〉 이주자에 대한 세계의 민낯들

프랑스는 2004년 정교분리의 원칙을 지키기 위해 공공장소에서 특정 종교의 상징이 될만한 복장을 금지했다. 그러나 현실에서는 정교분리의 효과보다는 이슬람 시민들에 오명을 씌우거나, 이들을 테러로 연결시키는 과장된 편견으로 이어지고 있다.

조선족이 많이 산다고 해서 여러 영화의 배경이 되는 대림동의 모습. 조선족 동포들은 한국영화 청년경찰(2017)에 대해 조선족을 부정적으로 묘사했다는 이유로 고소를 진행, 법적 분쟁을 벌였다. 2020년에 법원은 2심에서 제작사의 사과를 권고하였다.

에 살고 있을지라도 계속해서 자신의 보금자리, 즉 국가를 지키려고 한다고 주장한다. 마지막으로 회의론자들과 반대론자들이 있다. 이들은 세계화가 강력한 주권국가 존재의 실상과 세계 주요 경제국들의 실상을 위장하는 근거 없는 믿음이라 일갈한다.

앞으로 어떤 미래가 펼쳐질지 모르겠지만 중요한 것은 어떠한 입장을 취하는 것을 넘어 당면한 과제들에 주목할 필요가 있다는 것이다. 세계화가 우리에게 많은 것들을 가져다주고 있다는 것이 분명하지만 많은 것들을 새롭게 앗아가며 우리를 당혹스럽게 하는 측면이 있다는 것 또한 분명한 사실이다.

이에 우리는 세 갈래의 이론가들의 논쟁 속에 머무르기보다는 '시민'으로서 어떤 일들을 생각하고, 행동할 수 있는지에 대해 고민할 필요가 있다. 월터 미뇰로는 세계화를 둘러싼 문제적 상황을 식민성이라 이야기하면서 이제는 '인간의 얼굴을 한 세계화'로 나아가야 한다고 주장한다(한겨레, 2010-06-02). 이 상황을 해결하기 위해 무엇을 어떻게 해야할까라는 질문에 대답한 대안 세계화 운동의 대모인 수전 조지(Susan George)의 말도 같은 의미로 해석된다. 시민이 움직여야 한다는 것이다.

자세히 보기: 세계화를 대하는 우리의 자세

인류가 맞이한 여러 변곡점들을 떠올려보자. 농경사회에서 산업사회로의 진입, 그리고 정보사회로의 진입, 그 사이 사이에 세계화가 있었다. 하지만 사실 세계화에 우리가 어떻게 대처해야 하는지, 그리고 어떤 자세를 취해야 하는지에 대해서는 심각하게 고민해보지 않았을 것이다.

'세계화 시대에 무엇을 어떻게 해야할까?'란 질문에 실천적 목소리를 강조한 학자가 있다. 바로 수전 저지(Susan George)다. 그는 세계화에 대한 물음이 주어졌을 때 많은 사람들이 다양한 배경과 관점, 역량을 발휘하는 노력이 가장 중요함을 주장한다. 그리고 그 노력이 꾸준히 지속되었을 때 비로소 세상의 변화가 일어난다는 것이다(Susan George 정성훈 역 2008, 11). 세계화가 진행 중인 현 시점에서, 우리가 보지 못했던 어두운 면들에 대해 도외시 하지 않고 지속적이고 다양한 관점으로 바라보고 해결책을 모색한다면 세상이 보다 긍정적인 방향으로 변하지 않을까?

더 보기: 세계화, 국민국가, 그리고 민주주의 – 트라일레마(Trilemma)의 관계

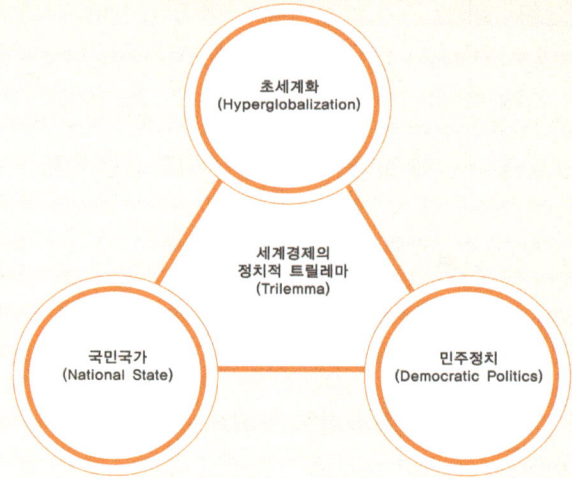

　세계화는 국민국가의 민주주의에 지대한 영향을 끼칠 수 있다. 세계 차원의 정치가 새롭게 추가되는 것뿐만 아니라 기존의 국민국가가 행해왔던 민주정치에도 파급력이 미칠 수 있다는 것이다.

　이런 상황을 두고 우리는 트릴레마란 단어로 표현할 수 있다. 트릴레마는 그리스의 숫자 3을 가리키는 트리(tri)와 보조정리라는 뜻의 레마(lema)의 합성어로, 세 가지 문제가 서로 얽혀있어서 어떤 것도 명확히 선택하기 힘든 어려운 상황을 뜻한다. 우리가 유사하게 알고 있는 단어로 딜레마가 있다. 딜레마가 두 가지 중에 어떤 것을 선택하더라도 나쁜 결과가 초래되는 상황을 말한다면, 트릴레마는 그 선택지가 세 개로 늘어난 것을 말한다.

　Dani Rodric(2011)은 트릴레마로 세계화, 국민국가, 민주정치 등 3자 간의 진퇴양난의 상황을 다음과 같이 설명한다. 먼저 국민국가와 민주정치의 관계를 살펴보자. 둘 간의 관계는 1944년 2차 대전 직후 형성된 국제 통화체제인 브레튼우즈 합의를 통해 공생 관계를 지속해왔다. 이 체제에서는 미국의 달러만 금과 고정 비율로 교환가능하며 다른 통화들은 금 대신에 달러와 고정 환율로 교환할 수 있게 되었다. 이 체제에 대한 합의는 한 국민국가가 다른 국가에 예속되지 않고 민주정치를 할 수 있음을 의미했다.

　다음으로 세계화와 국민국가의 관련성을 살펴보면, 둘 간의 관계는 이른바 황금 구속복이다. 이는 세계화를 추구하기 위해서는 황금으로 된 번영의 구속 의복을 감내해야 한다는 것을 뜻한다. 즉 한 국가가 세계화로 인해 이득을 얻기 위해서는 규제 완화, 민영화, 관세 인하로 대표되는 세계화적인 규율과 규칙을 지켜야 한다는 것을 의미한다.

　마지막으로 초세계화와 민주정치 간의 관계는 어떠한가? 이는 세계연방으로 설명될 수 있다. 세계화가 진행되면 국민국가는 국내의 민주주의를 희생하고 세계화된 경제에서 통용되는 규범과 질서를 받아들일 수밖에 없다. 그것이 바로 세계 연방주의를 뜻한다. 예를 들어 유권자들이 세계 연방주의에 대한 국민국가의 선택에 반대하는 의사를 투표로 표시하게 되면 정부는 세계화된 질서와 유권자들의 요구 사이에서 딜레마에 빠지게 되는 것이다.

3. 세계화 시대, 평화 공존을 위한 노력의 주체는 누구여야 하는가?

우리는 지금까지 민주시민으로서의 삶을 기본 값으로 설정해야 한다는 이야기를 계속 해왔다. 그런데 여기, 새로운 친구가 등장했다. 바로 '세계시민'(Global citizen)이다. 같은 시민이긴 한 것 같은데 수식어가 다르니 어떻게 다른 것인지 고민스러울 것이다. 사실 개념이라는 것은 우리가 인식하고자 하는 것을 담아내는 그릇과도 같다. 때문에 우리의 기대가 투영되기도 하고, 사회 변화에 따라 변형되어 나타나기도 한다.

세계시민도 그런 차원에서 이해해보면 어렵지 않다. 우리가 시민을 '민주'시민이라 칭하지 않아도 민주적인 지식과 기능, 가치와 태도를 함양하는 주체로 인식하듯이 세계시민 역시 '민주'가 들어가지 않을지라도 '세계화 시대의 민주시민' 이라는 뜻이 내포되어있다. 즉, 세계시민은 민주시민과 결이 다른 친구가 아니라 같은 속성이면서 시대가 요구하는 측면이 가미된 모습을 하고 있는 트렌드를 선도하는 친구라고 보면 된다.

앞서 살펴보았듯 갈수록 빨라지는 세계화는 거시적, 구조적 차원의 상호연계성을 강화할 뿐만 아니라 우리의 일상을 더욱 복잡하게 만들고 있다. 따라서 오늘날 인류가 직면한 공통의 문제를 해결하고 현재와 미래 사회의 지속 가능한 발전을 모색하려면 사회구성원들은 '세계시민'이라는 공통의 정체성을 함양하고 전 지구적 차원에서 협력해야 한다. 여기서 세계시민으로서의 의식은 인류 공동의 보편적 가치를 바탕으로 한 초국가적 소속감이나 연대감을 말하며, 지역, 국가, 세계적으로 정치, 경제, 사회, 문화가 상호의존적으로 연계되어 있음을 내면화하는 자질과 속성을 말한다(유네스코 아시아태평양 국제이해교육원 2015, 15).

세계시민의 개념은 근본적인 속성상 국민국가에서의 시민개념의 후속개념에 해당한다고 볼 수 있다. 이에 이 둘의 역사성을 설명하면 다음과 같다. 근대 국민국가의 경우 시민은 국민국가의 경계 밖에 있는 사람이나 내부에 있더라도 예속적이었던 신민들과 대비되는 경계 안의 주체를 의미했다. 국가는 배타적 경계 내의 구성원들에게 시민권 또는 국적을 부여하면서 공동의 정체성을 확립하기 위한 다양한 조치를 취해야 했다. 국가로부터의 시민성을 부여받은 개인 역시 공적 영역인 국가와 사적 영역에서 전체의 발전을 위해 권리와 의무를 다하는 하나의 권력 주체 단위로서 역할을 했다.

그런데 최근 우리 눈앞에 펼쳐지고 있는 세계화는 근대 국민국가 시대에 수립되었던 기존 정치질서에 변화를 가져왔고, 과거 지리적 경계를 기반으로 하는 근대국가의 위상에 엄청난 변화를 초래했다. 그 결과 한편으로는 노동, 자본, 기술, 정보, 이미지, 환경 등이 개별국가의 국경을 넘어 조직, 교환, 조정되는 양상을, 다른 한편으로는 국제 범죄, 약탈, 사기, 지구환경 훼손,

다국적 기업의 비윤리적 횡포, 이주민들의 인권침해 등의 양상이 전개되었다.

이에 세계화는 국가를 뛰어넘는 새로운 글로벌 공동체의 실현 욕구와 필요성을 강화시켰다고 볼 수 있다. 즉, 기존의 국민국가 테두리 안의 단일지위와 권한을 논하는 국가적 시민성의 한계를 뛰어넘는 새로운 대안적 시민성 개념이 요구되었는데 그것이 바로 세계시민성이다(한경구 외 2015, 28-29).

물론 국민국가의 시민과 세계의 시민을 논의하는 입장은 여전히 대립각을 세우고 있긴 하다. 세계시민으로서의 지위를 강조하는 입장들은 교육을 통해 이러한 접근이 배양되어야 한다고 생각한다. 즉, 교육을 통해 주어진 사안을 평가할 수 있는 안목과 의사결정력을 육성해야한다고 주장한다. 이 관점에서 볼 때 세계시민은 국제적인 수준의 사안과 국가차원의 문제, 지역사회의 문제, 개인적인 문제 간의 상호 관계를 이해할 줄 아는 사람이다.

아직 국민국가의 시민을 강조하는 입장에서는 세계시민을 독자적으로 논의하는 것을 반대한다. 이들은 '세계시민'의 개념이 기반을 두는 지구촌은 이미지에 해당되며 실체가 아니라고 생각한다. 또한 국제정치라는 것도 개별국가들의 동향에 따라 움직이는 것이기 세계정치라고 단언하기엔 어렵다고 말한다. 따라서 세계에 대한 미숙하고 불완전한 이해를 초래할 뿐만 아니라 애국심의 약화를 초래할 수 있다고 지적한다(모경환 2008, 438).

여기서 우리가 주의할 점은 세계시민이 국가의 시민을 완전무결하게 대체하는 개념은 아니라는 것이다. 물론 세계시민이 국가의 시민이 가지고 있는 의미를 상당 부분 포괄하며 확장하는 속성을 지닌 측면은 있다. 하지만 그렇다고 하여 국가의 시민 개념을 부정하고 세워진 개념은 아니다. 종합하면 세계시민은 다음과 같은 자질과 속성을 지닌다. 세계시민은 다양한 가치가 공존하는 사회에서 서로를 인정하고 존중하며, 지역, 국가, 세계 차원의 각종 분쟁을 대화 또는 타협과 같은 민주적 절차로 해결하려는 시민의 속성이자 자질을 가진 사람이다.

그러나 지역, 국가, 세계의 관계 속에서 세계시민으로서의 정체성, 권리와 의무, 자질과 덕성 등을 포함하는 자질과 덕성을 도출해내는 것이 현실적으로 정말 어려운 작업에 해당하는 건 사실이다. 그럼에도 지구촌이 공동으로 대응하고 해결해야 하는 과제와 위험들이 많아지고 있는 현실은 지구촌 차원에서 생각하고 행동하는 세계 시민성의 중요성을 강조하고 있다(변종헌 2006, 151). 즉 지구촌 문제에 적극적으로 대처해야하는 것은 우리의 생존권과 직결된다는 점에서 세계화 시대에 맞는 의식과 책임감을 가질 필요가 있다는 것이다.

자세히 보기: 세계 시민 자가진단 유형

유네스코 아시아태평양 국제이해교육원이 만든 세계시민의 4가지 유형 중 여러분은 어느 유형의 세계시민인가? 아래 QR 코드를 활용해 링크에 접속한 후 자신의 세계시민 유형을 탐색해보자.

무엇보다 세계에서 벌어지고 있는 인권, 빈곤, 불평등 문제는 참으로 심각한 문제다. 공동체 안에서 모든 구성원들은 인간의 보편적 권리를 부여받아야 하며 기본적인 삶을 누릴 수 있어야 한다. 그렇지 못한 현재 상황을 개선하기 위해서는 공동의 노력, 관심, 행동이 필요하다. 또한 우리가 경험하고 있는 환경, 난민 등의 문제는 개별국가가 해결할 수 있는 사안이 아니다. 지구 온난화, 유럽의 난민 문제, 전염병의 확산 등에서 보듯 긴밀하게 연결되어있는 지구촌은 공동의 관리가 필요하게 된 상황인 것이다. 아울러 문화간 갈등으로 인한 잦은 충돌과 분쟁도 우리가 주목해야 하는 문제적 상황이다. 냉전 이후 지속되고 있는 민족 간의 분쟁이나 종교분쟁 등이 여전히 지구촌의 평화를 위협하고 있기 때문이다. 이를 해결하기 위해서는 상호문화에 대한 이해와 배려, 관용이 요구된다. 이처럼 우리는 공동으로 연대할 수밖에 없는 상황에 놓여있다. 세계시민은 그런 의미에서 우리가 소환할 수밖에 없었던, 필수 불가결한 존재인 것이다.

더 보기: 우리가 주목해야 할 세계의 빈곤문제

 2018년 세계은행의 연구에 따르면, 전 세계에서 국제 빈곤선의 일일 기준인 1.9달러 이하로 살아가는 극빈 인구가 2015년 기준 7억 3천600만 명으로 세계 인구의 10%로 집계되었다고 밝혔다. 이 수치는 1990년 19억 명(인구 대비 36%)에 달했던 것에 비해 2015년까지 25년간 10억 명 이상 감소하였다는 것을 보여준다.
 그렇다면 우리의 곁에서 빈곤은 점점 없어지고 있는 것일까? 세계는 점점 부유해지고 있는 것일까? 애석하게도 이에 대하여 조사 주체인 세계은행조차 회의적인 의견을 내놓았다. 세계은행은 50여 년 전 만들어진 절대빈곤을 집계하는 방식을 비판했다. 세계은행의 빈곤과 공동번영 2018(Poverty and Shared Prosperity 2018) 보고서에 따르면, 하루 1.9달러로 전세계의 다양한 빈곤상황을 잡아내기엔 너무나 낮은 수치일 뿐더러 단편적인 사고를 조장한다고 하였다.
 아울러 세계은행은 빈곤문제가 절대빈곤의 개념으로 수치로만 평가할 수 있는게 아니라 사회적이고 상대적일 수 있음을 주장했다. 이를테면 냉장고는 가난한 나라에서는 사치품이지만 부유한 나라에서는 생필품인 것이다. 세계은행이 새로운 지표로 제안한 것은 바로 공공서비스였다. 교육, 전기, 음용수 등의 공공재로서의 서비스는 개별가구의 소득과 지출에서 집계되지는 않으나 한 가정의 복지에 중대한 영향을 미칠 수 있기 때문이다.
 한편 절대 빈곤이 과거에 비해 줄어들었다는 전망보다 주목해야할 것은 여전히 특정 지역의 빈곤문제가 심화되고 있다는 것이다. 아프리카 사하라 사막 이남 지역의 극빈층 비율은 41%에 육박할 만큼 여전히 개선의 움직임을 보이지 않고 있다. 세계의 빈곤은 겉으로만 봐서는 알 수 없는 복잡하고 미묘한 문제인 것이다.

그렇다면 이러한 위기상황 속에서 세계시민이 해야 할 일은 무엇일까? 관련하여 제안될 수 있는 것으로 세계시민으로 정체성 다지기, 다중정체성 문제 다루기, 이질적인 개인끼리 상호존중하며 협력하기, 세계정치 참여하기가 있다.

첫째, 정체성 다지기는 지구촌 구성원들이 동일한 집단 구성원으로 공유할 수 있는 보편적 도덕성의 추구를 말한다. 지구촌 공동체의 일원으로 정체성을 다지지 않으면 공동체를 위한 참여와 헌신이 담보될 수 없기 때문이다. 둘째, 다중정체성 문제 다루기는 국가시민과 세계시민 중 어느 하나에 우위를 두지 않고 두 정체성이 서로 어긋나지 않게 조정해야함을 말한다. 자신이 마주한 둘 간의 갈등과 충돌 상황 속에서 시민 개개인의 동일성과 차이점을 이해하며 공동체 구성원의 삶에 대한 진지한 관심을 갖는 것이 필요하다. 셋째, 세계시민으로 세계정치에 참여하기는 세계자본에 대한 감시와 견제, 반인권적이고 반다문화적인 정책을 이끄는 정권 및 국가에 대한 문제제기, 인권훼손을 일삼는 국가와 자본에 대해 견제하는 비정부 기구 및 국제기구들에 대한 후원을 말한다(배영주 2013, 152-157).

그러나 이러한 참여는 어떤 강제적인 압력이나 미온한 제안으로 이루어질 수 없다. 사람들에게 세계시민이 누구이고, 왜 지금 논의되고 있는지, 그리고 어떻게 하면 세계시민이 될 수 있는지 적극적이면서도 자발성을 보장하는 안내가 필요하다. 이러한 안내자로 우리는 '교육'을 곁에 두고 있다. 결국 세계시민을 위해서도 '교육'이 소환되어야 한다. 전 세계적으로 세계시민의 개념이 강조되고 있는 것은 사실이다. 하지만 세계시민은 우리에게 매우 낯설고 어려운 표현이다. 이러한 간극을 극복하기 위해서는 결국 또 '교육'이다.

연관 검색어: 한국 청소년들의 세계시민성 유형

우리나라 청소년들은 세계시민성을 지니고 있을까? 이은경 외(2015)의 '한국 청소년의 글로벌 시민성 유형 분석' 논문에 따르면, 16개 시도의 초·중·고등학생 6,637명을 대상으로 글로벌 시민성(이민자에 대한 태도, 국가 및 역사 의식, 국제 관계 이해, 성인지)에 대해 설문조사한 결과, 다음과 같이 7가지 글로벌 시민성 유형이 도출되었다. 글로벌 시민성 유형 7가지는 각각의 특징에 기반하여 글로벌리더형, 반성인지형, 소외형, 부정적 이민태도형, 비국가주의형, 성인지형, 비관용형으로 명명되었다.

글로벌 리더형은 공적실천이 가장 높은 집단으로 시민성이 참여로 이루어지는 바람직한 사례에 해당한다.
반성 인지형은 사회적 신뢰가 높고 능동적으로 의견을 개진하며 다른 집단에 비하여 자신의 의견에 대한 자신감 있는 적극적인 공동체 시민성을 나타냈다.
소외형은 모든 면에서 가장 낮은 수준의 공동체 시민성을 나타낸 집단에 해당한다.
부정적 이민태도형은 개인 시민성에서 정치적 관심과 자아효능감이 높았음에도 불구하고 공동체 시민성에서는 소외형 집단 다음으로 가장 낮은 수준의 사회적 신뢰를 나타내어, 사회적 이방인에 대한 불신의 원인이 낮은 사회적 신뢰에서 기인함을 추측하게 했다.
비국가주의형은 개인 시민성에서는 별다른 특징을 나타내지 않았으나, 공동체 시민성에서는 적극적 의사개진과 교실개방성에서 다소 낮은 수준을 보여주었고 특별히 사회적 신뢰가 다른 유형 집단보다 유의미하게 낮은 수준으로 나타났다.
성인지형은 공동체 시민성 영역 중 사회적 신뢰와 교실개방성이 낮게 나타났으며, 특별히 적극적 의사개진이 현저하게 낮게 나타났다.
비관용형은 집단 청소년은 타인에 대한 비관용적 태도를 보인 만큼 공적 실천 역시 낮은 수준을 나타냈다.

이 중 우리가 주목해야할 유형은 결핍이 있는 유형들이다. 우리 청소년들이 소외형, 부정적 이민태도형, 비국가주의형, 비관용형일 수 있다는 것에 주목해야 한다. 특히, 어떤 지점에서 어떤 요인에 의해 결핍이 나타나게 되었는지 개인적, 사회적 요인에 대한 지속적인 연구를 함으로써 글로벌 리더형으로의 성장을 도모해야 할 것이다.

4. 세계화 시대, 시민을 위한 교육은 무엇일까?

이러한 세계시민을 육성하기 위해 교육 분야에서는 여러 노력을 지속적으로 해오고 있다. 유네스코를 중심으로 한 국제적 논의에서는 세계시민교육을 "학습자들이 더 포용적이고, 정의롭고, 평화로운 세상을 만드는 데 이바지할 수 있도록 필요한 지식, 기능, 가치, 태도를 길러주는 교육"으로 정의하고 있다. 세계시민교육을 통해 달성하고자 하는 이와 같은 중점 목표는 국제이해교육, 지속가능발전교육, 평화교육, 인권교육 등 관련 분야에서 추구하는 교육 목표와도 맥을 같이한다. 따라서 세계시민교육은 이러한 분야에 이미 적용된 다양한 개념과 방법론을 활용한 다면적 접근법을 택하고 있다(유네스코 아시아태평양 국제이해교육원 2015, 15).

〈그림 10-6〉 세계시민교육의 시작

Global Education First Initiative

The UN Secretary-General's Global Initiative on Education

2012년 9월 당시 유엔사무총장의 제안으로 출범된 '글로벌교육 우선구상(Global Education First Initiative, GEFI)는 세계시민을 육성하고자 하는 교육적 시도를 새로운 교육의제로 급부상하게 한 계기로 작용했다.

〈표 10-1〉 전통적 시민교육과 세계시민교육의 비교

전통적 시민교육	세계시민교육
학습자는 수동적인 수용자	학습자는 능동적인 교육의 주체
기존의 사회 가치 규범의 전수	변혁적인 교육
지식 내용 이해 중심의 교육	과정 문제해결 중심의 교육
국가가 정한 학교지식의 습득 강조	실제 세계에서의 행동 및 참여를 강조
시민성에 대한 간접적인 교수-학습	시민성의 반성적인 실천 중심의 교수-학습
단기적·공식적 교육과정 위주의 교육	평생교육적·다면적 형태의 교육

그렇다면 세계시민교육은 학교교육의 접근법의 측면에서 기존의 단일국가 기반의 전통적 시민교육과 어떠한 점에서 차이를 보일까? 첫째, 세계시민교육은 학습자(아동, 청소년, 성인)를 능동적인 교육 주체로 삼는 교육이라는 특징을 지닌다. 학습자가 국지적·세계적 문제에 모두 동등한 관심을 가지고 적극적인 역할을 담당할 수 있는 능력을 함양한다. 이를 통해 학습자는 보다 공정하고 관용적이고 지속가능한 발전이 가능한 세상을 만드는 데 능동적으로 기여할 수 있다.

둘째, 세계시민교육은 변혁적인 교육이다. 기성세대의 가치 체계와 규범을 일방적으로 학습자에게 전달하는 경향이 있던 전통적 시민교육과는 달리, 글로벌 시민교육은 학습자가 자신이 보유한 권리와 의무를 깨달을 수 있는 기회를 제공함으로써, 더 나은 세상, 더 나은 미래를 만들어갈 수 있도록 이끈다.

셋째, 세계시민교육은 '과정 중심적'이고 '문제해결 중심적' 교육이다. 단순히 '학교지식' 습득 위주의 교육이 아니라, 필수 지식을 토대로 주어진 문제를 창의적으로 해 결해 나가는 '과정 중심적인' 교육을 강조한다.

넷째, 세계시민교육은 참여 지향적이며 실천 지향적인 교육이다. 글로벌 시민교육은 '시민성에 대하여 배우는 교육'을 뛰어넘어, '시민성의 실천을 통해 배우는 교육'이다. 마지막으로 세계시민교육은 '평생교육적 접근'이 요구되며, 학교의 공식적 교육과정과 잠재적 교육과정 모두를 통해 전개되어야 하는 교육이다.

한편, 우리나라의 교육과정에도 순차적으로 세계시민교육의 내용을 양적, 질적으로 확대하고 있다. 우리나라 교육과정에 세계시민교육의 내용이 본격적으로 반영되기 시작한 것은 제 7차 교육과정부터이다. 1993년 2월 출범한 김영삼 정부는 1995년 이른바 '5.31 교육개혁' 조치를 발표하고 이에 따라 1997년 제 7차 교육과정이 개정·고시되면서 지구촌이나 인류공동체 개념이 명시적으로 나타났다.

제 7차 사회과 교육과정은 그 '성격'에서 사회과에서 가르치고자 하는 민주 시민은 "개인의 발전은 물론, 국가, 사회, 인류의 발전에 기여할 수 있는 자질을 갖춘 사람"이라고 정의함으로써 기존의 국가중심적 한계에서 벗어나 전지구적 시민성을 포함하고 있다. 비록 당시의 세계시민교육이 국가주도적 전략, 신자유주의적 국가경쟁력 제고라는 상위 목표에 따라 시행되기는 하였지만, 국가시민성에서 세계시민성으로의 전환을 이룬 분기점을 마련한 것은 사실이다(모경환·임정수 2014). 사회과 교육과정은 이후의 개정 과정을 통하여 세계시민교육의 내용을 확대하고 있는 추세이다(모경환·김선아 2018, 30).

연관 검색어: 교사들이 생각하는 세계시민교육은?

세계시민 교육이란, 사람들을 따듯하게 해주는 핫팩이다.	**세계시민** 교육이란, 수평적 관계성의 확장이다.
세계시민 교육이란, 더불어 사는 삶이다.	**세계시민** 교육이란, 인간의 삶과 자연에 대한 공감능력 기르기이다.

그러나 세계화가 양날의 칼로서 예견되는 것처럼, 세계시민교육에 대한 비판과 우려도 존재하는 것이 사실이다. 이러한 접근은 첫째, 지구촌 구성원이라는 소속감과 정체성에 대한 의구심과 둘째, 세계시민교육을 탈국가적인 세계시민성 육성을 목표로 한다고 이해하지 않고 인문교양의 성격으로 이해한 데서 비롯되었다고 할 수 있다. 비판과 우려의 목소리는 다음과 같다.

첫째, 세계시민이란 세계정부가 존재하지 않는 한 있을 수 없는 개념이며 또 주권을 가진 나라의 시민과 병존할 수 없는 성격이라고 볼 때, 세계시민교육은 공상적 개념에 본다는 의견이 있다. 둘째, 세계시민교육이 논리적으로나 이상적으로 가능하다 하더라도 그것은 국가 단위의 시민교육과 서로 모순되고 상치되어 갈등관계에 있을 수밖에 없는 태생적 한계를 가진다는 분석도 존재한다. 셋째, 세계시민교육의 실천이 불가능하고 그 효과도 거의 기대하기 힘들다는 진단 또한 존재한다. 즉, 세계라는 테두리가 너무나 넓기 때문에 세계시민교육을 세계의 모든 나라와 사람이 공감하는 방향으로 설계하는 것이 불가능에 가깝다는 입장인 것이다. 아울러 정당성을 확보하지 못하는 세계시민교육은 실천과정에서 마찰과 갈등이 불가피해질 것이라는 우려도 있다. 마지막으로, 세계시민교육의 확산은 결국 서구의 선진 자본주의 나라에 대한 추종 내지 예속되는 결과를 초래할 것이란 입장도 있다. 이는 세계화가 진전됨에 따라 식민지적 구도가 오히려 확장될 수 있다는 입장에 해당한다(김진희 2017, 218-219).

시민교육을 논할 때 어느 세부 분야이든 그것이 제대로 실행될 것인지, 그리고 합당한 접근인지에 대한 비판적 논쟁이 동반되기 마련이다. 이는 민주시민교육의 경우도 다르지 않다. 하지만 세계시민이 스스로 도약할 수 있도록 하기 위해 교육적 지지를 지속하는 것은 지향해야 할 길임에는 분명하다. 보다 건강한 논의의 토대 위에서 세계시민교육이 민주시민교육과 함께 발전적인 성장을 도모하기를 바란다.

더 보기: 세계시민학교을 꿈꾸는 시민단체: 월드비전

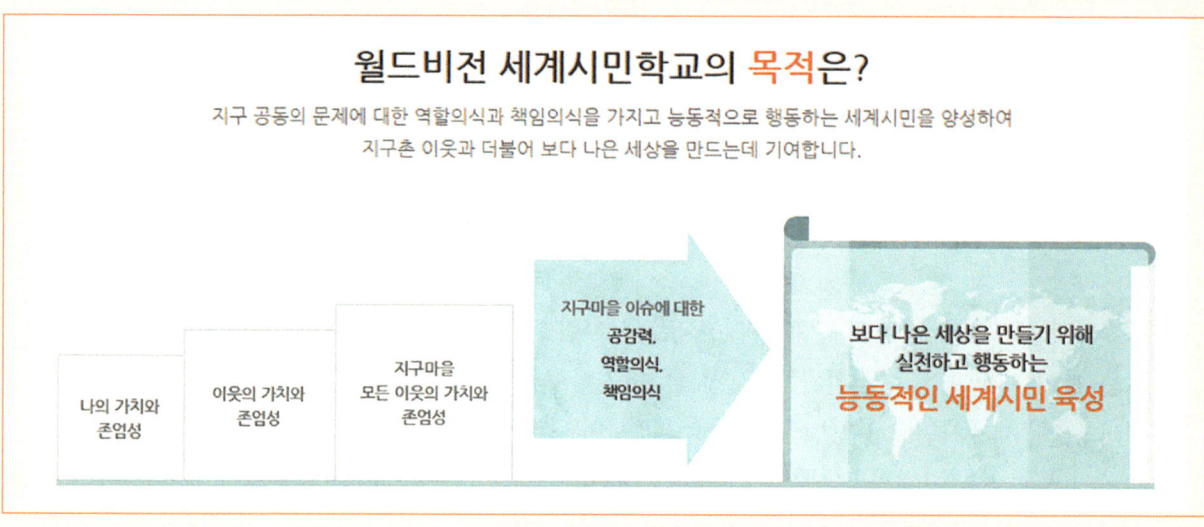

더 보기: 세계시민학교를 꿈꾸는 국제기구: 유네스코

UNESCO ASSOCIATED SCHOOLS PROJECT NETWORK:

ASPNET

유네스코는 학교 교육을 통해 설립이념인 **평화의 문화를 위한 국제협력을 증진**하고자 1953년 15개 회원국 33개 학교를 대상으로 유네스코학교 네트워크를 시작하였습니다.

UNESCO ASSOCIATED SCHOOLS PROJECT NETWORK:

ASPNET

유네스코학교의 활동은 주로 **유네스코의 4대 핵심 주제** 중 하나 이상을 선택해 관련된 다양한 학습과 활동을 계획하고 실행하는 것입니다.

1 유엔의 우선과제
UN priorities
국제사회가 당면한 문제와 과제를 선택하여 지역 차원이나 국가적 차원 혹은 국제적 차원에서 해결하기 위해 분석합니다.
이를 위한 국제기구의 역할과 유네스코학교의 역할과 기여 방안을 논의하고 찾아봅니다.

2 지속가능발전교육
ESD: Education for sustainable development
국제사회에서 '지속가능성'이 갖는 경제적/사회적/환경적 의미와 쟁점에 대해 이해합니다. 자신이 속한 공동체에서 지속가능성을 위협하는 문제를 찾아보고, 관련된 이해관계자를 모두 찾아보며 다양한 입장을 바탕으로 어떻게 인식과 행동변화를 이끌어 낼 수 있는지 논의합니다.

3 평화와 인권
Peace and Human rights
일상에서 접할 수 있는 인권과 평화와 관련된 주제를 중심으로 경험을 공유하고 타인의 인권을 돌아보는 시간을 갖습니다. 인종차별, 이주노동자 문제, 여성의 권리, 소수민의 지위, 고용과 실업, 세계인권선언, 민주적 의사결정과정에 대해 탐구합니다.

4 문화 간 학습
Intercultural Learning
역사, 지리, 사회, 언어, 미술, 음악 등 다양한 교과의 특성을 살린 통합교과적 접근을 제공하여 문화다양성에 대해 논의하는 시간을 갖습니다. 학교와 지역사회의 다문화 가정, 이주민과 함께 하는 활동을 통해 다른 나라의 문화, 전통, 종교 등을 이해합니다.

생각해 보기

탄소발자국을 고려하는 ECO 세계시민이 되어보자.

'기후변화'에 대응하는 국내외 활동에 대해 살펴보자.

세계 기후변화에 대한 약속

<교토의정서와 파리협정의 비교>

교토의정서	구분	파리협정
온실가스 배출량 감축 (1차: 5.2%, 2차: 18%)	목표	2℃ 목표 1.5℃ 목표 달성 노력
주로 온실가스 감축에 초점	범위	온실가스 감축만이 아니라 적응, 재원, 기술이전, 역량배양, 투명성 등을 포괄
주로 선진국	감축 의무국가	모든 당사국
하향식	목표 설정방식	상향식
징벌적 (미달성량의 1.3배를 다음 공약기간에 추가)	목표 불이행시 징벌 여부	비징벌적
특별한 언급 없음	목표 설정기준	진전원칙
공약기간에 종료 시점이 있어 지속가능한지 의문	지속가능성	종료 시점을 규정하지 않아 지속가능한 대응 가능
국가 중심	행위자	다양한 행위자의 참여 독려

기후변화협약은 1994년 3월 21일 발효돼 거의 모든 국가(197개국)가 당사국으로 참여하고 있다. 1997년 제3차 당사국 총회(일본 교토)에서 구체적인 감축 의무를 담은 '교토의정서(Kyoto Protocol)'가 채택됐고, 2005년 2월 16일 발효했다.

그러나 교토의정서를 비준하지 않은 미국을 비롯해 캐나다, 일본, 러시아, 뉴질랜드 등이 제2차 공약기간 활동에 불참하고, 온실가스를 많이 배출하는 중국, 인도 등이 개발도상국 지위로서 감축 의무가 없다는 점에서 그 한계를 드러냈다. 기후변화에 제대로 대응하기 위한 새로운 체제가 요구됐고, 마침내 2015년 12월 12일 제21차 당사국 총회(프랑스 파리)에서 신 기후체제의 기반이 되는 '파리협정'이 채택됐다.

국내의 기후변화에 대한 "대응"

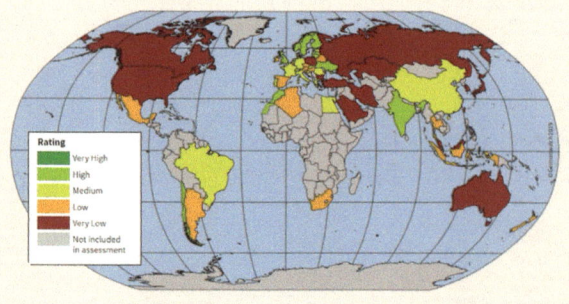

2019년 12월 10일 - 우리나라의 기후변화 대응 성적은 올해도 여전히 세계 '최하위' 수준으로 평가됐다. 25차 기후변화협약 당사국총회가 진행하는 스페인 마드리드에서 10일(유럽시각) 독립 평가기관인 저먼워치, 뉴클라이밋연구소, 기후행동네트워크(CAN)는 '기후변화대응지수(CCPI) 2020'을 발표했다.

해당 보고서에 따르면, 한국의 기후변화대응지수는 전체 61위 중 58위로, 지난해 57위에서 한 단계 떨어졌다. 이는 한국의 1인당 온실가스 배출량과 에너지 소비량이 높은데다 2030년 중장기 목표도 파리기후협정에서 정한 2℃ 목표 달성에 부족하다고 평가됐기 때문이다. 각각 59위와 61위로 '꼴찌'를 나타낸 한국의 온실가스 배출과 에너지 소비 저감 노력에 대해 이번 보고서는 "매우 미흡(very low)"하다고 혹평했다.

세계시민으로서 일상 속 '탄소발자국'에 관심을 가져보자.

탄소발자국에 대해 관심 갖기

탄소발자국이란 우리가 일상생활에서 사용하는 제품의 원료, 만드는 과정, 사용하고 버려지는 과정에 이르기까지 모든 과정에서 발생하는 이산화탄소(CO_2) 배출량으로 환산한 수치로, 표시단위는 kg 혹은 우리가 심어야하는 나무 그루수로 표시한다.

탄소발자국과 나 연관 지어보기

탄소발자국 감소를 추구하는 ECO 세계시민의 4계절 생활을 묘사해보자.

세계시민의 탄소발자국 감소 방안을 〈크라우드 펀딩〉을 통해 널리 알려보자.

크라우드 펀딩(CROWD FUNDING)이란?
"대중으로부터 자금을 모은다."

　자금이 없는 예술가나 사회활동가 등이 자신의 창작 프로젝트나 사회공익프로젝트를 인터넷에 공개하고 익명의 다수에게 투자를 받는 방식을 말한다. 목표액과 모금기간이 정해져 있고, 기간 내에 목표액을 달성하지 못하면 후원금이 전달되지 않기 때문에 창작자는 물론 후원자들도 적극 나서서 프로젝트 홍보를 돕는다.

▶ 크라우드 펀딩 제목:

▶ 목표 금액:

▶ 설명/이유:

부록

"민주정치와 시민교육"을 위한 실천교안 목록

행동 +

1. 다음의 실천교안을 살펴보고 재구성할 수 있는 부분을 선택해 수정안을 마련해보자.
2. 수정안에 따른 활동지를 작성해보자.
3. 수업을 실천해보자.

나시민씨의 실천교안

시민개념 재구성하기: "새로운 시민으로의 탄생"

	수업 개요	■ 한국 역사 속에서 정치적 주체가 어떻게 개념화되었는지 구체적으로 살펴보고, 이를 일상 경험과 연결짓는 활동을 통해 정치적 주체로서의 시민 개념을 스스로 구성할 수 있도록 한다.	
학습 단계	학습 내용	교수·학습 활동	학습 자료
1 차시	step ① 민주적 규칙 설정하기	■ 사전준비: 민주적 규칙 만들기 - 교사는 본 수업에서 각 학생들이 시민으로 재탄생할 것임을 예고하고 민주적인 수업 활동을 위한 규칙 만들기 활동을 설명한다. - 학생들은 설명을 듣고 조별 규칙 만들기 활동에 임한다. - 교사는 학생들이 규칙을 공언할 수 있도록 발표를 권장하며 규칙 준수행위를 격려한다.	· 수업 PPT · 활동지
	step ② 정치적 주체 개념의 발자취 탐색하기	■ 정치적 주체, 민(民)의 역사적 발자취 탐색 - 학생들은 각자 한국사회에서 정치적 주체로 나타난 'O민'들(신민, 인민, 국민, 시민)에 대한 자료를 읽고, 빈칸을 유추하는 활동을 한다. 이어서 친구들과 함께 토의하며 유추의 과정을 다시 거친다. - 교사는 O민에 대한 답을 학생들이 발표할 수 있도록 한 뒤 답을 한자어를 중심으로 설명해준다.	· 수업 PPT · 읽기자료
	step ③ 학자들의 논쟁을 통한 시민 논의 관점 탐구하기	■ 정치적 주체(民)에 대한 논쟁 탐구 - 추가 활동으로 정치적 주체 개념의 역동성을 역사적 사건을 통해 알아본다. - 교사는 동학농민운동, 갑오개혁 등의 한국사 내 시민이 등장한 일련의 사회현상들을 묘사하는 자료를 제시한다. 이어서 학습지를 통해 일군의 학자들의 '시민 탄생' 시점 및 주인공에 대한 논쟁을 설명한다. - 학생들은 구성적 표현으로서의 '시민' 개념에 대해 탐구하며 당시 역사적 상황을 이해한다.	· 수업 PPT · 읽기자료

	step ④ 수업 마무리하기	■ 수업 마무리 - 교사는 다시 처음으로 돌아가 본 수업의 목표와 두 활동의 시사점에 대해 성찰해보자고 이야기 한다. 이를 과제(성찰 활동지 작성)로 부여한다. - 학생들은 귀가하여 1차 수업에 대한 성찰지를 작성한다.	·수업 PPT ·활동지
2 차시	step ① 나의 시민 개념 구성하기	■ 상상 작명소 활동: '나의 민을 찾아서' - 교사는 학생들에게 1차시 과제로 작성한 성찰지를 활용하여 22세기 미래형 시민의 모습을 상상해 'O민'으로 이름 짓는 활동을 하도록 안내한다. - 학생들은 빈칸에 들어갈 글자를 찾기 위해 교실을 돌며 친구들의 한자이름을 차용하거나 스마트폰으로 사전을 찾아보는 등 활동에 전념한다.	·수업 PPT ·활동지
	step ② 나의 시민 사전 만들기	■ 작명 해설 준비: 나의 시민 사전 제작 - 교사는 학생들이 구성한 민 개념에 대한 작명 해설 발표회가 개최될 것임을 안내한다. - 학생들은 활동지에 자신의 시민 개념이 가지는 의미를 적으며 발표에 활용할 <나의 시민 사전>을 만든다.	·수업 PPT ·활동지
3 차시	step ① 시민 작명 발표회 개최하기	■ 시민 작명 해설 발표회 - 교사는 학생들이 채택하여 구성한 민 개념을 사전에 수합하여 비슷한 내용들을 추려 발표 순서를 의도적으로 구성한다. - 학생들은 순서에 맞게 발표하며 다른 학생들의 발표에 경청한다.	·수업 PPT ·활동지
	step ② 시민개념과 늘 함께하기	■ OO반의 시민 개념지도 전시 - 교사는 학생들의 발표내용을 범주화 하여 개념지도로 구성하여 학급게시판에 부착한다. - 학생들은 일상에서도 이 개념지도를 참고하여 시민으로서의 의식과 행동을 내면화한다.	·개념지도

나 역사씨의 실천교안

민주정치의 태동 느끼기: "민주주의 역사 탐험"

수업 개요	■ 영국의 명예혁명, 미국의 명예혁명, 프랑스의 시민혁명 등의 사상적 배경인 '사회계약설' 논의를 학습한 뒤 시민혁명 역사연표와 역할극 영상 작성 활동을 통해 민주정치의 태동을 역동적으로 체험할 수 있도록 한다.

학습 단계	학습 내용	교수·학습 활동	학습 자료
1 차시	step ① 민주적 규칙 설정하기	■ 사전준비: 민주적 규칙 만들기 - 교사는 본 수업에서 민주정치의 역사를 살펴보기 위한 시간여행을 할 것임을 예고하고 민주적인 수업 활동을 위한 규칙 만들기 활동을 설명한다. - 학생들은 설명을 듣고 조별 규칙 만들기 활동에 임한다. - 교사는 학생들이 규칙을 공언할 수 있도록 발표를 권장하며 규칙 준수행위를 격려한다.	·수업 PPT ·활동지
	step ② 사회계약설 전문가 학습하기	■ 사회계약설 전문가 세미나 - 교사는 학생들이 조 구성원 내에서 김홍수(홉스), 이록후(로크), 심루속(루소)을 탐구할 전문가를 각각 2명씩 뽑도록 한다. - 2명씩 모인 전문가 학생들은 그룹별로 모여 관련된 영상을 시청 한 후, (교사가 재구성한) 사회계약설 원문을 해독한다. 원문을 해독하며 3대 인물들의 논의를 이해한다.	·수업 PPT ·읽기자료
	step ③ 사회계약설 전체 학습하기	■ 전문가 세미나(학습) 마무리 - 교사는 학생들이 전문가 학습 이후 기존 조별 자리로 돌아가 세 인물에 관한 통합 활동지를 작성하도록 안내한다. - 학생들은 세미나에서 배운 내용을 활용하여 본래 조의 통합 활동지를 작성한다.	·수업 PPT ·읽기자료 ·활동지

차시	단계	활동 내용	자료
2차시	step ① 시민혁명 전문가 학습하기	▣ 시민혁명 전문가 세미나 - 교사는 학생들을 조별로 홉스-영국 담당자, 로크-미국 담당자, 루소-프랑스 담당자로 지정하여 전문가 2인을 집단 회의에 출석시키도록 안내한다. - 2명씩 모인 전문가 학생들은 교사가 준비한 시민혁명 키트 꾸러미1(국가별 시민혁명 사진, 문학작품, 당대 소품, 큐알코드로 저장된 영상 등)을 활용하여 시민혁명에 대해 학습한다.	·수업 PPT ·활동지 ·키트 꾸러미1
	step ② 시민혁명 역사연표 작성하기	▣ 시민혁명 역사연표 작성 - 교사는 학생들이 원래조로 돌아가지 않고 전문가 조끼리 시민혁명 키트 꾸러미2(색종이, 색연필, 싸인펜, 매직, 투명필름, 포스트잇 등)를 활용해 시민혁명 연표로 작성할 수 있도록 안내한다. - 학생들은 교사의 안내에 따라 토의를 진행하며 연표를 작성한다.	·수업 PPT ·활동지 ·키트 꾸러미2
3차시	step ① 역사연표를 활용한 역할극 찍기	▣ 역사연표를 활용한 역할극 동영상 찍기 - 학생들은 <신비한 이야기 서프라이즈>와 같은 짧은 에피소드 영상으로 해당 시민혁명을 촬영하도록 한다. - 이 과제를 수행하기 위해 3차시는 2시간의 수업시간이 요구될 수 있다.	·수업 PPT ·활동지
	step ② 연표와 영상 발표하기	▣ 연표와 영상 발표하기 - 교사는 학생들이 작성한 연표를 전체화면으로 띄워주고 이를 토대로 어떤 영상이 만들어졌는지 시청할 수 있게 한다. - 학생들은 영상 방송 후 해설을 위해 칠판 앞에서 관련 내용을 발표한다.	·수업 PPT ·활동지

나헌법씨의 실천교안

기본권 이해하기: "헌법 메신저 나야 나!"

학습 개요		■ 헌법에서 보장하고 있는 기본권의 내용과 기본권이 제한 및 충돌 사례에 대한 다큐멘터리 영상을 제작함으로써 헌법이 보장하는 기본권의 의미와 기본권의 중요성, 기본권을 보장을 위한 다차원적인 노력의 필요성을 인식할 수 있도록 한다.	
학습 단계	학습 내용	교수·학습 활동	학습 자료
1 차 시	step ① 민주적 규칙 설정하기	■ 사전준비: 민주적 규칙 만들기 - 교사는 본 수업에서 기본권의 종류와 침해 및 구제 사례에 관해 학습할 것임을 예고하고 민주적인 수업 활동을 위한 규칙 만들기 활동을 설명한다. - 학생들은 설명을 듣고 조별 규칙 만들기 활동에 임한다. - 교사는 학생들이 규칙을 공언할 수 있도록 발표를 권장하며 규칙 준수행위를 격려한다.	·수업 PPT ·활동지
	step ② 'One sentence, 나의 기본권!' 예문을 통해 기본권의 종류 학습하기	■ 기본권의 종류 강의: 교실 세계 속 기본권 예문을 통한 교수/학습 활동 - 교사는 학생들에게 기본권의 종류 및 의미에 대해 강의한 뒤, 준비한 활동지에 각자가 지니는 기본권의 예시문장을 작성할 수 있도록 안내한다. - 학생들은 일상을 되돌아보며 교실과 가정, 또래집단 사이에서 자신이 가지게 되는 기본권을 구체적인 문장으로 표현한다.	·수업 PPT ·활동지
	step ③ '예문이 모여 성문이 되다!' 예문 공유를 통한 학교규칙 성문화하기	■ 예문공유 및 홍보: 예문이 모여 성문이 되다 - 교사는 학생들이 만든 예문들을 교실 뒤 게시판에 부착할 수 있도록 기본권별로 게시판 영역을 구획지어 안내한다. - 학생들은 나와 비슷한 예문들을 옆에 자신의 예문을 가까이 배치한다. - 교사는 부착활동이 끝난 후 구획된 학생들의 예문을 확인하여 교실에서 우선되어야 할 기	·수업 PPT ·활동지

		본권에 투표할 것을 안내한다. - 학생들은 교실 기본권으로 1개의 범주를 채택하여 이 범주에 해당하는 다양한 예문들을 하나의 글로 통합하는 과제를 부여받는다. (학생들은 방과 후 학급 커뮤니티 채팅기능을 통해 1개의 통합과제를 수행한다.)	
2 차 시	step ① 사례를 통해 기본권 제한 및 충돌 학습하기	▣ 기본권의 제한 강의: 기본권이 제한되는 순간들 - 교사는 학생들에게 헌법 제37조 2항에 명시된 기본권 제한과 타인과의 기본권 충돌 사례들을 나누어 조별로 학습하도록 안내한다. - 학생들은 부여받은 사례들이 어떤 사유에서 기본권 제한 및 충돌의 사례로 분류된 것인지 고민하며 사례를 분석한다.	·수업 PPT ·활동지 ·읽기자료
	step ② 모두를 위한 헌법 수호자의 영상 만들기	▣ 모두를 위한 헌법 수호자의 5분 다큐 구성 - 교사는 간단한 내용 복습 후 헌법 수호자가 지켜야할 수칙을 메시지로 전하는 다큐 영상을 제작할 수 있도록 안내한다. - 학생들은 헌법수호자의 수칙을 먼저 작성한 뒤 스마트폰을 이용하여 즉석에서 헌법 수호자 다큐 영상을 만들도록 한다.	·수업 PPT ·활동지 ·스마트폰
	step ③ 영상회 실시 및 마무리하기	▣ 영상회 실시 - 교사와 학생들은 각 조마다 만든 영상을 함께 시청하는 시간을 갖는다. - 학생들은 영상을 보며 기본권과 헌법 운용의 중요성에 대해 생각하는 시간을 갖는다.	·수업 PPT ·활동지 ·영상출력기구

나정부씨의 실천교안
정부형태 분석하기: "안녕 나의 대통령 or 총리 or 의원님!"

학습 단계	학습 내용	교수·학습 활동	학습 자료
	학습 목표	■ 청소년들이 영화와 드라마 속에서 만나는 대통령과 총리의 모습을 되짚어 보고, 이 두 직책을 중심으로 정부형태의 유형을 이해하도록 한다. 이러한 이해의 과정을 발판 삼아 향후 지향해야하는 정부형태에 대한 비판적인 분석 활동과 제안 활동을 체험한다.	
1차시	step ① 민주적 규칙 설정하기	■ 사전준비: 민주적 규칙 만들기 - 교사는 본 수업에서 각 학생들이 시민으로 재탄생할 것임을 예고하고 민주적인 수업 활동을 위한 규칙 만들기 활동을 설명한다. - 학생들은 설명을 듣고 조별 규칙 만들기 활동에 임한다. - 교사는 학생들이 규칙을 공언할 수 있도록 발표를 권장하며 규칙 준수행위를 격려한다.	·수업 PPT ·활동지
	step ② 미디어에 나타난 정부형태 분석하기	■ 영화와 드라마에 나타난 대통령과 총리의 모습 분석: 영화 - 〈굿모닝 프레지던트〉, 〈피아노치는 대통령〉, 〈러브 액츄얼리〉와 〈더 퀸〉, 드라마 - 〈대물〉, 〈체인지〉 - 교사는 6개의 영화 및 드라마 편집 영상을 학생들에게 보여준 뒤, 특징에 따라 작품들을 분리하도록 안내한다. - 학생들은 조별로 대통령, 총리 등 정치인물을 중심으로 특징을 파악하여 작품을 분리 한다.	·수업 PPT ·활동지
	step ③ 정부형태 비교 학습하기	■ 정부형태 강의: 주요장면 (10초 이하) 편집본을 활용한 집중 비교 교수/학습 활동 - 교사는 학생들이 나눈 유형을 중심으로 클립영상에서 보여지는 장면을 활용해 정부형태(유형: 대통령제, 의원내각제, 이원집정부제 등)를 강의한다.	·수업 PPT ·활동지

차시	단계	활동 내용	자료
2차시	step ① 정부형태별 SWOT 분석하기	▣ 정부형태 분석하기: SWOT 분석 활동 - 교사는 학생들에게 SWOT 분석이 무엇인지 설명하고, 각 정부형태에 대한 읽기자료를 제공하며 혁신적이고 비판적인 분석에 임할 것을 안내한다. - 학생들은 활동지를 구성하며 3개의 정부형태에 대한 SWOT 분석 활동을 실시한다.	·수업 PPT ·활동지 ·읽기자료
	step ② SWOT분석 결과에 따른 대안찾기	▣ SWOT 분석 대안 찾기 - 교사는 SWOT 분석 결과를 조별로 수합하도록 독려하며 이에 따른 대안모색 토의가 이루어질 수 있도록 순회 지도를 한다. - 학생들은 교사의 지도에 따라 자신들의 안을 되짚어 보며 새로운 대안을 모색한다. - 안녕 나의 OO님! 에 해당하는 직책을 결론적으로 적어본다.	·수업 PPT ·활동지
	step ③ 수업 마무리& 대안 발표하기	▣ 대안 발표: 안녕 나의 OO님! - 교사는 각 팀이 결과를 제목으로 적을 수 있도록 안내한다. - 학생들은 '안녕 나의 ㅇㅇ님!'이라는 제목을 해설하면서 대안을 제시한 근거를 발표하도록 한다.	·수업 PPT ·활동지

나의원씨의 실천교안

상임위원회 구성 & 법률안 제안하기: "의회의 일상다반사"

학습 개요		■ 의회의 17개 상임위원회에 대해 알아보고, 각 상임위원회의 위원장과 위원이 되어 법률안을 만들어 봄으로써 의회정치의 과정에 대해 이해하는 과정을 경험하도록 한다.	
학습 단계	학습 내용	교수·학습 활동	학습 자료
1 차시	step ① 민주적 규칙 설정하기	■ 사전준비: 민주적 규칙 만들기 - 교사는 본 수업에서 각 학생들이 의회의 상임위원회에 대해 학습할 것임을 예고하고 민주적인 수업 활동을 위한 규칙 만들기 활동을 설명한다. - 학생들은 설명을 듣고 조별 규칙 만들기 활동에 임한다. - 교사는 학생들이 규칙을 공언할 수 있도록 발표를 권장하며 규칙 준수행위를 격려한다.	·수업 PPT ·활동지
	step ② 전시회를 통해 국회 상임위원회 학습하기	■ 상임위원회 강의: 상임위원회 전시회를 통한 교수/학습 활동 - 교사는 교실을 전시회 형태로 바꾼 뒤 의회의 의원들이 소속되는 17개의 상임위원회에 대한 자료(대표 법률안, 상임위원회의 역사 등)를 비치한다. - 학생들은 교실 가운데 앉는 자리를 중심으로 펼쳐진 자료들을 순회하며 확인한다. - 교사는 확인 과정에서 나레이터 역할을 하며 상임위원회의 역할과 특징에 대해 강의한다. - 학생들은 선호하는 전시회와 강의가 마무리된 후 들어가고 싶은 상임위원회를 상위 3개까지 메모에 적은 뒤 교사에게 제출한다.	·수업 PPT ·활동지 ·읽기자료
	step ③ 수업 마무리하기	■ 수업 마무리 - 교사는 학생들의 선호를 반영하여 ○○반 상임위원회를 구성하여 학생들에게 알린다. - 학생들은 상임위원회별로 모여 앉는다.	·수업 PPT ·활동지

차시	단계	내용	자료
2차시	step ① 상임위원장 선발 및 구성원 논의	■ 상임위원회 인적 구성 토의 활동 - 교사는 학생들에게 각 상임위원회에서 자신을 홍보할 시간을 제공한다. - 학생들은 상임위원장이 되기 위해 자신이 가진 역량을 발휘하여 모두 발표를 진행한다. - 학생들은 투표를 통해 상임위원장을 선출한다. - 교사는 실제 상임위원회 구성과 위원장 선출과정에 대한 설명을 덧붙인다.	·수업 PPT ·활동지
	step ② 모의 국회 준비하기	■ 상임위원회 활동: 법률안 제안 및 탐구 **국회 본회의 안건 통과 과정** *위원회의 심사를 거친 안건 ① 위원장의 심사보고 ② 질의(생략가능) ③ 토론(생략가능) ④ 표결 *위원회 심사를 거치지 않은 안건 ① 제안자의 취지설명 ② 질의 ③ 토론 ④ 표결 - 교사는 모의 국회를 위한 사전활동으로 상임위원회 소속 의원들의 의정활동을 안내한다. - 학생들은 각자의 소속 상임위원회, 지역구 문제를 연결지어 발의할 법률안을 생각하여 브레인스토밍 활동지에 내용을 적어낸다. - 학생들은 이를 전지에 적어 발표 준비를 진행한다.	·수업 PPT ·활동지
3차시	step ① 본회의 진행하기	■ 모의국회: 국회 본회의 체험 - 교사는 학생들이 동료들의 브레인스토밍 활동지를 살펴 대표 안건 1개를 선택할 수 있도록 안내한 뒤 선정된 안건에 대한 본회의 통과과정을 진행한다. (교사는 학생들의 이해를 돕기 위해 실제 본회의 과정을 학생들의 수준에 맞게 직접 영상을 재구성해 제공할 수 있다.) - 학생들은 국회의장, 사무처장, 지역구 국회의원 등의 역할을 나누어 본회의를 진행한다.	·수업 PPT ·활동지

민주시민과 의회

291

나정당씨의 실천교안

창당 체험하기: "창업보다 창당?"

수업 개요	■ 역사적으로 발달해 온 정당의 여러 가지 모델을 파악 한 뒤 창당과정을 통해 나만의 정당을 만들어본다. 만들어진 정당끼리의 협의를 통해 민주적인 정당제도를 채택해보는 정치 과정을 경험하도록 한다.		
학습 단계	**학습 내용**	**교수·학습 활동**	**학습 자료**
1차시	step ① 민주적 규칙 설정하기	■ 사전준비: 민주적 규칙 만들기 - 교사는 본 수업에서 창당활동을 할 것임을 예고하고 민주적인 수업 활동을 위한 규칙 만들기 활동을 설명한다. - 학생들은 설명을 듣고 조별 규칙 만들기 활동에 임한다. - 교사는 학생들이 규칙을 공언할 수 있도록 발표를 권장하며 규칙 준수행위를 격려한다.	·수업 PPT ·활동지
	step ② 정당 모델 학습하기	■ 정당 모델 학습 - 교사는 정당의 의미와 특징, 다양한 정당의 모습을 확인할 수 있는 모델에 대해 설명한다. - 교사는 읽기자료를 제공함으로써 정당과 관련한 여러 이슈를 중심으로 사례 > 이론 순서로 교수학습 활동을 진행한다. - 학생들은 사례를 통해 정당에 대해 이해한다.	·수업 PPT ·활동지
	step ③ 정당 비판&기대 토의하기	■ 정당 구성을 위한 토의 : 정당에 대한 비판과 기대 - 교사는 정당 모델 학습을 마무리 하며 실제 일상에서 마주하는 정당의 모습에 대한 비판과 기대에 대한 토의 활동을 진행한다. - 학생들은 정당에 대한 비판적 논의와 향후 기대하는 정당의 모습에 대해 제안하는 토의 활동을 한다.	·수업 PPT ·활동지
2차시	step ① 창당 멤버 찾기	■ 창당 멤버 찾기: OO당의 시작, 함께 해볼텐가? - 교사는 학생들이 유사한 비판과 기대를 논의한 친구들과 자유롭게 조를 구성할 수 있도록 선택의 시간을 제공한다.	·수업 PPT ·활동지

		- 학생들은 포스트잇에 자신의 의견을 간단히 적어 칠판에 부착한다. 모두 부착한 후에는 다른 친구들의 포스트잇들 중 유사한 의견들 근처로 포스트잇 위치를 변경해 창당 멤버를 찾는다.	

	step ② 창당 회의록 작성하기	■ 창당 회의: ○○당? ○○당!
		- 학생들은 같은 조가 된 친구들과 포스트잇에 적은 문제의식을 공유하고 정리하는 시간을 갖는다.
		  1) 공통적으로 비판하고 고민한 사회문제
		  2) 정당에서 추진할 법과 제도, 활동
			·수업 PPT
			·활동지

	step ③ 수업 마무리하기	■ 수업 마무리: 창당 과정 강의 - 교사는 학생들의 논의 내용이 실제 창당과정으로 이루어질 수 있도록 한국의 제도적 절차에 대해 소개 한다.	·수업 PPT ·활동지

3차시	step ① 당 설립 하기	■ 당 설립 활동: 당 이름, 슬로건, 강령 만들기
		- 학생들은 지난 시간 논의한 사회문제 의식과 법과 제도에 관한 안을 가지고 창당 과정에 돌입한다.
		  1) 당 이름 정하기
		  2) 당 설립 취지 정하기
		  3) 당 인적 구성 정하기(관계도)
		  4) 당의 강령 정하기
			·수업 PPT
			·활동지

	step ② 당 소개 하기	■ 당 소개 활동: 우리당 홍보하기 - 교사는 당들 간 소개 시간을 마련한다. - 학생들은 당의 정체성을 정확하게 알릴 수 있도록 하는 PT를 진행한다.	·수업 PPT ·활동지

나선거씨의 실천교안

교육정책 분석 및 이해하기: "나는 청소년 정책가입니다."

학습 개요		■ 청소년들이 교육정책에 의견을 내는 해외 사례를 탐색한 뒤, 우리나라 청소년들이 의견을 개진할 수 있는 교육정책을 이해하는 시간을 갖는다. 이를 통해 참여할 수 있는 방안을 경우를 달리하여(투표권이 없을 경우, 투표권이 있을 경우) 청소년 정책가로서의 정치 활동을 체험한다.	
학습 단계	학습 내용	교수·학습 활동	학습 자료
1 차시	step ① 민주적 규칙 설정하기	■ 사전준비: 민주적 규칙 만들기 - 교사는 본 수업에서 각 학생들이 청소년 정책가로서 활동할 것임을 예고하고 민주적인 수업 활동을 위한 규칙 만들기 활동을 설명한다. - 학생들은 설명을 듣고 조별 규칙 만들기 활동에 임한다. - 교사는 학생들이 규칙을 공언할 수 있도록 발표를 권장하며 규칙 준수행위를 격려한다.	·수업 PPT ·활동지
	step ② 해외 청소년이 교육정책 구성에 의견을 낸 사례 분석하기	■ 해외사례 학습: 칠레, 네덜란드, 대만, 핀란드, 벨기에 등 - 교사는 칠레청소년의 공공재정 투입 시위, 네덜란드 청소년의 학교시간 축소 시위, 대만청소년의 두발 규제 반대운동 등 해외 사례 자료와 교육정책과 관련된 읽기자료를 제공한다. - 학생들은 조별로 맡은 해외사례를 탐독하고 추가 검색을 활용해 분석한다. (참여유형, 교육정책 주제, 선거연령 등)	·수업 PPT ·활동지
	step ③ 분석결과 발표하기	■ 분석 발표 - 교사는 학생들이 분석한 내용을 조별로 발표할 수 있도록 독려한다. - 학생들은 할당된 해외사례를 추가검색 자료와 함께 발표할 수 있도록 한다.	·수업 PPT ·활동지

차시	단계	내용	자료
2차시	step ① 교육정책 채택 및 관련 이슈 찾기	▣ 교육정책 채택 및 관련 이슈 찾기 활동 - 교사는 학생들에게 1차시에 전해준 교육정책 자료에 대해 간단히 해설해준다. - 학생들은 모르는 용어나 정책내용을 질문하고 궁금 증을 해소한다. - 자료에서 관심정책을 채택하여 그에 관한 우리나라의 최신 이슈에 대해 찾고 활동지를 작성한다.	·수업 PPT ·활동지
	step ② 교육정책 이슈 선택 및 참여방법 제안서 작성하기	▣ 관련 이슈에 관한 참여 방법 제안 - 학생들은 빨간 공과 파란 공을 임의로 뽑아 해당하는 전제조건에 따라 선별한 최신이슈에 관해 청소년으로서 참여할 수 있는 방법에 대해 고민한다. - (빨간 공: 선거 가능 연령대) 　(파란 공: 선거 불가능 연령대) - 학생들은 이를 전지에 적어 발표 준비를 진행한다.	·수업 PPT ·활동지 ·빨간 공, 파란 공
3차시	step ① 참여 방법 교차 발표회 진행하기	▣ 참여 방법 발표: RED & BLUE 경합 발표 - 빨간공 팀과 파란공팀이 나누어 앉아 번갈아 진행되는 발표를 경청한다. - 교사와 학생들 모두 발표에 관해 질문하고 답변하는 시간을 갖는다. - 학생들은 실현 가능하며 향후 지향해야 하는 참여 방법이라 생각되는 팀의 발표자료에 스티커를 붙인다. - 교사는 학생들이 실현 가능성을 높일 수 있는 팁을 포스트잇에 적어 추가로 부착하는 시간을 제공한다.	·수업 PPT ·활동지

나매체씨의 실천교안

소셜미디어사회를 만들기 위한 질문 만들기[1]:
"우리의 질문은 당신의 답보다 아름답다."

수업 개요	■ 소셜미디어 사회 속에서 학생들이 스스로 자신의 의식과 행동을 돌아보고, 주요하게 벌어지는 정치적 이슈 논쟁 사례를 탐구한다. 이를 통해 민주시민으로서의 행동을 되돌아보는 질문을 만들어보는 성찰의 시간을 갖는다.	
학습 단계	**학습 내용**	**교수·학습 활동**	**학습 자료**

학습 단계	학습 내용	교수·학습 활동	학습 자료
1 차시	step ① 민주적 규칙 설정하기	■ 사전준비: 민주적 규칙 만들기 - 교사는 본 수업에서 소셜미디어 사회에서 시민의 의식과 행동에 대해 고민할 것임을 예고하고 민주적인 수업 활동을 위한 규칙 만들기 활동을 설명한다. - 학생들은 설명을 듣고 조별 규칙 만들기 활동에 임한다. - 교사는 학생들이 규칙을 공언할 수 있도록 발표를 권장하며 규칙 준수행위를 격려한다.	·수업 PPT ·활동지
	step ② 소셜미디어 사회를 보여주는 이미지 공유하기	■ 사전과제 확인: 소셜미디어와 나의 모습 - 사전 과제로 제시된 '소셜 미디어와 나의 모습에 대한 이미지 가져오기'를 확인한다. - 교사는 사전과제를 학생들이 함께 볼 수 있도록 간단한 인터뷰를 통해 과제 결과를 소개한다.	·수업 PPT ·활동지
	step ③ 소셜미디어와 나의 관계를 규명하는 성찰일기 쓰기	■ 성찰일기 작성 활동: 소셜 미디어와 나의 관계 - 학생들은 위 사전과제 검토활동을 통해 자신의 행동과 의식, 타인의 행동과 의식에 대해 고민해 보며 간단한 성찰일기를 작성한다.	·수업 PPT ·활동지

---

[1] 본 수업안은 다음의 논문에서 활용한 수업안의 일부를 '민주정치와 시민교육' 의제에 맞게 수정 보완한 것임: 조영달, 김재근, 이수정(2018). "소셜 미디어 사회의 이성적 참여와 소통"에 관한 사회과 수업의 효과 분석: 오산시 사회지식 공동구성 수업 모형을 중심으로. The SNU Journal of Education Research, 27(3), 207-233.

차시	단계	활동 내용	자료
2차시	step ① 정치 커뮤니케이션 내용 학습하기	■ 내용 학습: 정치 커뮤니케이션에 대한 이해 - 교사는 학생들에게 정치 커뮤니케이션의 의미와 특징, 관련 사례에 대해 가르쳐준다. - 학생들은 자유롭게 질문 하며 관련 내용에 대해 이해하는 시간을 갖는다.	·수업 PPT ·활동지
	step ② 소셜미디어 사회 속 정치 이슈 논쟁 사례 탐구하기	■ 사례 탐구 활동: 소셜 미디어 사회 속 정치 이슈 탐구 - 교사는 학생들에게 소셜 미디어 사회에서의 정치 소통과 관련한 개인적, 사회적, 긍정적, 부정적 측면의 사례를 검색어와 qr코드로 제시한다. - 학생들은 모둠별로 자료를 검색하고, 의견을 정리하여 발표한다.	·수업 PPT ·활동지
3차시	step ① 정치 커뮤니케이션 질문 만들기	■ 질문 고안 활동: 소셜 미디어 사회 속 정치 커뮤니케이션을 위한 질문 만들기 - - 교사는 제시된 사례를 중심으로 각자 고민해보고 싶은 성찰질문을 만들도록 안내한다. - -학생들은 고민을 풀어낼 수 있는 질문을 친구들과 협의하여 작성한다.	·수업 PPT ·활동지
	step ② 정치 커뮤니케이션 질문 탐구하기	■ 질문 고민 활동: 조별 교차 질문 토의하기 - 교사는 완성된 조별 질문을 무작위 추첨을 통해 나눠주고 해당 질문에 대한 해답을 찾는 토의활동을 할 수 있도록 안내한다. - 학생들은 다른 조의 질문을 보고 어떤 고민이 반영된 질문인지 되짚어 본 뒤 그에 따른 해답을 찾기 위해 토의를 진행한다.	·수업 PPT ·활동지

나사회씨의 실천교안

시민사회 광고 만들기: "시민 서포터즈 N기 출범식"

수업 개요	■ 시민사회를 둘러싼 다양한 사회문제들에 관해 관심을 기울이는 경험을 한다. 특히, 서포터즈 공익광고 활동을 체험함으로써 시민사회가 직면한 문제의 원인과 해결방안, 소통방식의 개선점에 대해 고민해보는 시간을 갖는다.		
학습 단계	학습 내용	교수·학습 활동	학습 자료
1 차시	step ① 민주적 규칙 설정하기	■ 사전준비: 민주적 규칙 만들기 - 교사는 본 수업에서 시민사회의 구성원으로 활동할 것임을 예고하고 민주적인 수업 활동을 위한 규칙 만들기 활동을 설명한다. - 학생들은 설명을 듣고 조별 규칙 만들기 활동에 임한다. - 교사는 학생들이 규칙을 공언할 수 있도록 발표를 권장하며 규칙 준수행위를 격려한다.	·수업 PPT ·활동지
	step ② 시민사회에 대한 내용 학습하기	■ 시민사회 강의: 시민사회의 의미와 특징, 참여방법 - 교사는 학생들에게 시민이 모여 만들어진 사회인 '시민사회'가 갖는 존재가치에 대해 설명하며 시민사회의 특징, 시민사회에서의 참여 방법에 대해 사례를 중심으로 강의한다. - 학생들은 순간마다의 교사의 수시과제를 수행하며 (sns에서 시민사회의 움직임 사례 찾기 등) 시민사회에 대한 이해하도록 한다.	·수업 PPT ·활동지
	step ③ 시민사회에 대한 관심분야 채택하기	■ 조별 사전 활동: 시민사회와 관련한 관심 분야 선택 - 교사는 학생들에게 시민사회가 관심있어 할만한 키워드를 조별로 제안하게 한다. 학생들에게 제안카드를 작성하게 한 후, 이를 다른 조에게 소개하는 시간을 갖도록 안내한다. - 학생들은 제안카드에 시민사회의 관심분야를 하나의 용어로 적은 뒤, 간단한 해설을 덧붙여 발표한다.	·수업 PPT ·활동지

		- 교사는 학생들이 낙찰의 형식과 같이 다른 조의 관심분야 키워드를 살펴본 뒤 선착순 선점의 방식으로 조별 관심분야를 채택하도록 안내한다. - 학생들의 키워드는 대체로 연애, 결혼, 실업, 빈곤, 세대갈등 등으로 수렴될 수 있으므로, 보다 거시적 차원의 인구, 환경, 젠더, 정치개혁 문제 등도 교사 찬스의 키워드 카드로 추가할 수 있다.	
2 차시	step ① 관심분야에 대한 시민사회 요구 분석 하기	■ **시민사회 서포터즈 사전활동: 키워드 분석하기** - 교사는 학생들에게 [워드클라우드] 기능을 알려준다. 이를 통해 조별 관심분야에 시민사회에 어떻게 반응하고 있는지 간접적인 요구조사를 시행하도록 안내한다. [http://wordcloud.kr/] 이어서 기타 주요 요구사항에 대한 조사도 인터뷰 등을 통해 진행해줄 것을 안내한다. - 학생들은 워드클라우드를 이용해 해당 키워드가 시민사회 속에서 어떻게 받아들여지고 있는지 간접적으로 추측한다. 이어서 관련된 자료를 수집한다.	・수업 PPT ・활동지
3 차시	step ① "내가 바로, 시민사회 서포터즈! 광고기획자!" 활동하기	■ **시민사회 서포터즈, 광고기획 활동: 스토리보드 만들기** - 교사는 학생들에게 네컷 스토리보드지와 연습지를 나누어주며 시민사회 광고 서포터즈 활동에 대해 안내한다. - 학생들은 교사의 안내대로 공익 표어와 네컷 스토리보드를 작성한다.	・수업 PPT ・활동지
	step ② 서포터즈 성과보고회 진행하기	■ **서포터즈 성과보고회 활동: 네컷 스토리보드 나눔하기** - 교사는 학생들에게 네컷 스토리 보드를 수거하여 모두가 볼 수 있도록 스크린에 띄운다. - 학생들은 스토리보드를 보고 기획한 광고를 발표한다.	・수업 PPT ・활동지

나세계씨의 실천교안

세계 문제 공감 연극 시연하기: "나, 너, 그리고 우리의 문제"

수업 개요	■ 세계문제(지정학적 문제, 세대 갈등문제, 환경문제, 세계 정치문제, 경제적 불평등 문제 등)의 유형들을 간접 경험해보고 이와 관련한 역할극을 수행해봄으로써 세계시민으로서의 의식과 정서, 행동을 함양하도록 한다.		
학습 단계	학습 내용	교수·학습 활동	학습 자료
1 차시	step ① 민주적 규칙 설정하기	■ 사전준비: 민주적 규칙 만들기 - 교사는 본 수업에서 세계문제에 대한 연극을 실시할 것임을 예고하고 민주적인 수업 활동을 위한 규칙 만들기 활동을 설명한다. - 학생들은 설명을 듣고 조별 준칙 만들기 활동에 임한다. - 교사는 학생들이 규칙을 공언할 수 있도록 발표를 권장하며 규칙 준수행위를 격려한다.	·수업 PPT ·활동지
	step ② 세계시민이 되기 위한 내용 학습하기	■ 세계시민성 및 세계문제 학습: 세계시민(성)의 정의와 세계문제의 유형 - 교사는 학생들에게 민주시민과 세계시민의 정의에 대해 설명하며, 세계시민이 자신의 문제로 인식해야 할 세계문제의 유형에 대해 설명한다. - 학생들은 연결된 사회가 되어감에 따라 함께 고민하고 해결해야 하는 문제가 발생하고 있음을 인식한다.	·수업 PPT ·활동지
	step ③ 세계문제 유형에 따른 조 선정하기	■ 세계문제 유형에 따른 조 선정 - 교사는 세계문제의 유형(지정학적 문제, 세대갈등 문제, 환경 문제, 세계정치 문제, 경제적 불평등 문제)에 따른 예화를 제시하고 이에 따라 선호되는 주제에 학생들이 투표할 수 있도록 환경을 마련한다. - 학생들은 예화 선택에 따라 조를 구성한다.	·수업 PPT ·활동지
2 차시	step ① 세계문제 예화 공감 & 이입활동	■ 세계문제 예화 연극 준비 활동 : 공감 & 이입하기 - 교사는 학생들에게 예화 속 단서들을 가지고 구체적으로 어떤 상황일지 상상하도록 독려한다. - 학생들은 교사의 안내에 따라 예화에 이입하여 어떤 상황, 어떤 감정, 어떤 인물이 살아 숨쉴지 상상하며 동료들과 이야기를 나눈다.	·수업 PPT ·활동지

	step ② 세계문제 예화 시나리오 작성 활동	■ 세계문제 예화 연극 준비 활동 : 시나리오 만들기 - 교사는 학생들이 예화에 대한 공감과 이입활동을 기반으로 15분 연극을 상연하기 위한 시나리오 작업에 돌입할 수 있도록 교구(시나리오 양식, 사례)를 제공한다. - 학생들은 시나리오의 구성 요소를 확인 한뒤 자신들이 상상했던 특정 상황과 감정 등을 시나리오로 옮기는 작업을 진행한다. - 교사는 시나리오 작업이 진행되는 중에 순회지도를 하며 연극에 활용할 수 있는 각종 도구와 자원들을 학생들에게 소개한다. (의복, 미용용품, 악기 등) - 학생들은 예화에 나오는 단서들로 교사가 소개한 각종 도구와 자원들을 가져오며 시나리오를 완성한다.	·수업 PPT ·활동지
3 차시	step ① 세계문제 예화 연극 한마당 리허설	■ 세계문제 예화 연극 한마당 리허설 - 교사는 학생들이 연극을 잘 실연할 수 있도록 책상 배치를 바꾸도록 안내하면서 마지막 연습시간을 10여분 가질 수 있음을 안내한다. - 학생들은 조별로 인물배정, 대사연습 등을 마무리하도록 한다.	·수업 PPT ·활동지
	step ② 세계문제 예화 연극 한마당	■ 세계문제 예화 연극 한마당 - 교사와 학생들은 다른 조의 연극발표에 박수갈채를 보내며 응원한다. - 각 조 학생들은 15분 연극 시연 후 약 5분간 자신들의 연극 시나리오에 대한 해설 발표를 진행한다.	·수업 PPT ·활동지
	step ③ 다양한 세계문제에 대한 공감 토의하기	■ 다양한 세계문제에 대한 공감 토의 - 교사와 학생들은 '나였으면'이라는 공감 카드에 예화 연극에 대한 세줄 감상평을 적어 낸다. - 교사와 학생 모두 향후 세계적 차원에서 나타나는 사회문제에 관심을 기울일 것을 약속하는 공언을 선서문에 작성한다. - 학급 게시판에 세줄 감상평과 공언을 담은 선서문을 게시함으로써 세계문제를 '우리'의 문제로 지속적으로 생각하도록 안내한다.	·수업 PPT ·활동지

〈참고문헌〉

가상준. 2018. "지구촌 시대, 어떠한 시민으로 살아가야 하는가?", 『민주시민과 청년의 삶』. 서울: 오름 출판사. pp.355-385.
강원택. 2007. 『인터넷과 한국정치: 정당정치에 대한 도전과 변화』. 서울: 집문당.
강원택·유진숙 편. 2018. 『시민이 만드는 민주주의』 서울: 박영사.
강정인. 1997. 『민주주의의 이해』. 서울: 문학과 지성사.
고성봉. 2010. "풀뿌리민주주의와 주민소환제." 한국회의법학회지, 제7권, pp.6-16.
국사편찬위원회. 2007. 『광고, 시대를 읽다』. 서울: 두산동아.
김경희. 2013. 『공존의 정치, 마키아벨리「군주론」의 새로운 이해』. 서울: 서강대학교 출판부.
김만권. 2011. 『그림으로 배우는 정치사상』. 서울: 개마고원.
김명수. 2015. "지방자치의 발달과 참여민주주의에서 본 주민참여예산제도." 『공공사회연구』. 제5권 2호, pp.22-56.
김배원. 2009. "한국헌법사와 현행헌법 기본권장의 개정 방향." 『공법학연구』, 제10권 3호, pp.65-95.
김용규. 2016. 『철학 카페에서 작가를 만나다1: 혁명 이데올로기편』. 서울: 웅진 지식하우스.
김용찬. 2005. 『민주화, 세계화 시대의 민주시민교육과 정치교육』. 서울: 교육과학사.
김용철. 2007. "개헌논의 체제의 민주화: 민주화 이후 개헌논의를 중심으로." 『정치정보연구』, 제10권 2호, pp.97-116.
김용호. 2001. 『한국정당정치의 이해』. 서울: 나남.
김장수. 2006. "의원발의의 미시적 동인 분석: 심층 인터뷰를 중심으로." 『한국정치학회보』, 제46집 4호, pp.203-221.
김재영. 1999. "국회제도의 개선방안." 『정치·정보 연구』, 제2권 2호, pp.157-176.
김진희. 2017. 『글로벌시대의 세계시민교육: 이론과 실제』. 서울: 박영story.
대니얼 리 클라인맨 편. 2012. 『과학 기술 민주주의』. 서울: 갈무리.
대한민국역사박물관(2014-07-22). 소리(音), 영상(色)_세상을 바꾸다. 발간자료.
모경환·김선아. 2018. "2015 개정 초등 사회과 교육과정에 나타난 세계시민교육 내용 분석." 『시민교육연구』, 제50권 1호, pp.29-51.
모경환·임정수. 2014. "사회과 글로벌 시티즌십 교육의 동향과 과제." 『시민교육연구』, 제46권 2호, pp.73-108.
문병주·이재호·정경섭·정성자. 1999. 『현대정치사상의 이해』 서울: 건국대학교 출판부.
박진우, 황치성, 김기태, 설규주, 이영주(2012). 한국의 미디어 교육: 현황과 쟁점(연구서 2012-07). 서울: 한국언론진흥재단.
박찬표. 2001. 『한국 의회정치와 민주주의』. 서울: 오름.
배영주. 2013. "세계시민의 역할 과제를 중심으로 한 세계시민교육의 재구상." 『교육과학연구』, 제44권

2호, pp.145-167.
변종헌. 2006. "세계시민성 관념과 지구적 시민성의 가능성."「윤리교육연구」, 제10권, pp.139-161.
서정갑. 1998.「공적 현실과 인간적 상황」. 서울: 연세대학교 출판부.
서현진. 2010. "기본권 조항 개정의 정치적 쟁점."「헌법개정의 정치」, 서울: 인간사랑.
_____. 2012. "민주주의 심화와 민주시민교육: 한국과 미국의 고등학교 정치교육에 관한 비교연구",「의정연구」, 제18권 3호, pp.121-122.
_____. 2013. "SNS 선거운동과 오바마의 재선."「어게인 오바마: 2012 미국 대선과 오바마의 재선」, 미국정치연구회 (엮음). pp.47-73.
_____. 2016. "온라인 토론학습 경험이 합리적 대화 능력 향상에 미치는 영향."「시민교육연구」, 제48권 1호, pp.31-52.
_____. 2018. "우리는 어떤 시민사회에 살고 있나?",「민주시민과 청년의 삶」, 서울: 오름출판사. pp.193-228.
_____. 2019. "국리민복 가치 확산을 위한 민주시민교육 개선",「국리민복과 사회통합」, 서울: 자유총연맹.
서현진·박경미. 2009. "17 대 국회 의원발의 법안의 가결 요인 분석."「한국정치학회보」, 제43권 2호, pp.89-111.
손경애·이혁규·옥일남·박윤경 공저. 2010.「한국의 민주시민 교육: 세계화 정보화 시대의 민주시민 교육의 이해」. 서울: 동문사.
신명순. 1995. "한국에서의 시민사회 형성과 민주화 과정에서의 역할."「국가, 시민사회, 정치 민주화」. 서울: 한울.
신명순·진영재. 2017.「비교정치」. 서울: 박영사.
심지연. 2013.「한국정당정치사」. 서울: 백산서당.
Aristoteles(저), 이병길·최옥수(역). 2004.「정치학」. 서울: 박영사.
안광복. 2005.「철학, 역사를 만나다-세계사에서 포착한 철학의 명장면」. 서울: 웅진지식하우스.
양정무. 2018.「난생 처음 한번 공부하는 미술이야기: 이탈리아 르네상스 문명과 미술」. 서울: 사회평론.
유성진. 2009. "국회의 사회통합기능과 국민의 신뢰: 국회에 대한 기대와 현실의 괴리."「의정연구」, 제15권 1호, pp.119-144.
유홍림. 2003.「현대 정치사상 연구」. 서울: 인간사랑.
이강국. 2005.「다보스, 포르투 알레그래 그리고 서울」. 서울: 후마니타스.
이동신 외. 2004.「정치 커뮤니케이션의 이해」. 서울: 커뮤니케이션북스.
이미나. 2009. "미디어 리터러시로서의 미디어교육 수업사례 제안."「시민교육연구」, 제41권 3호, pp.139-181.
이수정. 2016. "남고생의 일베경험에 대한 이해-사회정체성 형성을 중심으로." 서울대학교 석사학위논문.
이준웅·박종민·백혜진 엮음. 2015.「커뮤니케이션 과학의 지평」. 경기: 나남.

이직행. 1997. "기본권의 본질과 내용: 한국 기본권이론의 반성과 과제." 정천 허영 박사 회갑기념논문집 간행위원회. 『한국에서의 기본권이론의 형성과 발전』. 서울: 박영사. pp.72-82.

이한길. 2006. "제17대 국회 의원발의안의 특성: 정부제출 법안의 6배, 가결률 27.7% 미국은 3% 불과." 『국회보』, 통권 472호, pp.72-75.

이현우. 2009. "한국정치문화의 지속과 변화: 정치신뢰와 정치참여를 중심으로." 한국행정학회, 『한국행정학회 학술발표논문집』, 제13권, pp.1-24.

임성수. 1999. "의원입법의 활성화를 위한 과제." 『의정자료』, 제26호, pp.155-169.

임성호. 1998. "국회제도의 개혁 방향: 상시개원·법안실명제로 입법기능 정상화해야." 『신동아』, 제470호, pp.219-228.

장성훈. 2005. "17대 국회 의원입법 활동의 변화와 특징." 『국회도서관보』, 제42권 9호, pp.7-14.

장원순. 2007. "미국의 민주시민교육," 허영식, 신두철 공편. 『민주시민교육 핸드북』, pp.482-495, 서울: 오름출판사.

정일섭. 2015. 『한국지방자치론』. 서울: 대영문화사.

정창화. 2007. "독일의 민주시민교육," 허영식, 신두철 공편. 『민주시민교육핸드북』 서울: 오름출판사.

정하윤. 2019. "미국 학교 민주시민교육의 교육과정 및 교과서 분석." 『교육학회 춘계 학술대회 자료집』, 서울: 한국교육학회. pp.1-35

조재현. 2008. "정부형태에 관한 헌법 개정논의." 『법학연구』, 제14권 4호, pp.225-258.

조진만. 2009. "의회의 집합적 의사결정과 신뢰: 한국 국회의 현실과 선택." 『의정연구』, 제15권 1호, pp.93-118.

조진만. 2018. "민주주의란 무엇인가?", 『민주시민과 청년의 삶』. 서울: 오름출판사. pp.19-47.

중앙선거관리위원회. 2018. 『대한민국을 만든 70가지 선거 이야기』.

채창균. 2018. "한국의 사회정책 주요지표 분석: 한국과 OECD 국가 비교." KRIVET Issue Brief (한국직업능력개발원, 139호 1월 15일 발행).

최명·백창재. 2006. 『현대 미국정치의 이해』. 서울: 서울대학교 출판부.

Platon (저), 천병희(역). 2013. 『국가』. 서울: 숲.

한경구·김종훈·이규영·조대훈. 2015. 『SDGs 시대의 세계시민교육 추진 방안』. 서울: 유네스코 아시아태평양 국제이해교육원.

한국미래학회 편. 2010. 『제헌과 건국』 서울: 나남출판사.

한국언론진흥재단 2019. 『언론수용자 조사』.

허영식. 2004. 『지구촌관리와 지구촌학습: 21세기의 새로운 지평』. 서울: 원미사.

David Held(저), 박찬표(역). 2010. 『민주주의의 모델들(Models of Democracy)』. 서울: 후마니타스.

홍득표. 2009. 『현대정치과정론』. 서울: 한국학술정보.

Almond, Gabriel A. and Sidney Verba. 1963. *The Civic Culture: Political Attitudes and Democracy in Five Nations*. Princeton: Princeton University Press.

Beck, P. A., & Jennings, M. K. 1982. Pathways to participation. *The American Political Science Review*, pp.94–108.

Berelson, B. R., Lazarsfeld, P. F., & McPhee, W. N. 1954. *Voting: A study of opinion formation in a presidential campaign*. New York: University of Chicago Press.

Bernstein, Jeffrey L. 2001. "Linking Presidential and Congressional Approval During Unified and Divided Governments." In John R. Hibbing and Elizabeth Theiss-Morse, eds. *What is it About Government that Americans Dislike?* Cambridge: Cambridge University Press.

Berry, J. K. 1993. *Beyond mapping: concepts, algorithms, and issues in GIS (No. 526.9820285 B534)*. Colorado: GIS World Books.

Bohne, Eberhard, Charles F. Bonser, and Kenneth M. Spencer, eds. 2004. *Transatlantic perspectives on liberalization and Democratic Governance*. London: Transaction Publishers.

Brady, David W., and Sean M. Theriault. 2001. "A Reassessment of Who's to Blame: A Positive Case for the Public Evaluation of Congress." In John R. Hibbing and Elizabeth Theiss-Morse, eds. *What is it About Government that Americans Dislike?*. Cambridge: Cambridge University Press.

Callahan, R. M., Muller, C., & Schiller, K.S.(2010). "Preparing the Next Generation for Electoral Engagement: Social Studies and the School Context", *American Journal of Education*, 116(4), pp.525–556.

Cohen, Bernard C. 1963. *The Press and Foreign Policy*. New Jersey: Princeton University Press.

Conroy, M., Feezell, J. T., & Guerrero, M. 2012. Facebook and political engagement: A study of online political group membership and offline political engagement. *Computers in Human behavior*, 28(5), pp.1535–1546.

Diamond, Larry. 1992. "Civil society and the struggle for democracy." *The democratic revolution: Struggles for freedom and democracy in the developing world*, New York: Freedom House, pp.1–27

Druckman, James N. 2004. "Priming the Vote: Campaign Effects in a U.S. Senate Election." *Political Psychology*, 25(4) pp.577–594.

Duverger, Maurice. 1959. *Political Parties*. 2nd ed. London: Methuen.

Easton, David. 1965. *A Framework for Political Analysis* (Englewood Cliffs, NJ: Prentice Hall, Inc.). Illinois: The University of Chicago press.

Eckstein, K., Noack, P., & Gniewosz, J. 2012. "Attitudes toward Political Engagement and Willingness to Participate in Politics: Trajectories throughout Adolescence", *Journal of Adolescence*, 35(4), 485-495.

Evens, Josephine. 2016. "Post-unification civic education for democracy in the former East German region: Focusing on social consensus."「민주시민교육 국제 심포지움 자료집」. pp.5-21. 서울: 선거연수원.

Funk, Carolyn L. 2001. "Process Performance: Public Reaction to Legislative Policy Debate." In John R. Hibbing and Elizabeth Theiss-Morse, eds. *What is it About Government that Americans Dislike?* Cambridge: Cambridge University Press.

Gamson, William A. 1968. Power and Discontent. Homewood, IL: Dorsey PresMcCombs, Maxwell E., and Dan L. Shaw. 1972. "The Agenda-Setting Function of Mass Media." *Public Opinion Quarterly*, 36(2), pp.176-187.

Giddens, A. 1996. Globalization: A keynote address. *unrisd news*, 15, pp.4-5.

Habermas, J. 2010. "The public sphere." an encyclopedia article (1964). The idea of the public sphere: A reader, pp.114-120.

Halstead, Mark J. and Mark A. Pike. 2006. *Citizenship and Moral Education: Values in Action*. London and NY: Routledge.

Hamilton, Alexander, James Madison, and John Jay(저), 김동영(역). 1995.「페더럴리스트 페이퍼」. 서울: 한울.

Heater, Derek and Gillespie, Judith A. 1981. *Political Education in Flux*. London and Beverly Hills: Sage Publications.

Helleiner, E. 1996. *States and the reemergence of global finance: from Bretton Woods to the 1990s*. New York: Cornell University Press.

Hibbing, John. 1991. *Congressional Careers: Contours of Life in the U.S. House of Representative*. Chapel Hill, NC.: The University of North Carolina Press.

Horn, Geoffrey M. 2004. *Political Parties, Interest Groups and the Media*. New York: Gareth Stevens Publishing.

Huntington, Samuel(저), 강문구·이재영(역). 2011.「제3의 물결: 20세기 후반의 민주화」. 고양: 인간사랑.

Inglehart, Ronald. 1997. "Economic Development, Political Culture, and Democracy: Bringing the People Back In," *Modernization and Post Modernization*. New Jersey: Princeton University Press, pp.160-215.

Iyengar, S., & Kinder, D. R. 1987. *News that Matters: Agenda-Setting and Priming in a Television*. Age, Illinois: University of Chicago Press.

Iyengar, Shanto, and Jennifer A. McGrady. 2007. *Media Politics: A Citizen's Guide*. New York: W. W. Northon & Company.

Klapper, J. T. 1960. *The effects of mass communication*. Free Press.

Kooiman, J. 2003. *Governing as governance*. London: SAGE Publications.

Lasswell, Harold D. 1936. *Politics: Who Gets, What, When, How?* New York: McGraw-Hill Book Company.

Lazarsfeld, Paul F., Bernard Berelson, and Hazel Gaudet. 1948. *The People's Choice*. New York: Columbia University Press.

Linz, J. J., Linz, J. J., & Stepan, A. (1996). *Problems of democratic transition and consolidation: Southern Europe, South America, and post-communist Europe*. Maryland: JHU Press.

Malcolm Waters(저), 이기철 (역). 1998. 『세계화란 무엇인가』. 서울 현대미학사.

Massialas, Byron G. 1969. *Education and the Political System*, Reading, Mass: Addison-Wesley Publishing Company.

Mayhew, Davis R. 2001. *Congress: The Electoral Connection*. New Haven: Yale University Press.

McQuail, D. 1983. *Mass Communication Theory*. London: Beverly Hills.

Michael Edwards(저), 서유경(역). 『시민사회』. 서울: 동아시아.

Nie, N. H., Junn, J., & Stehlik-Barry, K. 1996. *Education and democratic citizenship in America*. Chicago: University of Chicago Press.

Nie, Norman H., Jane Junn, and Kenneth Stehlik-Barry. 1996. *Education and Democratic Citizenship in America*. Chicago and London: The University of Chicago Press.

Niemi, R.G. & Junn, J. 1998. Civic Education: *What Makes Students Learn*, New Haven and London: Yale University Press.

Noelle-Neumann, E. 1973. Return to the concept of powerful mass media. *Studies of broadcasting*, 9(1), pp.67-112.

Patrick, John J. 1977. "Political Socialization and Political Education in Schools", In Stanley Allen Renshon, ed., Handbook of Political Socialization: *Theory and Research*, NY: The Free Press, pp.191-193.

Peters, B. G., & Pierre, J. 1998. Governance without government? Rethinking public administration. *Journal of public administration research and theory*, 8(2), pp.223-243.

Print, M. 2007. Citizenship Education and Youth Participation in Democracy, *British Journal of Educational Studies*, 55(3), 325-345.

Przeworski, Adam(저), 임혁백 · 윤성학(역). 1997. 『민주주의와 시장』. 서울: 한울.

Putnam, Robert D. 1993. *Making Democracy Work: Civic Traditions in Modern Italy*, Princeton: Princeton University Press.

Robertson, R. 1987. Globalization theory and civilization analysis. *Comparative Civilizations*

Review, 17(17), pp.3.

Rodrik, D. 2011. *The globalization paradox: democracy and the future of the world economy*. New York: WW Norton &Company.

Rousseau(저), 김중현(역). 2010. 『사회계약론』. 서울: 펭귄클래식코리아.

Saha, L. J. & Print, M.(2010). Student School Elections and Political Engagement: A Cradle of Democracy?, *International Journal of Educational Research*, 49(1), pp.22-32.

Sartori, Giovanni(저), 어수영(역). 1995. 『현대정당론』. 서울: 동녘.

Smith, D. H. 2000. *Grassroots associations*. New york: Sage Publications.

Susan George(저), 정성훈(역). 2008. 수전 조지의 ANOTHER WORLD. 부산: 산지니.

Tapper, Ted. 1976. *Political Education and Stability*, London: John Wiley and Sons.

Tocqueville, Alexsis. de. 2003. "from Democracy in america." Virginia A. Hudgkinson and Michael W. Foley. eds. *The Civil Society Reader*. Hanover and London: University Press of New England, pp.113-132.

Tomlinson, J. 1999. *Globalization and culture*. Illinois: University of Chicago Press.

Van Reybrouck, David(저), 양영란(역). 2016. 『국민을 위한 선거는 없다』. 서울: 갈라파고스.

Wallerstein, I. 2005. After developmentalism and globalization, what?. *Social Forces*, 83(3), pp.1263-1278.

Whiteley, P. 2012. Does Citizenship Education Work? Evidence from a Decade of Citizenship Education in Secondary Schools in England, *Parliamentary Affairs*, 65(1), pp.1-23.

World Bank. 2018. Poverty and Shared Prosperity 2018: *Piecing Together the Poverty Puzzle*. Washington, D.C: World Bank Publications.

김호기. 2010. 한국학중앙연구원 한국민족문화대백과사전. 세계화(김호기 2010).
　　http://encykorea.aks.ac.kr/Contents/Item/E0068198

한겨레(2018-03-08). "다수의 세계가 있을 뿐 하나의 대안은 없다"
　　http://www.hani.co.kr/arti/culture/book/835295.html

문화일보(2012-12-12). "라디오의 역사… 1896년 무선 통신 성공으로 시작"
　　http://www.munhwa.com/news/view.html?no=2012121201033443177003

포브스 세계 100대기업 조사
　　https://www.forbes.com

이성민. "소리의 시대 현대적 일상의 시작."
　　https://www.much.go.kr/online_exhi/av/pdf/pdf_file_lsm.pdf

〈 이미지 출처 〉

1장 민주정치와 시민교육

미리보기

① Hitler Mannerheim Ryti by Kalle Sjöblom, Finnish National Board of Antiquities – Musketti, Historian kuvakokoelma, 위키피디아 커먼스, CC.
②~④ 공용 도메인

본문

〈그림1-1〉 시위하는 시민들의 모습
　① Protest Aden Arab Spring 2011 by AlMahra, 위키피디아 커먼스, CC.
　② Ghanem al-Dosari by Jwslubbock, 위키피디아 커먼스, CC.
〈그림 1-2〉 시리아 난민 : 픽사베이 https://pixabay.com
〈그림 1-3〉 미국 타운홀 미팅 모습: 저자 소장자료 제공
〈그림 1-4〉 독일의 홀로코스트 기념공원
　-Memorial to the murdered Jews of Europe by Chaosdna, 위키피디아 커먼스, CC.
〈그림 1-5〉 한국 시민교육의 과거: 교과서 박물관 홈페이지 http://www.textbookmuseum.co.kr
〈그림 1-6〉 세계의 변화: (공통) 픽사베이 무료이미지 https://pixabay.com

읽기자료

* 더 보기
- 중우정치의 위험성과 민주시민교육의 필요성: 공용 도메인
- 교육의 정치적 중립성과 교사의 표현 유형
　:염철현. '교사의 정치적 발언, 어디까지 허용될까'. 『행복한 교육』 홈페이지. http://happyedu.moe.go.kr

* 연관검색어
- 민주시민교육을 위한 정부와 시민사회의 노력
　① 선거연수원 홈페이지 www.civicedu.go.kr
　② 대구 참여연대 홈페이지 http://www.civilpower.org
　③ 민주화운동기념사업회 홈페이지 www.kdemo.or.kr

2장 민주정치와 시민의 관계

미리보기

① 타임지 2006 올해의 인물 http://content.time.com/time/specials/packages/0,28757,2019341,00.html

② 타임지 2013 올해의 인물 https://poy.time.com/person-of-the-year-2013
③ 타임지 2019 올해의 인물 https://time.com/person-of-the-year-2019-greta-thunberg

본문

〈그림 2-3〉 코로나19에 대처하는 중국과 일본의 모습: 각 기사 헤드라인 발췌
〈그림 2-4〉 한국의 마스크 양보 캠페인: 인스타그램(SNS) 마스크 양보하기 운동 이미지 추출
〈그림 2-5〉 기회의 평등과 결과의 평등
  -#equality but I still don't know what banks mean by #equity by leighblackall, Flicker, CC-BY 2.0.

읽기자료

*더 보기
- 일상과 정치, 정치와 일상
  ① 하늘사진: 저자 소장자료 제공
  ② 미세먼지 경보 사진: 정유빈 학생 제공
  ③ 안전 안내문자 사진: 저자 소장자료 제공
- 코로나에 대처하는 다양한 한국의 모습
  ① 부산광역시 제공 http://www.busan.go.kr/pr/photobodo/1425176 [공공누리 제 1유형 자료]
  ② 마스크를 구입하기 위해 구곡시장약국 앞에서 줄을 서서 기다리는 원주시민들 by Choi Kwang-mo, 위키피디아 커먼스, CC0.
  ③ Hyehwa-dong pre-voting April 11 by Bonnielou2013 위키피디아 커먼스, CC.
  ④ 청와대 뉴스룸 제32회 국무회의 및 수도권 방역 대책회의
     https://www1.president.go.kr/articles/8792 [공공누리 제 1유형 자료]

* 연관검색어
- 민주주의가 과학기술 발전에도 도움이 된다?: 네이버 책 https://book.naver.com
- 스위스 직접민주주의: 저자 소장자료 제공

3장 민주정치의 발달과 시민의 태동

본문

〈그림 3-1〉 고대 아테네의 민주주의 제도: 공용 도메인
〈그림 3-2〉 중세의 봉건제도와 카톨릭
  ① 이재준(2019). 『서양은 어떻게 세계를 정복했나?』 서울: 백산서당. p.174에서 발췌
  ② 이재준(2019). 『서양은 어떻게 세계를 정복했나?』 서울: 백산서당. p.187에서 발췌
〈그림 3-3〉 중세사회의 붕괴와 새로운 정치 질서 형성
  ① 공용 도메인
  ② 공용 도메인
〈그림 3-4〉 피렌체와 르네상스
  ① 저자 소장자료 제공

② 저자 소장자료 제공
〈그림 3-5〉 프랑스 시민혁명과 영국의 명예혁명
① 이재준(2019). 『서양은 어떻게 세계를 정복했나?』 서울: 백산서당. p.205에서 발췌
② 이재준(2019). 『서양은 어떻게 세계를 정복했나?』 서울: 백산서당. p.220에서 발췌

읽기자료

* 더 보기
- 마키아벨리의 군주론(IL Principe; The Prince): 공용 도메인
- 사회계약설의 대표학자, 홉스: 공용 도메인
- 사회계약설의 대표학자, 루소
  : Jean-Jacques Rousseau.-Du Contrat Social ou Principes du droit politique, 1762 by Ambre Troizat, 위키피디아 커먼스, CC BY-SA 4.0.

* 자세히 보기
- 아고라와 포럼의 현대화
  ① 서울광장 전경 by 서울시 총무과, 위키피디아 커먼스, CC BY-SA 4.0.
  ② 아고라: 니드픽스 무료이미지 https://www.needpix.com
  ③ 로만 포럼: 저자 소장자료 제공

생각해보기

① 페리클레스 사진: 공용 도메인
② 링컨 사진: 공용 도메인
③ 케네디 사진: 픽사히어 무료 이미지 https://pxhere.com
④ 오바마 사진: 픽사히어 무료 이미지 https://pxhere.com

4장 민주시민과 정치구조

미리보기

① 경향신문사 구매
② 유혜영 강사(서울대학교 사회교육과) 소장자료 제공

읽기자료

자세히 보기: 역사 속 헌법의 모습
  ① ~ ③ 공용 도메인
자세히 보기: 국가별 정부형태: Forms of government by Jackaranga, 위키피디아 커먼스, CC BY-SA 4.0.
자세히 보기: 대한민국 헌법의 뿌리
  ①~② 행정안전부 국가기록원 홈페이지. http://theme.archives.go.kr/next/symbolKorea/viewGreatSeal2.do
  ③ 대한민국역사박물관 홈페이지. http://www.much.go.kr/L/5uXlPn43iB.do

생각해보기

– 헌법재판소 홈페이지 https://www.ccourt.go.kr

5장 민주시민과 의회

본문

〈그림 5-1〉 다양한 의회의 모습
① Korea National Assembly 01 by 코리아넷 해외문화홍보원, flicker, CC BY 2.0.
② 픽사베이 무료 이미지 https://pixabay.com
③ U.S. Capitol, Grant Memorial, and Capitol Reflecting Pool by Martin Falbisoner, 위키 커먼스, CC BY-SA 3.0.
④ Assemblee-nationale by Nitot, 위키 커먼스, CC BY-SA 3.0.

〈그림 5-2〉 국정감사와 국정조사
① 한국철도와 KR 국정감사 시 피감사자의 증언 선언 by Ellif, 위키 커먼스, CC BY-SA 3.0.
② Sewol memorial ribbons, Seoul Plaza, 2014-06-22 by PuzzletChung, 위키 커먼스, CC0 1.0.

〈그림 5-4〉 국회 홈페이지와 시민참여 공간: https://www.assembly.go.kr

읽기자료

* 더 보기
– 영국의 의회 제도
  ① 영국 의회 홈페이지 https://www.parliament.uk/about/mps-and-lords/members
– 국민청원과 국회 동의청원 절차:
  ① 청와대 청원 홈페이지 https://www1.president.go.kr/petitions/588340
  ② 국회 동의청원 홈페이지
      https://petitions.assembly.go.kr/closed/inadequate/A272F9D92AAA5855E054A0369F40E84E

* 자세히 보기
– 2019년 패스트트랙 관련 국회 파행 일지
  ① ~ ② 연합뉴스 구매

* 연관검색어
– 시민이 입법과정에 참여할 수 있을까?: 국회참여입법센터 홈페이지 https://www.lawmaking.go.kr

생각해보기

① 국회 홈페이지 https://www.assembly.go.kr/views/cms/assm/assembly/assdata/assdata02.jsp
② 청와대 청원 홈페이지 https://www1.president.go.kr/petitions/586609

6장 민주시민과 정당

미리보기

① 더불어민주당 홈페이지 theminjoo.kr
② 미래통합당 홈페이지 www.unitedfutureparty.kr
③ 국민의당 홈페이지 peopleparty.kr
④ 정의당 홈페이지 www.justice21.org
⑤ 열린민주당 홈페이지 openminjoo.org

본문

〈그림 6-2〉 1987년 대선과 지역주의 등장
① 중앙선거관리위원회 사이버선거역사관 홈페이지 http://museum.nec.go.kr/museum2018/main/main.do
② 나무위키 제 13대 대통령 선거 검색
https://namu.wiki/w/%EC%A0%9C13%EB%8C%80%20%EB%8C%80%ED%86%B5%EB%A0%B9%20%EC%84%A0%EA%B1%B0#fn-45

읽기자료

* 더 보기
- 20세기에 등장한 독재정당들
  ① ~ ② 공용 도메인
- 21세기 한국사회에서 새롭게 등장하는 정당들
  ① 녹색당 홈페이지 http://www.kgreens.org
  ② 페미니즘당 홈페이지 http://femiparty.org
- 선거제도와 정당 체제(듀베르제의 법칙)
  Maurice Duverger - Honoris Causa UAB by Anonimous(작자 미상), 위키피디아 커먼스, CC BY 3.0
- 정당의 정강 정책
  ① 더불어민주당 홈페이지 theminjoo.kr
  ② 미래통합당 홈페이지 www.unitedfutureparty.kr
  ③ 국민의당 홈페이지 peopleparty.kr
  ④ 정의당 홈페이지 www.justice21.org

생각해보기

① 저자 제공
② 181025_청년주간_오프닝컨퍼런스 by 서울청년네트워크 운영사무국, Flicker, CC-BY.
③ 픽사베이 무료 이미지 https://pixabay.com
④ 성신여대 비주얼씽킹워크숍 by 서울청년네트워크 운영사무국, Flicker, CC BY-S.

7장 민주시민과 선거

미리보기

① 국립민속박물관 홈페이지 선거포스터 검색(소장품 번호: 026929) https://www.nfm.go.kr
② 선거관리위원회 사이버역사관 사료(NE-09-00631) http://museum.nec.go.kr
③ 교육부 홈페이지-뉴스홍보-홍보마당. [포스터] 공직선거법 개정, 만 18세 이상 학생유권자 선거권 보유

읽기자료

* 더 보기
- 게리맨더링: https://www.ucpublicaffairs.com/home/2019/5/29/xw81rxr8w6r4zk52216m36e3sje8gy
- 투표행위를 설명하는 이론들: Korean Voting Stamp by 쿠모야, 위키피디아 커먼즈, CC.

* 자세히 보기
- 참정권 쟁취의 역사
① 공용 도메인 https://images.app.goo.gl/N9EPLUX6hN1aqvVD7
② 공용 도메인 https://images.app.goo.gl/9b191VaLG88qWAh58
- 여성 참정권 운동과 현황: 공용 도메인 https://images.app.goo.gl/7uieesDfZwCHja1WA
- 미국 오바마 대통령의 온라인 선거운동
① 유튜브 a crush on obama 영상 https://www.youtube.com/watch?v=ZoeY8d8BdK4
② 오바마 트위터 https://twitter.com/barackobama

생각해보기

① Oregon ballot return box by Chris Phan, 위키피디아 커먼즈, CC.
② Voting Screen - Cartoon by DonkeyHotey, Flicker, CC BY 2.0.

8장 민주시민과 미디어

미리보기

① ~ ② 픽사베이 무료이미지 https://pixabay.com

본문

〈그림 8-1〉 한국 최초의 라디오와 TV: 국사편찬위원회 우리역사넷 홈페이지
http://contents.history.go.kr/mobile/ti/view.do?tabId=02&code=ti_ty_030_020&subjectId=0&levelId=ti_033_0170#self
〈그림 8-2〉 대한민국 여론을 움직이는 6대 온라인 커뮤니티
① 일베 홈페이지 https://www.ilbe.com
② 뽐뿌 홈페이지 http://www.ppomppu.co.kr

③ 엠엘비파크 홈페이지 http://mlbpark.donga.com/mp
④ 에펨코리아 홈페이지 https://www.fmkorea.com
⑤ 루리웹 홈페이지 https://www.ruliweb.com
⑥ 더쿠 홈페이지 https://theqoo.net

읽기자료

* 더 보기
- 뉴미디어를 통한 청소년의 정치 커뮤니케이션: 이수정. 2018. "남고생의 일베 경험에 대한 이해." 서울대학교 대학원 석사학위논문.
- 광고에도 사용되는 미디어 효과: 픽사베이 무료이미지 https://pixabay.com

* 자세히 보기
- 침묵의 나선이론: 픽사베이 무료이미지 https://pixabay.com
- 가짜뉴스를 진화하게 만드는 딥페이크 영상과 음성합성 기술
  : DigiDoug DeepFake at TED2019 by Steve Jurvetson, Flicker, CC-BY 2.0.

* 연관검색어
① 체커톤 홈페이지 https://www.checkathon.org
② 한국언론진흥재단 홈페이지 https://www.kpf.or.kr/front/user/main.do
③ 에듀넷 티클리어 홈페이지 https://edunet.net
④ 포미 홈페이지 https://www.forme.or.kr

생각해보기

① ~ ② 가짜뉴스 제작소 홈페이지 http://www.dailypadak.com
③ 저자 SNS 캡쳐 자료 제공
④ 픽사베이 무료이미지 https://pixabay.com

9장 민주시민과 시민사회

미리보기

① 저자 소장자료 제공
② 성신여자대학교 페미니즘 동아리 디어시스터즈 제공

본문

〈그림 9-1〉 국내외 이슈에 대한 시민사회의 움직임
① George Floyd protest 2020-05-28 Columbus, Ohio 02 by Becker1999, 위키피디아 커먼스, CC.
② 대학신문 이현지 기자(2019-11-17). 침묵으로 홍콩과의 연대를 외치다. http://www.snunews.com
〈그림 9-2〉 다양한 자발적 결사체들

① 국제 교육 교류를 위한 소모임 간사 김지윤 교사(서울대학교 사범대학 부설초등학교) 제공
② 진관 자율방범대 제공
③ ~ ④ 공용 도메인
〈그림 9-3〉 2000년 낙선 운동의 모습: 중앙선거관리위원회 선거정보도서관 홈페이지 http://elecinfo.nec.go.kr
〈그림 9-4〉 새로운 시민사회 운동 양식: (공통) 픽사베이 무료이미지 https://pixabay.com
〈그림 9-5〉 서울시 주민투표 :사례 무상급식 지원범위에 대한 의제:서울시 홈페이지 www.seoul.go.kr

읽기자료

* 더 보기
- 지역상권을 살리는 시민 어벤져스: (공통) 무료이미지 https://pixabay.com

* 자세히 보기
- 로크의 시민저항권 & 헤겔의 시민사회와 근대국가: 공용 도메인

* 연관검색어
- 온라인을 통한 시민운동: 청와대 청원홈페이지 https://www1.president.go.kr/petitions/586819

생각해보기

① ~ ④: 무료 이미지 https://pixabay.com

10장 민주시민과 세계시민

미리보기

① 김현지 학생(성신여대)의 환경문제와 세계시민성 관련 전시회 과제 일부
② 박하영 학생(성신여대)의 환경문제와 세계시민성 관련 전시회 과제 일부

본문
〈그림 10-1〉 세계정치를 보여주는 사례: 한-아세안 정상회의
- 코리아넷뉴스 박길자 기자(2019-03-05). 문 대통령, 10~16일 아세안 3개국 순방. http://www.kocis.go.kr [공공누리 1유형]
〈그림 10-2〉 세계로 뻗어가는 한국 문화 컨텐츠
  ① ~ ② 픽사베이 무료이미지 https://pixabay.com
〈그림 10-3〉 정치적 세계화의 두 얼굴
  ① Comfort Women Statue in Hong Kong by Ceeseven, 위키피디아 커먼스, CC.
  ② 픽사베이 무료이미지 https://pixabay.com
〈그림 10-4〉 경제적 세계화의 두 얼굴
  ① 픽사베이 무료이미지 https://pixabay.com
  ② 픽사히어 무료이미지 https://pxhere.com
〈그림 10-5〉 이주자에 대한 세계의 민낯들

① 픽사베이 무료이미지 https://pixabay.com
② 영등포구 대림동(永登浦區 大林洞)9 by Ffggss, 위키피디아 커먼스, CC.
〈그림 10-6〉 세계시민교육의 시작: GEFI 홈페이지 대표 이미지 http://www.unesco.org/new/en/gefi/about

읽기자료

* 더 보기
- 세계화와 자본주의, 우리가 주목해야할 세계의 빈곤문제: 픽사베이 무료이미지 https://pixabay.com
- 세계시민학교를 꿈꾸는 시민단체: 월드비전 홈페이지 https://www.wvschool.or.kr
- 세계시민학교를 꿈꾸는 시민단체: 유네스코 홈페이지 http://asp.unesco.or.kr

* 자세히 보기
- 세계화를 대하는 우리의 자세: 픽사베이 무료이미지 https://pixabay.com
- 세계 시민 자가 진단 유형: http://gced.unescoapceiu.org/wef

* 연관검색어
- 한국 청소년들의 세계시민성 유형: 픽사베이 무료이미지 https://pixabay.com

생각해보기

① 대한민국 정책브리핑 홈페이지(2020-03-12). 온실가스 감축
   http://www.korea.kr/special/policyCurationView.do?newsId=148867400
② 환경운동연합 홈페이지(2019-12-10) '한국의 기후변화 대응 성적, 올해도 세계 최하위 수준'
   http://kfem.or.kr/?p=20380
③ 대한민국 정책브리핑 홈페이지(2009-04-21) '내가 배출한 탄소발자국 계산해 보니…나무 800그루
   심어야 한달 내뿜은 탄소 흡수' http://www.korea.kr/news/policyNewsView.do?newsId=148668714
④ 한국 기후환경 네트워크 '탄소발자국 계산기' 홈페이지. https://www.kcen.kr/tanso/intro.green

민주정치와 시민교육

초판 1쇄 찍은날 / 2020년 8월 30일
지은이 / 서현진 · 이수정
펴낸이 / 김철미

펴낸곳 / 백산서당
주소 / 서울특별시 은평구 통일로 885, 3층(갈현동 394-27)
전화 / 02-2268-0012
팩스 / 02-2268-0048
등록 / 제10-49(1979.12.29.)

정가 24,000원

ISBN 978-89-7327-565-6 -93340